中国畲乡

景宁年鉴

JINGNING YEARBOOK

2022

景宁畲族自治县地方志编纂委员会 编

方志出版社
Publishing House of Local Records

图书在版编目（CIP）数据

景宁年鉴. 2022 / 景宁畲族自治县地方志编纂委员会编. —北京 ： 方志出版社，2022.12
ISBN 978-7-5144-5414-7

Ⅰ. ①景… Ⅱ. ①景… Ⅲ. ①景宁畲族自治县—2022—年鉴 Ⅳ. ①Z525.54

中国版本图书馆CIP数据核字(2022)第245596号

责任编辑：刘方圆
责任校对：刘玉霞
责任印制：梅中英
出 版 者：方志出版社
地　　址：北京市朝阳区潘家园东里9号（国家方志馆4层）
邮　　编：100021
网　　址：http://www.zgfzcb.cn
发　　行：方志出版社图书营销中心（010-67110500）
印　　刷：丽水市旺盛印刷有限公司
开　　本：889毫米×1194毫米　1/16
印　　张：21.5印张　插页：1印张
字　　数：490千字
版　　次：2022年12月第1版
印　　次：2022年12月第1次印刷
定　　价：150.00元

编辑说明

EXPLAIN

一、《景宁年鉴（2022）》以马克思列宁主义、毛泽东思想、邓小平理论、“三个代表”重要思想、科学发展观、习近平新时代中国特色社会主义思想为指导，坚持辩证唯物主义和历史唯物主义的立场、观点和方法，客观、全面、翔实地记述景宁畲族自治县2021年政治、经济、社会、文化等诸多方面的发展状况，总结2021年景宁发生的大事、要事、新事及面临的新问题、新情况，记载取得的新成就、新进展、新经验，反映景宁各条战线的风貌，为各级党政机关、有关部门和社会各界认识及中外投资者了解景宁提供较全面、系统的信息资料。

二、本卷年鉴结构由类目、分目、条目组成。卷首设特载、专辑、大事记、县情概览；正文设中国共产党景宁畲族自治县委员会、景宁畲族自治县人民代表大会、景宁畲族自治县人民政府、中国人民政治协商会议景宁畲族自治县委员会、中共景宁畲族自治县纪律检查委员会·景宁畲族自治县监察委员会、民主党派·群众团体、法治、军事、经济管理、农业、工业经济、商贸业、交通、邮政·通信、金融、旅游、教育、文化、卫生、科技·体育、城乡建设、人力资源·劳动就业、社会生活、生态建设、乡镇·街道；卷末设附录。

三、内文中未标明党派的“省委”“市委”“县委”分别为“中共浙江省委”“中共丽水市委”“中共景宁畲族自治县委”；“党员”均为“中共党员”；“党建”工作均为“中国共产党建设”工作；凡未冠以行政区划专名的省、市、县分别指浙江省、丽水市、景宁畲族自治县。

四、所载信息资料由县直单位、各乡镇（街道）和国家、省、市驻景宁企事业单位提供，经景宁年鉴编辑部编辑，返回原单位复审确认，送出版社核稿、主编审改，报县人民政府批准后出版。

五、由于统计数据的来源、口径、方式、时间的不同，所载数据存在不一致，请读者以统计局提供的统计资料为准。文中计量单位和符号以中华人民共和国法定计量单位为准，考虑到社会使用习惯，年鉴中农田土地面积沿用“亩”为计量单位。

2021年6月23—24日，全国人大常委会委员、全国人大民委副主任委员洛桑江村（前排左三）、乃依木·亚森（前排左二）带领全国人大民委调研组一行到景宁调研　　（县融媒体中心　供图）

2021年1月8日，省人大常委会副主任史济锡（中）到丽景园调研　　（县融媒体中心 供图）

2021年3月8—9日，省政协副主席陈铁雄（左四）到景宁开展“扎实推进共同富裕”重点课题调研（县融媒体中心 供图）

2021年12月27日，中国共产党景宁畲族自治县第十次代表大会召开（县融媒体中心 供图）

2021年3月16日，景宁畲族自治县第九届人民代表大会第五次会议召开

（县融媒体中心 供图）

2021年3月15日，中国人民政治协商会议第九届景宁畲族自治县委员会第五次会议召开

（县融媒体中心 供图）

2021年4月13日，景宁畲族自治县“双招双引”抢势领航行动集中签约仪式举行

（县经济合作交流中心　供图）

2021年3月14日，“2021百名景商助力百年名茶”活动启动仪式举行　（县工商联　供图）

2021年5月29日，景宁签约入驻百县千碗农都美食小镇　　（县文广旅体局　供图）

2021年3月6日，景宁—莱西尼亚领导交流云视频会议召开　　（县委办公室　供图）

2021年6月6日，大型原创民族歌剧《畲山黎明》荣获第六届全国少数民族文艺会演“优秀剧目奖”

（县畲族文化发展中心　供图）

2021年6月25日，“永远跟党走　奋斗新征程”——景宁畲族自治县庆祝中国共产党成立100周年主题合唱大赛举行

（县文广旅体局　供图）

2021年4月14日，景宁畲族自治县“学党史·颂党恩”文艺汇演举行

（县文广旅体局　供图）

2021年4月28日，“党在我心中　奋进新征程”庆五一职工文艺汇演举行

（县总工会　供图）

2021年4月14日，2021中国畲乡三月三“红色畲乡·风情景宁”暨民族体育大联欢活动举行

（县畲族文化发展中心　供图）

2021年9月23日，全国人居环境整治现场会畲乡古城非遗展示

（县非遗和文物保护中心　供图）

高岭头特大桥主墩施工现场　　（县交通局　供图　摄于2021年）

美丽幸福河湖——大均小溪　　（县生态环境局　供图　摄于2021年）

2021年12月15日，景宁开展本土疫情现场处置实战演练　（县卫生健康局　供图）

2021年6月12日，山哈电音节举行　（浙江景宁畲族风情旅游度假区　供图）

2021年6月10日，景宁畲族彩带编织技艺入选第五批国家级非遗项目名单

（县非遗和文物保护中心　供图）

烈日炎炎，景文高速公路建设者坚守一线　　（李肃人　摄于2021年）

异地搬迁安置在景宁民族创业园的村民在景宁宇海幼教装备有限公司拼装车间拼装出口意大利的玩具

（李肃人 摄于2021年）

党员志愿者帮助留守老人和因防疫需要留置景宁过年的村民打年糕

（李肃人 摄于2021年）

目　录

特　载

专　辑

大 事 记

县情概览

中国共产党景宁畲族自治县委员会

景宁畲族自治县人民代表大会

景宁畲族自治县人民政府

中国人民政治协商会议景宁畲族自治县委员会

中共景宁畲族自治县纪律检查委员会·景宁畲族自治县监察委员会

民主党派 · 群众团体

法　　治

军　　事

经济管理

农　　业

工业经济

商贸业

交　通

邮政·通信

金　　融

旅　　游

教　　育

文　　化

卫　生

科技·体育

城乡建设

人力资源 · 劳动就业

社会生活

生态建设

乡镇 · 街道

附　　录

特　载

志不求易　事不避难
开启高水平全面建设社会主义现代化新征程

——在县委九届九次全体(扩大)会议上的报告

中共景宁畲族自治县委书记　陈　重

(2021年1月21日)

这次全会的主要任务是：高举习近平新时代中国特色社会主义思想伟大旗帜，全面贯彻党的十九大和十九届二中、三中、四中、五中全会精神，全面落实省委十四届八次全会和市委四届九次全会精神，听取县委常委会工作报告，审议通过《关于制定景宁畲族自治县国民经济和社会发展第十四个五年规划和二〇三五年远景目标的建议》，进一步动员全县上下牢固树立“没有实现加快发展也是一种风险，没有追求实现加快跨越式发展的意识、决心和胆略更是极端危险”理念，志不求易、事不避难，赶考奋进、接续奋斗，奋力开启高水平全面建设社会主义现代化新征程。

一、县委九届八次全会以来的主要工作

县委九届八次全会以来，面对深刻复杂变化的国际国内形势，特别是突如其来的新冠肺炎疫情，县委常委会认真贯彻落实中央、省委、市委各项决策部署，紧扣“聚力产业培育、决胜全面小康、创新县域治理”工作主基调，统筹推进疫情防控和经济社会发展，高水平全面建成小康社会取得决定性成绩。2020年全县实现地区生产总值74.76亿元，同比增长3.5%，排名全市第3；人均生产总值预计达到66690元。一般公共预算收入8.96亿元，同比增长28.4%，排名全市第1。固定资产投资同比增长8.1%，排名全市第3。全体居民人均可支配收入31130元，同比增长6.5%，排名全

市第4;农村常住居民人均可支配收入21625元,同比增长8.1%,排名全市第3;城镇常住居民人均可支配收入41735元,同比增长4.3%,排名全市第6;城乡居民人均收入比降至1.93:1,首次低于2。

(一)经受大战大考,交出“两手硬、两战赢”高分报表。坚决扛起统筹做好疫情防控和经济社会发展的职责使命,主动担当作为,下好先手棋、打好主动战。一是慎终如始抓实疫情防控。疫情发生以来,县委常委会先后召开17次会议研究部署,成立疫情防控领导小组,建立战时指挥体系,全面落实“精密智控”,坚决守住“大中小门”,坚持外防输入、内防扩散,常态化抓好疫情防控,圆满完成稳侨助侨暖侨和抗疫援助任务,有效阻断疫情输入和传播,全县仅报告1例输入性确诊病例。二是经济发展实现“半年正、全年胜”。在初步遏制疫情蔓延势头后,第一时间部署“八百攻坚行动”,成立“争先创优”指挥部,全力推进复工复产、复市复学,深入开展党员干部“三服务”,出台“服企助企•共克难关”十条意见等惠企政策,全面落实“五减”“两直”专项行动,累计为企业减负降本5.51亿元,兑现各类惠企资金4.79亿元。复工复产考核排名全省第4、全市第2。全省“争先创优”成绩保持中上游,融入长三角、丽景园“二次创业”、发展新型消费业态、构建“景宁600”产业体系、帮扶小微企业和个体工商户等做法成为全市“最佳实践”,数量全市第一,其中,融入长三角工作做法成为全市唯一省级“最佳实践”。

(二)践行新发展理念,扎实推动经济高质量发展。坚持生态经济化、经济生态化,加快建设现代化生态经济体系。一是生态环境质量好中更优。坚定护好绿水青山金饭碗,持续有力推进蓝天、碧水、净土、清废“四大”行动,全力推进污水零直排创建工作,全县环境空气质量优良率100%,位列全省第1,出境交接断面Ⅰ类水质占比100%,生态环境公众满意度位列全省第3。二是生态产业提档升级。启动全省首批AAAAA级景区城创建,推进“那云•天空之城”、惠明禅茶文化产业园等重大旅游项目建设,高质量完成百山祖国家公园创建各项任务,推动“中国畲乡之窗”“云中大漈”国家AAAA级景区品质提升,成立长三角重点区域七个联络处,积极构建市场推广联盟,创成“诗画浙江•百县千碗”工程示范县。丽景民族创业园和澄照创业园累计招引67家实体企业,平台集聚效应初显。丽景园反哺能力持续增强,2020年税收收入达到6.33亿元,在全县占比从2016年的2%增加至34%;澄照创业园产城融合加速推进,幼教木玩产业“链长制”试点工作被评为省级示范,开发区美丽园区创建被列入全省第二批试点。“景宁600”供需协同发力,新建基地3150亩,持续深化“飞柜经济”“直播带货”等线上线下营销模式,全年实现品牌销售额6.8亿元。“景宁600”品牌助农增收做法入选全省精准扶贫十大案例。三是创新引领加力提速。出台人才新政18条,引进院士2名、国家级人才计划5名、省级人才计划16名、博士36名。成功举办“才聚畲乡”首届民族地区乡村振兴景宁论坛,与浙江长三院产城融合中心、俞梦孙院士团队、文化浙江建设研究中心等30余家单位机构建立战略合作关系,新增国家级高新技术企业4家、省级科技型中小企业11家。

（三）深化改革开放，不断激发县域发展活力。改革持续发力。以数字化改革引领"最多跑一次"改革，推动"一件事"集成改革迭代升级，政务服务"掌上办""网上办"实现率达98%。深化营商环境"10+N"便利化行动，一般企业投资项目"最多80天"实现率100%。全国民族地区城乡融合发展改革试点深入推进，全国水系连通及农村水系综合整治工作走在全国55个试点县前列，生态产品价值转化机制经验做法在央视《新闻联播》报道，全国农村儿童早期发展试点成为全省典型。开放不断加码。接轨大上海融入长三角形成多层次立体化合作格局，开展"百名干部入沪借力"行动，全年两地各层面交流互访230余批次，达成合作40余项，"景宁600"农产品在沪销售额突破千万元，累计招引长三角地区企业项目134家（个），总投资额52亿元。推进山海协作"五县联盟"新模式，争取援建资金1018万元，积极推进"飞地""飞柜""山海协作乡村振兴示范点"建设，承办全市山海协作工作部署会暨乡村振兴示范点建设现场会。

（四）巩固脱贫成果，着力提升全面小康成色。坚守"安暖和"民生情怀，办好民生实事和"关键小事"，让发展成果惠及更多畲乡群众。一是高质量打赢脱贫攻坚战。全面推进低收入农户高水平全面小康攻坚行动，实现"两不愁三保障"突出问题、农村家庭人均年收入8000元以下、集体经济薄弱村"消薄""三个清零"。积极探索推进减少相对贫困路子，承办2020国家扶贫日浙江主场活动和全省民族乡村振兴示范建设推进现场会。二是稳步推进民生领域各项事业。教育提质行动成效显著，高考一段上线率连续五年超过全省平均水平，双一流高校录取人数全市第四，创成全国民族教育智能教育实验区和全省学前教育普及普惠县。持续深化与浙大一院合作办医，启用县民族医院新院区，扎实推进"三医联动""六医统筹"改革和县域医共体建设。235国道溪口至澄照段通车，加快推进景文高速、322国道建设，全力推进庆景青公路、通用机场项目前期，积极争取温武吉铁路等重大交通项目。深化推进"真情暖万家•关爱365"留守儿童困境儿童关爱保护行动，在全省率先实现低保、低边和孤困儿童家庭"焕新乐园"全覆盖。全力推进"大搬快聚"富民安居工程，3098名群众搬出高山远山。圆满完成农村饮用水达标提标三年行动。扎实办好省市县民生实事，畲乡群众对民生改善和保障水平满意度逐年提高。三是深入推进平安景宁、法治景宁建设。健全完善"四级融合、多元一体"社会治理模式，深入开展扫黑除恶专项斗争，侦破涉恶刑事案件73起，打掉涉恶团伙4个，成功夺取全省首批一星平安金鼎，县矛调中心规范化建设做法成为全省"互比互学"典型。积极创建全国法治政府示范县，法律顾问参与法治政府建设工作被省委省政府评为县乡法治政府建设"最佳实践"。

（五）强化党建引领，进一步凝聚赶考奋进力量。坚持和加强党的领导，强化抓班子带队伍、抓基层打基础，不断提升党组织组织力、凝聚力和号召力。一是切实增强"两个维护"的思想自觉、政治自觉和行动自觉。完善

“不忘初心、牢记使命”长效机制，带头学懂弄通做实习近平新时代中国特色社会主义思想，充分发扬斗争精神，妥善应对各种风险挑战，不折不扣、从严从速抓好中央环保督察、长江经济带环境暗访、省委巡视回访检查、省委经济责任审计和自然资源资产审计等反馈问题整改，不断提高政治判断力、政治领悟力、政治执行力。二是持续深化全域全员“大赶考”。103 个单位及内部科室、144 个村社制定“大赶考”目标，全县上下赶考氛围不断浓厚。通过“大赶考”试炼场，一批优秀年轻干部脱颖而出。全县 35 岁左右及以下科级干部 123 人，占科级领导干部总数 33%。三是全面推进组织力提升工程。紧扣提升组织力，引领“大赶考”，持续深化“书记面对面点评、责任一对一传导”，创新推进城市基层党建统领城市基层治理，扎实推进浙江（景宁）民族干部培训中心建设。强化学习实践培养干部，先后选派 8 名干部到驻沪办、117 名干部到重点工作一线挂职锻炼。全面开展 23 个单位离任党委（党组）书记选人用人离任检查。高质量完成 144 个村社组织换届，村级组织战斗力进一步增强。四是深入推进清廉畲乡建设。深化“清廉指数”政治生态评价体系建设，得到省纪委书记许罗德肯定批示，经验做法在全市推广。创新推出“村干部履职红线二十条”，得到省纪委点赞，在全省推广。严格执行中央八项规定精神和省委实施细则，落实基层减负，开展违规领取夜餐补助费、违规收受“烟票”、餐饮浪费等派单点穴式正风肃纪，严肃查处“四风”和群众身边的腐败问题，全年党纪政务处分党员干部 114 人，其中乡科级 10 人。

县委常委会充分发挥总揽全局、协调各方的领导核心作用，支持人大、政府、政协和纪委监委、法院、检察院依法依章履行职能、发挥作用。严格落实党管意识形态主体责任。坚持党管武装制度，加强退役军人工作。凝聚统战、工会、共青团、妇联等各方面组织力量，形成推动景宁发展的强大合力。

县委常委会带领全县上下克难攻坚、齐心协力打赢了疫情遭遇战、阻击战，志不求易、事不避难推进各项工作取得实效，干部队伍整体呈现奋发进取、昂扬向上的良好状态，相关工作赢得了各级领导、社会各界的认可和点赞。景宁在全国自治州自治县脱贫攻坚奔小康经验交流现场会、全省新时代推进山区 26 县高质量发展座谈会上分别作典型和交流发言。全县各级党组织和广大党员干部在各自岗位上实干担当、奋勇争先，对县委常委会工作给予大力支持，有力推动了各项事业加快发展。在此，我代表县委常委会，向同志们致以由衷的敬意和诚挚的感谢！

二、关于规划建议稿的起草说明

“十四五”时期是“两个百年”交汇的关键时期，也是我县在高水平全面建成小康社会之后乘势而上开启高水平全面建设社会主义现代化新征程的首个五年。制定好“十四五”规划建议，事关景宁长远发展，具有重大战略意义。

（一）起草过程

县委高度重视“十四五”规划建议起草工作，成立由我担任组长的文件起草领导小组，同时组织力量成立专班，由我和海燕县长总牵头负责，相关县领导、有关单位负责同志参与。专班在县委常委会领导下承担建议稿起草工作。在起草过程中，县委认真学习贯彻党的十九届五中全会和省委十四届八次全会、市委四届九次全会精神，广泛听取各方面意见建议。我主动到省自然资源厅、省农业农村厅、省民宗委等省级部门对接，深入基层调研，先后牵头召开国土空间、重大项目、产业发展、生态文明、社会治理、深化改革和民生保障等领域五场“十四五”专题调研会，海燕县长及各县领导也分头分领域开展对接和调研。在此基础上，12月初县委专门召开“十四五”务虚会进行深入谋划和研讨，进一步理清今后一段时期景宁发展思路、主攻方向和实现路径，为建议起草工作奠定扎实基础。建议稿经反复研究、数易其稿，充分吸收各方面意见，多次修改完善，经县委常委会审议，形成提交全会审议的讨论稿。

建议稿形成的过程，是开门问计、集思广益的过程，也是统一思想、凝聚共识的过程。从反馈的意见看，大家一致认为，建议稿总结成绩客观实在，研判形势科学清醒，目标方向清晰鲜明，任务部署具体明确，为编制“十四五”规划纲要指明前进方向，提供基本遵循。

(二)总体考虑

建议稿的起草，充分考虑“十四五”时期景宁经济社会发展的现实基础，提出未来五年和十五年发展的远景目标、总体要求和实现举措，共涉及十一个方面49项具体工作。

“十四五”时期，紧扣“诗画畲乡·和美景宁”县域定位，紧跟时代步伐，厉行“丽水之干”，志不求易、事不避难，争做“绿色富民先锋、改革开放新锐、生态文明示范、城乡融合样板、团结进步模范、整体智治标杆”，打造大花园最美风情特色园，成为高质量绿色发展先行地，在全省26个加快发展县中争先进位，在全国120个民族自治县中勇当标兵，在全省建设“重要窗口”进程中发挥民族自治县独特作用。到2035年，要建成诗画浙江大花园中“县城最有味、乡村最多彩、民风最忠勇、干部最争先、山区县最开放、自治县最前列”的最美风情特色园，与全省同步基本实现以人为核心的高水平现代化。

在建议稿起草过程中，我们注重从三方面来考虑：

一是登高望远，在大变局和新格局中谋划景宁未来发展。当前和今后一个时期，机遇和挑战之大都前所未有，总体上机遇大于挑战。我们要从全局和战略的高度，坚定“时与势在我们一边”的底气和自信，发挥创造性张力，在危机中育新机，于变局中开新局。重点要抢抓“六大发展机遇”。一要抢抓构建新发展格局带来的机遇。习近平总书记强调，要深入学习、坚决贯彻党的十九届五中全会精神，准确把握新发展阶段，深入贯彻新发展理念，加快构建以国内大循环为主体、国内国际双循环相互促进的新发展格局。省委提出要率先打造国内大循环的战略节点，国内国际双循环的战略枢纽。我们要紧抓“经济循环的畅通无阻”这一关键，坚持深化供给侧结构性改革这条主线，继续完成“三去一降一补”的重要任务，全面优化升级产业结构，进一步推动质量变革、效率变革、动力变革，实现县域经济新突破新发展。二要抢抓数字化时代带来的机遇。我们正进入前所未有的“万物互联”

数字化时代，数字变革是山区实现变道超车、跨越式发展的历史性机遇。省委要求要把数字化转型贯穿山区经济社会发展全过程各方面，打造推动山区跨越式发展新引擎。市委提出要建设数字绿谷，推动“数字产业化”“产业数字化”。我们要把数字变革作为主抓手，深入推动各领域数字化转型，加快跟上数字时代现代化建设步伐。三要抢抓生态文明建设带来的机遇。党的十九届五中全会再次强调，要促进人与自然和谐共生。省委、市委对生态文明建设高度重视，作出重大部署。我们要持续加强生态文明建设，在绿色发展、生态富民上率先做出成果，创出经验。四要抢抓区域协调发展带来的机遇。中央“十四五”规划建议中提出要把革命老区、民族地区振兴发展放在更加重要的位置。省委提出要率先破解山区发展不平衡不充分问题。我们要紧扣市委“一带三区”战略部署，积极向上争取政策倾斜和关心扶持，整合包装好发展项目，加快推动县域经济社会发展。五要抢抓打造山区新增长极带来的机遇。省委作出加快推进山区26县跨越式发展的决策部署，要把山区经济打造成为新增长极，并提出具体的目标、政策、工作和评价体系。我们要率先对接，主动发力，想方设法挤进全省绿色发展重点县名单，争取获得更多的改革试点和政策红利。六要抢抓诗画浙江大花园建设带来的机遇。省委提出要全面实施大花园建设行动，市委提出要打造诗画浙江大花园的最美核心区。我们要发挥民族特色优势，在诗画浙江大花园建设中，努力把景宁民族风情特色园打造得更加异彩纷呈，成为全省大花园最美核心区中独树一帜的特色品牌。

二是务实清醒，紧盯景宁发展的短板弱项精准发力。客观上，发展空间、资源禀赋依然是我们最大的制约因素。受山区地理条件影响，景宁“地无三尺平”的窘境制约了发展空间。县城环形带状布局，东西向受山地制约难以拓展，城镇化和产业发展受到严重阻碍。全县域“九山半水半分田”，可开发利用土地较少，难以形成规模效应，客观上形成了基础差、底子薄、资源禀赋、区位条件不如人的先天劣势。主观上，思想观念、发展动力依然还跟不上时代要求。敢闯敢干、拼搏争先的精气神还不够，一些干部还存在思想僵化、因循守旧，习惯用老办法、老眼光看待和解决问题，不少干部存在“知识恐慌”“本领恐慌”，谋划发展格局和思维受限。创新驱动、求新求变的意识和能力还不强，领导干部、市场主体、基层群众还存在不敢和不愿冒风险创新的心理状态，激励创新的社会氛围还没有形成。基于以上主客观原因，导致我们经济社会发展与发达地区相比，还有较大差距，产业支撑不强，内生动力不足依然是“十四五”期间需要花大力气、下大功夫补齐的短板弱项。

三是以干得助，持续赶考奋进推进景宁跨越赶超。通过近年来的“大赶考”，有效破除山区和民族地区以往部分干部存在的“等靠要”思想和“庸懒散”作风，最大限度激发畲乡党员干部动能潜能，形成了“躺着的站起来、站着的跑起来、跑着的争第一”的浓厚干事创业氛围。通过赶考，我们解决了许多长期想解决而没有解决的难题，办成了许多过去想办而没有办成的大事，以实干成就实绩，以实绩争取支持，得到了各级领导的充分肯定，获得了一个个沉甸甸的荣誉，赢得了畲乡群众的普遍赞誉，在自我奋进中实现新突破新发展。实践充分证明，“大赶考”是景宁奋发赶超的重要一招，是“丽水之干”在景宁的生动实践。只要景宁想发展想赶超，这样的导向必须有，这样的精神必须有，这样的状态必须有，这样的一种机制创新也必须有。我们要持续深化推进“大赶考”，志不求易、事不避难，比学赶超打造畲乡发展硬核队伍，以干得助跑出畲乡发展加速度。

（三）战略路径

实现“十四五”发展目标任务，我们要明确路径抓手，全力抓好具有牵动性、创新性、突破性的“六个化”战略重点。一是立足生态化。实现“可观”的生态质量向“可感可用”的生态形态、生态服务升级，通过生态产品、生态服务让生态产生效益。高水平保护生态环境，致力于生态提标，森林覆盖率、水质、空气质量等主要指标迈向国际先进水平，争当全国生态环境保护的标杆。大力度培育生态产业，推动生态农业从品牌化向规模化、电商化发展，全域旅游要做好“面”上整合布局文章，串点成链形成统一、开放、竞争、合作的“大旅游”格局。创新性塑造生态文明，用好用活生态产品价值实现机制，建设美丽河湖、幸福水岸，提升美丽林相、森林屏障，打造以“国家公园+美丽县城+美丽城镇+美丽乡村”的全域美丽格局，探索“处处是花园、人人成园丁”的生态文明建设长效机制。二是补课工业化。没有工业的现代化，就难以实现经济的现代化，必须发展好生态工业。加快提升平台能级，抓好原有平台资源整合提升，积极谋划开拓创业园工业发展新空间，推动形成以生态工业为主导、三产融合发展的示范区。奋力打造产业集群，围绕“北电工、南幼教”的产业布局，集合优势资源，培育打造优势产业集群，推动实现全县生态工业平台“量的提升”到“质的跨越”。努力补齐科创短板，以更大力度扶持科技创新，鼓励企业加大创新人才引育和科技研发投入力度，加强创新链和产业链对接，提高企业科技进步贡献率。三是赶趟城镇化。重点解决好新型城镇化进程中“人从哪里来”和“聚到哪里去”的问题。协同推进“大搬快聚”和“两进两回”，强化政策引导，盘活农村闲置资产，推进乡村分类建设，促进城乡共荣。统筹抓好县城扩面和乡村集聚，启动澄照副城详细控制规划，推进乡镇行政区划调整，不断提升县城和中心乡镇人口承载能力，进一步促进城乡融合、乡村振兴，加快推动以人为核心的城镇化。四是加快市场化。着力解决当前景宁市场主体数量少、规模较小、市场竞争不充分等问题，推动实现市场准入更畅通、市场开放更有序、市场竞争更充分、市场秩序更规范。进一步开阔市场空间，着眼全省、长三角地区、全国、国际、互联网等“大市场”，发挥景宁“三小经济”市场优势，进一步畅通渠道、联通产销，推进景宁对外互联互通，发展更高层次的开放型经济。促进市场充分竞争，通过优化营商环境、引进优质市场主体、健全开放要素市场、整治本地企业垄断现象，大刀阔斧改革现有市场体系，改善生产要素质量和配置水平，真正实现让市场在资源配置中起决定性作用。处理好有效市场和有为政府的关系，推动有效市场和有为政府更好结合，促进活力和秩序的有机统一。五是全面数字化。抢占数字经济发展的时代风口。以数字化撬动改革，推动营商环境、投资环境、生态环境、干事环境、生活环境进一步集成优化。以数字化推进智治，构建更加智能、精准和协同的跨区域治理网络体系。以数字化引领创新，探索与数字变革时代相适应的生产方式、生活方式、治理方式，奋力打造山区数字化水平最高县。六是增进系统化。树牢系统观念，加强前瞻性思考、全局性谋划、战略性布局、整体性推进。系统化构建交通物流网、内外景宁人现代商业网、浙闽畲族文化网、平台经济和总部经济立体驱动网，促进各项工作紧密衔接、相互促进、融合发展。

（四）战术方法

在“十四五”规划编制和景宁未来发展中，我们要始终坚持以下五种思维方式和工作方法：

一是全面解放思想。坚决破除传统思维定式，以更大力度冲破观念围墙、扫除思想障碍，在新旧观念的碰撞交替中转变思路、抓住机遇、勇于突破，努力让更多“金点子”变成畲乡景宁跨越赶超的“金钥匙”。

二是推动改革突围。以数字化改革引领全面深化改革，运用数字化技术、数字化思维、数字化认知，破除深层次体制机制梗阻。紧紧抓住各项重大改革和发展机遇，进一步完善改革破题机制，在解决体制性障碍、打通机制性梗阻、推动政策性创新方面率先破题、率先成势。

三是着眼变道超车。坚持普遍性与特殊性统一，在遵循经济社会发展普遍规律前提下，立足景宁当前实际，积极探索更多加快发展新模式。革故鼎新、守正出奇，运用“非对称作战方式方法”，找准与经济总量没有密切相关又符合现代化建设方向的工作率先突围，为景宁发展争取更大支持更多资源。

四是树立极致思维。始终坚定习近平总书记对我们提出的“三个走在前列”目标要求，对标对表全国全省“两个坐标轴”，拉高标杆、狠抓细节、精益求精、尽心竭力把更多工作做成精品、干成示范、走在前列。

五是做好上下衔接。深刻把握中央和省委市委决策部署，系统研究，紧跟步伐，找准定位，努力把景宁发展蓝图同步纳入省市发展大局，争取更多加快景宁发展的重大政策、重大改革、重大平台、重大项目。在工作推进过程中，更加注重城乡统筹、惠企利民、社会参与，确保群众关心关切、与群众美好生活密切相关的各类问题有部署、有落实、见成效，进一步提升畲乡群众的获得感幸福感安全感。

三、新一年工作思路和重点

2021年是具有特殊重要性的一年，是中国共产党成立100周年，是开启全面建设社会主义现代化新征程的第一年，是“十四五”开局之年，做好今年工作意义重大、影响深远。起跑决定后势，开局关系全局。我们要对标中央、省市部署要求，结合景宁实际，高质量抓好今年经济社会发展各项工作，为开启“十四五”发展新局蓄能起势、打好基础。

今年全县工作的主基调拟确定为：聚力绿色发展、深化改革开放、夯实基层基础。全县上下要围绕全年工作主基调，开拓创新、赶考奋进，抓紧抓牢抓实各项工作重点，奋力谱写高质量绿色发展新篇章。

（一）聚力绿色发展，全面打造加快发展主引擎。秉持“发展阶段不可逾越，发展阶梯可以跨越”理念，坚定生态优先、绿色发展的战略定力，把生态文明建设、生态产业发展放在突出位置，着力形成速度、质量和效益有机统一的高质量绿色发展新格局。重点抓好“三个高”：

1. 高质量推动生态产业发展。突出抓好生态产业带动性工程，打响打赢生态产业攻坚战、翻身仗。一要提能级。围绕解决好供给端不足的问题，集中资源力量、强化政策供给，加快产业链延链强链补链，进一步夯实产业基础。生态农业要聚焦惠明茶等主导产业，重点发力“景宁 600”增效提质，争创“大东景”省级现代农业园区。生态工业要以工业平台“二次创业”为契机，大力推动澄照创业园三期、四期工程，加快丽景民族创业园整合提升，着力提升工业产值。全域旅游要重点抓好核心景区打造，以省 AAAAA 级景区城创建为龙头，打好文旅“七大项目”攻坚战，加快景区景点串珠成链，提升客源吸引力。总部经济、平台经济要持续加大招引力度，进一步发挥产业集聚和税收带动效应。二要育龙头。全力抓好市场主体培育，深入实施“三服务”2.0 版，严格落实惠企政策，加快培育若干个规模大、带动力强、成长潜力大的龙头企业，争取全年新增规上企业 3 家以上。生态农业要加强招商引资，培育龙头企业，建立利益联结机制，促进小农户与现代市场有效衔接。生态工业要搭建“小升规”“专精特新”“隐形冠军”等培育平台，强化宇海幼教木玩、飞科电器丽景园产业基地等龙头企业带动作用。全域旅游要深化与大型旅游集团合作，加快打造一批有特色、有品牌的旅游服务、旅游创意企业。三要强创新。把创新作为产业发展第一动力，大力构建产业创新体系。生态农业要加强融合创新，大力发展数字“三农”、创意农业、森林康养等新业态，重点打造惠明茶、高山冷水茭白等一批具有“景宁 600”辨识度的特色品牌，进一步提升农产品附加值。生态工业要加强科技创新，加快集聚高端创新要素，打造众创空间、星创天地、孵化器、产业创新服务综合体等服务平台，推动创新链与价值链紧密衔接。全域旅游要加强模式创新，积极顺应旅游市场变化，创新旅游营销模式、经营模式和管理模式，谋划打造若干个全域旅游“引爆点”。

2. 高颜值打造全域美丽格局。以国家生态文明建设示范县创建为引领，一体推进“国家公园+美丽县城+美丽城镇+美丽乡村”建设，提升打造一批彰显景宁全域美丽建设标志性成果的“璀璨明珠”。一要高标准打造美丽县城。绣花式推进城区建设，对标省 AAAAA 级景区城创建标准，着力补齐短板，加快项目建设，在节点打造、业态培育、文化挖掘等方面下足功夫，确保高标准、高质量、高效率推进创建工作，争取在年内创成省 AAAAA 级景区城。加快城市有机更新，高起点推进县城和外舍、澄照、大均一体化发展，积极申报全省未来社区第三批试点项目，大力推进山哈大剧院、城乡生活垃圾环卫一体化、老旧小区改造工程等一批重点建设项目，加快县城向中小城市转变。二要高品质塑造美丽乡村。实施新时代美丽乡村“六大行动”，以瓯江山水诗路建设、百山祖国家公园创建为重点，以乡村全域土地综合整治为契机，加快推进村庄整治2.0版，大力培育建成一批旅游风情小镇、美丽城镇、美丽乡村、历史文化重点村、经营型花园乡村，争取创建全省首批大花园示范县，努力打造“三美融合”的新时代美丽乡村“景宁样板”。

3. 高水平加快构建生态文明体系。强化“优等生的资格要持续努力才能保得住”“生态好不等于治理好”意识，深化生态文明示范创建行动，高水平推进美丽景宁建设，让绿色持续成为畲乡发展最动人的底色。一要大力推进生态治理。深入推进蓝天、碧水、净土、清废“四大”行动，持续推进“五气共治”，深化“五水共治”，做好第二轮中央环保督查反馈问题和长江经济带生态环境问题整改，有序推进工业企业“散乱污”整治、生态环境监测网络建设、生物多样性保护等行动，创建全省首批“无废城市”和“全域污水零直排区”，空气质量优良天数比率和出境交接断面Ⅰ类水质占比保持“两个100%”，生态环境质量继续走在全国全省前列。二要全面激活生态价值。扎实推进生态产品价值实现机制建设，全面推进异地绿化交易、林业碳汇交易试点、智慧生态治理、创新金融服务等方面探索，健全“两山银行”“两山基金”“两山公司”等绿色金融服务体系，推动发展方式和路径的深刻变革，实现GDP和GEP“两个较快增长”。三要健全完善生态制度。健全源头预防、过程控制、损害赔偿、责任追究的生态环境保护体系，深化“区域环评+环境标准”改革。建立“处处是花园、人人成园丁”的生态文明建设长效机制，加快形成政府主导、企业主体、社会组织和公众共同参与的环境治理格局。

（二）深化改革开放，全面激发跨越赶超新动能。坚持改革破题、开放解困、创新制胜，进一步推动要素制约向增创优势转变。重点发力“三个新”：

1. 改革破难要展现新作为。以党政机关数字化转型为引领带动，深化“最多跑一次”改革，扎实推进群众、企业全生命周期和机关内部“一件事”集成改革，加快实现“掌上办事”“掌上办公”“掌上治理”，推动公共服务数字化、智慧化。深入实施优化营商环境“10+N”便利化行动2.0版，大力建设竞争充分、秩序规范的市场体系，构建市场化、法治化营商环境。以数字化改革撬动各领域改革，统筹推进全国水系连通及农村水系综合整治先行试点县建设，加快国企改革、农村集体产权制度改革等进度，打造具有景宁辨识度影响力的改革成果。

2. 城乡融合要实现新跨越。全力推进全国民族地区城乡融合发展改革试点，协同推进乡村振兴与新型城镇化，加快城乡融合发展步伐。一要在交通先行上发力。加快建设景文高速、322国道等一批在建项目，争取开工庆景青公路，大力抓好温武吉铁路、235国道东坑至司前段、通用机场等项目前期，启动凤凰隧道、千山桥等隧道桥梁工程建设，谋划推进空中之翼、慢行绿道、垂直观光电梯等山区特色交通，高质量打造山区立体交通网络。二要在优化城乡布局上发力。结合国土空间规划编制，拓展澄照副城产城融合新空间。开展摸底调查，推进乡镇行政区划调整，大力度推进“大搬快聚”富民安居工程，加快农民安置小区建设，促进人口集中、产业集聚和服务集成。协同推进“两进两回”，促进农民下山、产业上山，科技进乡、青年人才回乡，助推乡村振兴。三要在城乡公共服务均等化上发力。加快城乡义务教育均衡发展，全力推进“小县大教•学在景宁”，加快第二中学、职业高中迁建等项目建设，积极创建全国义务教育优质均衡发展县和民族教育发展先行区标杆。高品质推进健康景宁建设，健全完善健康景宁“9+X”机制，深化综合医改和“双下沉、两提升”，完善城乡医疗卫生服务体系，促进优质医疗服务下沉，打通医疗卫生健康服务“最后一公里”。实施低收入群体同步基本实现现代化行动，接续全面小康和乡村振兴的有效衔接，加大旅游、电商、来料加工、林下经济等产业帮扶力度，打造一批共同富裕的景宁样本。

3. 开放合作要力争新提升。一要加快打造融入长三角 2.0 版。深化“百名干部入沪借力”“百项合作签约落地”行动，完善静安景宁两地互通交流平台，强化区域协作协同，探索市场化合作新模式，大力推动长三角地区先进生产要素与本地资源碰撞重组。二要深化山海协作“五县联盟”机制。加强与温岭、上虞、海盐、宁海等沿海城市科教文卫领域合作，深化“飞地”“飞柜”“飞网”等品牌项目，加快“景宁—温岭生态旅游文化产业园”等园区建设，推动山海协作迈向更高水平、更高质量。三要系统化构建内外景宁人现代商业网。充分发挥“三小经济”优势，深入实施“三小经济”组织化程度提升工程，深化银商合作、网格服务、技能培训等服务举措，创新供应链整合、品牌连锁、数据集成、集中仓储等合作模式，促进“三小经济”转型升级、拓展市场空间、反哺县域经济，打造团结互助、协同合作、互利共赢的现代商业网，成为景宁融入新发展格局的战略支点和关键节点。

（三）夯实基层基础，全面构筑整体智治新格局。强化基层基础建设，壮大基层组织力量，提升基层治理能力，着力构建整体智治、高效协同的县域治理体系。重点做好“三个突出”：

1. 突出政治建设。坚持以习近平新时代中国特色社会主义思想武装头脑、指导实践，坚定不移践行“两个维护”，巩固深化“不忘初心、牢记使命”主题教育成果，以省委巡视整改、建设“重要窗口”、县乡领导班子换届为契机，推动领导班子政治建设走深走实。要在全国全省大局中找准坐标方位、扛起政治责任，继续当好全国民族团结进步模范，以铸牢中华民族共同体意识为主线，深入推进民族团结进步示范创建，扎实做好“七进”工作，加快民族乡村特色示范带建设，促进与西藏墨脱、福建宁德等地民族文化交流，开创民族团结进步事业发展新局面。坚持和加强党的全面领导，旗帜鲜明坚持党管意识形态、党管武装，做好新时代的宣传思想工作，深化“双拥”模范县建设。

2. 突出平安稳定。坚持底线思维，强化风险意识，抓实平安建设，确保实现政治更安全、社会更安定、人民更安宁、网络更安静。一要坚决打赢疫情防控攻坚战。切实绷紧疫情防控这根弦，准确把握疫情的新情况新态势，认真落实“外防输入、内防反弹”各项工作，深化“一库一图一码一指数”精密智控机制，做好医疗物资、人员管控、院感防控、应急预案等各项工作，强化对关键人群、关键场所和关键环节的管控，全面提升疫情联防联控、群防群控的能力水平，努力交出疫情防控高分报表。二要加快推进县域治理现代化。深入推动“县乡一体、条抓块统”协同治理，完善“四级融合、多元一体”县域社会治理模式，促进“一中心四平台一网络”上下贯通、左右联动，做优做强“和美景宁·平安小巷”，健全县乡村及域外网格的四级信访和矛盾纠纷流转、交办、调处工作机制，深化推进基层党建统领基层治理、域外网格、志愿服务、移风易俗等工作，切实提升基层“三治融合”水平，加快构建整体智治体系。三要坚决防范化解各类风险。牢固树立“大平安”理念，切实扎紧风险防范化解的管控闭环，健全风险预警监测、风险及时处置、舆情应对机制，切实抓好重要节点及重大政治活动的维稳安保工作，守牢政治安全、自然灾害、社会治安、安全生产、环境污染、金融债务等风险底线，致力打造全省全市最平安县，以安全稳定社会大局庆祝中国共产党成立100周年。

3. 突出赶考奋进。良好的精神状态是实现加快发展的关键所在。要始终保持赶考奋进姿态，努力在追赶中发展，在跨越中争先。一要全面深化创新实干大赶考。着力提升组织力、引领“大赶考”，加快完善全域全员“大赶考”的工作机制和选人用人体系，进一步浓厚“能者上、优者奖、庸者下、劣者汰”的干事创业氛围，让广大干群把更多的精力投入到干事创业、攻坚克难中来，以干得助、以干图强。二要全面夯实基层组织基础。持续做好村社组织换届后续工作，稳妥有序推进县乡领导班子换届，加快补齐城市党建工作短板，提早谋划庆祝中国共产党成立100周年系列主题活动，全面提升基层组织政治功能和组织力。三要全面营造风清气正的政治生态。深化清廉畲乡建设，持续完善“清廉指数”政治生态评价体系建设，高质量抓好县委巡察、纪检监察体制改革等各项工作，一体推进不敢腐、不能腐、不想腐。坚决抵制“四风”，坚决纠正形式主义、官僚主义，营造干部清正、政府清廉、政治清明、社会清朗的政治生态和良好发展环境。

同志们，历史的画卷在砥砺前行中铺展，时代的华章在不懈奋斗中书写。让我们更加紧密团结在以习近平同志为核心的党中央周围，忠实践行“八八战略”、奋力打造“重要窗口”，志不求易、事不避难，在高水平全面建设社会主义现代化新征程中破浪前行、奋楫争先！

以“景宁奋斗”践行“丽水之干”加快建设山区和民族地区共同富裕先行示范区

——在中国共产党景宁畲族自治县第十次代表大会上的报告

中共景宁畲族自治县委书记　王世强

(2021年12月28日)

中国共产党景宁畲族自治县第十次代表大会，是在“两个一百年”奋斗目标历史交汇期，景宁现代化建设新征程全面开启、“十四五”发展全面推进关键时刻召开的一次十分重要的会议。大会的主要任务是：高举中国特色社会主义伟大旗帜，坚持以习近平新时代中国特色社会主义思想为指导，深入贯彻落实中央和省委、市委决策部署，回顾总结县第九次党代会以来的主要工作，研究部署今后五年的奋斗目标和主要任务，选举产生中共景宁畲族自治县第十届委员会和纪律检查委员会，动员全县上下以“景宁奋斗”践行“丽水之干”，加快建设山区和民族地区共同富裕先行示范区。

现在，我代表中国共产党景宁畲族自治县第九届委员会向大会作报告，请予审议。

一、过去五年的主要工作回顾

县第九次党代会以来的五年，是景宁发展不平凡的五年。面对错综复杂的外部环境、突如其来的新冠肺炎疫情和艰巨繁重的改革发展任务，县委紧扣中央和省委、市委的决策部署，忠实践行“八八战略”、奋力打造“重要窗口”，坚定厉行“丽水之干”，大力弘扬践行浙西南革命精神，确立实施“打开‘两山’新通道，富民兴县再赶超，加快建设美丽幸福新景宁”发展战略，提出“诗画畲乡·和美景宁”县域定位，团结带领全县广大党员干部群众，创新实干、赶考奋进，推动经济社会各项事业迈上新台阶，顺利完成了县第九次党代会确定的各项目标任务，高水平全面建成小康社会。预计2021年，全县实现地区生产总值(GDP)超80亿元，前五年年均增长7.4%；人均生产总值72000元；一般公共预算收入13.7亿元，前五年年均增长10.4%；固定资产投资累计完成47亿元；城乡常住居民人均可支配收入分别达到45000元和23000元，前五年分别年均增长8.1%和9.6%。

始终坚持绿色发展，生态经济不断壮大。坚定生态经济化、经济生态化发展方向，不断拓宽“绿水青山就是金山银山”转化通道。打造“景宁600”区域公共品牌，推动生态农业向标准化、品牌化迈进，促进农民增收，入选“浙江省精准扶贫十大案例”。推进丽景民族工业园和景宁民族创业园平台建设，引进飞科电器、娃哈哈、宇海幼教等龙头骨干企业，初步形成“北电工、南幼教”生态工业发展格局。建成东弄畲家田园综合体、引进落地那云温泉度假村·悬崖上的天空之城等旅游项目，整合推出“中国畲乡三月三”“诗画畲乡·四季景宁”“畲家十大碗”“畲乡十小碟”“畲乡十药膳”等特色品牌，累计发展农家乐民宿288家，创成全省首批AAAA级景区城、省级全域旅游示范县、“诗画浙江·百县千碗”工程示范县。

坚持改革开放破难，发展活力不断迸发。紧跟全省数字化改革步伐，推进政务服务“就近办”“网上办”“掌上办”，实现“一网通办”2.0上线事项1610项，加快构建“152”工作体系，打造了一批“小切口、大场景”特色应用。加快推进生态产品价值转化，发布全国首个乡级GEP核算报告。先行先试开展全国民族地区城乡融合发展改革试点。全国水系连通及水美乡村试点县建设加快推进。以改革创新推动便民利民，形成“政银保”小额扶贫信贷、农村产权流转交易服务标准化等一批改革成果。主动融入长三角一体化发展国家战略，与上海静安区开展战略合作，引进建设惠明禅茶文化产业园等重大项目。打造“山海协作”升级版，积极探索区域合作新模式。

着力提升人居环境，城乡面貌不断改善。高标准推进“蓝天、碧水、净土、清废”四大行动，统筹推进垃圾、厕所、污水“三大革命”，深入开展“五水共治”，全域基本消灭III类及以下水体，三夺“大禹鼎”，获评“中国天然氧吧”，全面打赢污染防治攻坚战。顺利通过国家卫生县城复审，创成省级生态文明建设示范县、省示范文明县城。完成百山祖国家公园创建任务，创成草鱼塘国家森林公园。大力推进“三改一拆”、魅力畲寨和花园乡村建设，全面完成小城镇环境综合整治，加快推进新时代美丽城镇建设，新建提升绿道355公里，串珠成链打造美丽乡村风景线。承办全国农村人居环境整治提升现场会，全面展示美丽景宁建设成效，景宁知名度和美誉度进一步提升。

坚守“安暖和”民生情怀，社会事业不断进步。扎实推进乡村振兴，高质量完成脱贫攻坚任务，承办全国民族自治县全面建成小康社会经验交流现场会。建成红星小学、澄照学校、启文学校，深化与杭州市学军中学、天长小学、天津市南开中学等名校合作办学，引入浙江建设技师学院在景宁设立分院，教育教学质量显著提升，农村小规模学校办学经验成为全国样板。深化与浙大一院合作办医，建成启用人民医院新院区，挂牌成立浙江省民族医院，医疗条件和服务水平不断提升。新客运中心、新寨山桥、民族体育公园建成启用。金钟大桥、235国道溪口至澄照段建成通车，景文高速、322国道等重大项目开工。大力实施“大搬快治”“大搬快聚富民安居”工程，完成搬迁安置4294户14240人。统筹推进“关爱365”、居家养老、放心消费等各类民生实事。深入开展平安景宁、法治景宁建设，扎实开展扫黑除恶专项斗争，打造“一巷四区”县级矛调中心山区模式，夺得全省首批“平安金鼎”“一星平安金鼎”。慎终如始抓实疫情防控，全面落实精密智控，有效阻断疫情输入和传播。

全面贯彻党的民族政策，民族团结进步不断深化。加强党对民族工作的全面领导，把习近平总书记关于加强和改进民族工作的重要思想贯彻到自治条例中，持续推动党的民族政策在景宁落地生根、开花结果。修改《自治条例》《水资源管理条例》，制定《荣誉市民条例》《促进惠明茶产业发展条例》。在全国率先开展铸牢中华民族共同体意识先行示范工作，深入推进民族团结进步创建“七进”活动，扎实推进金山垟畲族特色小区、环敕木山畲族特色村寨建设。建成三月三广场、山哈大剧院，举办中国畲族发展景宁论坛，《畲山黎明》荣获全国大奖。与新疆新和、西藏墨脱等地开展交流合作。2019年，景宁畲族自治县委获评全国民族团结进步模范集体，并在全国表彰大会上发言，习近平总书记亲自为景宁颁奖。

纵深推进全面从严治党，党的建设不断加强。坚持把政治建设摆在首位，常态化推进“两学一做”，扎实开展“不忘初心、牢记使命”主题教育和党史学习教育。着力建强基层战斗堡垒，首创“书记面对面点评、责任一对一传导”工作机制，党委（组）书记党建绩效评审入选中组部《抓党建促脱贫攻坚案例选》，村干部“规矩指数”考评获评第四届全国基层党建创新优秀案例。建成新时代党群服务中心。创新推进城市基层党建统领城市基层治理，高质量完成行政村规模调整、村社组织和乡镇党委换届。贯彻新时代好干部标准，深入开展“创新实干大赶考”，干部选拔任用、监督管理、考核评价体系持续完善。两次升级人才政策，“引育管用”强化人才队伍建设。牢牢掌握意识形态工作领导权，主流舆论阵地进一步巩固。重视党管武装工作，创成省双拥模范县，县人武部获评中央军委国防动员部“先进旅团级单位党委”。扎实抓好中央环保督察、省委巡视、省委审计反馈问题整改，完成机构改革、县委巡察全覆盖任务。推进清廉畲乡建设，创新推行“清廉指数”评价体系，构建微权智治体系。“村干部履职红线二十条”经验做法在全省推广。不折不扣推进“两个责任”落实，始终保持反腐高压态势，驰而不息纠治“四风”，着力营造风清气正的政治生态。

县委常委会注重加强对改革发展稳定的全方位领导，充分发挥党总揽全局、协调各方的作用。支持人大建立“民生实事代表票决、民事纠纷代表协商、乡风民情代表恳谈”的“人大代表三民工作”机制；支持政府加快数字化转型，打造整体智治的数字政府、高效政府；支持政协打造“民情速递”窗口以及“委员会客厅”“请你来协商”等平台；支持法院、检察院依法履职；群团、老干部、退役军人等各方面工作取得新成效，全县上下共商大计、共谋发展的氛围更加浓厚。

五年来取得的成绩，离不开党中央和省委、市委的坚强领导，离不开省委省政府、市委市政府和省市各部门、社会各界的关心支持，离不开历届县委和各位老领导、老同志打下的坚实基础，离不开全县各级党组织和广大党员干部群众的实干拼搏、赶考奋进。在此，我代表中共景宁畲族自治县委，向所有为景宁发展作出贡献的同志们、朋友们，致以崇高的敬意和衷心的感谢！

在肯定成绩的同时，我们更要清醒看到存在的问题：一是生态产业基础仍然薄弱，经济总量不大，主导产业不明显，群众在家门口就业的渠道不多；二是项目储备不足、谋划不深，特别是支撑经济增长的大项目、好项目不多，科技创新能力较弱，人才储备不足，经济发展的质量和效益不够高；三是交通、教育、医疗等民生事业离人民群众的期待和要求，还有不少差距；四是少数党员干部还跟不上时代步伐，工作的激情、韧劲、能力和水平还不能很好适应新时代发展要求。对于这些问题，我们必须深感压力、高度重视，采取切实有效的措施，认真加以解决。

二、未来五年的发展蓝图和目标任务

未来五年，是我国开启全面建设社会主义现代化新征程、向第二个百年奋斗目标进军的第一个五年。以习近平同志为核心的党中央着眼中华民族伟大复兴的战略全局，赋予浙江率先探索建设共同富裕示范区的光荣使命。省委以超常规举措推动山区26县跨越式高质量发展实现共同富裕。市委提出要把丽水建设成为共同富裕美好社会山区样板。作为习近平总书记特别关心关爱的民族自治县、全省全市的重要一员，我们要在推进共同富裕的大背景下，深入谋划景宁未来五年的工作。坚定不移沿着习近平总书记指引的方向奋勇前进，始终遵循“立足畲乡特色、山区特点、后发特征，走生态绿色可持续发展道路”，坚定做到“努力在推动科学发展、促进社会和谐、增进民族团结上走在全国民族自治县的前列”，以“志不求易、事不避难”的昂扬姿态，奋进新时代、奋斗新征程。

奋斗新征程，我们要心怀感恩、以干得助，把各级关怀厚爱转化为奋发进取的强大动力。铭记习近平总书记的重要嘱托，感恩上级党委政府、社会各界的关心支持，奋发图强、实干奋斗。既要借助外力，努力争取支持，更要激发内力，坚持自我奋斗，最大限度用好民族政策，用心用情做好景宁工作，以更高标准、更实举措、更大作为，不负期待、不辱使命。

奋斗新征程，我们要守住底线、追求高线，办好自己的事，发挥好自身优势。胸怀“两个大局”、心系“国之大者”，认清形势、把握大势，集中精力把自己的事情办好。坚持底线思维，居安思危、未雨绸缪，以工作的确定性主动应对形势的不确定性，抓重点、补短板、强弱项，打好“民族牌”“生态牌”，化被动为主动，聚优势为胜势。

奋斗新征程，我们要创新求变、抢抓机遇，加快实现变道超车、换道超车。把握当前景宁加快发展的重要“窗口期”，抢抓共同富裕示范区建设、长三角一体化发展、革命老区振兴发展、山区26县发展、大花园最美核心区建设等重要历史机遇，争取更多发展红利。敢于创新、勇于突破，积极探索变道超车、换道超车的方法路径，更好更快推动景宁加快发展、跨越赶超。

奋斗新征程，我们要众志成城、攻坚克难，奋力开创共同富裕的美好未来。进一步牢固树立“没有实现加快发展也是一种风险，没有追求实现加快跨越式发展的意识、决心和胆略更是极端危险”的理念，充分运用“思想破冰、实干开局”大研讨活动成果，凝聚广大干部群众的智慧和力量，团结一致、勇往直前，推动景宁在建设共同富裕美好社会进程中把握先机、赢得未来。

基于以上的判断和认识，今后五年全县发展的指导思想是：高举中国特色社会主义伟大旗帜，坚持以习近平新时代中国特色社会主义思想为指导，深入贯彻党的十九大和十九届二中、三中、四中、五中、六中全会精神，全面落实习近平总书记对浙江、对丽水特别是对景宁的重要指示批示精神，紧紧围绕“五位一体”总体布局和“四个全面”战略布局，立足新发展阶段，贯彻新发展理念，融入新发展格局，忠实践行“八八战略”、奋力打造“重要窗口”，忠诚使命、求是挺进、植根人民，坚定以“景宁奋斗”践行“丽水之干”，打造“中国畲乡、品质景宁、宜居胜地”，加快建设山区和民族地区共同富裕先行示范区。

围绕这一指导思想，今后五年经济社会发展的主要目标是：坚持在高质量发展前提下实现必要适度的高速度增长，地区生产总值(GDP)年均增长8%以上，固定资产投资年均增速保持10%以上；地区生产总值(GDP)和生态系统生产总值(GEP)实现规模总量协同较快增长、相互之间转化效率持续较快增长；一般公共预算收入保持与经济增长同步，城乡居民人均可支配收入适当高于经济增长速度，增幅位列全市全省前列；森林覆盖率、水质、空气、土壤等主要生态指标对标一流，稳居全省全国前列；常住人口城镇化率达70%，城乡收入差距比缩小至1.9倍以内，地区差距、城乡差距、收入差距明显缩小，以中等收入群体为主体的橄榄型社会结构基本形成；交通、教育、医疗、育儿、养老等公共服务更趋完善更加普惠，文化事业更加繁荣，共同团结奋斗、共同繁荣发展的氛围更加浓厚，党建统领的整体智治体系基本建成，县域品质显著提升，“中国畲乡、品质景宁、宜居胜地”影响力不断增强。

——打造“中国畲乡、品质景宁、宜居胜地”，加快建设共同富裕先行示范区，要完整、准确、全面贯彻新发展理念。自觉在思想上行动上与新理念对标、向新理念看齐，深入推进创新、协调、绿色、开放、共享发展。坚持生成性学习，保持创造性张力，增强数字化、市场化、项目化、平台化思维，加快质量变革、效率变革、动力变革，提高全要素生产率，系统性增强内生动力和发展活力，在更高水平上形成速度与质量、效率与公平、发展与共享的有机统一。

——打造“中国畲乡、品质景宁、宜居胜地”，加快建设共同富裕先行示范区，要聚焦全国全省“两大坐标轴”持续发力。紧紧围绕习近平总书记勉励景宁“三个走在前列”目标、全省山区26县发展要求，在产业发展的“跟跑”赛道上补课赶趟、奋起直追，在生态文明建设的“并跑”赛道上求新求变、卡位前进，在全国民族自治县(旗)“领跑”赛道上展现速度、创造经验，努力在全省山区26县中争先进位，在全国120个民族自治县(旗)中作出示范，争当铸牢中华民族共同体意识示范表率、全国民族地区共同富裕示范表率、全省“重要窗口”民族板块示范表率。

——打造“中国畲乡、品质景宁、宜居胜地”，加快建设共同富裕先行示范区，要努力创造畲乡群众向往的品质生活。以造福畲乡人民为不变初心，以加快景宁发展为不变使命，坚持一任接着一任干，一张蓝图绘到底。立足景宁实际，把握时代脉搏，迭代升级“诗画畲乡·和美景宁”县域定位，进一步打响“中国畲乡”全国唯一的畲族自治县品牌，引领全域“美丽”向全域“品质”跃升，努力做到城市功能向丽水市区看齐，群众收入向全省平均看齐，营商环境向长三角看齐，人居品质向瑞士看齐，把景宁建设成为山区和民族地区最具幸福感的品质之城、宜居胜地。

各位代表、同志们，新时代是奋斗者的时代。共同富裕没有旁观者，加快发展没有局外人。我们要争当“景宁奋斗者”，以担当扛起使命，以实干成就梦想，以奋斗创造未来。要有大爱情怀，热爱景宁、奉献景宁、建设景宁，与景宁同呼吸、共命运、心连心，当好畲乡发展主力军，引领畲乡发展大潮流。要有大干劲头，心无旁骛抓落实，一心一意谋发展，务实功、办实事、求实效，争做畲乡发展行动派，形成畲乡发展大声势。要有大家格局，以海纳百川的胸怀，博采众长、兼收并蓄，以“功成不必在我、建功必定有我”的担当，挑起担子、扛起责任，凝聚畲乡发展硬核力，撑起畲乡发展大格局。要有大美期盼，坚信景宁大有可为、大有作为，绘好愿景图，挂起作战图，顺势而为、借势而进、乘势而上，推动畲乡发展走前列，实现畲乡发展大理想。

三、奋力开创景宁跨越式高质量发展新境界

没有等出来的辉煌，只有干出来的精彩。今后五年，全县各级党组织和广大党员干部要咬定奋斗目标，不当绅士当战士，不当看客当先锋，奋力开创景宁跨越式高质量发展新境界。

（一）构建高质量、有品质的经济发展新体系

产业强则景宁强，经济活则景宁兴。要始终把发展作为第一要务，千方百计大抓招商、大聚人才、大上项目、大兴产业，不断发展壮大生态经济，加快打造全省新发展格局中的新增长极。

以“双招双引”集结“发展合伙人”。坚定把“双招双引”作为“一号工程”“一把手工程”，集中一切精力、集聚一切要素，发起“五湖四海”招引攻势。聚力抓好招商引资。出台招商新政，壮大招商团队，全面提升重点经济部门、产业主管部门招商能力，面向全国发达地区、重点区域，全力开展产业链招商、以商招商、驻点招商、中介招商、基金招商，着力引进一批具有“雁阵效应”、能够单点破局的企业项目。聚力抓好招才引智。不断优化完善人才科技新政，积极引进高层次领军人才，充分发挥“畲乡智库”作用。加快推动景宁籍人才回引，大力培育景宁本土英才、名医名师、文化名人、农师工匠，办好人才科技峰会，全面做大人才蓄水池。聚力用好景商资源。做强域外党组织、景宁商会，成立乡贤联络圈、乡贤理事会、景宁人基金，打造“景宁人回景宁”平台，策划“天南地北景宁人”系列活动，构建内外景宁人现代商业网，把“景宁人经济”转变为景宁经济。

以重大项目打造“发展新引擎”。牢固树立“项目为王”理念，强化项目攻坚，千方百计

做大项目底盘，做优项目质量。突出布局谋划。围绕景宁发展布局图和产业全景图，系统有序推进重大交通、城乡建设、产业民生、水利能源“四大百亿”投资计划，精准谋划一批强基础、增功能、利长远的重大项目，力争更多项目纳入国家、省、市盘子。强化服务保障。以“店小二”服务做好项目保障，积极解决项目用地、环评、融资、用工等困难和问题，确保项目签约落户、审批建设、竣工投产全程零障碍。加快产出效益。进一步健全项目决策、推进、管理、考核的闭环责任机制，常态化开展重点项目“攻坚克难画句号”行动，形成一整套行之有效的抓项目方法路径，重点保障沙湾抽水蓄能电站等重大项目开工建设，推进所有谋定项目按时开工，所有在建项目按时完工，所有完工项目按时运营，所有运营项目按时产出。

以产业培育提升“发展硬实力”。推进“工农旅总”融合发展，加快建设主导产业突出、龙头企业引领、畲乡特色鲜明的现代化生态产业体系。建强生态工业平台。坚定合力兴工的信心决心，大力实施生态工业发展倍增行动，全面重塑工业发展体制机制，加快平台“二次创业”。景宁民族创业园实施“扩容、增量、塑型”工程，完成特色生态产业平台开发，打造国家幼教木玩创制中心，成为县域“产业富城”。丽景民族工业园实施“提质、增效、赋能”工程，建成百亿产能的智能制造产业园。深入实施“小升规”、“腾笼换鸟”、“亩均论英雄”改革、“隐形冠军”企业培育等行动，加快企业转型升级。整治提升零散工业地块，谋划拓展新空间，探索开发乡镇小微产业孵化园。发展生态品质农业。以“景宁600”品牌为引领，实施农业高质高效六大行动，构建以惠明茶为主导的“1+2+X”农业产业体系，创成“景宁600”省级现代农业园区，加快农业扩量提质，成为长三角地区品质农产品首选供应地。加快构建标准化品牌体系，着力推进农产品精深加工，不断拓展“农业+”融合业态，把更多产业链主体留在县域、增值收益留给农户。放大全域旅游效应。突出龙头项目牵引，推进惠明禅茶文化产业园、千年山哈宫、云上天池等重大项目建设，加快打造那云温泉度假村·悬崖上的天空之城等重要旅游地标。突出民族风情主线，全面提升现有AAAA级景区能级，争创国家级旅游度假区、国家全域旅游示范区、国家级全域森林康养县。提升旅游市场化运营水平，发展户外运动、山水文创、时尚潮玩等小众游市场，打造“美食地图”“风情十景”等网红打卡点，用好抖音、小红书、哔哩哔哩等热门平台，形成流量热度，打造中国畲族风情旅游高品质目的地。大力发展商贸、投资、现代服务业经济。充分用好民族政策，出台总部发展新政，优化总部认定标准，建立总部进驻服务机制，打造“民族双创中心”，促进现代服务业总量再扩大、结构再优化，推动总部更好服务实体。

（二）构建高质量、有品质的改革开放新体系

自觉全面运用跨山统筹、创新引领、问海借力三把“金钥匙”，全力推动改革开放再出发，为跨越式高质量发展注入强劲动能。

全面跨山统筹。加快县域统筹发展。以新型城镇化建设为引领，构筑“一核两带三区多

地”空间格局。加快乡镇(街道)行政区划调整,推进“大搬快聚富民安居”工程,持续加大异地搬迁力度,进一步优化人口和生产力布局。加快云景聚落区块建设。认真贯彻落实市委“一带三区”战略部署,深入探索两地产业跨区域合作模式,协同打造高能级产业集聚平台。聚焦重大基础设施互联互通、集约配置,加快推进云和至景宁天然气管道建设等工程,进一步推进交通、文化等领域共建共享,打造全市跨山统筹样板。

全面创新引领。积极适应创新发展新常态。鼓励本土企业自主创新,培育“景宁—上海创新中心”“东弄文创中心”等众创空间。聚焦大学生、乡土创客、民间手艺人等群体,开展“畲创有我”系列活动。积极适应区块链、元宇宙等未来趋势,加快发展数字经济,以未来视角重塑供给端,努力推动消费场景重构、产业业态更新、公共服务升级。积极构建创新生态链。主动融入浙西南科创走廊,制定支持创新发展专项政策,对接顶尖企业、科研院所、高等院校等机构,构建产学研联动合作机制,培育创新联合体,引育智能制造、生物医药、大数据等创新型企业和产业链单元,力争实现“专精特新”企业和上市企业零突破。

全面问海借力。深化区域开放发展。深度融入长三角一体化发展,深化与上海静安区合作,谋划上海、杭州等科创“飞地”,承接更多长三角优质资源要素。面向珠三角、京津冀,在更大空间方位吸引先进要素。融入海西经济带,做大“门户经济”,加快建设成为“浙闽赣”省域合作、“温丽”两地联动新节点。深化打造“山海协作”升级版,做大做优“飞地”“飞柜”“飞网”经济,建设全省职工疗休养目的地,念好新时代“山海经”。融入双循环发展格局。支持本地企业抢抓“双循环”“一带一路”发展契机,聚焦精度轴承钢管、精品幼教装备、畲乡精品花架等细分产业赛道,大力发展电子商务,借力跨境电商,让“景宁制造”更好融入全国全球产业链、供应链。

全面改革破难。深入推进数字化改革。对接落实“152”工作体系,打造“惠明茶产业大脑”等更多有用管用的数字化多跨场景应用,持续深化全国民族地区城乡融合发展等改革试点,争取更多重大改革试点落地景宁。提速国企市场化改革。做大做强国控、城投、文旅、交通等国有集团,争创AA主体信用等级2家以上。做优做大县域金融盘子,对接多层次资本市场,设立产业基金,丰富融资渠道,打造融资体系,推动管资产为主向管资本为主转变。着力优化营商环境。深入实施优化营商环境“10+N”便利化行动。推进“信用景宁”建设,不断完善守信激励和失信惩戒机制,让守信者“畅行天下”、失信者“寸步难行”。做好放心消费、质量强县工作。推进极简审批许可、便利开办登记,打响“景宁优办”全链条服务品牌。

(三)构建高质量、有品质的城乡建设新体系

持之以恒做好全国农村人居环境整治提升现场会后半篇文章,全面推进城乡风貌整治提升行动,建成全省大花园最美风情特色园,打造全国人居环境样板县。

构筑生态高地。保持生态优先、绿色发展战略定力,全力创建国家生态文明建设示范

县。严守生态防线。全面落实环境保护“党政同责、一岗双责”，强化国土空间规划和用途管制，严格执行“三线一单”分区管控，确保全过程数字化闭环管理。擦亮生态底色。打好“提气、降碳、增水、固土”环境质量巩固提升持久战，统筹山水林田湖草沙整体保护与修复，加快千峡湖保护与开发利用，深化建设百山祖国家公园、草鱼塘、望东垟、大仰湖等重要自然保护地，全面落实“林长制”，保护优化森林和湿地生态系统，高位推动生物多样性保护工作，努力打造全国东部生态“绿心”。加快绿色赋能。探索建立多元生态补偿机制，制定碳达峰碳中和行动方案，积极争取碳汇权益交易试点，持续提升森林碳汇能力，探索发展山泉水生产、幸福河湖等水经济，支持发展清洁能源，探索实施 EOD 模式，推动生态产品价值倍增、高效转化，成为全市创建“全国生态产品价值实现机制示范区”的排头兵。

建设品质之城。坚持“微改造、精提升、民族味”原则，着力打造以鹤溪老城为中心，以外舍、澄照为两翼的“一心两翼”高品质核心城区，辐射带动大均、梅岐等周边片区发展。聚焦“最干净”，开展“我爱我家、我爱景宁”系列活动，全面巩固提升国家卫生县城创建成果，打造更加整洁有序的城区环境。聚焦“最美丽”，重点打造环敕木山“风情画廊”、鹤溪河“中国版清溪川”、畲乡古城“沉浸式步行街”，绘好“一山一水一古城”城市图景，争创高颜值省 AAAAA 级景区城。聚焦“最风情”，开展城区背街小巷整治提升行动，推进历史肌理、畲族风味和城市业态的有机融合，争创全省城市风貌样板区。聚焦“最宜居”，开展“城市体检”行动，加快城市大脑、未来社区建设，加强城市交通管理、优化通行秩序，统筹推进城中村、棚户区、旧工业区、老旧小区改造，布局一批全龄友好型公共基础设施，创造全民高品质生活空间。

打造美丽乡村。深化实施新时代“千万工程”，开展农村宜居宜业“六美”建设，打造“农耕味、风情浓、业态绿”的新时代畲乡美丽乡村。加快美丽乡村迭代升级。全面整合资金，设立乡村建设资金池，按照基础型、提升型、精品型、示范型、景区型分类施策，推动“三大革命”高水平全覆盖，统筹推进古村复兴、畲寨复兴、花园乡村、未来乡村建设。深化打造美丽乡村风景线。重点推进国家公园最美生态、环敕木山畲族风情、鹤澄茶香古韵、大东景农旅融合、溪杉水韵乡愁、千峡湖滨水峡湾等精品线路串点成线，绘就“点上出彩、面上美丽、看过难忘”的乡村图景。共建共享美丽乡村家园。升级实施“两进两回”，深化开展“花样农庄”“美丽庭院”等主题创建，支持农创客、民宿管家等“新农人”投身乡村建设。

发展现代交通。全面开展综合交通五年攻坚大会战，加快打造外通内畅、高效便捷的综合立体交通网。拉开城市发展空间。高标准建成景文高速、322 国道景宁段，加快建设庆景青公路景宁段、235 国道东坑至司前段、大东景环线（一期），谋划建设景泰高速公路、县城至澄照及大均第二通道等交通要道，打造以县城为中心的大通道格局。加快畅通对外连接。争取开工温武吉铁路、通用机场，力争杭丽、丽宁、杭广铁路通道布局景宁，努力走进高铁、航空时代。发展山区特色交通。高水平推进“四好农村路”建设，因地制宜发展索道、山地轨道等交通方式，推动县内多路畅通、景区高效连通，基本实现80%的乡镇通二级公路，30分钟上高铁高速，80%的农村公路实施“三合一”工程。

（四）构建高质量、有品质的精神文化新体系

围绕献礼景宁畲族自治县设立40周年，讲好畲乡故事，建好精神家园，加强文化认同，促进畲汉等各族群众共同团结奋斗、共同繁荣发展。

做好新时代民族工作。以铸牢中华民族共同体意识为主线，推进“八大工程”，创建“四个示范”，打造新时代民族工作的县域样板。聚力民族地区共同富裕。实施民族群众收入倍增计划，积极创建省级民族乡村共富示范带、示范点。聚力民族团结进步示范创建。擦亮“浙里石榴红”品牌，率先推动社区、网格民族工作标准化建设，打造一批铸牢中华民族共同体意识宣传教育阵地，创成一批“石榴籽家园”“同心工作站”和全国示范单位、教育基地。建成新党校，打造全国民族干部培训重要基地。聚力各民族群众共融。建立健全少数民族流动人口服务管理示范体系，构建未来社区等互嵌式社区环境，主动承接全国“各族青少年交流计划、各族群众互嵌式发展计划、旅游促进各民族交往交流交融计划”，构建浙闽畲族文化网，进一步加强与新疆新和、西藏墨脱、意大利莱西尼亚等地文化交流合作。聚力民族事务治理现代化。深入开展全国民族地区打通数字鸿沟改革试点，开发“浙里畲乡共富”“民族云”等应用平台。抓好国家民委“坚持和完善民族区域自治法律制度基层联系点”工作，制定《民族团结进步促进条例》，促进民族工作领域整体智治。

建设新时代文化畲乡。厚植红色文化。大力弘扬践行伟大建党精神、浙西南革命精神，挖掘畲乡忠勇精神的时代内涵，推进红色资源系统性保护和创造性转化，让“红色根脉”厚植人心。打响民族文化品牌。活态传承畲族民歌、畲族婚俗等非物质文化遗产，办好以“中国畲乡三月三”节庆活动为主平台的“1+N”系列活动，培育畲味、畲艺、畲品、畲服、畲居等“中国好畲”区域公共品牌。打造中国畲族博物馆、千年山哈宫、山哈大剧院、民族体育公园等文化地标，建设畲族文化总部。传承弘扬优秀传统文化。系统梳理景宁传统文化文脉，传承弘扬马仙文化、禅茶文化、宋韵文化、耕读文化等优秀传统文化，推进时思寺等历史建筑保护提升，深化推动古廊桥、古村落活化利用。

深化新时代文明实践。巩固提升省示范文明县城创建成果，全力争创全国文明县城。实施新时代畲乡全域文明提升工程。建设新时代文明实践云中心，开展“畲乡好人”选树、“畲乡小园丁”志愿服务系列行动，形成处处皆景、时时美好、人人文明的全域文明“好畲风”。打造新时代畲乡公共文化服务体系。拓展城乡公共文化空间，丰富森林康养、城市书房等文体设施，打造更多家门口的“健身房”“运动场”“文化客厅”，推动文化礼堂等文化阵地提质发展，加快公共文化服务数字化升级，深化建设“文化物流”点单平台，优化城乡文化资源要素配置，构建15分钟品质文体生活圈。

（五）构建高质量、有品质的社会事业新体系

坚持以人民为中心的发展思想，聚力共建共治共享，着力兜底线、补短板、促均衡、提品质，办好群众急难愁盼事，推进现代化建设成果更多更好惠及畲乡人民。

推进家门口就业致富。做大"一乡一品"乡村经济。大力实施乡村振兴战略，加快焕发"三农"工作新生机。突破村域、乡域界限，集成优势抱团作战，发展茶叶、茭白、黄精、毛竹等特色农业，推动农业"接二产连三产"，实现村村都有"消薄"致富产业，人人都有致富增收途径。持续推动"扩中提低"。实施积极就业政策，保障高校毕业生、失业人员、就业困难人员、退役军人、残疾人等重点群体就业创业。实施中等收入群体倍增计划，持续增加就业岗位，大力推动在外景宁人回流创业就业。实施低收入群体同步基本实现现代化行动，建立先富带后富的帮促政策制度。

高水平办好教育事业。加快教育优质均衡发展。制定教育高质量发展五年计划，实施小学强基计划、初中壮腰工程、高中提质行动，做大职业教育。加强教师队伍建设。创设"畲乡共富教育基金"，深化校长职级制，实施教育队伍建设"鸿雁归巢工程"，集中优势、集中资源培养名师名校长。构建多元教育体系。深化"集团化"办学、与省内外名校合作办学模式，不断完善成人教育、特殊教育体系，规范民办教育发展。大力发展职业教育，着力推动校企合作、产教融合发展。

加快发展医疗卫生事业。实施县域医疗提升工程。持续深化与浙大一院等名院合作办医，加强医疗卫生服务体系建设，着力建名科、育名医，建强县人民医院，做优省民族医院牌子，让景宁百姓信赖"自家医院"，提升县域就诊率。大力培育康养产业。发挥山水资源优势，加大畲医药产业研究、开发、利用，构建养生、养老、养心体系，建设浙西南区域医疗中心和健康管理中心。坚决打好常态化疫情防控持久战。建立精密智控科学防疫机制，健全完善协同高效的防疫应急治理模式，全面增强突发公共卫生事件应急处置能力。

优化提升社会保障事业。完善社会保障体系。强化基本养老保险、基本医疗保险、"浙丽保"三重保障功能，确保应保尽保、应助尽助、应享尽享。严格控制医疗费用不合理增长，提升大病、慢病保障水平。实施社会救助综合能力提升工程，大力发展慈善事业，建设"1+8+X"大救助体系。全面实施三孩生育政策及配套支持措施，释放生育潜力，促进人口长期均衡发展。深入推进关爱留守儿童工作，打造全方位关爱扶助体系。加快构建居家社区机构相协调、医养康养相结合的养老服务体系。支持引导商品房市场更好满足群众的合理性住房需求。深化为民办实事机制。聚焦民生诉求，实施民生优先优质行动，实现"民意征集、部门领办、领导督办、绩效评价"闭环运转，办好民生实事，不断满足畲乡群众美好生活需求。

（六）构建高质量、有品质的社会治理新体系

坚持社会治理为了人民，加快推进社会治理体系和治理能力现代化，打造山区和民族地区县域治理景宁样板。

创新现代治理体系。加快体系升级。深化“县乡一体、条抓块统”整体智治改革，升级打造“四级融合、多元一体”的县域社会治理模式，完善社会矛盾纠纷多元预防调处化解综合机制，完成平安护航二十大等重大任务，不断提升社会治理效能。加强基层治理。坚持和发展新时代“枫桥经验”，发动社会组织、网格员、乡贤、村民等参与自治，深化网格化管理模式，定边界、定责任、定人员、定奖罚，确保各类矛盾风险化解在基层、解决在初始。强化技术变革。用好数字化手段，深化建设“公安大脑”“检察网格化”“共享法庭”等载体，全面提升智能化科学化系统化保障水平。

深化法治景宁建设。坚持在法治轨道上推进县域治理体系和治理能力现代化，争创法治浙江（法治政府）建设示范县。加强科学立法。积极探索民族自治地方立法研究，发挥民族自治地方立法对法律的补充、先行、创制作用，加强重点领域、新兴领域立法，充分行使好民族自治地方立法权。提升依法治县水平。深化法治景宁建设实践，健全依法决策机制，提高依法行政水平，严格落实行政执法“三项制度”，推进“大综合一体化”行政执法改革，依法治理网络空间，加快形成法治生态体系。加强法治阵地建设。建设覆盖城乡的公共法律服务体系，扎实开展“八五”普法，深化打造“鹤溪亭说法”“石榴籽青年普法团”等法治品牌，形成一批具有辨识度的法治景宁建设成果。

守住安全稳定底线。织密风险防线。健全风险隐患排查处置机制，系统防范经济安全、公共安全等各领域风险，常态化扫黑除恶，妥善解决信访积案，坚决打击电信网络诈骗等新型违法犯罪，确保各类风险防范化解责任到位、排查到位、处置到位。守牢安全底线。健全完善风险闭环管控大平安机制，加强基层应急体系和能力建设，提高防灾减灾救灾能力水平。坚决“遏重大”“控较大”，全力防案件、防事故、保安全，及时排查整治道路交通、安全生产、食品药品、自然灾害、消防等各领域安全隐患，确保社会大局平安稳定。

四、不断推进新时代党的建设

实现今后五年奋斗目标，关键在党、关键在人、关键在奋斗实干。全县各级党组织要深入贯彻新时代党的建设总要求，坚持“考评党建看发展，考评全局看党建”，以高质量党建引领高质量发展，高水平打造新时代民族地区党建高地，为加快建设山区和民族地区共同富裕先行示范区提供坚强保障。

（一）加强思想政治建设，永葆忠诚本色。把准政治方向。学懂弄通做实习近平新时代中国特色社会主义思想，巩固深化“不忘初心、牢记使命”主题教育成果，深入推进党史学习教育，切实增强“四个意识”，坚定“四个自信”，坚定不移做“两个确立”忠诚拥护者，“两个维护”示范引领者，争当民族地区“四个特别”好干部。提升政治能力。以党员干部为重点，打造学习型机关、学习型党组织，完善干部夜学、蹲点调研等学习模式，办好畲乡奋进大讲堂、畲乡人文大讲堂，全面提升干部“七种能力”。严守政治规矩。全面加强和规范党内政治生活，认真执行民主集中制，刚性落实请示报告等各项制度。压紧压实意识形态工作责任，抓好学校、宗教场所、互联网等阵地管理，唱响主旋律，弘扬正能量。

（二）加强基层组织建设，筑牢战斗堡垒。激发基层组织新活力。综合集成党建资源、党建力量，抓深做实“红色根脉强基工程”，深入实施“乡村联创、五优争先”工程，推动“百县争创、千乡晋位、万村过硬”工程落地见效。提升基层队伍战斗力。着力优化完善村干部监督管理机制，深化“责任指数、堡垒指数、规矩指数、先锋指数”四大指数考评，最大限度发挥党员干部干事创业热情。建设清华大学乡村振兴远程教学站，深入实施“领雁计划”“三培养”工程，着力提高村社党组织书记履职能力。扩大基层党建影响力。以县级强基规划为引领，深化开展基层党建项目创建，建设基层党建示范带。着力推动城市社区党组织体系向下延伸，大力探索数字化党建，统筹抓好两新组织、机关国企、未来社区等各领域党建，打造具有景宁特色的基层党建品牌。

（三）加强干部队伍建设，锻造中坚力量。突出实干实绩导向。注重在共同富裕的大舞台上培养使用干部，完善一线考察识别干部机制，选优配强关键岗位干部。实施“青苗培育计划”，持续优化干部结构，培养选拔一批优秀年轻干部，进一步激励广大党员干部干事创业、担当作为。持续发扬赶考精神。进一步丰富“志不求易、事不避难”创新实干大赶考内涵，持续完善干部干事创业激励保护机制，开展“景宁奋斗者”评选，选树“景宁奋斗精品案例”，让崇尚奋斗成为一种新风尚，全力培育畲乡党员干部的特殊气质。

（四）加强党风廉政建设，营造清朗生态。坚持全面从严治党，深入推进清廉畲乡建设，把“严”的主基调长期坚持下去，打造政治生态的“绿水青山”。从严落实责任。深化“四责协同”机制，以责任清单、任务清单的硬约束拧紧链条，进一步压紧压实管党治党责任。从严加强监督。深化运用“清廉指数”，高质量推进县委巡察工作，强化“一把手”和领导班子监督。坚持监督关口前移，用好“四种形态”特别是“第一种形态”，督促干部适应在受监督和约束的环境中工作生活。从严改进作风。严格落实中央八项规定及其实施细则精神，力戒形式主义、官僚主义，严查各类隐形变异“四风”问题，持续抓好基层减负，全面提升执行效能。落实“三个区分开来”，旗帜鲜明为清白干事者撑腰，对忠诚担当者负责。从严惩治腐败。坚持有案必查、有腐必惩，紧盯重点行业、重点领域，持续加大反腐治腐力度，严肃查处群众身边的不正之风和腐败问题，不断巩固风清气正的良好政治生态。

切实加强县委及县委常委会自身建设，不断提高把方向、谋大局、定政策、促改革的能力，积极支持人大、政府、政协、法院、检察院依法履行职能、开展工作，扎实做好新时代党管武装、群团、老干部、退役军人等各方面工作，进一步凝聚加快发展的最大共识、汇聚跨越赶超的强大合力。

同志们，幸福都是奋斗出来的！让我们更加紧密地团结在以习近平同志为核心的党中央周围，在省委和市委的坚强领导下，团结带领全县广大党员干部群众，高举旗帜、继往开来，以“景宁奋斗”践行“丽水之干”，为打造“中国畲乡、品质景宁、宜居胜地”，建设山区和民族地区共同富裕先行示范区而不懈奋斗！

政府工作报告

——在景宁畲族自治县第九届人民代表大会第五次会议上的报告

景宁畲族自治县人民政府县长　钟海燕

（2021年3月16日）

一、“十三五”发展成就及2020年工作回顾

“十三五”时期，是景宁发展进程中具有里程碑意义的五年。五年来，在上级党委、政府和县委的坚强领导下，在县人大、县政协的监督支持下，全县上下以习近平新时代中国特色社会主义思想为指导，全面贯彻中共十八大、十九大及十九届二中、三中、四中、五中全会精神，认真执行上级党委、政府和县委的各项决策部署，“十三五”发展胜利收官，“十四五”蓝图全面擘画，为开启高水平全面建设社会主义现代化新征程奠定坚实基础。

2020年地区生产总值达到74.76亿元，比2015年增长28.6亿元，年均增长7.4%。五年完成固定资产投资247.5亿元，较“十二五”增加81.4亿元；实际利用内资96.78亿元；三次产业结构从12.8:27.8:59.4调整为9.1:22.6:68.3；财政总收入从10.66亿元增长到20.21亿元，一般公共预算收入从5.5亿元增长到8.96亿元；社会消费品零售总额从24.86亿元增长到38.3亿元；农村居民人均可支配收入从13663元提高到21625元，城镇居民人均可支配收入从28296元提高到41735元，城乡收入比缩至1.93:1；县域竞争力排名在全国120个民族自治县（旗）中稳中有进。

过去五年，是景宁改革开放加速赋能，发展格局全面开拓的五年。我们致力“打开‘两山’新通道”，坚定用好“创新引领、问海借力、跨山统筹”三把金钥匙，大胆尝试、以干得助，汇聚动能迈出了跨越式发展的新步伐。改革动力充分释放。主动请缨，先行先试开展全国唯一的民族地区城乡融合发展改革试点，系统化推进62项改革任务，试点入围省政府改革创新项目奖候选。深化“最多跑一次”改革，集成打造行政服务中心，1385件事项实现全域通办、一窗受理。政务服务事项“掌上办”“网上办”实现率达98%，企业和政府投资项目审批分别实现“最多80天”“最多90天”。设立18个域外服务中心，在外景宁人办事更加便利。社保待遇领取人脸识别、渡运公交化等改革成果在全国全省推广。“警务集市”做法方便山区群众，成为改革典型案例。开放活力充分激发。积极融入长三角一体化发展，与

上海静安区达成战略合作关系，派驻骨干力量设立长三角招引中心，开启全员全域开放借力新征程。与普华永道、德恒等高端平台深入合作，实现招引企业134家、总投资40余亿元。生态好产品热销长三角，畲乡好风情走俏上海滩，两地全方位常态交流互访，结下深厚友谊。打造山海协作升级版，牵头构建“五县联盟”新格局，全省率先实现乡镇（街道）结对全覆盖，实现结对四县“飞地”全覆盖，设立“飞柜”10处，合作扶持项目139个，山海相依助力行政村成功消薄。招商引资势头强劲。坚持招商引资“一号工程”，打出全员招商、产业招商、平台招商、驻点招商组合拳。修订出台生态农业、生态工业、全域旅游等一揽子招引政策，建立项目谋划大比拼机制，真情服务企业创业创新，营造亲商爱商护商浓厚氛围。筑商平台、网络货运等平台经济蓬勃发展。五年招引项目254个；其中大项目54个，总投资163亿元。获评浙江省投资价值潜力20强县，招商引资工作走在全市前列。

过去五年，是景宁绿色经济加速提质，发展效益全面彰显的五年。我们致力“富民兴县再赶超”，主动适应新常态，深入贯彻新发展理念，持之以恒打造现代化生态产业，紧跟时代走出了科学发展、加快发展的新路子。全域旅游聚能起势。把全域旅游确定为战略支柱产业，实施百亿旅游产业计划。聚力畲寨复兴，洞宫畲王寨开工建设，畲寨东弄建成全省首个山地地区田园综合体。打造引领性地标，惠明禅茶文化产业园启动建设，千年山哈宫加快推进，那云•天空之城初具规模。五年安排涉旅大项目55个，完成涉旅投资95.2亿元。整合畲乡特色，集成打造“一乡一品”“四季景宁”系列文化节事，以“畲家十大碗”“畲乡十小碟”“畲乡十药膳”为代表的特色产品广受欢迎。推出“畲山居”品牌，新增民宿农家乐146家，以如隐•小佐居、清泉石上居、宿叶为代表的民宿游客络绎不绝。持续升级中国畲乡之窗、云中大漈景区，打造AAAA级景区镇5个、A级景区村庄89个。创成省级旅游服务标准化试点县、省级全域旅游示范县和全省首批AAAA级景区城，旅游收入从42.3亿元增至67.5亿元。生态工业破旧立新。体系化推进工业高质量绿色发展，平台集聚、链式引领全面发力。丽景园开启“二次创业”，招引入驻行业龙头企业——飞科电器，引进网营物联等实体企业25家，实现园区产值翻三番，税收从1909万元增至6.33亿元，在全县占比从2016年的2%提升至34%，在全市平台整合中成功破除“二十年后与市开发区五五分成”的制约。澄照创业园一期、二期全面完工，形成供地960亩，精准引进县内最大工业项目——宇海幼教木玩产业园，招引实体企业32家，建成标准厂房6.8万平方米。城北工业区等功能区块稳步发展。电工电器（气）、幼教木玩两大主导产业集聚链上企业37家，幼教木玩产业链入列省级开发区产业链“链长制”试点。深化“亩均论英雄”改革，淘汰“低散乱”企业10家，培育规上企业23家、高新技术企业10家，青风环境、宏强竹制品入选“浙江制造”，沈氏物流获全省首张“网络货运”牌照，规上工业产值从10.9亿元增至16亿元。生态农业创新发展。打造“景宁600”区域公共品牌，具有山区特色的现代农业体系基本成型。出台促进惠明茶产业发展条例实施办法，改造提升生态茶园8200亩，全县茶园面积达7.16万亩，惠明茶入选国家地理标志产品，获评中国茶业百强县。新建中药材、香榧、油茶等生态基地11.44万亩，标准化打造高山雪茭、深山野蜜系列产品110款，实现加盟企业55家，建成“景宁600”综合服务中心，品牌销售额达18.62亿元。深化“三位一体”改革，组建农合联7个、特色联盟2个，推动小农户有机衔接大市场。“药肥双控”强力推进，新增“三品一标”产品66个，农产品质量安全省级以上抽检连续8年合格率100%。严守耕地红线和粮食安全底线，新建高标农田9.36万亩，提标改造粮食生产功能区9300亩。非洲猪瘟疫情得到有力防控，生猪实现保供有余。现代服务业加快发展。全面推进省级服务业强县试点建设，培育电商企业869家，实现网络零售额9.26亿元。县域金融稳步发展，成立政策性融资担保公司，存款、贷款总额双破百亿。支持“三小经济”抱团发展，实现景商资金回流9.35亿元。打造来料加工服务中心，发放来料加工费6.68亿元。培育限上企业38家，全县首个城市商业综合体开门营业，服务业增加值突破50亿元大关。

过去五年，是景宁城乡面貌加速蝶变，发展成色全面提升的五年。我们致力建设“诗画畲乡”，坚定在全省大花园建设中打造最美风情特色园，完成“三改一拆”234万平方米，全面腾出发展空间，全面做优城乡环境，畲乡发展面貌越来越动人。城市能级加快跃升。以“绣花”功夫打造最具畲味县城，鹤溪老城品质提级，外舍新城拔地而起，澄照副城产城相融，建成区面积拓展至5.03平方千米。推进城市有机更新，新建商品房92万平方米、公共租赁房627套，改造老旧小区10个，居住条件更加舒适。建成三月三广场、江滨景观带，打造口袋公园8个，新增公共绿地27.54公顷，人居环境更加优质。新寨山桥建成使用，千熙桥开工建设，新建城区道路14.5千米、城区精品绿道16.6千米，城市路网更加完善。新建改造供水、排水、排污管道140.2千米，市政管网更加通畅。实施城区烟花爆竹禁燃，严格规范犬类管理，有效整治“四小车”，新建公共停车位2280个，智慧公交、共享单车、智能停车场全面铺开，城市管理更加精细。建成区垃圾分类收集覆盖面达91%，建成A级以上旅游公厕20个。创成省级示范文明县城、省级园林城市。美丽乡村迭代升级。以“千万工程”为引领，接续打好六边三化三美、美丽乡村示范创建、小城镇环境综合整治、美丽城镇建设系列攻坚战。小城镇环境综合整治两度获评省级优胜，6个乡镇创成省级样板。新时代美丽城镇建设获评省级优秀，1个乡镇创成省级样板。55个行政村入列国家级传统村落名录。打造省级历史文化古村落41个、特色精品村16个、美丽乡村示范乡镇7个，创成“云寿线”“白大线”“溪杉线”省级美丽乡村风景线。建制村垃圾分类收集覆盖面达85%，农村公厕实现行政村全覆盖。成功争取并启动首批全国水系连通及农村水系综合整治试点项目。圆满完成农村饮用水达标提标工程，基本实现城乡同质饮水。综合交通逐步完善。完成投资67.88亿元，投资额再创新高。新客运中心建成启用，金钟大桥、235国道溪口至澄照段建成通车，景文高速、322国道有序推进，庆景青公路、温武吉铁路、通用机场前期不断深化。打通断头路、通乡通景公路23条，提升改造农村公路541千米，美丽渡口、港湾式停靠站广泛布点，“四好农村路”高水平建设，创成省级美丽经济交通走廊达标县。

过去的五年，是景宁生态效益加速显现，发展底色全面擦亮的五年。我们坚持生态优先、绿色发展，绘就靓丽畲乡山水画，探索走出了点绿成金的价值转化新路径。生态资源有效保护。全面完成自然保护地整合优化，生态保护红线占比提升至38.4%。坚决筑牢生态屏障，深入开展“新增百万亩国土绿化行动”，松材线虫病疫情有效防控。林地面积增至246.68万亩，活立木蓄积量增至1245万立方米，森林覆盖率增至81.08%，创成草鱼塘国家级森林公园。生态环境领先发展。顶格标准推进蓝天、碧水、净土、清废四大行动，全面打赢污染防治攻坚战。深化推进“河（湖）长制”，基本消灭III类及以下水体，创成省级“美丽河湖”6条、“污水零直排镇”4个，连续4年获评省农村生活污水治理优秀县，两次夺取“大禹鼎”，五水共治满意度位居全省前列，获得出境水水质奖补资金7.94亿元。PM2.5均值降至20微克每立方米，获评中国天然氧吧。创成首批省级低碳试点县、省级生态文明建设示范县，生态环境质量稳居全国前列。生态价值加快转化。积极推进GEP改革，发布全国首个乡级GEP核算报告，设立全市首个GEP专项资金，建立“两山金融”服务站，成立“两山公司”，探索推出“生态价”“生态贷”，生态产品价值实现机制试点走在全市前列。

过去五年，是景宁民族事业加速繁荣，发展底蕴全面深化的五年。我们坚持畲汉各族人民共同团结奋斗、共同繁荣发展，坚定铸牢中华民族共同体意识，畲族忠勇精神深入人心，民族团结之花全面绽放。活态传承更加有力。持续打响“中国畲乡三月三”品牌，全力打造中国畲族文化总部。创造性开展民族文化保护利用，创编《畲娘》《畲山黎明》等畲族题材作品，新增省级非遗代表性传承人7人、非遗代表性项目2项、非遗旅游景区2处，蓝余根获评国家级非遗传承人，非遗工作稳居全省前列。获评中国民间文化艺术之乡。民族工作更具成效。深入实施民族工作新十条，成立少数民族发展促进会，投入少数民族发展资金1.39亿元。金山垟畲族特色小区基本建成，浙江民族干部培训中心、中国畲族服饰展演举办地成功落地，畲族博物馆提升工程加快推进，畲银博物馆开馆营业，民族青少年宫入列全国民族团结进步教育基地。创成国家级少数民族特色村寨5个，少数民族居民人均年收入连续5年高于全县平均水平。高质量承办全国民族自治县全面建成小康社会现场会。获评全国民族团结进步模范集体并在全国表彰大会上作交流发言，习近平总书记亲自为景宁颁奖，畲乡民族团结进步事业历史性走在全国民族自治县（旗）前列。

过去五年，是景宁民生事业加速改善，发展成果全面小康的五年。我们致力打造“和美景宁”，全力保平安、暖人心、促和谐，将新增财力三分之二以上用于民生，累计支出156.89亿元，高质量完成293项省市县民生实事，畲乡群众的美好生活越过越红火。脱贫攻坚全面胜利。牢牢守住“一个也不少”底线，全力实施“六个一批”精准扶贫举措。深化“脱贫保”“防贫保”，创新建立困难群众高额医疗费补助机制，低收入农户实现应保尽保、应救尽救。创新推出“真情暖万家·关爱365”行动，“焕新乐园”创成省级样板。建成县福利中心，实现特困老人集中供养。五年整合财政资金12.08亿元，治理地质灾害隐患点189处，完成异地搬迁3260户11025人，建设产业扶贫项目105个，发放“政银保”小额贴息贷款8877笔5.08亿元，低收入农户人均可支配收入年均增长16.2%，获省政府督查激励。“景宁600”助农增收举措入选省十大精准扶贫案例，53个省定集体经济薄弱村全面“摘帽”，顺利实现“四个清零”。社会事业全面提质。坚持办好畲乡人民满意教育，出台教育新十条，建立“特邀督学”机制，引入杭州学军中学、天长小学等优质教育资源。启动第二高中新建和职业高中迁建，投入6.68亿元建成凤凰学校、澄照学校、红星小学等学校(幼儿园)9所。等级园占比从73.3%增至100%，学校标准化率从72.73%增至95%，小规模学校办学成为全国样板。创成省示范学习型城市、省教育基本现代化县，入选全国首批民族地区智能教育试验区，学前教育更加优质，义务教育更加均衡，职业教育更有特色，景中高考实现“九连增”，五年一段上线561人，较“十二五”增长5倍。启动实施“健康景宁2030”行动，扎实推进“三医联动”“六医统筹”改革和县域医共体建设。持续深化“双下沉、两提升”工作，与浙大一院紧密合作，人民医院入围全国县级医院300强，基层医疗水平显著提升。获评国家卫生县城，创成国家级卫生乡镇12个，实现省级卫生乡镇全覆盖。孕产妇连续13年保持县域内零死亡，全国农村儿童早期发展试点成为全省典型，获评全国计划生育优质服务先进单位。全县平均预期寿命达80.49岁，超出全国平均水平3.19岁。创成全省首批基本公共文化服务标准化建设县。实施全民健身工程，国际铁人三项赛、国际跳棋世界杯分站赛、环敕木山越野赛等赛事异彩纷呈，创成省级体育强县。打造畲乡经理、畲乡月嫂等人才品牌，城镇失业率控制在1.41%，创成省级“无欠薪”县。全面推行“浙丽保”，养老保险、基本医疗保险参保率分别达99.33%、99.72%。创成省级“双拥”模范县、省级食品安全县。社会治理和谐稳定。圆满完成系列重大活动平安护航。创建“四级融合、多元一体”社会治理模式，社会矛盾纠纷调处化解中心创成省级“互比互学”典型。全面做好道路交通、自然灾害、消防、金融等领域风险防控。深化推进“枫桥式公安派出所”创建，全面打赢扫黑除恶专项斗争，成功夺取全省首批一星平安金鼎，获评省级平安县。顺利完成第七次人口普查。群众获得感、幸福感、安全感全面增强。

与此同时，国防动员建设水平加快提升；档案、融媒体、统计、工商联、电力、公积金等服务经济社会发展作用充分展现；移民、工会、残联、红十字、气象、慈善等民生工作迈上新台阶；宗教、外侨等各项工作取得新成效。

过去五年，是政府自身建设加速推进，发展合力全面释放的五年。我们始终遵循习近平总书记“志不求易、事不避难”的殷切勉励，深化推进创新实干大赶考，全县上下在大抓落实、大抓发展中展现担当作为，营造了“躺着的站起来、站着的跑起来、跑着的争第一”的浓厚干事创业氛围。全面完成机构改革，深化落实重点项目破难争先“亮灯台”和经济指标“三色预警”机制，政府运行更加系统高效。全面完成行政村规模调整和村社换届，村级组织战斗力进一步增强。全面普及“浙里办”“浙政钉”，政务服务2.0平台上线应用，政府数字化转型加快推进。全面搭建公共法律服务体系，落实行政执法“三项制度”，“七五”普法圆满收官，依法行政水平加快提升。认真落实中央八项规定及其实施细则精神、省委“36条办法”，深入开展“两学一做”学习教育和“不忘初心、牢记使命”主题教育，贯彻落实全面从严治党要求，切实履行党风廉政建设主体责任，有效推进公共资金、国有资产、国有资源及领导干部权力运行和责任落实审计监督，规范公务接待、公务用车和办公用房管理，“三公”经费下降62.43%。

特别是刚刚过去的2020年，极不平凡。面对深刻复杂变化的国际国内形势特别是新冠肺炎疫情冲击，我们在县委的坚强领导下，紧扣“聚力产业培育、决胜全面小康、创新县域治理”工作主基调，扎实做好“六稳”工作，全面落实“六保”任务，统筹推进疫情防控和经济社会发展，努力在浙江建设“重要窗口”进程中发挥民族自治县独特作用，县九届人大四次会议确定的年度目标全面完成，坚定做到了“两手硬、两战赢”。

这一年，病毒突袭而至，疫情来势汹汹。我们坚持人民至上、生命至上，坚定信念战疫情，逆行出征攻难关，全县医务工作者、村社工作者、公安干警、党员干部、志愿者火速集结、不畏艰难、日夜奋战，广大人民群众风雨同舟、守望相助、共渡难关，慎终如始抓好疫情防控，构筑起守护生命的铜墙铁壁，展现出了非常时刻的景宁担当，畲汉各族同胞万众一心的团结力量空前凝聚！

这一年，发展形势严峻，困难接踵而来。我们真抓实干、稳中求进，凝心聚力出实招，击鼓催征破难题，全面打响八百攻坚行动，有力有序推进复工复产、复市复学。粮食生猪实现稳产保供，助力全县茶农成功抢收。果断实施“一企一策一专班”行动，落实“五减”“两直”专项政策，为企业降本减负8.26亿元。复工复产考核排名全省第四，实现二季红、半年正、三季进、全年胜，地区生产总值增长3.5%，县域经济在高质量绿色发展主航道上乘风破浪、稳健前行！

这一年，挑战与机遇并存，我们争分夺秒、求新求变，全力融入新发展格局。奋力在全省争先创优，全年安排项目131个，完成投资49.67亿元；引进大项目14个，实际利用内资10.38亿元。生态工业发展形势喜人，新增规上企业8家，丽景园税收超6亿元，澄照创业园美丽园区创建列入全省第二批试点。融入长三角一体化发展做法获评全市首个省级“最佳实践”。着力培育新增长极，打造“四季网红”主播新势力，开辟直播带货新渠道，全国惠明茶禅博览会亮相上海，东方卫视《我们在行动》为畲乡公益代言，“景宁600”品牌销售额再创新高。启动全省首批AAAAA级景区城创建，修订出台旅游新政，广设七大旅游联络处，发放16.83万张消费券，疗休养新政引客入景 1.5 万人，消费潜力加快释放，发展动能更加强劲！

这一年，我们坚守为民初心使命，坚决兑现对畲乡人民的庄严承诺。扎实开展百山祖国家公园创建，顺利通过国家公园体制试点评估验收，全县环境空气质量优良率、出境交接断面水质Ⅰ类水天数占比达到 100%，绿水青山好中更优、优中更美，诗画畲乡再添绚丽色彩。民族医院建成启用，健康管理中心正式落地，迈出“三融合两中心”建设新步伐，景中高考、职高高考再创佳绩，“小县大教”再上新台阶，全民共享的民生事业更有温度、更具质感。“一户一策一干部”“低收入农户创业联盟”行动深入开展，国家扶贫日浙江主场活动、全省民族乡村振兴示范建设推进现场会在景举办，在全国自治州自治县脱贫攻坚奔小康经验交流会、全省新时代推进山区 26 县高质量发展座谈会上分别作典型和交流发言，高水平全面建成小康社会取得历史性成就！

各位代表，过去的五年，是解放思想、赶考奋进的五年，是实干为要、跨越赶超的五年，是民生改善、生活和美的五年，是风清气正、政通人和的五年，是畲汉一家、空前团结的五年。五年的实践证明，只要我们坚定不移沿着习近平总书记指引的道路，以“八八战略”为统领，奋力“打开‘两山’新通道、富民兴县再赶超”，就一定能够实现更高水平的“三个走在前列”；只要我们坚定不移贯彻习近平总书记“志不求易、事不避难”的殷殷嘱托，大力弘扬浙西南革命精神，紧跟时代步伐，厉行“丽水之干”，就一定能够打赢一场又一场攻坚战，取得一次又一次新跨越；只要我们坚定不移贯彻以人民为中心的发展思想，持之以恒打造“诗画畲乡•和美景宁”，就一定能够创造畲乡人民更加美好幸福的新生活！

五年历程充满艰辛，五年成就来之不易。这是县委正确领导，县人大、政协监督支持，全县人民团结奋斗的结果。在此，我代表县人民政府，向全县人民以及广大建设者，向县人大代表、政协委员，各民主党派、工商联、人民团体和社会各界人士，向驻景部队官兵、民警、消防救援队伍，向所有关心支持景宁经济社会发展的朋友们，表示衷心的感谢并致以崇高的敬意！

我们也清醒地认识到，景宁经济社会发展仍然存在不少困难和问题。主要表现在：经济总量规模偏小，发展不平衡不充分问题较为突出；科技力、人才吸引力依然偏弱，创新水平难以适应高质量跨越式发展要求；生态文明建设任重道远；高水平对外开放力度有待加大，交通区位劣势亟须加快扭转；稳就业、优民生承压较大；政府系统性建设水平有待提升，少数干部改革创新、服务群众、善抓落实的本领有待加强。对此，我们一定高度重视、靶向发力、精准施策，认真加以解决。

二、“十四五”时期的奋斗目标和主要任务

“十四五”是全面开启社会主义现代化建设新征程的第一个五年。根据《中共景宁畲族自治县委关于制定国民经济和社会发展第十四个五年规划和二〇三五年远景目标的建议》，县政府制定了《景宁畲族自治县国民经济和社会发展第十四个五年规划和二〇三五年远景目标纲要（草案）》，提请大会审议。经大会批准后，县政府将认真组织实施。

“十四五”时期经济社会发展的指导思想是，以习近平新时代中国特色社会主义思想为指导，深入贯彻中共十九大和十九届二中、三中、四中、五中全会精神，全面贯彻党的基本理论、基本路线、基本方略，统筹推进“五位一体”总体布局，协调推进“四个全面”战略布局，坚持党的全面领导、坚持以人民为中心、坚持新发展理念、坚持深化改革开放、坚持系统观念，坚持稳中求进工作总基调，以推动高质量绿色发展、加快跨越式发展为主题，以深化供给侧结构性改革为主线，以改革创新为根本动力，以满足人民日益增长的美好生活需要为根本目的，忠实践行“八八战略”、奋力打造“重要窗口”，全面落实习近平总书记对景宁重要指示精神，紧扣“诗画畲乡·和美景宁”县域定位，紧跟时代步伐，厉行“丽水之干”，志不求易、事不避难，争做绿色富民先锋、改革开放新锐、生态文明示范、城乡融合样板、团结进步模范、整体智治标杆，打造大花园最美风情特色园，成为高质量绿色发展先行地，建设山区共同富裕新家园，在全省26个加快发展县中争先进位，在全国120个民族自治县（旗）现代化建设中先行示范，在全省建设“重要窗口”进程中发挥民族自治县独特作用。

“十四五”时期经济社会发展的主要目标是，以“立足生态化、补课工业化、赶趟城镇化、加快市场化、全面数字化、增强系统化”为战略路径，推动绿色高质量发展实现新跨越、新时代改革开放形成新高地、风情特色园建设呈现新风貌、畲乡人民生活水平实现新提升、民族团结进步事业开拓新局面、县域现代治理取得新突破。“十四五”时期，固定资产投资年均增速保持10%左右，常住人口城镇化率达70%，城乡居民收入分别达6.2万元和3.32万元，地区生产总值年均增速保持8%左右，高于省市平均水平，至2025年GDP突破百亿规模，实现GDP和GEP规模总量协同较快增长。

围绕上述目标，重点做好以下五方面工作：

（一）畅通经济循环，主动融入新发展格局。全力扩大有效投资，精准谋划推进城市更新、产业平台等利长远重大项目，实施“百项千亿”重大项目计划。实施交通先行战略，开展综合交通五年攻坚大会战，开工建设温武吉铁路，积极推进丽南铁路、丽云景铁路前期谋划，加快通用机场、庆景青公路建设，力争达到“做大一个中心、走近两个时代、基本实现三个80%”目标。大力推进“双招双引”，深度融入长三角一体化发展，深化“五县联盟”格局，创新推进产业、科创、人才等“飞地”建设，念好新时代“山海经”。全面推进产业数字化、数字产业化，加快产业链创新公共服务平台和民族双创中心建设。系统开展绿谷精英·创新引领行动、畲雁归巢、畲乡英才、智库建设系列计划。支持创新创业主体发展，财政科技投入每年增幅不低于15%，加快培育“专精特新”和创新型领军企业。推进现代地方财税金融体制改革，加快国企整合改革，加强要素市场化改革，创新投融资机制，打造营商环境最优县。拓展“宅经济”“云生活”等消费场景业态，打造数字生活新服务强县。

（二）激发创新动能，做强生态经济新体系。坚定生态经济化、经济生态化发展路径。

夯实全域旅游战略支柱产业，以畲乡风情特色游为核心，打造一批具有引爆效应的文旅地标、时尚网红打卡点，场景化推出森林康养、运动休闲、乡村度假、红色文化等旅游产品，打造瓯江山水诗路文化带，串珠成链形成全域旅游聚势效应，创建国家全域旅游示范区。推动生态工业集聚升级，围绕“北电工电器（气）、南幼教木玩”产业布局，实现丽景园先进制造业链式联动发展，加快澄照创业园三期、四期建设，打造产业链“链长制”示范试点，建设美丽园区、智慧园区。深化“两进两回”，做大“景宁600”市场规模，全域化培育惠明茶主导产业，全链条发展生态种养业，打造一批现代乡村产业示范带、现代农业园区、特色农业强镇和“康养600”小镇，建设长三角农产品首选供应基地。鼓励商贸服务创新发展，推动“三小经济”、电商等行业转型升级。支持网红经济、水经济等业态创新发展。

（三）提升核心能级，塑造城乡融合新面貌。以全国民族地区城乡融合发展改革试点为引领，扎实推进新型城镇化和乡村振兴，构建“一核三区两带多地”空间格局。打造由鹤溪老城、外舍新城、澄照副城构建的核心城区，辐射带动大均、梅岐等周边片区，打造国家级旅游休闲城市。外舍新城以畲乡古城为核心创建国家AAAA级景区。精细化推进鹤溪老城城中村、安置小区、老旧小区改造提升，推进未来社区建设。拓宽澄照副城产业集聚区发展空间，打造绿色生态创业园区。推动资源要素向瓯江（小溪）山水诗路文化带和景文高速产城融合发展带倾斜，构建南部高山养生发展区、西部国家公园生态发展区、东部山水文旅发展区，推动乡镇抱团联动发展。深化农村综合改革，推进乡镇行政区划调整，着力破除城乡融合发展壁垒。全域推进海绵城市建设和能源、水利、新基建等市政设施智慧化升级，逐步实现城区天然气全覆盖，实现5G县域全覆盖。

（四）突出生态优先，打造最美风情特色园。全领域、全地域、全过程、全方位加强生态文明建设。实施最严格的生态空间管控制度，打好蓝天碧水净土清废攻坚战，确保生态环境各项指标保持全国全省前列。加强生物多样性保护，构建全域生态安全格局。大力推进循环低碳经济，引导全社会形成绿色生产生活方式。深化实施“千万工程”、美丽河湖、美丽林相、美丽田园等建设。推动非物质文化遗产活态传承，统筹抓好“古村复兴”“畲寨复兴”计划。打造生态产品价值实现机制“景宁样板”，建立多元生态保护补偿机制，创建绿色发展综合改革创新区。融入“一带三区”发展格局，推动龙庆景三地协同，共建共享百山祖国家公园，推进云景聚落发展区块建设，打造民族特色风情和产业合作样板。

（五）致力共同富裕，共筑美好生活新家园。巩固高水平全面建成小康社会成果，推进人的全面发展和社会的全面进步。着力推进“小县大教”，实施“畲乡名师名校长培养工程”，全力创建全国学前教育普及普惠县、全国义务教育优质均衡发展县和全国民族地区智能教育试验区。加快二中新建，组建普高教育发展集团。加速职高迁建，建设浙江技师学院景宁民族分院。深化“健康景宁”行动，深入推进浙大一院合作办医和县域医共体建设，推动民族医院“三融合两中心”建设，发展畲医药等健康产业，争创医养结合示范县。倡导全民健康理念，形成“10分钟体育健身圈”，健全公共文体发展体系。促进社会保障精准扩面，实施全民参保计划，推动高质量就业，全面加强特殊人群权益保护。巩固拓展脱贫攻坚成果同乡村振兴有效衔接，建立解决相对贫困长效机制，加快推动共同富裕。系统推进全国畲族文化联动交流，打造民族事务治理现代化先行示范区、铸牢中华民族共同体意识先行示范区。以数字化改革为引领，基本建成“整体智治、唯实惟先”现代政府，全力创建山区和民族地区数字化发展示范县。深化“四级融合、多元一体”治理模式，着力打造法治景宁、平安景宁，持续建设清廉畲乡，高水平构建现代化治理体系。

三、全力做好“十四五”开局工作

2021年是中国共产党成立100周年，是“十四五”开局之年，是开启全面建设社会主义现代化新征程的第一年。综合考虑各方面因素，建议今年全县经济社会发展主要预期目标为：地区生产总值力争增长8.5%左右；一般公共预算收入增长8.5%以上；固定资产投资增长10%以上；社会消费品零售总额增长8%左右；城乡常住居民人均可支配收入分别增长8%左右和10%左右；节能减排完成省市下达的目标任务。

实现上述目标，必须牢固树立“没有实现加快发展也是一种风险，没有追求实现加快跨越式发展的意识、决心和胆略更是极端危险”的理念，全面贯彻县委九届九次全会精神，紧扣“聚力绿色发展、深化改革开放、夯实基层基础”工作主基调，赶考突围、奋发赶超，巩固拓展疫情防控和经济社会发展成果，扎实做好“六稳”工作，全面落实“六保”任务，全力以赴为“十四五”开好局、起好步。

（一）坚持“双招双引”战略先导，实现发展能级再跃升

深化开放强招商。以最强决心、最高斗志推进招商引资，紧盯制胜区域竞争的重大战略项目及新兴产业，深耕细分产业领域，突出“一张图”引航、“一把手”领衔、“小分队”出动，全力引育产业新变量新增量。进一步创新招商理念，集成打造精准精细招商政策包。强化世界500强、上市公司、国内名企对接招引，建立健全招引项目全生命周期服务机制。着力开拓招商版图，引进大项目5个以上，实际利用内资增长20%以上。加快融入长三角一体化高质量发展，发挥长三角招引中心“桥头堡”作用，主动对接金融资本、科技创新等制高点，打造优质企业数据库，实现资源动态化管理、企业一站式合作、项目精准化落地。探索建立“产业飞地”，培育“飞楼”经济。强化宣传力度，在沪谋划举办专场推介活动。深化“五县联盟”机制，开展工会旅游、科教文卫等领域专题合作，有序推进3个乡村振兴示范点共建项目，加快推进4个“消薄飞地”建设，实现“飞柜”销售2000万元以上，持续打造山海协作升级版。探索打造商超联盟，搭建数字化服务平台，构建域内外景宁人现代商业网，推动“三小经济”转型升级。

优化环境促引智。以最实举措、最大手笔推进招才引智，深入实施“人才新政18条”，高质量建设“才聚畲乡”系统工程。推进鸿雁

归巢行动，引进硕士20名以上、高校毕业生2000名以上。谋划打造工程师协同创新中心，建立院士工作联络点1个、院地合作项目30个以上。对接储备一批“绿谷精英”和省级重点引才计划人才，柔性引进博士以上人才30名以上。全面实施科技新政，支持企业数字化转型，推进校企合作创新研究院项目建设，积极申报宇海众创空间等服务平台，新增国家高新技术企业2家、省级科技型中小企业5家。打造数字经济产业园区，探索跨境电商新模式，推动电子商务集聚发展。

项目为王扩投资。加快“两新一重”建设，落实新一轮扩大有效投资行动，力争民间投资增长12%以上、省、市、县长工程落地率50%以上。进一步优化领导领衔负责、专人专班攻坚、重大项目破难争先“亮灯台”工作机制，建立重点项目组团服务、挂账督导机制，加强项目前期健康指数评价，确保项目审批推进“零障碍”，全年安排项目146个，计划投资55.78亿元，其中亿元以上项目43个。完成山哈大剧院等60个项目建设，体育场复建工程6月底前建成启用。加快推进景文高速、322国道、金村水库、小溪流域综合治理（一期）、职业高中迁建、老年综合服务中心等56个项目建设。开工建设团结小区等90个项目，力争庆景青公路启动建设。全力推进景宁二中新建工程、温武吉铁路、通用机场、天空之翼、抽水蓄能电站等71个项目前期。坚持“要素跟着项目走”，探索国企平台融资模式，抓好专项债等政策红利争取，完成第三次国土调查、国土空间总体规划编制，推进规划用地“多审合一、多证合一、多测合一”，实施低效用地再开发，盘活存量建设土地220亩。

（二）着力做大产业、扩大税源，实现生态经济再升级

聚力全域兴旅。加快发展全域旅游战略支柱产业，打造瓯江山水诗路畲族文化旅游带，奋力推动重点旅游项目大干快上，建成运营那云·天空之城（一期）、东弄畲家田园综合体（二期），加快惠明禅茶文化产业园、洞宫畲王寨、千年山哈宫、畲族博物馆提升等工程建设，开工建设百鸟朝凤、丽景山居，力争完成云上天池、千峡畲寨项目招商。持续升级中国畲乡之窗、云中大漈景区旅游服务品质。完成畲乡古城业态招商1.8万平方米，加快培育畲族风情旅游小镇。深化“百城千镇万村景区化”工程，力争创成省级AAAAA级景区城，新增景区镇1个、A级景区村庄10个。创新推出“畲乡十小咸”等特色产品。发挥旅游联络处作用，实现山海协作旅游联盟抱团式发展。全力发展乡村旅游，加快推进金钟雪梨产业文化体验区、千峡湾·渤海生态园、金岚鱼文化基地等项目建设，创建大均省级休闲乡村，打造钻级精品示范民宿3家。完成235国道改建路段生态修复工程，启动大赤大桥、环敕木山旅游公路美化工程。打造大东线农旅融合发展乡村振兴示范带，争创省级休闲旅游线路。实施直播经济三年行动计划，深入推进“四季网红”项目，组建青春农旅主播联盟，孵化短视频创业基地20个，建成创客直播间50个，助力农旅产业开拓线上市场。发展消费新业态新模式，加快东方城市商业综合体、畲乡古城核心商圈建设，推动消费提质扩容。

聚力平台兴工。加快生态工业平台“二次

创业”，有序推进平台系统性重构，培育壮大电工电器（气）和幼教木玩两大产业链。充分发挥丽景园新型工业主战场作用，做好首信电气、乐景电器、小微孵化园（二期）等在建项目跟踪服务，谋划建设民族双创中心项目，引进企业5家，实现5家企业开工，飞科电器、网营物联等7家企业投产，一元电气、慕辰电子等4家企业上规，力争园区规上工业产值达10亿元。全力打造澄照创业园幼教木玩产业集聚高地，深入推进“链长制”试点建设，实现6家企业开工，招引培育配套企业10家，建成投产10家，华威教具、景彩包装投产上规，园区产值突破2亿元。进一步优化园区生活生产公共配套，谋划启动澄照创业园三期建设，加快构建宜居宜业的现代化美丽园区。深化“亩均论英雄”改革，强势推进“低散乱”企业整治，加快传统产业改造提升，实现企业入园10家。新增来料加工服务点10个，发放来料加工费1.6亿元。深入实施“三服务”2.0版，打造全天候、全覆盖、全方位的精准服企品牌。引导金融机构更大力度支持实体发展，新增中小企业贷款3亿元。集成升级惠企政策，出台工业新政，抓好“五减”工作，力争再为企业减负3亿元以上。

聚力品牌兴农。持续深化内涵挖掘，优化要素配置，做深海拔经济，打造具有山区特征、生态特色、民族特味的新型现代生态农业。出台实施新一轮“景宁600”三年行动计划，做强惠明茶、中药材、高山果蔬三大农业主导产业，持续健全产品标准体系。新建提升生态示范基地1万亩，建成示范乡镇2个、先行村10个。新建木本油料、林下经济等产业基地1500亩，提升林道路60千米。争创“大东景”省级现代农业园区，实现“景宁600”销售额7.1亿元以上。重点打造惠明茶拳头产品，深化落实促进惠明茶产业发展条例实施办法，提升改造生态有机茶园1万亩，打造天堂湖等茶旅漫游景观点3个、茶工坊5个，建成惠明茶包装服务中心，全力招引落地茶产业龙头企业，补强精深加工薄弱环节。加快农业产业数字化转型，推进京东农场、智慧茶园等3个数字农业项目试点建设。深化“三位一体”改革，优化农合联服务功能，提升小农户组织化程度。扎实推进“对标欧盟·药肥双控”行动，完善推广“一证一码”“一品一策”产品管控，完成绿色食品认证3个，新增“三品一标”产品认证面积1000亩。执行最严格的耕地保护制度，抓好抓实抛荒耕地复垦。建成高标准农田6500亩，提标改造粮食生产功能区2000亩，完成粮食播种面积9.6万亩以上，打造省级绿色高产千亩示范片3个。严防非洲猪瘟疫情，确保生猪稳定供应。

（三）着眼整体协同、全域融合，实现城乡格局再优化

打造高品质中心城区。深入实施城市品质“五个一”建设，补齐城市设施短板，推进以人为核心的新型城镇化。在鹤溪老城，采用微改造、微更新方式，以复合手段推进城市更新，加快推进百岁未来社区规划，争取列入全省第三批未来社区试点项目，启动金农小区改造，完成新华老旧小区改造，实施茶山路工程、环城东路延伸工程、环城西路改造提升工程。在外舍新区，加快建设千熙桥，开工建设凤凰隧道，启动垃圾中转站搬迁，全面推进截

污纳管、雨污分流改造。在澄照副城，开工建设花园邻里中心综合体，加快推进澄阳安置小区建设，实施寨山桥至澄照路段改造提升，谋划启动县城至澄照第二通道建设，完善副城服务配套，助力产城融合。建成环惠明寺、天堂湖、天空之城绿道。加快智慧城市建设，以智慧化手段开展治堵、治违、治乱、治脏专项行动，实现建成区垃圾分类覆盖率100%。

振兴新时代美丽乡村。深化“千万工程”，全面实施新时代美丽乡村“六大行动”。出台“两进两回”扶持政策，实施乡贤助力乡村振兴、村集体经济壮大2.0版系列工程，招引落地乡村产业项目10个以上，完成村集体经济收入20万元经营性收入10万元以上村134个。推进新时代乡村集成改革，加快建设数字乡村，探索推进进城落户农民依法自愿有偿转让退出农村权益制度。提标“千万农民素质提升工程”，做强畲乡月嫂、惠明茶师、畲乡经理等培训品牌，发掘孵化新农人，提高农民就业创业能力。高水平推进大漈、景南、雁溪美丽城镇建设，建成省级新时代美丽乡村35个、市级花园乡村22个。深入实施“古村复兴示范工程”，保护提升历史文化古村落17个、传统村落10个。强化农村环境长效治理，实现农村生活垃圾分类治理覆盖率90%以上。深入开展“青山白化”整治。新建文化礼堂13个。持续推进“四好农村路”建设，改建农村公路118千米，提升农村桥梁安全保障水平。强化农村饮用水运维管护，保障城乡同质用水。推动“政银保”延边扩面，发放小额贴息贷款1亿元。深入实施大搬快聚富民安居工程，完成搬迁安置3000人以上。加快建立解决相对贫困长效机制，常态落实“一户一策一干部”“低收入农户创业联盟”系列帮扶举措，确保低收入农户收入增长10%以上。

建设全要素美丽生态。扎实推进最美风情特色园建设，加快国家生态文明建设示范县创建，力争创成省级大花园示范县。坚决抓好第二轮中央环保督察反馈问题和涉林垦造耕地问题整改。完成百山祖国家公园创建任务。全力培育畲乡古道、千峡湖生态旅游度假区等3个省级大花园耀眼明珠。实施“增花添彩”示范性工程，完成景观微改造项目36个，建成浪漫花海、花园大道、花园乡村等一批特色赏花点。打好生态环境巩固提升持久战，深入推进“五水共治”，持续巩固“河(湖)长制”，强化龙潭桥和千峡湖水体保护，基本完工全国水系连通及农村水系综合整治试点项目主体工程，完成红星、鹤溪“污水零直排区”建设，争创“污水零直排县”，实现全域断面水质达标率100%，力争再夺“大禹鼎”。持续实施蓝天保卫行动，深化“双控双减”，系统抓好全域禁止河道采砂、秸秆焚烧、明火上山、许可范围外燃放烟花爆竹，确保空气环境质量全省领先。全面实施危废清零，创成全省首批“无废城市”。加快生态环境监管数字化转型，实现监测监管全覆盖。大力推进国土绿化，实施美丽林相、森林景观带、村庄绿化建设，完成造林更新1.3万亩。加快GEP集成改革，加强GEP核算结果运用，实现政府购买生态产品乡镇(街道)全覆盖。启动碳中和战略研究，探索推进林业碳汇交易、智慧生态治理等试点建设，健全“两山”金融服务机制，不断拓宽

"绿水青山就是金山银山"转化通道。

（四）聚焦富民惠民、共治共享，实现幸福指数再提升

毫不松懈抓实疫情防控。坚持"外防输入、内防反弹"，深化运用"源头查控+硬核隔离+精密智控"机制，常态化落实人防、物防、技防举措，强化出入境管控、重点场所和农村地区日常监管，严格实行"一码一测一口罩"管理，实现"四个确保一个力争"总体目标。实施疾病防控机构标准化工程，完成民族医院发热门诊改造提升。强化呼吸道疾病防控，提升核酸检测能力，有序做好流感疫苗、新冠肺炎疫苗接种。健全重大疫情预防监测、医疗救治和应急指挥体系，完善医疗物资保障机制，切实提升实战能力。深入开展爱国卫生运动，全面提高全民健康防护意识。

高水平增进民生福祉。支持多渠道灵活就业，着力帮扶重点人群就业，开展就业创业培训1000人，新增城镇就业2000人，城镇登记失业率控制在2.5%以内，确保零就业家庭动态清零。加快推进城乡义务教育共同体建设，积极创建全国民族地区智能教育试验区，创成全国学前教育普及普惠县。实施第四轮学前教育提升行动计划，协同推进小初高补短提升、培优创建。推进浙江建设技师学院景宁民族分院筹建并启动招生，推动职业教育产教融合发展。支持研学教育基地（营地）建设，加快打造研学路线。深入实施新一轮"双下沉、两提升"合作办医，开展县级强院计划，深化县域医共体建设，推动畲医药传承创新发展，高品质建设"健康景宁"。深化"真情暖万家•关爱365"行动，提升儿童救助保障水平。扩大养老服务供给，完成100户困难老年人家庭适老化改造，实现乡镇（街道）居家养老服务中心全覆盖。稳步提升基本养老保险、医疗保险参保率和待遇水平，全面落实"浙丽保"政策。办好"中国畲乡三月三"系列活动，全面做好第六届全国少数民族文艺会演参演工作。强化畲族文化保护传承利用，增进民族文化交流，开创民族团结进步事业发展新局面。

数字化集成强治理。加强数字化认知、坚持数字化思维、运用数字化技术，全面对接落实全省数字化改革"1+5+2"工作体系。推进"民族云"建设，争创民族地区数字化发展样板。集成县城公共设施基础数据，完善三维实景地图，实现"图上办"。推动"一件事"改革向公共服务领域延伸。实施优化营商环境五年行动，推进政务服务"一网通办"。加快推进全国民族地区城乡融合发展改革试点八大领域项目进度。全面推进国企改革三年行动。加大公共资源交易市场管理力度。深化推进"县乡一体、条抓块统"协同治理，完善"四级融合、多元一体"县域社会治理模式，加快县级矛盾纠纷调处化解中心规范化建设。坚持和发展"枫桥经验"，加强违法犯罪打击，针对性开展电信网络诈骗、毒品犯罪、缉枪治爆等专案攻坚，推进扫黑除恶常态化，打造丽水最平安县。开展全省放心消费重点县建设，全面落实食品药品安全党政同责。扎实推进质量强县建设。加强安全生产、危化品、消防、金融等重点领域风险防范化解，开展农村地区道路安全综合治理三年行动，提升基层应急管理能力，加快构建闭环管控大平安体系。

（五）唯实惟先、善作善成，打造党建统领的“整体智治”政府

坚定信仰打造忠诚政府。坚持以习近平新时代中国特色社会主义思想为指导，全面增强“四个意识”、坚定“四个自信”、做到“两个维护”，始终在政治上、思想上、行动上同以习近平同志为核心的党中央保持高度一致。心有所信、行有所向，高标准高质量完成学习教育各项任务，确保把学习党史同总结经验、观照现实、推动工作充分结合。始终牢记政府前面“人民”二字，对标建设“重要窗口”目标定位，坚决贯彻落实上级和县委各项决策部署，做到发展为了人民、发展依靠人民、发展成果由人民共享。

数字赋能打造实干政府。坚持系统观念，突出问题导向，强化调查研究，加大督查力度，优化考核机制，建立更加科学高效的指标体系、工作体系、政策体系、评价体系，做到目光所至看到问题、耳听范围想到问题、所思所想直面问题，全面加强政府“抓落实”能力，推动更多群众所盼、发展所需的重点难点工作破题见效。加快政府数字化转型，集成优化“互联网+政务服务”“互联网+监管”平台建设，深化应用“浙里办”“浙政钉”，确保“浙里办”日均活跃用户数达3000人，“浙政钉”日均活跃率达80%，全力打造“掌上办事之县”“掌上办公之县”。

依法依规打造法治政府。牢固树立法治理念，自觉接受人大、政协、审计和舆论监督，认真执行人大及其常委会各项决议，充分发挥人民政协民主协商作用，抓好人大代表建议和政协提案办理。严格落实重大行政决策法定程序，扎实做好政务依法公开。深入推进乡镇（街道）重大行政决策、规范性文件等合法性审查。优化公共法律服务供给，加强行政争议预防和化解。深化综合行政执法改革，切实落实行政执法“三项制度”，严格规范公正文明执法。

强化作风打造清廉政府。把纪律挺在前面，严格落实全面从严治党主体责任，落实中央八项规定及其实施细则精神、省委“36条办法”，驰而不息整治“四风”问题，坚决守牢廉政底线。严格按照清廉畲乡建设要求，持续强化廉政风险防控，加强重点领域和关键岗位监督，深化财政监管和审计问题整改，保持反腐败高压态势。坚持以俭养廉，建立健全厉行节约长效机制，严格压缩一般性支出，坚决取消不必要开支，让清正清廉清明成为政府鲜明底色。

各位代表，百年恰是风华正茂，畲乡发展迈入现代化建设全新征程。让我们更加紧密地团结在以习近平同志为核心的党中央周围，在县委的坚强领导下，在县人大、县政协的监督支持下，勠力同心、开拓进取，为开启畲乡景宁高水平全面建设社会主义现代化新征程而努力奋斗！

专　辑

党史学习教育

2021年，中国共产党景宁畲族自治县委员会根据《中共中央关于在全党开展党史学习教育的通知》（中发〔2021〕6号）和中国共产党浙江省委员会、丽水市委员会的统一部署，在全县各级党组织开展中国共产党历史（以下简称党史）学习教育实践活动。该次党史学习教育面向全体党员，以县处级以上领导干部为重点。全县涉及县处级以上领导班子4个、县处级以上领导干部37人；单位90家，科级领导干部639人；基层党支部502个，党员1.17万人。

为切实把党中央的部署落到实处，景宁县委第一时间成立了以县委书记为组长的领导小组，下设办公室，并抽调骨干力量组建综合协调组、简报材料组、实践活动指导组、宣传报道组、巡回指导联络组（设巡回指导组5个，每组4人）5个工作专班。印发了党史学习教育领导小组办公室组织机构和工作职责。县委制订出台了《关于开展党史学习教育的实施工作方案》。谋划重点举措23项，明确路线图、时间表、责任人。3月19日，全县党史学习教育动员部署会召开。会议认真学习贯彻习近平总书记在党史学习教育动员大会上的重要讲话和全省、全市党史学习教育动员部署会精神，对全县党史学习教育进行专题部署。自此，全县掀起党史学习教育热潮，各单位根据县委党史学习教育实施方案，结合本单位实际和行业特点制订具体的党史学习教育实施方案，层层动员部署、压实责任，落实各项任务。7月15日，县党史学习教育领导小组办公室发出关于印发全县党史学习教育专题实践活动重点举措细化清单的通知（景学组办〔2021〕7号）。12月27日，县党史学习教育领导小组办公室发出《关于做好全县党史学习教育专题实践活动方案、重点举措细化清单和景宁县100项实事项目落实销号的通知》，要求相关责任单位对标对表，持续做好专题实践活动方案确定内容、重点举措细化清单和景宁县100项实事项目的任务落实，确保任务如期完成，并于12月31日前将完成情况在浙政钉联络群内在线编辑进行销号，未完成的事项另行报送并说明原因。各单位要自行完善相关台账资料，县委巡回指导组将组织开展专项抽查。

整个党史学习教育在省委第五指导组和市委第九巡回指导组的指导下开展。县巡回指导组开展常态化的分类指导督导。景宁党历学习教育，规定动作严格到位，自选动作特色鲜明。在实现指定学习教材（《中华人民共和国简史》《社会主义发展史》《改革开放简史》《中国共产党历史》《论中国共产党历史》《毛泽东、邓小平、江泽民、胡锦涛关于中国共产党历史论述摘编》）党员全覆盖的基础上，把总书记习近平的重要嘱托、《景宁畲族自治县革命老区发展史》 等作为地方特色学习资料。创新推出“9+9”定制主题党日，各单位依据“菜单”自主选择相应套餐。全县各级党组织开展各类主题党日活动 3320 多次。学习内容丰富、形式多样，组建特色宣讲队伍，以畲家山歌、畲语快板、木偶戏等方式，宣传习近平总书记在庆祝中国共产党成立 100 周年大会上的讲话精神和中共十九届六中全会精神。全县利用基层文化阵地，开展专题学习 3500 多场次，主题宣讲 2300 多场次，覆盖党员群众 5 万余人次。景宁畲歌队改编了 10 多首畲族山歌，将党史故事融入歌词中，并到岗石畲寨、岭北等 10 多个村庄巡唱宣讲。

其间，县处级以上领导围绕必学内容开展专题研讨交流 19 次，带头深入基层开展专题宣讲或讲党课 131 人次。并通过组织县委专题读书班、党委（党组）理论学习中心组等形式，集中学习研讨习近平总书记在庆祝中国共产党成立 100 周年大会上的讲话精神和中共十九届六中全会精神。开展“六讲六做”大宣讲、“丽水之干”大践行活动。全县各单位党委（党组）理论学习中心组开展专题学习 1230 多场次，实现理论学习中心组成员学习全覆盖。同时，因地制宜、因人施策强化分级分类指导，确保党史学习教育参与全覆盖、学习全覆盖、教育全覆盖、影响全覆盖。统筹各行业系统主管部门、乡镇（街道）、域外网格等，推出家庭课堂学、“1+1”帮扶学等举措，利用电视、广播、网络等载体，采取寄书助学、网络直播授课等方式，为各行各业、文化水平不高行动不便、域外流动党员等“特殊党员群体”开展“助学”行动。

在学习提高的基础上，全体党员着重围绕学习习近平总书记在庆祝中国共产党成立 100 周年大会上的重要讲话情况，有什么心得体会；学习习近平新时代中国特色社会主义思想和党中央指定学习材料情况，读了多少，有什么感悟和收获；对照党史学习教育目标要求，自身在坚定理想信念、增强历史自觉、弘扬优良传统、加强党性锤炼等方面还存在哪些差距和不足；党员先锋模范作用发挥怎么样，立足岗位、履职尽责做得怎么样，为身边群众做了什么实事好事，还有哪些差距等 4 个方面重点内容，敞开大门听意见，进行深度的自我检视剖析，明确整改方向和措施。各级党组织严格执行“五不开”和“喊停”机制，召开专题组织生活会。各级党员领导干部主动列出问题清单，并在党史学习教育推进过程中修正完善。聚力聚焦后进村发展工作，找准问题症结，推动 8 个后进村整转。

县委围绕“学党史、悟思想、办实事、开新局”的总体要求，推进党史学习教育，将党史学习教育成果转化为推动民族地区共同富裕的强大动力。中央第五指导组到景宁调研指导其间，充分肯定景宁党史学习教育特色鲜明、举措扎实、成效显著。景宁在党史学习教育期间，开展"三为"专题实践活动和"开新局"专题行动。县(处)级领导带头破解基层关切问题319件，全县开展"党员在身边"志愿服务活动5404场、认领实现"微心愿"2900个、建立爱心系列项目156个、办成大小实事1.19万件。收集各类意见近千条，并将群众反映热强烈的191项不满意事项以交办单形式下发各职能单位，督促解决。《数字工资》《"邻里互助小分队"点亮"微心愿"》等实践案例入选全市党史学习教育典型案例集。实施66项重大项目攻坚克难画句号行动和"数字经济"一号工程2.0版，推进企业码"地方特色专区"建设，出台《关于加快生态工业高质量绿色发展的若干意见》等，以系统化思维谋划推动各项工作。全年为企业解决大小难题1608件，重点精简三类文件发文数量224件，各类评比表彰、指尖上的"多乱差"等形式主义现象得到有效遏制。是年，全县引进大项目9个，实际到位市外资金10.54亿元；柔性引进高层次人才132人，与35所高校院所、人才协会达成合作，累计引入大学生2553人，其中博士13人。以"整体智治"助推数字化改革新标杆。县级总门户及五大子门户全部集成上线；完成省级重点应用贯通上线12个；点亮子应用12个。"幸福码"延伸服务、"数字工资"等工作被列入全省试点，法院辅助事务"三化"改革做法在省全域"数字法院"重大改革座谈会上作经验交流。以畲族"忠勇"文化打造"红绿畲"融合发展新模式。实施绿水青山向金山银山转化专项规划。率先在全国推行民宿"生态价"；挖掘研学产业，发布全国首个针对具体产业项目落地区域的生态产品价值核算报告，核算生态价值4503.39万元。　（刘　鸿）

2021 中国畲乡“三月三”活动

2021 中国畲乡“三月三”活动，以习近平新时代中国特色社会主义思想为指导，以“畲乡人民感恩党，献礼中国共产党成立 100 周年”为主旨，以“红色畲乡·风情景宁 ”为主题，以“三月三”民族节庆为平台，充分展示畲乡景宁“十三五”发展和全面小康社会建设的新成就，开启全面现代化建设新征程，加快打造全国畲族文化总部和最美民族风情特色园。

该届“三月三”活动总体时间安排在 4 月 13—15 日，共设 7 项子活动。活动内容涵盖党史学习教育、乡村振兴探索、畲族文化展示、文化交流融合、绿色产业发展等方面。4 月 14 日（农历三月初三），2021 年中国畲乡“三月三”活动开幕式暨民族体育大联欢在景宁民族体育场举行。开幕式结束后，活动展演在一段腰鼓表演中拉开序幕，展演包含欢乐腰鼓《盛世中华》、新编二十八式太极拳、篮球操《动感篮球，悦享童年》等节目。展演结束后，来自各地的嘉宾游客与畲乡群众一起参加民族体育大联欢和“和美畲乡欢迎您”畅游畲乡活动。

“三月三”活动主要有以下几项：

4 月 14 日，“颂歌百年 情满畲山”中国畲乡“三月三”第十二届中国畲族民歌节在东弄畲家田园综合体举行。该活动主要内容有畲族民歌展演和 2021 年中国好声音全国海选·景宁赛区总决赛两项。开幕式结束，畲族民歌展演拉开序幕。28 个畲族展演项目散布于 20 个点位，以山为幕、以茶为景，结合各式畲乡非遗、畲家小吃，唱山歌、跳畲舞、赏民俗、尝美食，观非遗技艺，一步一景、一步一艺，让游客感受畲乡神奇魅力。当晚，“中国好声音”走进畲乡景宁唱响中国好“畲”音景宁赛区决赛在畲乡古城举行。来自全国 26 名选手齐聚畲乡，以歌传情，以歌会友，以歌颂党，展现民族文化的魅力，打造了一场最具“和美音符”的文化盛宴。总决赛分两轮进行，首轮比赛分为民歌组和流行组，通过现场专业评委打分，选出 11 名选手进入冲刺赛。冲刺赛环节，选手演唱自选歌曲，并通过专业评委、大众评审团现场打分以及网络人气获得排名。

4 月 14 日，惠明茶文化周启动仪式暨首届惠明茶冲泡技艺比赛在畲乡古城举行。此次比赛分惠明茶冲泡技艺和创新茶艺两个环节进行,共有 15 名茶艺师参加。在惠明茶冲泡技艺比赛现场，参赛茶艺师依次上台，分三组进行了金奖惠明茶盖碗冲泡法、惠明白茶玻璃杯冲泡法和惠明香茶（居家茶）壶泡法的比赛。伴随着轻柔的音乐声，茶艺师以优雅的姿态、娴熟的技巧，展示了不同类茶的冲泡技艺和惠明茶深厚的文化底蕴。创新茶艺竞技环节的表现形式则更加多样化。茶艺师们或翩翩起舞，或讲述故事，或表演小品，各种新颖有特色的表演无不体现了参赛者们的创新意识。台上表演精彩纷呈，台下观众凝神观赏细细品茗，对畲乡“三月三”的节日氛围和惠明茶的品质赞不绝口。经过激烈角逐，比赛评出了一、二、三等奖，排名前6的选手获得畲乡工匠称号，排名第一的选手还获得畲乡技术能手称号。县领导当场为获奖选手颁奖。

13—15日，畲族风情一条街•中国好“畲”系列展示展销活动在畲乡古城举行。主要内容有：“景宁600”产品•畲乡特色文旅产品展销及网络直播带货（好“畲”品）；畲族特色民俗文化展示（好“畲”艺）；畲族民间绘画展示（好“畲”画）；畲乡小吃展示展销（好“畲”味）。其中：好“畲”品，有茶叶等特色农产品，以及蕴含畲族文化、畲族风情的民族服饰、捏塑、根雕等产品270多种；好“畲”艺集中展示了24个非遗项目；好“畲”画以畲族彩带、服饰、剪纸、刺绣、建筑等为元素，展示畲族民间风俗、田园风光、幸福生活；好“畲”味集结畲乡美食80多种，让游客和市民体验畲乡小吃“景畲味”的独特魅力。

2021中国畲乡“三月三”活动充分体现以人为本的价值取向，不断提高公共文化服务共享度，进一步提升了“诗画畲乡　和美景宁”旅游品牌的吸引力和影响力，拓展了景宁旅游产品在各目标客源地的市场份额，夯实了民族风情特色园和中国畲族风情旅游目的地品牌基础。“三月三”当天全县放假一天，并允许参与承办活动的单位调休一天。其间，开通公交车免费专班，所有子活动采用开放式演绎，精心推出“十大”旅游主题线路，通过微信公众号、一点资讯、凤凰资讯等邀请各地游客共享“三月三”狂欢盛宴。组织七大联络处开展千人团游景宁活动，迎来江苏高铁专列、台州旅游专车、杭州摄影自驾团等上千名游客，参与体验民族体育、民歌展演、观看《印象山哈》等活动。其中，民族体育大联欢活动，有来自全县21个乡镇（街道）以及各机关单位和民间组织共49支代表队参与，参赛规模约1200人；畲族风情一条街中国好“畲”系列展示展销活动，游客流量上万人次，现场销售额20多万元；中国畲族民歌节活动，吸引8000多人参与体验观看；有400多名游客参加“畲家十大碗”品鉴宴；“学党史•颂党恩”文艺汇演，共有470位演职人员参加演出。

活动期间，制作中国畲乡“三月三”官网，全程跟踪报道活动动态。县内媒体通过电视、广播电台、报纸、“中国畲乡”App、官方微博、“抖音”等传播矩阵，推出“三月三”原创新闻信息60多条。“中国畲乡”App阅读量累计超20万次。通过“中国畲乡”App、“抖音”、视频号、天目新闻等平台，推出“三月三”主题短视频10个，累计阅读量超10万次。同时制作“三月三”H5作品，呈现畲乡文化、美景美食、特色活动等主要内容。邀请新华社、中国新闻网、网易新闻、凤凰网、《浙江日报》、浙江卫视、浙江在线、《丽水日报》、丽水电视台等国家、省、市10多家主流媒体、40多位记者到景宁参加活动，全方位、多形式、多角度宣传报道“三月三”活动盛况。其中：新华社客户端刊发了《浙江景宁：促进民族团结，推动民生改善》，中国新闻网连续刊发了《民族联欢贺佳节 浙江景宁全民共庆畲族“三月三”》《浙江景宁“三月三”畲歌节：山水承盛意 畲寨迎客来》《“双招双引”领航畲乡发展 浙江景宁45个项目集中签约》《浙江景宁“新赶考”：铸牢中华民族共同体意识先行示范》《浙江景宁“春天故事”：畲乡人民颂党恩 奏响共富协奏曲》；浙江卫视刊播了新闻《畲乡“三月三”：景宁——民族体育竞技嗨翻全场》《又见一年“三月三”听参与者聊聊新变化》等图文报道；网易新闻、凤凰网、丽水电视台等媒体也都相继刊发了相关报道。其间，国家、省、市级媒体刊发宣传报道共计20多篇。网易新闻、凤凰网等平台对“三月三”活动进行现场直播。其中，网易新闻直播《红色畲乡 风情景宁——2021中国畲乡“三月三”》，点击量超91万多次；凤凰网直播“浙江景宁举行2021中国畲乡‘三月三’活动开幕式”，点击量超50万多次。 （雷露露）

大　事　记

1月

3日　景宁首个无人化供电营业厅投入使用，客户可通过自助设备、网上国网 App、支付宝等，自助办理交费、查询、办电、打印普通发票等业务。

同日　景文高速沙湾隧道实现双幅贯通。

4日　民族创业园首个标准厂房项目正式完工。

7日　景宁新增2个国家AAA级旅游景区（红色毛垟景区、封金山景区）。

8日　省人大常委会副主任史济锡一行到丽景园调研。

9日　省政协副主席陈铁雄一行到景宁调研。

11日　景宁获评2020年度浙江省新时代美丽城镇建设优秀县。

14日　景宁举行2021年“百名景商助力百年名茶”启动仪式。

15日　省发改委副主任、省对口工作领导小组办公室专职副主任陈伟一行到景宁开展“三服务”活动。

25日　中共浙江省委副书记、省长郑栅洁到景宁调研。

同日　省生态环境厅公布了2020年12月和1—12月浙江省环境空气质量情况，景宁在全省58个重点县、市排名“8进5”。

28日　省发展和改革委员会副主任胡奎一行到景宁开展“三服务”活动。

2月

8日　景宁开展大规模人群新冠病毒核酸筛查应急演练。

18日　鸬鹚乡西林村发生“2·18”山林火灾。

3月

1日　景宁举行“赋能争先·绿色跨越”百日攻坚行动之重大项目“抢时扩量”攻坚行动

暨高标准打造城乡滨水岸线行动重大项目开工仪式。本次集中开工的项目共有12个，总投资约14.75亿元。

3日 省发改委副主任翁建荣带领调研组到景宁开展浙江山区26县跨越式高质量发展专题调研。

6日 2021年景宁—意大利莱西尼亚友好交流视频会议召开，以"云签约"的形式实现景莱友好缔结，搭建起景宁文化交流与经济发展的国际化平台。

同日 杭州—景宁旅游直通车正式开通，进一步打通景宁旅游发展的制约，拓展两地文旅互动合作新通道。

8—9日 省政协副主席陈铁雄带领调研组到景宁开展"扎实推进共同富裕"重点课题调研。省政协常委、经济委主任陈月亮，省政协委员、民宗委主任朱志泉一同参加。

12日 大漈乡"京东农场"数字农业基地项目开工建设。

19日 全县党史学习教育动员部署会召开。

25—26日 中共浙江省委副书记、省长郑栅洁到景宁蹲点调研。

25日 浙江大学医学院附属第一医院党委书记梁廷波带领专家团队到景宁调研"双下沉、两提升"工作。

29日 景宁畲族自治县与浙江大学医学院附属第一医院签订浙江省医疗卫生"山海"提升工程合作框架协议。

31日 知名浙商助力丽水跨越式发展大会景宁分会场活动举行。

4月

1日 全市首家康养联合体在景宁畲族自治县福利中心正式启用。

1—2日 天能控股集团董事长张天任一行到景宁开展投资考察工作。

8—9日 县委书记陈重和县委副书记、县长钟海燕赴上海市开展融入长三角对接和"双招双引"工作。

13日 景宁举行"双招双引"抢势领航行动集中签约仪式。

同日 景宁举行开展铸牢中华民族共同体意识先行示范工作新闻发布会。

14日 景宁畲族自治县职业高级中学与浙江建设技师学院签订联合办学协议。

同日 2021中国畲乡三月三"红色畲乡·风情景宁"暨民族体育大联欢活动在民族体育场开幕。

同日 "景宁600"与碳中和研究工程师（专家）协同创新中心揭牌仪式举行。

同日 "颂歌百年·情满畲山"第十二届中国畲族民歌节田园行大展演举行。

同日 2021年第十二届中国畲族民歌节——中国好声音全国海选·景宁赛区总决赛举行。

同日 "学党史·颂党恩"文艺汇演举行。

16日 宁波市教育局关工委向郑坑乡小山哈研学公益图书馆捐赠1万多册书籍，并联合郑坑乡为图书馆开馆揭牌。

19日 丽水市少工委四届五次全委（扩大）会暨"致敬百年伟业·争做'真善美'好队

员”主题教育实践活动启动仪式举行。

同日 景文高速景宁高架桥主桥主塔封顶仪式举行。

20—21日 上海市静安区人大常委会主任顾云豪到景宁考察。

23—24日 首届全国教育局长研究联盟区域教育队伍建设交流研讨会在景宁召开。

24日 景宁畲族自治县与海盐县签订2021年度山海协作工程战略框架合作协议。

25—26日 上海飞科电器股份有限公司董事长兼总裁李丐腾一行到景宁考察。

5月

11日 省自然资源厅副厅长陈远景到景宁开展“三重四送”活动。

同日 第六届全国“万步有约”健走激励大赛（景宁赛区）暨县第三届职业人群“科学吃动、健康体重”激励大赛正式启动。

11—12日 全市美丽城镇建设工作培训会在景宁召开。

12日 省检察院副检察长孔璋、市检察长吕献到景宁考察调研。

13日 浙江力石科技股份有限公司董事长陈海江一行到景宁考察。

18日 景宁第三次获得“五水共治”大禹鼎。

21日 传承“红色基因”践行“绿色发展”——打造民族地区共同富裕的景宁样板新闻发布会举行。

25日 景宁—浙江省照明电器协会合作恳谈会召开。

26日 最高人民检察院咨询委员会委员、广东省人民检察院原党组书记、检察长郑红，最高人民检察院咨询委员会委员、西藏自治区人民检察院原党组书记、检察长张培中一行到景宁专题调研运用检察建议促进社会治理和基层检察院建设情况。

27—28日 全市食品抽样技能比武暨基层食品安全抽检能力规范化建设经验交流会在景宁举办。

29日 景宁入选全省首批百县千碗数字化改革试点县，并签约入驻百县千碗农都美食小镇。

6月

1日 市委常委、宣传部部长任淑女到景宁调研宣传思想工作。

6日 景宁献礼中国共产党成立100周年大型原创民族歌剧《畲山黎明》专场演出举行。省委统战部副部长、省民宗委主任鲍秀英出席并致辞，省民宗委副主任金伟，市委常委、统战部部长王小荣出席。

7日 省委统战部副部长、省民宗委主任鲍秀英一行到景宁调研民族工作，省民宗委副主任金伟陪同。

10日 景宁畲族彩带编织技艺被列入第五批国家级非物质文化遗产代表性项目名录。

11日 天津南开中学结对帮扶景宁民族中学签约（捐赠）仪式举行。

同日 景宁畲族自治县志愿者联合会成立暨第一次会员大会召开。

同日 2021年宁海—景宁工会疗休养、产业合作、消费帮扶暨“千人游畲乡”推介会启动仪式在宁海县举行。

15日 庆祝中国共产党成立100周年“我心向党 感党恩情 自尊自信 自强自立”畲乡残疾人文艺晚会举行。

16日 全国首个少数民族自治县(旗)民间公益法律服务中心——“景宁畲族自治县杭天信公益法律服务中心”正式揭牌成立。

同日 景宁畲族自治县乡村振兴局正式挂牌成立。

16—18日 县委书记陈重赴四川成都中铁二院对接温武吉铁路规划,考察“三小”经济。

23—24日 全国人大常委会委员、全国人大民委副主任委员洛桑江村、乃依木·亚森带领全国人大民委调研组一行到景宁调研。

30日 “庆祝建党百年 践行浙西南革命精神 促进革命老区振兴发展”研讨会召开。

7月

2日 市委常委、组织部部长戴平辉到景宁调研。

4日 浙江省海促会台商台企专委会主任委员、敏实控股董事会主席秦荣华率华章文旅控股集团一行到景宁进行投资考察。

9日 “当兵无上光荣 军营锻炼成才”丽水市征兵巡回宣讲首场活动在景宁举行。

13—14日 上海市静安区委书记于勇一行到景宁考察,进一步深化交流、促进合作,共同推动长三角一体化发展,市委书记胡海峰陪同。

13—14日 市人大常委会副主任陈建波一行到景宁视察畲族文化保护与传承情况。

14日 省人大常委会委员、环资委主任委员林健东,环资工委副主任戴均玺,省林业局一级巡视员杨幼平一行到景宁开展《浙江省松材线虫病防治条例》执法检查。

15日 百山祖国家公园“云上·鱼芦”景宁秋炉田园综合体项目开工建设。

16日 景宁整县屋顶分布式光伏开发试点战略合作框架协议签订。

同日 市中级人民法院党组书记张军斌率队到景宁调研。

19—20日 全市民族乡村振兴工作推进会暨首次民族乡镇工作例会在景宁召开。

21日 2021年丽水市第五届运动会(大众体育部)国际跳棋比赛在景宁开幕。

22日 市政协主席陈瑞商到景宁调研指导工作。

28日 中国电建集团华东区域总部负责人王小军到景宁调研抽水蓄能电站建设相关事宜。

同日 浙江省人民代表大会常务委员会批准《景宁畲族自治县人民代表大会关于修改〈浙江省景宁畲族自治县自治条例〉的决定》的决定。

8月

5日 省广播电视局党组书记、局长张伟斌到景宁调研指导工作。

同日 2021年丽水市村级集体经济巩固

提升工作推进会在景宁召开。

6日 省供销社主任邵峰到景宁调研农合联工作。

8日 浙江建设技师学院院长钱正海到景宁考察浙江技师学院景宁民族分院开学筹备工作。

同日 景宁畲族自治县“全力打造‘景宁600’开辟山区高质量绿色发展共同富裕新路径”入选浙江省共同富裕示范区“典型案例清单”。

10日 景文高速牛驮垄隧道实现双幅贯通，标志着景文高速全线首个标段隧道全部贯通。

12—13日 市人大常委会副主任沈根花带领调研组到景宁开展《丽水市扬尘污染防治规定》立法调研，广泛听取基层和企业对扬尘污染防治立法方面的意见建议。

13—14日 团省委副书记何黎斌一行到景宁开展“三为服务”调研。

18—19日 省人大常委会委员、法制委员会主任委员丁祖年带领立法调研组到景宁开展《浙江省中医药条例（草案）》立法调研。

24日 景宁首个建筑垃圾资源化利用项目完工并正式投产运营。

25日 杭钢集团党委副书记、总经理林亮带领考察团到景宁考察。

28日 景宁交叶公路二期工程完工，实现交叶公路鸬鹚至黄谢圩段的贯通。

26—27日 宁波市支援合作局调研组一行到景宁考察。

31日 副市长杨秀清到景宁调研。

9月

1日 省生态环境厅党组副书记郎文荣到景宁调研全国农村人居环境整治提升现场会筹备工作。

同日 浙江建设技师学院景宁民族分院揭牌成立。

3日 省民宗委副主任陈振华到景宁开展民族领域数字化改革工作调研。

7日 农业农村部农村社会事业促进司副司长刘斌一行到景宁调研农村人居环境、共同富裕工作。

同日 省民政厅厅长王剑侯、副厅长陈平一行到景宁调研共同富裕示范区建设和民政工作。

14日 中国国际茶文化研究会会长、浙江省政协原主席周国富到景宁调研惠明茶产业及茶文化工作，浙江省人大环资委主任委员林健东参加调研。

16日 景宁东坑镇桃源村获评第二批全国乡村治理示范村。

15日 省农业农村厅厅长王通林一行到景宁调研。

23日 2021全国农村人居环境整治提升现场会在景宁召开。中共中央政治局委员、国务院副总理胡春华出席会议并讲话。

同日 省建设厅副厅长孙哲君带领调研组到景宁调研。

24日 副省长徐文光到景宁调研。

29日 浙大一院党委副书记、院长黄河带领浙大一院“山海”提升工程调研组到县人民医院(浙大一院民族分院)调研交流。

10月

13日 省政协副主席陈铁雄带领调研组到景宁开展政协党建工作调研。

同日 大地乡举办“九九重阳节”安暖大地暨西坑马仙殿修缮启动仪式。

14日 海盐县人大常委会主任黄江莺带领考察团一行到景宁，考察对接山海协作乡村振兴示范点建设工作。

20日 省人民防空办公室副主任黄运成带领调研组到景宁开展人防工作调研。

20—21日 市中级人民法院党组书记、代院长张军斌带队到景宁调研。

22日 “庆丰收 感党恩”2021年“蜂舞家地·蜜甜畲乡”第五届割蜜节在家地乡举行。

23日 省文化和旅游厅副厅长、一级巡视员许澎一行到景宁调研文旅发展工作。

25日 庆景青公路景宁九龙至红星段改建工程渤海镇连接线项目开工建设。

28—29日 上海市静安区政协副主席陈静薇到景宁考察政协党建工作和县域商旅文旅融合发展工作。

11月

1日 “才聚畲乡 技能筑梦”职业技能大赛举行。

同日 景宁“民族风物馆”亮相第14届中国义乌国际森林产品博览会。

2日 “才聚畲乡”第二届景宁人才科技峰会暨全域旅游助推民族地区共同富裕景宁论坛——第十届“智汇丽水”人才科技峰会景宁分会场召开。

4日 《丽水市境内部分高速公路(云景段)ETC小客车差异化收费实施方案(试行)》获批，并于2021年11月22日零时起实施。往返云景高速公路景宁收费站至云和互通之间路段所有使用ETC记账卡的一类客车仅需支付5元高速公路通行费。

4日 省级结对帮扶景宁团组工作会议在景宁召开。省发改委党组成员、副主任吴红梅主持。

5日 省城乡风貌办副主任、省建设厅二级巡视员管建平带领调研组到景宁，调研城乡风貌整治提升行动和未来社区建设工作。

9日 畲乡绿道获评第五届“浙江最美绿道”。

11日 景宁新型庄稼医院智慧农资服务平台投入使用。

同日 宁波市山海协作督察组一行到景宁开展实地督查工作。

12日 市人大常委会副主任邹培书带领督察组到景宁督察法治政府建设工作，并主持召开法治政府建设全面督察汇报会。

23日 省考核组到景宁考核2021年度全省深化“千万工程”建设新时代美丽乡村(提升农村人居环境)工作。

26日 景宁召开中共十九届六中全会精神“六讲六做”大宣讲、“丽水之干”大践行活动动员部署会。

27日 2021年度丽水市留联会“双招双引”科技人才高峰论坛暨丽水市留联会年会

在景宁举行。

30日 省食品安全示范县创建办考评组到景宁开展省级食品安全示范县创建现场考评。

12月

1日 景宁畲族自治县与中国电力建设股份有限公司签订沙湾抽水蓄能电站项目投资建设合作意向协议。

3日 上虞区委书记胡华良率领党政代表团到景宁对接山海协作工作，并签署山海协作工程框架协议，捐赠共同富裕乡村振兴项目资金200万元，合力打造全省山海协作升级版的示范样板。

同日 “人人争做小园丁、志愿引领新风尚”2021年第一届畲乡小园丁公益文化节开幕。

6日 县人民医院举行“浙江省民族医院”挂牌仪式。

10—11日 省高级人民法院院长李占国到景宁调研。

12日 “百县千碗·寻味畲乡”——2021“畲乡十小咸”征集评定暨“畲乡十冷盘”发布会举行。

15日 景宁举行新冠肺炎本土疫情现场处置实战演练。

16日 县委社会建设委员会揭牌成立。

20—21日 上海飞科电器股份有限公司董事长李丐腾到景宁调研工业经济。

21日 丽水市人民检察院检察长吕献一行到景宁调研。

22日 县综合应急救援队正式挂牌成立。

27—30日 中国共产党景宁畲族自治县第十次代表大会召开。

（县党史和地方志研究室）

2021 年景宁畲族自治县十件大事

1. 全国农村人居环境整治提升现场会在景宁县召开。该县先后荣获国家级生态县、国家重点生态功能区、省级生态文明示范县、省级美丽乡村创建先进县、省级全域旅游示范县、省级乡村振兴优秀县和全省首批 AAAA 级景区城等称号。

2. 景宁县与中国电力建设股份有限公司签订沙湾抽水蓄能电站项目投资建设合作意向协议。该项目计划总投资约 75 亿元，电站规划装机规模约 120 万千瓦，为日调节纯抽水蓄能电站，计划于 2024 年 10 月前开工建设。该项目将地方抽水蓄能资源优势转化为经济发展优势，助力高质量发展建设共同富裕示范区。

3. 景宁县首个标准厂房项目正式完工。该项目共建造标准厂房 22 栋，占地 6.8 万平方米，累计完成投资 9331 万元，主要用于招引幼教木玩企业，为搭建园区群众创业就业平台、幼教木玩产业链培育平台提供了有效载体。已有入驻企业 13 家，实现试生产企业 6 家。

4. 景宁县“京东农场”数字农业基地项目开工建设。该项目位于大漈乡，总投资 1.26 亿元，建设基地 13.33 万平方米，项目建成后，将辐射带动 1500 亩生态农业产业区实行数字化转型，完成高山茭白、茶叶、水果、食用菌等特色农产品即食食品研发与深加工。

5. 景宁县启用全市首家康养联合体。该福利中心康养联合体总用地面积 1.69 万平方米，总投资 5575.43 万元。全面开通医保服务，能为老年人提供医疗就诊、健康管理、保健咨询、中医养生保健等服务，并可满足 200 多名在院老人基本医疗和康复需求。

6. 景宁设立全国首个少数民族自治县（旗）公益法律服务中心。中心的成立，标志着该县开启“政府+社会”模式全面“兜底”政府法律援助范围之外的弱势群体法律援助需求，是加强少数民族法律援助服务工作，着力推动民族团结进步事业发展的有益尝试。

7. 景宁首宗“生态地”完成挂牌出让。此次成交的地块面积为 1.27 万平方米，规划用途为旅馆用地，今后该地块将建成集康养度假、生态休闲、会务、民俗体验、畲族村寨度假、农业体验观光为一体的畲族风情康养度假综合体，该项目总投资 3.2 亿元，建成后，预计上缴税金 1500 万元，新增就业岗位 50 个以上。

8. 景宁县景文高速全线首个标段隧道实现全部贯通。项目建成后，将极大改善浙西南加快发展地区的交通条件，有力促进沿线旅游资源开发、拉动地方经济发展。景文高速累计完成投资98.23亿元，占总投资的73.3%。

9. 景宁县首个建筑垃圾资源化利用项目正式投入使用。该项目总投资800万元，占地面积约6666平方米。投入使用后，处理规模可达600吨/日，将有效缓解全县建筑垃圾消纳压力，切实推进建筑垃圾的资源化加工再利用，具有较强的经济效益、社会效益和环境效益。

10. 景宁县与浙医一院签订医疗卫生“山海”提升工程合作框架协议。根据协议，双方将围绕推进山区县卫生健康事业跨越式高质量发展的目标要求，健全完善优质医疗资源扩容下沉长效机制，加快补齐山区县医院服务能力短板。

2021年景宁畲族自治县十件民生实事

1. 实施全县中小学生"暖心工程"。全县5所中小学学生宿舍铁床换木床1619张；15所学校宿舍安装挂壁式空调466台；15所寄宿学校安装浴室浴霸347台；15所学校卫生间、食堂就餐区及书法、实验等专用教室加装电热水龙头141台；15所寄宿学校安装暖水电热水器设施21台。

2. 提升老年人幸福指数。启动县老年医养综合服务中心项目建设；新建居家养老服务中心7家；完成困难老年人适老化改造149户；建成红星社区养老照护中心康养联合体试点；县行政服务中心设置人工现金收付通道。

3. 改造提升环城西路。翻修新建沥青道路1440米，对道路排水系统、沿路电力管线、景观绿化等进行修整提升。

4. 提升农村公路桥梁安全保障水平。改建农村公路16条，里程合计118.2千米；整治农村公路危桥98座。

5. 提升基层应急救援能力。规范化建设避灾安置场所10个；建成景宁县应急救援直升飞机停机坪；建成渤海、大均、梧桐综合应急救援队伍。

6. 实施道路照明延伸扩面工程。沈北线双坑至殡仪馆段、寨山桥至马岭头隧道口段安装路灯285盏，三石至澄照自来水厂段安装路灯92盏，实现道路亮化12.6千米。

7. 持续优化公交出行。新增新能源公交车13辆；在主城区人民中路新建一批智慧电子公交站屏；公交总站完成项目概念规划方案，编制完成可行性研究报告，列入2022年度政府投资计划。

8. 改造老旧小区6个。改造新华小区、影城区块、建设小区、平安保险宿舍、老电力宿舍、人民银行宿舍小区地下污水管线4022米、雨水管线1556米。

9. 打造滨水景观长廊。综合治理城乡河道13.8千米，新增滨水绿道24.2千米；打造东坑、沙湾、渤海、英川等滨水示范点。

10. 新建精品绿道6.8千米。老余山至白马寮绿道及管网工程于9月底完成招投标启动建设；完成天堂湖、老余山、老余山至天空之城路面修整提升、部分路段沥青铺设、标识牌安装。

县情概览

地理环境

【地理位置】 景宁畲族自治县位于浙江省西南部，介于北纬27°39′—28°11′和东经119°14′—119°58′之间。东邻青田县和文成县，南接泰顺县和福建省寿宁县，西连庆元县和龙泉市，北毗云和县，东北靠莲都区。境域东西直线距离73.3千米，南北直线距离58.8千米，面积1938.84平方千米。县人民政府驻红星街道府前西路19号。县城距杭州259千米、距丽水市区75千米。

【地形地貌】 景宁地域为洞宫山脉中段，地貌以深切割山地为主。发源于洞宫山脉的瓯江支流小溪，自西南向东北贯穿，将县境分为南北两半，形成狭长的溪谷叠峰峦绵地带，构成“两山夹一水，众壑闹飞流”的地貌格局。有山地、台地和谷地3种类型。山地面积19.11万公顷，占全县总面积98.56%。全县海拔1000米以上山峰779座。 （县史志办）

【气候特征】 景宁畲族自治县地处浙江省南端，属中亚热带季风气候，温暖湿润，雨量充沛，四季分明，冬夏长，春秋短，山清水秀，气候宜人，热量资源丰富。冬季主要受干冷的极地冷高压控制，夏季主要受副热带高压控制，因此冬季多干冷、晴朗少雨天气，夏季湿热，多雷暴、阵雨天气。据气象史料记载，截至2021年，景宁曾出现过以下极端天气：县城极端最高气温41.6℃，出现在2003年7月25日；县城极端最低气温-7.6℃，出现在1999年12月23日；年降水量最多2163.5毫米，出现在2010年；最大月降水量583毫米，出现在2016年9月；县城最大积雪深度7厘米，出现在1996年2月24日。景宁因地形复杂，海拔高低悬殊，气候随海拔高度呈垂直分布。 （项慕虹 邓 健）

自然资源

【土地资源】 2021年，全县土地总面积1938.84平方千米。其中，耕地面积1.52万公顷，占全县总面积的7.82%；园地面积3576.15公顷，占全县总面积的1.84%；林地面积15.98万公顷，占全县总面积的82.41%；草地面积809.55公顷，占全县总面积的0.42%；城镇村及工矿用地2494.01公顷，占全县总面积的1.29%；交通运输用地1816.93公顷，占全县总面积的0.94%；水域及水利设施用地5830.59公顷，占全县总面积3%；其他土地4416.55公顷，占全县土地总面积的2.28%。（县自然资源规划局）

【森林资源】 景宁地处浙南山区，是浙江省重点林区县之一，也是全国重要集体林区。全县林地面积16.48万公顷（统计口径与国土资源不同），其中森林面积15.73万公顷；活立木蓄积1309.91万立方米，其中森林蓄积1274.66万立方米。全县乔木林单位面积蓄积量6.45米³/亩，全县森林覆盖率为81.12%。共有古树名木9159株。其中，一级保护252株、二级保护1112株、三级保护7795株。（梅　景）

【矿产资源】 景宁境内矿产资源较为丰富，现已探明的矿产有铁、钼、铅锌、铜、金、银、叶蜡石、萤石、高岭土、大理石等20多种。矿产地近百处，以矿种多但矿产规模小为特点。主要矿产为铁、钼、铅锌、叶蜡石、花岗岩等。（县自然资源规划局）

【水资源】 景宁畲族自治县雨量充沛，水资源极其丰富，属瓯江、飞云江两大水系。根据2021年丽水市水利局编制的《丽水市水资源公报》表明：县域多年平均降水量1824.7毫米（1956—2016年），约为35.56亿立方米，多年平均总水资源量为22.34亿立方米（1956—2016年），人均拥有水资源量2.01万立方米（采用2021年常住人口计算），属水资源丰富地区。但县域内径流量年际变化大，年内季节分配不均。全县水力资源理论蕴藏量为66.6万千瓦，理论蕴藏量年电能58.4亿千瓦。历年累计开发34.94万千瓦。（练梅霞）

【溪流湖泊】 景宁畲族自治县分属瓯江、飞云江两大水系，为飞云江源头、瓯江上游。有大小河道2669条，其中市级河道1条，县级河道14条，乡级河道226条，溪流（等外河道、其他沟渠）2428条，总长3001千米，水域面积19.59平方千米（不含千峡湖）。

瓯江最大支流——小溪，发源于庆元县大毛峰山麓，自西向东北流经景宁的毛垟、沙湾、标溪、梧桐、大均，汇入滩坑水库，贯穿景宁全县，在九龙乡岳口村进入青田县，在景宁县境内干流长93.4千米（含千峡湖）、流域面积1729.77平方千米，占全县总面积的89.2%，主要支流有英川溪、标溪、梧桐坑、大赤坑、鹤溪、炉西坑、大顺源等。小溪在沙湾以上交见圩分为两支，主支毛垟溪，在景宁境内干流长29.2千米、流域面积286.07平方千米；另一支为英川港，境内干流长26.5千米、流域面积206.81平方千米。

飞云江发源于景宁景南乡境内海拔1611米高的白云尖西北坡，流经景南、白鹤、东坑等乡镇进入泰顺县，景宁境内长37.48千米（主流三插溪长19.86千米），流域面积209.15平方千米，占全县总面积的10.8%。（县水利局）

千峡湖（滩坑电站水库）位于景宁小溪下游，库区横跨景宁、青田两县，是浙江省第二大人工湖，正常蓄水位160米，相应库容41.55亿立方米，相应水域面积70.93平方千米，其中景宁境内36.11平方千米。于2008年4月29日下闸蓄水。因其近80千米长的干线两旁有着无数个形态各异的大小峡湾而得名，是一个典型的峡湾型景区，湖区水质良好、水体清澈，波光粼粼，具有很强的观赏性。（县移民办）

【动植物资源】 景宁动植物资源丰富，已知无脊椎动物昆虫纲19目、186科、1520、种；脊椎动物20目、105科、272种。其中，鱼类21科、100种，两栖类8科、29种，爬行类11科、40种，鸟类47科、162种，哺乳类18科、43种。列入国家一级保护动物有黑麂、云豹、金钱豹、黄腹角雉、白颈长尾雉、金雕、东方白鹳、鼋等10种。植物以苔藓、蕨类、种子类为主体，木本占主导地位，种类丰富，起源古老，并有复杂多样的地域特点。已知苔藓类58科、253种，蕨类41科、305种，种子植物166科、2163种，中草药68科、124属、356种。国家濒危植物有水杉、鹅掌楸、金钱松等22种，国家和省级重点保护植物有南方红豆杉、伯乐树、香果树、福建柏、银杏、长叶榧、浙江樟、短萼黄连、八角莲、银钟树、天目木兰、凹叶厚朴、南方铁杉、黄山木兰、景宁木兰。其中，景宁木兰是1984年在景宁畲族自治县草鱼塘林场发现的木兰科新种，为濒危物种，于1989年在《植物分类学报》上发表并命名，2012年被列入浙江省人民政府第一批重点保护植物名录。（侯建花）

建置区划

【历史沿革】 景宁在西周以前属古扬州之域。西周、春秋时期属越。战国时越亡属楚。秦属闽中郡。汉初属东瓯国，隶会稽郡。西汉昭帝始元二年（前85年）属回浦县。东汉章和元年（87年）属章安县（回浦县改称）。自建安八年（203年）章安县析置松阳县后，属松阳县，历三国（吴）、东晋、南朝近400年未变。隋开皇九年（589年）置处州及括苍县，属括苍县。唐景云二年（711年）置青田县，历五代、两宋及元，均属青田县。

明景泰三年（1452年）兵部尚书孙原贞，以“青田县治西南五百余里，山谷险远，矿徒啸聚”为由，奏析青田县柔远乡之仙上里、仙下里、连云里和鸣鹤乡之曳练里、真固里、在下里、在上里、升天东里、升天西里置景宁县，属处州府，隶浙江承宣布政使司。清顺治元年（1644年），属处州府、隶浙江省；宣统三年（1911年）辛亥革命后，属处州军政分府，隶浙江军政府。1912年，直属浙江省都督府；1914年，属瓯海道；1927年，直属浙江省；1932年6月，属第十二行政督察区；同年10月，改属第三特区；1935年6月，改属丽水行政督察区；1936年4月，属第九行政督察区；1948年4月，属第六行政督察区；同年7月，属第七行政督察区。

1949年5月11日，景宁属第七专区；中华人民共和国成立后，景宁县属丽水专区；1960年1月，撤销景宁县建制，并入丽水县，属温州专区；1962年6月，划云和县，景宁县地复置云和县，属温州专区；1963年5月，属丽水专区；1978年9月，改属丽水地区。1984年6月30日，国务院批准以原景宁县地域建景宁畲族自治县，仍属丽水地区。2000年10月，丽水地区改丽水市，随属丽水市。（县史志办）

【行政区划】 景宁畲族自治县于1984年6月30日经国务院批准成立，全县下辖5个区，1个镇、35个乡。1992年5月，根据浙江省人民政府部署，进行撤区扩镇并乡，全县下辖5个镇、19个乡，283个行政村。2007年6月，经省政府批准，对滩坑电站库区乡镇区划进行调整，撤销外舍、金钟2个乡，并入鹤溪镇；撤销大顺、陈村2个乡，建立九龙乡。2008年，设立外舍社区居委会。2011年10月，撤销鹤溪镇，设立红星、鹤溪2个街道。2012年，将原城西社区居委会分设，增设金仙寺社区居委会。2013年9月，撤销葛山乡建制，葛山村、印章村、金岱村、西山村、林胡村、坳根村划至鸬鹚乡管辖；岭头村、岗头村、粗垄村划至英川镇管辖。2019年2—3月，根据中共景宁畲族自治县委、景宁畲族自治县人民政府印发《关于开展行政村规模调整工作的实施意见》的通知，对全县行政村规模进行调整。调整后，全县下辖4个镇、2个街道、15个乡、6个社区、5个居委会、136个行政村。行政村数比2018年的254个减少118个。2020年，根据中共景宁畲族自治县委、景宁畲族自治县人民政府印发《关于进一步加强城市社区建设的实施方案》的通知，将城南社区划分为城南社区和百岁社区，将红星社区划分为红星社区和团结社区，并新增设澄照乡澄和社区，城市社区由6个调整为9个。（严霖鑫）

2021年景宁畲族自治县行政区划一览表

表1　　单位：个

乡镇（街道）	行政村	社区	居委会、行政村、社区名称
全县总计	136	9	—
红星街道	10	5	红星、仙童、外舍、金仙寺、团结5个社区；城北、小金州、金包山、杨绿湖、岗石、岭北、王金垟、和兴、岚山、金钟源10个行政村
鹤溪街道	8	3	城西、城南、百岁3个社区；鹤溪、浮丘、东弄、包凤、张村、三枝树、敕木山、鹤木岭8个行政村
渤海镇	6	—	安亭、东湖、后垄、旦水、石塘山、渤海6个行政村
东坑镇	10	—	东坑、深垟、桃源、茗源、北溪、白鹤、心田、新和、儒章、杨斜10个行政村
英川镇	10	—	英川、三川、董坪、黄垟口、隆川、凤凰寨、岗粗岭、莲湖、黄鲍石、榅茶口10个行政村
沙湾镇	13	—	沙湾、道化、小地、上处垟、七里、仙姑、张庄、叶桥、何处、莲川、旺水、坑头、季庄13个行政村

续表 1

乡镇（街道）	行政村	社区	行政村、社区、居委会名称
大均乡	5	—	大均、伏叶、泉坑、李宝、新庄 5 个行政村
澄照乡	5	1	澄和 1 个社区；三石、金坵、东升、漈头、东畔 5 个行政村
梅岐乡	5	—	梅岐、竹山、岳崇、东文楼、桂远 5 个行政村
郑坑乡	4	—	郑坑、柳山、吴布、张坑下 4 个行政村
大漈乡	4	—	潘宅、彭岑、茶林、大漈 4 个行政村
景南乡	5	—	忠溪、东塘、渔际、缪程、上标 5 个行政村
雁溪乡	5	—	雁溪、浮亭岗、石梯、大坵塆、梅坞 5 个行政村
鸬鹚乡	8	—	山下、印章、驮戥、葛山、西林、徐茶、鸬鹚、南坑源 8 个行政村
梧桐乡	6	—	梧桐、角耳湾、高演、凤凰、金林、同兴 6 个行政村
标溪乡	4	—	标章、溪港、东叶庄、处基 4 个行政村
毛垟乡	4	—	毛垟、库头、沙垟、炉西 4 个行政村
秋炉乡	4	—	秋炉、半山、新塘垟、下圩 4 个行政村
大地乡	6	—	大地、驮垟、柳叶垟、仙湖、张溪、净垟 6 个行政村
家地乡	3	—	家地、坪坑、芎岱 3 个行政村
九龙乡	11	—	龙湾 1 个居委会；高沈、王湾、岭里、田坑、金山、徐垟、库坪、后坪、岳口、高岭、和顺 11 个行政村

人口与民族

【人口概况】 2021 年末，全县户籍人口 168349 人，比 2020 年末减少 1153 人。其中，城镇人口 35728 人，男性 87991 人，少数民族人口 20242 人，其中畲族 18539 人。总户数 68088 户，平均每户家庭人口 2.47 人。全年出生人口 938 人，出生率为 5.6‰；死亡人口 1144 人，死亡率为 6.8‰；人口自然增长率为-1.2‰。年末全县常住人口 11.11 万人，城镇化率为 59.91%。 （县统计局）

【民族概况】 2021 年末，景宁有汉族、畲族、苗族、拉祜族、侗族、佤族、哈尼族、布依族、土家族、壮族、彝族、水族、傣族、瑶族、蒙古族、满族、白族、仡佬族、回族、傈僳族、仫佬族、黎族、土族、纳西族、朝鲜族、藏族、羌族 27 个民族，总人口 16.83 万人。其中，少数民族人口 2.02 万人，占全县总人口的 12.00%。全县少数民族干部 515 人（公务员与事业编制干部），占全县干部总数的 10%；实职副科以上少数民族干部 55 人，占全县科级以上领导干部的 9.58%。少数民族人均收入 2.4 万元，同比增长 11.35%。全县有红星街道、鹤溪街道、大均乡、东坑镇、澄照乡、梧桐乡、郑坑乡 7 个民族工作重点乡镇（街道），32 个民族村。 （雷伟燕）

国民经济和社会发展

【概况】 2021 年，景宁地区生产总值（GDP）80.67 亿元，按可比价格计算，同比增长 5.5%。

其中，第一产业增加值6.94亿元，增长1.9%；第二产业增加值18.25亿元，增长4.1%；第三产业增加值55.48亿元，增长6.5%。三次产业结构为8.6:22.6:68.8。在第三产业中，批发和零售业增长13.1%，住宿餐饮业增长8.2%；营利性服务业增长8.3%，非营利性服务业增长1.8%。全县人均生产总值（按常住人口计算）72677元，增长4.6%。

劳动就业基本稳定。年末全县从业人员6.43万人，其中，第一产业0.83万人，第二产业1.4万人，第三产业4.2万人。年末城镇实有登记失业人员457人，城镇登记失业率1.28%。

2021年，全年财政总收入310032万元，增长53.4%。其中，一般公共预算收入136855万元，增长52.8%。在一般公共预算收入中，国内增值税64072万元，改征增值税0元，企业所得税19012万元，个人所得税24335万元。一般公共预算支出475193万元，同比增长8.5%。

【农业】 2021年，全年粮食播种面积6406.33公顷。粮食总产量36530吨（含马铃薯）。其中，谷物播种面积4011公顷，产量29250吨。全年食用菌产量1906.1吨。其中，香菇产量1401.4吨。全年蔬菜播种面积3954.73公顷，总产量84531.5吨。水果总产量9205.7吨。其中，柑橘产量1635.7吨。茶叶种植总产量2236.4吨。油料总产量317.7吨。药材种植面积727.67公顷。

2021年末，生猪存栏1.48万头，年内出栏2.7万头。牛存栏3373头，出栏1483头。羊存栏2600只，出栏1900只。家禽存栏14.97万羽，出栏26.86万羽。兔出栏3.84万只。全年肉类总产量2802吨，其中，猪肉2238吨。养蜂箱数11994箱，天然蜂蜜产量118吨。水产品产量1880吨。

2021年，农业化肥施用量（折纯）3766.45吨，同比下降7.2%。农村用电量3061.18万千瓦时，同比增长9.4%。

【工业和建筑业】 2021年，工业增加值10.14亿元，增长8.4%。其中，规模以上工业增加值5.74亿元（包含国网电力公司），增长23.4%；规模以下工业增加值增长3.5%。规模以上工业中，高新技术产业增加值18960万元，装备制造业增加值12807万元，战略性新兴产业增加值9390万元，数字经济核心产业制造业增加值2117万元。全年发电量9.09亿千瓦时（其中，光伏0.35亿千瓦时）。

据全县37家规模以上工业企业统计。全年规模以上工业总产值20.6亿元。利税总额21754万元。其中，利润总额15040万元。从业人员年平均人数2791人。

全年建筑业增加值8.12亿元，同比下降0.9%。房屋建筑施工面积79.6万平方米。全县具有资质等级的建筑企业38家，利润总额8331.5万元，从业人员年平均人数8076人。

【固定资产投资】 2021年，全县固定资产投资同比下降5.9%。其中，民间投资下降2.6%，交通投资下降3.1%，生态环保和公共设施投资下降23.7%，高新技术产业投资增长3.7%。从构成上看，项目投资下降4.1%；房地产开发投资6.92亿元，下降15.5%；工业投资下降

9.7%；其中，工业技改投资增长68.4%。从投资主体上看，国有投资下降7.8%；民间投资下降2.6%。从产业情况来看，第一产业投资下降61.3%；第二产业投资下降9.7%；第三产业投资下降5.2%。全县商品房销售面积5.24万平方米，同比下降43.4%。商品房销售额4.87亿元，同比下降44.9%

【交通运输、邮电和旅游】 2021年，交通运输、仓储和邮政业增加值1.69亿元，比上年下降6.5%。全年各种运输方式完成货物周转量38924万吨千米。其中，公路货物周转量38924万吨千米。全年各种运输方式完成旅客周转量2830万人千米。其中，公路运输完成旅客周转量2821万人千米。境内公路总里程为1975千米，其中高速1条12千米，国省道公路2条72千米，县道公路16条共370千米、乡道19条共227千米、村道277条共1293千米。2021年末，全县民用汽车拥有量21582辆。其中，私人汽车拥有量20387辆。

2021年，邮政业务收入2254万元，同比增长4.9%。电信业务收入11647万元，同比增长15.8%。全县固定电话用户9392户(住宅电话用户数2300户)，比上年末减少816户。其中，城市电话用户7815户；农村电话用户1477户。移动电话用户135906户。固定互联网宽带用户52440户，比上年末增加4528户。移动互联网用户121626户，比上年末增加6105户。订销报刊年累计222.4万份。

2021年，旅游总收入26.7亿元，同比增长3%。国内旅客251万人次，入境旅客19人。(2021年起，按文化和旅游部制定、国家统计局批准的《全国文化文物和旅游统计调查制度》中的《地方接待国内游客抽样调查方案》推算)。

【内外贸易】 2021年，全年实现社会消费品零售总额35.99亿元，比上年下降5.9%。分地区看，城镇实现消费品零售总额25.88亿元，下降5.4%；乡村实现消费品零售总额10.11亿元，下降7.3%。按消费形态分，商品零售额31.03亿元，下降6.1%；餐饮收入4.96亿元，下降4.5%。年末有超亿元商品交易市场1个。

全年外贸进出口25.69亿元，比上年下降38%。其中，自营出口7.63亿元，下降54%。

【金融业】 2021年，全县金融机构人民币各项存款余额1263190万元，比年初增加4798万元，增长0.38%。其中，住户存款余额738989万元，同比增长10.07%。全县金融机构人民币各项贷款余额1209557万元，比年初增加146772万元，增长13.81%。其中，住户贷款952719万元，比年初增加88294万元，增长10.21%；非金融企业及机关团体贷款余额256820万元，比年初增加58459万元，增长29.47%。

2021，全县保险业保费收入19009万元，比上年增长6%。其中，财产险7761万元，比上年增长4.3%；人寿险11248万元，比上年增长7.3%。保险业赔款、给付6455万元，比上年增长13.6%。

【教育和科学技术】 2021年，全县普通高中1所，在校学生1840人。职业高中1所，在校学生 1940 人。普通初中 6 所，在校学生 4742 人，初中毕业升入高中阶段的比例为 99.55%。小学 11 所，在校学生 7260 人。幼儿园 25 所，在园幼儿 3037 人。学校教职工数 1915 人。其中，学校专任教师 1488 人。

年末全社会 R&D（研究与试验发展）人员全时当量 145 人年，全社会 R&D 经费投入合计 4519 万元。（R&D 人员数 205 人，R&D 经费支出 2419 万元。）专利授权量 407 件。其中，发明授权量 31 件。

【卫生和文化体育】 2021 年，全县剧场、影剧院数 3 个。公共图书馆 1 个，藏书 193.67 千册。电视台 1 座，数字电视用户 4.5 万户，电视人口覆盖率 100%，广播人口覆盖率 100%，有线电视用户率 66%。

2021 年，全县医疗卫生机构 103 个，其中：县级 3 家（县综合医院 2 家，专科医院 1 家）、专业公共卫生机构 3 个，基层医疗卫生机构 95 家（包括社区卫生服务中心、分中心 2 家，乡镇卫生院 19 家，村卫生室 45 个，门诊部、个体诊所、学校卫生室 29 个），其他机构 2 个。卫生机构床位数 669 张，卫生技术人员 981 人，其中，医生数（执业医师+执业助理医师）438 人，注册护士 354 人，其他76 人。

文旅产业不断发展。那云•天空之城一期竣工投入运营。全年成涉旅项目投资 25.5 亿元。入选全省百县千碗数字化改革试点县。景宁旅行社联盟成员达 301 家，开展推介活动 81 场，运营抖音、小红书等新媒体，全网曝光量达 1 亿人次。发布精品旅游线路 13 条，其中 2 条入选省级精品线路。投入 2.45 亿元推进文旅“微改造精提升”行动，创成国家甲级旅游民宿 1 家、省级金桂品质饭店 1 家、省级采摘旅游体验基地 1 个、景区镇 5 个、景区村 11 个。制定《景宁县文化基因解码工作方案》，完成 300 余项“一张清单”普查。市场化运作“四季景宁”系列文旅节庆活动 15 场。大均乡文旅融合案例作为全省 3 个之一入选《2021 世界旅游联盟——旅游助力乡村振兴案例》。畲元素原创文艺作品和文创产品连获 20 项省市奖项。新增国家级非遗项目 1 个、省级非遗传承人 6 位、市级非遗项目 4 个、三级文物 121 件，《畲山黎明》2 次入围省级资助扶持项目。畲族博物馆获评浙江十佳影响力博物馆，省级示范项目“文化物流”成功通过验收。向基层送戏 140 场、送书 15226 册、送电影 1600 场；送服务 363 场次。举办第十二届中国畲族民歌节田园行大展演、中国好声音景宁赛、浙江省三团三社区域联动示范交流活动决赛。举办线上线下阅读活动 169 场，参与人数达 3 万多人。景宁县图书馆荣获浙江省满意图书馆称号，大均图书馆分馆获“全国百佳公共文化空间”“丽水市最美阅读空间”等荣誉称号。完成体育类省民生实事项目 7 个。体育公园承接赛事活动 7 次，接待健身市民 3 万人次。

【资源、环境和安全生产】 2021 年，全县年降水量 1867.4 毫米，水资源量总量为 22.17 亿立方米，日照时数 1458.6 小时，年平均气温约 18.8 ℃，极端最低气温-5.9℃，极端最高气温为 37.9℃。空气质量优良以上天数 364 天，污水处理厂集中处理率 98.5%，生活垃圾无害化处理率 100%，建成区绿化覆盖面积 244 公顷，公园绿地面积 102.09 公顷。省级自然保护区 2 个，面积 3326 公顷。全年发生各类生产安全事故 3 起，死亡 3 人。其中，道路交通领域发生事故 2 起，死亡 2 人；火灾 1 起，工矿商贸领域发生生产安全事故 1 起，死亡 1 人。

全年能源消费总量 18.69 万吨标准煤，增长 11%。全社会用电量 32851 万千瓦时，增长 14.6%。其中，工业用电量 6949 万千瓦时，增长 23.9%。

【人民生活和社会保障】 2021 年，全县常住居民人均可支配收入 34512 元，比上年名义增长 10.9%，扣除价格因素实际增长 8.9%。按常住地分，城镇常住居民人均可支配收入 45574 元，比上年名义增长 9.2%，扣除价格因素实际增长 7.3%；农村常住居民人均可支配收入 24069 元，比上年名义增长 11.3%，扣除价格因素实际增长 9.3%；城乡比 1.89:1。全县常住居民人均生活消费支出 24328 元。其中，城镇常住居民人均消费支出 30975 元；农村常住居民人均生活消费支出 18053 元。

居民人均住房建筑面积 54.9 平方米。其中，城镇常住居民人均住房建筑面积 43.5 平方米；农村常住居民人均住房建筑面积 65.6 平方米。

2021 年，城镇职工基本养老保险参保 42310 人（退休 9745 人），机关事业基本养老保险参保 8345 人（退休 2828 人），城乡居民养老保险参保 68724 人。城镇职工基本医疗保险参保 28098 人，城乡居民基本医疗保险参保 123827 人。失业保险参保 17759 人。工伤保险参保 41166 人。生育保险参保 19460 人。年末城镇实有登记失业人员 457 人，城镇登记失业率 1.28%。

2021 年，全县有社会福利院 6 家，社会福利院床位 903 张，社区服务设施 150 个。城乡居民最低生活保障人数 5058 人。其中，城镇居民 218 人。五保供养人员 359 人。 （县统计局）

2017—2021 年景宁畲族自治县国民经济主要指标一览表

表 2

指标	单位	2017 年	2018 年	2019 年	2020 年	2021 年
地区生产总值（GDP）	万元	562154	624097	716514	742083	806718
第一产业	万元	62062	61524	64152	67264	69388
第二产业	万元	149499	165574	170291	166090	182538
第三产业	万元	350593	396999	482071	508729	554792
GDP 比重：第一产业	%	11	9.90	8.90	9.10	8.60
第二产业	%	26.60	26.50	23.80	22.40	22.60
第三产业	%	62.40	63.60	67.30	68.50	68.80

续表 2

指标	单位	2017 年	2018 年	2019 年	2020 年	2021 年
常住人口人均生产总值	元	53083	58656	66529	67462	72677
农业总产值	万元	98497	99133	104602	111319	109752
工业总产值	万元	236820	274424	215131	—	—
# 规模以上工业	万元	89220	102505	138874	148772	202307
固定资产投资额	万元	582833	6.80%	13.10%	8.10%	-5.90%
# 基础设施投资	万元	371062	24.90%	78.60%	14.10%	-14.60%
# 工业投资	万元	39621	145.90%	20.50%	-39.00%	-9.70%
# 房地产开发投资	万元	125353	-6.40%	-47.50%	33.10%	-15.50%
# 民间投资	万元	237954	15.90%	-17.50%	0.80%	-2.60%
社会消费品零售总额	万元	294498	328005	364926	382565	359929
进出口总额	万元	92551	170238	338316	413649	256882
# 自营出口	万元	90879	127044	179723	162641	76274
实际利用外资金额	万美元	938	—	—	137	—
财政总收入	万元	130688	153020	149499	202063	310032
# 一般公共预算收入	万元	70087	77418	69756	89586	136855
一般公共预算支出	万元	367433	423285	475397	438107	475193
金融机构年末存款余额	万元	925650	1061627	1206327	1258392	1263200
# 住户存款余额	万元	463838	520779	599263	671400	701936
金融机构年末贷款余额	万元	750364	817853	932799	1062785	1209600
保险业务收入	万元	15368	15767	16422	17925.87	19009
旅游总收入(2021 年口径调整)	亿元	54.08	65.74	79.30	67.46	26.70
全社会用电量	万千瓦时	19402	22756	23380	28672	32851
# 工业用电量	万千瓦时	5262	6413	6235	5608	6949
城镇常住居民人均可支配收入	元	33618	36778	40014	41735	45574
农村常住居民人均可支配收入	元	16503	18170	20005	21625	24069
年末户籍人口	人	171545	170954	170209	169502	168349
# 少数民族人口	人	20054	20191	20177	20219	20242
年末常住人口	万人	10.63	10.65	10.89	11.10	11.11
城市化率	%	52.09	54.21	56.30	58.21	59.91

2021 年景宁畲族自治县省部级先进集体和先进个人

2021 年省部级以上先进集体一览表

表 3

集体名称	奖项	颁奖单位	表彰文号/表彰时间
景宁畲族自治县	第二批浙江省全域旅游示范县(市、区)	浙江省人民政府	浙政发〔2021〕32 号
景宁畲族自治县	全国优秀健走示范区	中国疾病预防控制中心	2021 年
景宁畲族自治县	浙江省“平安县”	中共浙江省委 浙江省人民政府	2021 年
景宁畲族自治县	2020 年度全省“五水共治”“大禹鼎”奖牌	中共浙江省委 浙江省人民政府	2021 年
县委政法委	2020—2021 年度建设平安浙江先进集体	中共浙江省委 浙江省人民政府	2021 年
县人武部	先进旅团级党委	中央军委国防动员部	2021 年
县人武部	全军档案工作先进单位	中央军委办公厅 中央军委政治工作部	2021 年
县人武部	全面建设先进人武部	中国人民解放军 浙江省军区	2021 年
县公安局	全省扫黑除恶专项斗争先进集体	中共浙江省委办公厅 浙江省人民政府办公厅	2021 年
县民政局	全国农村留守儿童关爱保护和困境儿童保障工作先进集体	民政部	民发〔2021〕75 号
县第七次人口普查领导小组办公室	第七次全国人口普查先进集体名单	国务院第七次全国人口普查领导小组	国人普组字〔2021〕1 号
县工商联	2020—2021 年度全国“五好”县级工商联	中华全国工商业联合会	全联发〔2021〕25 号
县疾病预防控制中心	全国优秀健走组织单位	中国疾病预防控制中心	2021 年
县妇幼保健计划生育服务中心党支部	全国先进基层党组织	中国妇幼保健协会	中妇幼便函〔2021〕517 号
秋炉乡	2017—2020 年度全国群众体育先进单位	体育总局	体群字〔2021〕210 号
鹤溪街道百岁社区	2021 年全国示范性老年友好型社区	国家老龄委	国卫老龄函〔2021〕208 号
东坑镇桃源村	第二批全国乡村治理示范村	农业农村部	2021 年

2021 年省部级以上先进个人一览表

表 4

姓名	工作单位	奖项	颁奖单位	表彰文号 / 表彰时间
徐兴洪	县疾控预防控制中心	首届浙江“仁心仁术”奖	中共浙江省委 浙江省人民政府	2021 年
蓝景芬	县妇联	全国妇联系统劳动模范	人社部	人社部发〔2021〕109 号
项莉芳	县文物和非遗保护中心	全国文化和旅游系统先进工作者	人力资源和社会保障部 文化和旅游部	人社部发〔2021〕91 号
高伟淼	文广旅体局	2017—2020 年度全国群众体育先进个人	体育总局	2021 年

2021 年度全县“大赶考”综合考核结果

2021 年度部门“大赶考”综合考核结果

一、部门综合考核结果

（一）优秀等次

党群部门序列：县委组织部、县委宣传部、县纪委县监委机

关、县机关事务保障中心；

经济管理部门序列：县农业农村局、丽景园管委会、市生态环境局景宁分局、县财政局；

社会管理部门序列：县教育局、县人力社保局、县公安局、县卫生健康局；

垂直管理部门序列：县电力局、公积金管理中心景宁分中心、县税务局、人寿保险景宁支公司；

县委办、县人大常委会机关、县府办、县政协机关考核得分均达到本序列最低优秀单位分数，评为优秀等次。

（二）良好等次

党群部门序列：县委政法委、县委编办、县委统战部、县委县政府信访局、县妇联、县委党校、县老干部服务中心、县总工会；

经济管理部门序列：县发改局、县水利局、县开发区管委会、县自然资源和规划局、县文广旅体局、县经济合作交流中心、县交通运输局、县统计局；

社会管理部门序列：县民政局、县司法局、县融媒体中心、县法院、县市场监管局、县民宗局、县检察院、县综合行政执法局。

垂直管理部门序列：县农商银行、县消防救援大队、县气象局、电信景宁分公司、县烟草局、建行景宁支行、人行景宁县支行、邮储银行景宁支行。

各序列其他单位为合格等次。

（三）赶考进步奖

县民政局

二、创新标杆奖

（一）全面深入开展民族团结进步创建，争当全省铸牢中华民族共同体意识模范生——县委统战部、县民宗局；

（二）打造“清廉指数”数字化平台——县纪委县监委；

（三）探索“两山”转换通道，整合智慧平台资源，创成全国水域救援培训示范基地——县红十字会、大均乡；

（四）全面推进殡葬数字化改革，打造全省“智慧殡葬”经验样板——县民政局；

（五）创新“养羊控草”新模式，助推农业提质增效——县农业农村局、澄照乡。

（景委发〔2022〕10号）

2021年度乡镇（街道）“大赶考”综合考核结果

一、优秀等次

第一序列：鹤溪街道、红星街道、澄照乡；

第二序列：毛垟乡；

第三序列：秋炉乡。

二、良好等次

第一序列：东坑镇、大均乡、渤海镇；

第二序列：景南乡、九龙乡；

第三序列：梅岐乡、大地乡。

其他乡镇为合格等次。

三、赶考进步奖

大地乡。

四、综合工作示范村、先进村和进步村

综合工作示范村：澄照乡金坵村、大漈乡大漈村、大均乡伏叶村、鹤溪街道张村村、东坑镇桃源村、红星街道城北村；

综合工作先进村：鹤溪街道三枝树村、澄照乡东升村、大均乡大均村；

综合工作进步村：雁溪乡浮亭岗村、鸬鹚乡南坑源村。

（景委发〔2022〕3号）

中国共产党
景宁畲族自治县委员会

重要会议

【中国共产党景宁畲族自治县第十次代表大会】 12月27—30日，中国共产党景宁畲族自治县第十次代表大会召开。此次大会是在“两个一百年”奋斗目标历史交汇期，景宁现代化建设新征程全面开启、“十四五”发展全面推进关键时刻召开的一次十分重要的会议。大会的主要任务是：高举中国特色社会主义伟大旗帜，坚持以习近平新时代中国特色社会主义思想为指导，深入贯彻落实中央和省委、市委决策部署，回顾总结县第九次党代会以来的主要工作，研究部署今后五年的奋斗目标和主要任务，选举产生中共景宁畲族自治县第十届委员会和纪律检查委员会，动员全县上下以“景宁奋斗”践行“丽水之干”，加快建设山区和民族地区共同富裕先行示范区。大会号召，全县各级党组织要紧密地团结在以习近平同志为核心的党中央周围，在省委和市委的坚强领导下，团结带领全县人民，高举旗帜、继往开来，以“景宁奋斗”践行“丽水之干”，为打造“中国畲乡、品质景宁、宜居胜地”，建设山区和民族地区共同富裕先行示范区而不懈奋斗。

【县委全体会议】 1月21日，县委九届九次全体(扩大)会议召开。全会高举习近平新时代中国特色社会主义思想伟大旗帜，全面贯彻中共十九大和十九届二中、三中、四中、五中全会精神，全面落实省委十四届八次全会和市委四届九次全会精神，听取县委常委会工作报告，审议通过《关于制定景宁畲族自治县国民经济和社会发展第十四个五年规划和二〇三五年远景目标的建议》，确立“十四五”时期景宁经济社会发展的主要目标，明确路径抓手和战术方法，明确2021年全年工作主基调为：“聚力绿色发展、深化改革开放、夯实基层基础。”

9月18日，县委九届十次全体(扩大)会议暨县政府九届六次全体会议举行。全会以习近平新时代中国特色社会主义思想为指导，深入贯彻中共十九大和十九届二中、三中、四中、五中全会精神和习近平总书记对浙江、对丽水特别是对景宁工作的重要指示批示精神，全面落实省委十四届九次全会和市委四届十次全会决策部署，研究部署推进共同富裕各项任务，进一步动员全县上下忠实践行“八八战略”、奋力打造“重要窗口”，坚定厉行“丽水之干”，加快景宁跨越式高质量发展，勇当山区和民族地区共同富裕先行示范的奋斗者。全会指出，要深入实施改革创新引领行动、生态产业富民行动、城乡融合发展行动、民族团结进步行动、品质生活共建共享行动，跑出共同富裕的“加速度”，为全省建设示范区、全国实现共同富裕提供更多的景宁元素景宁经验。

【全县工作会议】 2月18日，全县“赋能争先•绿色跨越”百日攻坚行动暨“双招双引”工作动员大会召开。会议总结2020年工作，启动百日攻坚行动，对招商引资、招才引智工作进行再动员再部署，号召全县上下奋力开启畲乡景宁跨越式发展新征程。会议指出，要坚决贯彻市委关于“双招双引”的重大决策部署，统一思想，提高站位，切实增强对“双招双引”工作重要性紧迫性的认识，把“双招双引”作为赶考的新重点。面对新任务新重点，要把勇者的气魄、智者的谋略、仁者的胸怀投入到攻坚克难，展现赶考的新状态。要聚力“双招双引”，为跃升发展能级积蓄力量；聚力质效变革，为升级发展引擎强化支撑；聚力夯实基础，为优化发展环境擦亮底色。

【县委常委会会议】 1月7日，县委常委会召开会议。会议听取县人大常委会、县政府、县政协、县人民法院、县人民检察院党组工作汇报。会议指出，五大党组自觉坚持县委集中统一领导，认真贯彻党中央和省委、市委、县委决策部署，有效推动各项工作，为全县经济社会发展作出了积极贡献。五大党组要自觉加强政治建设，始终与县委同心同行，确保党中央、省委、市委各项决策部署在景宁一贯到底、落地落实；五大党组要不断提升履职能力，牢固树立“一盘棋”思想，围绕中心履职尽责，齐心协力推动全县各项事业发展。

1月13日，县委常委会召开会议。会议听取县纪委县监委、县委组织部、县委宣传部、县委统战部工作汇报。会议指出，过去一年纪、组、宣、统各单位党的建设不断加强，“志不求易、事不避难”创新实干大赶考深入推进，在全县各项工作中都发挥了重要作用，作出了应有贡献。纪、组、宣、统各单位要加强生成性学习，争当政治坚定、服务大局的表率；要强化针对性落实，争当唯实惟先、善作善成的示范；要保持创造性张力，争当创新求变、赶考突围的先锋。

2月1日，县委常委会召开会议。会议传达学习《中共中央关于加强党的政治建设的意见》(以下简称“意见”)，研究贯彻落实意见。会议强调，“意见”贯彻习近平新时代中国特色社会主义思想，聚焦突出问题和薄弱环节，为加强新时代党的建设提供了基本遵循。各级党组织要始终把党的政治建设放在首位，认真抓好贯彻落实。要带头把牢政治方向，坚决做到“两个维护”；要带头增强政治能力，全面提升工作水平;要进一步深化认识、统一思想,为高质量开好年度班子民主生活会打牢思想基础。

3月4日,县委常委会召开会议。会议审议《2021“中国畲乡三月三”大型节庆活动总体方案》和《景宁畲族自治县国民经济和社会发展第十四个五年规划和二〇三五年远景目标纲要(草案)》;听取《景宁畲族自治县2020年国民经济和社会发展计划执行情况、2021年国民经济和社会发展计划草案的报告(审议稿)》的汇报;听取《2020年度财政预算执行情况和2021年县级财政预算收支建议方案(审议稿)》的汇报;听取《自治条例(修正草案)》《水资源管理条例(修正草案)》《荣誉市民条例(草案)》制定情况汇报。

3月18日,县委常委会召开会议。会议审议《中共景宁畲族自治县委关于落实中央巡视反馈问题整改工作方案》《景宁县落实十方面重点问题整改工作方案》;审议县纪委九届七次全会方案和工作报告;审议《中共景宁畲族自治县委关于党史学习教育的实施方案》。会议指出,全县上下要深入学习贯彻习近平总书记在全国党史学习教育动员大会上的重要讲话精神,认真贯彻落实中央和省委、市委部署要求,按照方案部署,加强组织领导,强化监督检查,切实推动学习教育走深走实。

4月2日,县委常委会召开会议。会议专题研究分析2020年度市对县综合考核排名靠后指标,查找存在原因,以问题为导向查补短板,明确举措,推进全县各方面工作实现全方位争先进位。会议指出,要深挖根源病灶,进一步总结经验、改进不足,从主观上高度重视考核工作,深入剖析考核指标,查摆问题原因;要扛起使命担当,进一步谋求发展、推动跨越,切实发挥主观能动性,积极抓好对接,整合更多发展资源,推动景宁跨越式发展;要坚持以上率下,进一步接续奋斗、赶考奋进,带头压实责任、层层传导压力,凝聚起推动工作落实的强大合力,形成全域全员干事创业、奋发赶超的良好局面。

4月6日,县委常委会召开会议暨全县数字化改革领导小组第一次会议。会议听取县数字化改革领导小组办公室和六大专项组组长单位方案编制、专班设置和工作推进情况汇报,听取部分年度重点改革项目进展情况汇报,研究部署下阶段工作;审议《中共景宁畲族自治县委常委会2021年工作要点》《2020年度景宁县域政治生态评价分析报告》。会议强调,要确保规定动作接得住、自选动作有亮点;要做实基础,抢抓数字机遇,做优平台,提升改革效能,做大外延,全员投身改革。

4月20日,县委常委会召开会议。会议传达学习全省乡镇换届工作部署会精神,研究贯彻落实意见。会议指出,此次乡镇领导班子换届正值中国共产党成立100周年、“十四五”开局之年,处在开启全面建设社会主义现代化新征程的重要节点,对景宁事业发展具有重要意义。要高要求对标对表,实现乡镇班子建设和基层选人用人工作整体提升;要高质量实践破题,大力提升干部队伍推进现代化建设的新能力;要高标准推进落实,努力实现导向与风气“双优”,实现结构与功能“双强”,实现选人与谋事“双好”。

4月28日,县委常委会召开会议。会议专题研讨学习《习近平在浙江》《习近平科学的思维方法在浙江的探索与实践》，听取 2021 年第一季度经济运行分析汇报。会议强调，一季度经济呈现恢复强劲、质量提升、蓄势向好的态势，发展活力持续迸发，为全年“迈好第一步，见到新气象”打下坚实基础，要进一步提高站位，解放思想，抢抓机遇，赢得主动，抓纲带目，落地落实。会议指出，要坚持战略思维，在审时度势中明确定位、坚定前行，坚持“跳出景宁看景宁”；要坚持历史思维，在总结经验中找准方位、精准发力；要坚持辩证思维，在把握规律中抓住重点、破题解局；要坚持法治思维和底线思维，在风险防范中筑牢执政之基。

6 月 3 日，县委常委会召开会议暨理论学习中心组学习会。会议专题研讨学习习近平总书记关于“共同富裕”重要论述精神和省委专题学习会精神。会议指出，要加快发展步伐，夯实共同富裕经济基础；要强化数字赋能，着力为共同富裕增色添彩；要突出机制创新，打造共同富裕标志性成果；要注重民生改善，构建共同富裕保障体系；要坚持赶考奋进，确保共同富裕务实有效。

6 月 25 日，县委常委会召开会议。会议传达学习习近平总书记在中央政治局第三十次集体学习会上的讲话精神，观看《生命重于泰山——学习习近平总书记关于安全生产重要论述》专题片，传达学习省委书记袁家军在党史学习教育座谈会上的讲话精神，并研究贯彻落实意见。会议指出，全县上下要进一步提高政治站位，切实增强做好外宣工作的使命感、责任感、紧迫感，不断拓展对外传播渠道，有效构建“大宣传”工作格局，形成网上网下一体、内宣外宣联动的宣传思想工作新局面；要坚决扛起责任，努力把各项工作做细、做实，坚决遏制重特大事故的发生，为庆祝中国共产党成立 100 周年创造良好稳定的安全生产环境。

7 月 21 日，县委常委会召开会议。会议传达学习山区 26 县跨越式高质量发展暨山海协作工程推进会精神，研究贯彻落实意见。会议指出，景宁作为山区 26 县之一，必须抢抓千载难逢的历史机遇，进一步提高政治站位，强化责任担当，把学习贯彻此次会议精神与县委九届十次全会谋划相结合，争取形成一系列具有景宁特色和辨识度的发展成果，为全省乃至全国提供山区发展的“景宁样板”。要用好“一县一策”政策红利，全面补齐短板，激发内生动力；要坚持开放赋能，积极打造“山海协作”升级版；要突出民生福祉，扎实推动共同富裕。

8 月 23 日，县委常委会召开会议。会议研究贯彻习近平总书记对当前疫情防控工作的重要批示精神，省委常委会会议精神，部署全县疫情防控工作；听取县公安局、县法院、县检察院工作情况汇报；审议通过《中共景宁畲族自治县委关于落实市委意识形态工作责任制检查反馈意见的整改方案》。会议指出，全县上下要提高政治站位，坚持问题导向，加强组织领导，以工作措施落实的确定性应对疫情的不确定性。要深刻认识意识形态工作的极端重要性，以问题导向精准发力，坚持守正创新，确保意识形态领域持续保持向上向好态势。

8 月 30 日，县委常委会召开会议暨县委财经委员会第六次会议。会议传达学习习近平总书记在中央民族工作会议、中央财经委员会第十次会议上的重要讲话精神，听取2021年上半年经济运行情况分析汇报，分析当前经济形势，研究部署下半年工作。会议指出，习近平总书记在中央民族工作会议上的讲话精神为做好新时代党的民族工作指明前进方向，提供根本遵循。会议强调，要科学精准加强经济调度，久久为功抓好“双招双引”，一招不让抓好项目推进，全力以赴推进数字化改革，全面发力推动共同富裕。

9月10日，县委常委会召开会议。会议传达学习习近平总书记在中央党校(国家行政学院)中青年干部培训班开班式上的重要讲话精神，研究贯彻落实意见；听取全面从严治党半年主体责任督查情况汇报。会议指出，全县各级干部要认真学习、用心体悟，深刻领会习近平总书记重要讲话的精神实质和丰富内涵，坚定理想信念、加强理论武装、强化担当作为。会议强调，领导干部要以身作则、以上率下，压紧压实主体责任，全面提升从严治党整体工作，认真抓好全面从严治党考核反馈问题的整改落实，确保不遗漏、不留死角。

9月15日，县委常委会召开会议。会议传达学习省委民族工作会议精神，研究贯彻落实意见；分析研判当前疫情防控形势，部署下一步疫情防控工作。会议指出，要认真学习、深刻领悟，充满信心、认清短板、提高目标、合力攻坚、振奋精神、注重科学方法，把省委书记袁家军在全省民族工作会议上的重要讲话精神进行任务分解，按照时间表、路线图和任务书逐条逐项推进。就疫情防控工作，会议强调，全县上下要提高政治站位，加强工作调度，严格落实举措，强化监督检查。

9月26日，县委常委会召开会议。会议专题传达学习全国农村人居环境整治提升现场会会议精神，研究贯彻落实意见。会议指出，全县上下要深入学习领会会议精神，认真抓好贯彻落实，以此次会议为新的起点，进一步激发党员干部的奋斗热情，树立起抢抓机遇的胆略和意识，不断提升攻坚克难的勇气和能力，凝心聚力在接续奋斗中继续创造新的辉煌。要复盘分析总结经验，充分用好成果转化，用心谋好下步工作。

10月21日，县委常委会召开会议。会议传达学习习近平总书记在中央人才工作会议上的重要讲话精神，研究贯彻落实意见；研究第二届畲乡英才和首届拔尖新秀遴选情况；审议通过《关于召开中国共产党景宁畲族自治县第十次代表大会的决议》。会议指出，要深入学习贯彻习近平总书记重要讲话精神，把人才工作摆在更加重要的战略位置，进一步加大人才政策宣传，在全社会形成重才、引才、用才、爱才的良好氛围，为加快景宁跨越式高质量发展提供人才支撑。要求贤若渴，牢树重才导向，量体裁衣，完善引才机制，人尽其才，提高用才水平，全面关怀，真正爱才惜才。

11月8日，县委常委会召开会议暨县委财经委员会第七次会议。会议传达学习省委常委会扩大会议精神，听取2021年三季度经济运行情况分析汇报，分析当前经济形势，研究部署下阶段工作目标任务。会议指出，全县上下必须清醒认识到形势依然严峻复杂，挑战更是前所未有，要聚焦突出矛盾，锚定难点痛点，进一步强干劲、稳产业，以积极的学习姿态和良好的干事创业精气神迎接挑战，在危机中捕捉机遇。要紧盯指标争进位，项目攻坚再发力，聚焦产业扩增量，精准发力促共富。

12月3日，县委常委会召开会议。会议传达学习习近平总书记在中央全面深化改革委员会第二十二次会议上的讲话精神，研究贯彻落实意见。会议指出，全县上下要认真学习，深入领会，准确把握党中央关于全面深化改革的新部署、新要求，结合景宁实际，改革求变、创新突破，在科技体制建设、电力市场建设、学校党建、文物工作上加快改革纵深推进，为景宁跨越式高质量发展赢得更大主动。

12月10日，县委常委会召开会议。会议传达学习习近平总书记在中共中央政治局第三十五次集体学习会时的重要讲话精神，研究贯彻落实意见。会议指出，要深刻把握全面推进法治建设的重大意义，进一步提高思想认识，凝聚工作合力，高质量推进景宁法治建设水平。要牢固树立“法治是最好的营商环境”理念，始终坚持法治是为了人民，把法治思维贯穿到各项工作中。

12月22日，县委常委会召开会议。会议传达学习习近平总书记在中央深改委第二十三次会议的重要讲话精神，研究贯彻落实意见；传达学习省委常委会会议精神，研究部署近期疫情防控工作；审议通过《关于促进商贸、投资、现代服务业等企业健康发展的若干意见》。会议强调，要深入学习领会中央深改委第二十三次会议精神，坚定改革思维，持续用好全面深化改革关键一招。会议指出，冬春季节是疫情防控所处的最关键阶段，当前面临的形势严峻复杂，要严格落实省市相关要求，加强专班工作力量，加快推进疫苗接种工作，全力打好年底收官战。

【全县领导干部会议】 2月2日，全县领导干部会议召开。会议传达学习贯彻省十三届人大五次会议精神、省政协十二届四次会议精神和市委经济工作会议精神，研究部署下阶段工作。会议指出，全县上下要切实统一思想认识，提高政治站位，认真学习领会，深入谋划推进景宁现阶段和今后一个时期工作。要高度重视，谋划好、组织好、落实好“双招双引”工作，把学习贯彻省“两会”精神和市委经济工作会议精神与开好县“两会”，制定好全县“十四五”规划纲要、谋划好新一年“大赶考”、打响新一轮百日攻坚大会战等工作有机结合起来，打好主动仗，赢得“开门红”。要全力保障过新年迎新春，持之以恒抓好疫情防控，把好“廉关”，过好“廉节”。

3月2日，全县领导干部会议召开。会议专题传达学习市四届人大六次会议精神和市政协四届五次全会精神，研究贯彻落实意见。会议强调，全县上下要在深学细研、知行合一上下功夫，把学习贯彻市两会精神与贯彻落实市委四届九次全会精神、系统把握县委九届九次全会精神紧密结合起来，努力把学习成效转化为推进改革发展的强大动力；要对标对表抓落实，全力推动市委市政府各项决策部署在景宁落地生根见效；要善作善成求实效，努力为畲乡景宁跨越式赶超开好局、起好步。

3月12日，全县领导干部会议召开。会议专题传达学习贯彻全国“两会”精神。会议强调，要把学习宣传贯彻全国“两会”精神作为当前一项重要政治任务抓紧抓好，迅速掀起学习热潮，切实把思想和行动统一到中央的重大决策部署上来；要着力提升“谋”的水平，在对标对表中做到知行合一、融会贯通，既要在大局中谋划工作，也要在大势中谋划工作；要着力做好“干”的文章，在贯彻落实中做到唯实惟先、善作善成，做好高质量发展、增进民生福祉、赶考奋进的文章。

6月15日，全县领导干部会议召开。会议传达学习省委十四届九次全体(扩大)会议精神，研究部署贯彻落实意见。会议强调，全县上下要提高站位、学深悟透，准确把握省委全会精神实质，积极抢抓全省共同富裕示范区建设历史机遇，以高度的政治自觉扛起使命担当，奋力推动畲乡经济社会发展实现新跨越，努力在浙江高质量建设共同富裕示范区进程中打造全国民族地区共同富裕的先行地。要凝聚共识，广泛动员掀起新热潮；要抢抓机遇，借势发力启航新征程；要赶超跨越，立足特色打造新标杆；要立足当下，恪尽职守制胜新起点。

8月2日，全县领导干部会议召开。会议传达学习贯彻市委四届十次全体(扩大)会议精神。会议指出，此次全会是根据丽水发展的阶段性特点和共同富裕示范区建设的历史要求召开的一次具有里程碑意义的重要会议，为全市扎实推动共同富裕指明了前进方向、明晰了发展路径。要强化责任担当，加快形成推动共同富裕的“四梁八柱”；要树牢宗旨意识，始终把人民对美好生活的向往作为推动共同富裕的奋斗目标；要狠抓工作落实，慎终如始抓好疫情防控，落实落细平安稳定各项工作，摆正换届心态。

8月17日，全县领导干部会议召开。会议传达了中共浙江省委、丽水市委对景宁畲族自治县主要领导的任免决定：王世强任中共景宁畲族自治县委书记。会上，王世强作表态发言。

11月18日，全县领导干部会议召开。会议传达学习中共十九届六中全会精神，研究部署学习贯彻举措。会议指出，中共十九届六中全会是我们党在重要历史关头召开的一次具有重大历史意义的会议，全县上下要进一步提高政治站位，把学习宣传贯彻中共十九届六中全会精神作为当前的首要政治任务抓紧抓实。会议强调，要提高政治站位，切实学懂弄通做实全会精神；要坚定理想信念，在新时代新征程上接续奋斗，坚持党建引领、厚植为民情怀、奋进共同富裕、强化奋斗精神；要强化担当落实，力争“十四五”开局首战首胜，加快重点项目建设、全力推进“双招双引”、深入推进改革创新、聚力化解风险隐患、抓好年度考核工作、抓好常态化疫情防控。

12月3日，全县领导干部会议召开。会议传达学习省委十四届十次全会精神和全市领导干部会议精神。会议指出，此次省委全会是对中共十九届六中全会精神再学习、再贯彻、再部署的专题全会，也是全省各县(市、区)新一届党政正职到位后召开的第一次省委全会，具有承前启后、指引未来的重要意义。全县上下要全面贯彻中共十九届六中全会和省委十四届十次全会精神，迅速凝聚发展新合力，要党建引领讲政治、凝心聚力开新局、忠勇担当抓落实；要全面开展思想大研讨，谋好畲乡发展新蓝图，脚踏实地、打破常规、大胆设想、对标对表；要全面推进年底大冲刺，打赢共同富裕起航收官战，做好民生保障，抓好年度考核工作，加快重点项目建设，扎实推进“双招双引”，深化推进改革创新，全力化解风险隐患，守牢疫情防控底线。

【全县党建工作会议】 4月29日，全县党建工作会议召开。会议安排部署2021年全县组织、宣传和统战等工作，动员全县各级党组织和广大党员干部进一步统一思想，志不求易、事不避难，奋力推进党建工作再上新台阶，为畲乡景宁加快跨越式发展提供坚强政治保证。会议指出，要提高站位、深化认识，准确把握新时代党建工作总要求，坚持政治立身，做到绝对忠诚，坚持围绕中心，统领服务大局，坚持系统观念，谋实整体智治；要聚焦主业、主动作为，以高质量党建引领推动畲乡景宁跨越式发展；要善作善成、久久为功，奋力开创全县党建工作新局面，强化组织领导、统筹联动、自身建设，注重带动群团建设。

【县委农村工作会议】 5月6日，县委农村工作会议召开。会议深入学习贯彻习近平总书记关于“三农”工作重要论述，全面贯彻落实中央和省委、市委农村工作会议精神，总结回顾“十三五”时期农业农村发展成果，准确把握新发展阶段“三农”工作新形势新任务，研究部署“十四五”时期及2021年全面推进乡村振兴、加快农业农村现代化各项工作。会议指出，“十四五”时期，景宁“三农”工作目标是：奋力争当山区乡村产业高质量绿色发展的先行者、民族地区共同富裕的排头兵、乡村整体智治的模范生。要加强重要农产品保障能力，抓好乡村产业“双招双引”，推动农业产业高质量发展，加快“数字乡村”变革步伐，创新促进共同富裕机制，拓展美丽乡村迭代升级路径，激发乡村集成改革的动能。

【全县党史学习教育动员部署会】 3月19日，县党史学习教育动员部署会召开。会议认真学习贯彻习近平总书记在党史学习教育动员大会上的重要讲话和全省、全市党史学习教育动员部署会精神，对全县党史学习教育进行专题部署。会议指出，要提高站位，深刻领会党史学习教育的重大意义，迅速把思想和行动统一到中央、省委和市委决策部署上来；要深刻认识党史学习教育是锤炼初心使命，推进中华民族伟大复兴的重大举措，是坚定理想信念，奋进新征程的坚实保障，是改进作风，推进自我革命的内在要求，是持续赶考奋进、接续奋斗的迫切需要；要突出重点，准确把握目标任务，高标准高质量推进党史学习教育；要科学统筹，切实加强组织领导，确保党史学习教育走深走实。

县委综合事务

【概况】 2021年，县委办报送的信息被市委办录用600多条，被省委办录用60多条，信息工作在全市党委信息考核排名中名列第二，省级信息采用量居全市第一。突出“党管保密、依法治密、科技强密”主题，推进定密管理、涉密人员管理、网络保密管理三大重点保密内容管理，切实抓好保密教育和保密检查工作，筑牢保密防线。

2021年，协调全面深化改革，坚持创新引领、改革破难、数字赋能，以数字化改革撬动全领域各方面改革。一体化数据资源系统应用目录编制、应用系统组件关联均已100%完成；浙里办App活跃数1980人/日，注册8.8万人次；浙政钉App接入县级自建应用11个，注册6691人，日均活跃率79.64%。党政机关整体智治、数字政府、数字经济、数字社会、数字法治五大系统逐步完善，共梳理出重大任务2076项、核心业务2795项。智慧交通、智慧殡葬等经验做法被省《竞跑者》栏目刊发推广；全国人居环境整治提升现场会上数字化改革成果演示获得好评。

【督办工作】 2021年，县委办围绕县委中心工作，始终坚持“事事有落实、件件有回音”工作原则，全程跟踪督查督办县委领导批示、媒体曝光和领导调研交办重点问题。共办理县委主要领导批示件209件，其他县委领导批示件91件，未批示公文336件。跟踪办结《今日聚焦》曝光问题1起，《每周聚焦》曝光问题2起，《畲乡聚焦曝光问题》7起。牵头推进整改中央巡视反馈问题25项，整改措施88条，市委十方面重点问题37项（其中省审计反映问题整改任务19项），整改措施87条。建立“七张问题清单”工作总机制，健全完善各项督办机制、通报机制、问题上线审核机制等。

【文秘、法规工作】 2021年，制定出台《县委办关于进一步完善和规范公文制发的意见》和《景宁县党的规范性文件合法合规性审查表》，规范乡镇、部门规范性文件的起草、审查程序，并认真对报送的规范性文件进行核查。深入拓展备案审查范围，把国有企业党委（党组）制定的规范性文件纳入备案审查范围。建成县委办牵头，纪委、组织部、编办、财政局、人事局、司法局等部门和法律顾问密切配合、认真履职的党的规范性文件备案审查工作协调机制。全年发文510件，转入文件7127多件。办理县委全会、全县工作会议、常委会、常委扩大会议等各类大小会议事务170多次。保障党政高清视频会议技术服务93次。

【档案执法监督】 2021年，完成档案事业“十四五”规划。创成浙江省档案服务基层社会治理试点县，档案乡村振兴考核全市第一名。为“庆建党百年　展景宁风采”主题展统筹协调征集图片500多张，从档案视角呈现景宁发展史。力抓新冠肺炎疫情防控和精准扶贫档案资料指导接收等工作。做好档案执法检查，共开展双随机抽查17次，联合跨部门执法6次。

【台湾事务】 2021年，坚持以习近平总书记对台工作重要思想为指引，深入学习贯彻中央、省、市对台工作决策部署，持续推进“‘三月三’景台少数民族文化交流”品牌建设，坚持线上线下同频共振。在2021“三月三”活动期间，共邀请了在大陆的台胞31人到景宁开展文化交流，共话发展。创新开展“云上文化交流”，以图文、视频等方式为在台少数民族同胞推送活动盛况，开展互动，全面展示景宁自然风情，以及经济、文化、社会、生态文明建设等方面成果，让台胞在感受大陆的新发展和少数民族文化的魅力中增进情谊。

【外事工作】 2021年，顺利完成各项外事任务。召开景宁与意大利莱西尼亚友好交流视频会议，举办首届景宁—莱西尼亚文创设计国际大赛报名暨作品征集启动仪式、咖啡与禅茶对话活动。组织开展景宁中学与日本三岛市山田中学举办学生交流活动。成立景宁海外人才工作欧洲联络站，推进国内外人才“双招双引”交流活动。成立红星街道仙童社区领保联络站，协助中央、省、市推广使用中国领事、浙江境外服务码等外交应用App，切实保障境外企业、人员安全。加强外籍人士服务管理，关注在景外籍人员情况，推进在景外籍人员疫苗接种工作。（雷心仪）

组织工作

【概况】 2021年，全县有基层党组织642个。其中，党委57个，党总支63个，党支部522个。直属工委6个。党员1.25万名。其中，乡镇、建制村党员6679名，占比53.26%；机关单位党员3813名，占比30.41%；女性党员3015名，占比24.04%；少数民族党员1174名，占比9.36%。研究生学历党员82名，占比0.65%；大学本科学历党员2778名，占比22.15%；大学专科学历党员1852名，占比14.77%；中专学历党员790名，占比6.3%；高中、中技学历党员1707名，占比13.61%；初中及以下学历党员5331名，占比42.51%；35岁及以下的党员2219名，占比17.70%；36至40岁的党员958名，占比7.64%；41至50岁党员2732名，占比21.79%；51至60岁党员2966名，占比23.65%；61岁以上党员3665名，占比29.23%。

2021年，开展“党员在身边、温暖千万家”为群众办实事活动，引导村社党员经常性走访联系责任区群众。开展全国、全省、全市“两优一先”评选推荐工作，获评市级以上“两优一先”集体27个，获评县级优秀共产党员100名、优秀党务工作者10名、先进基层党组织50个。组织各级领导干部深入基层开展“七一”集中走访慰问活动。共走访慰问老党员、生活困难党员、因公殉职党员干部家属等451名，发放慰问金66.8万元。向650名党员集中颁发“光荣在党50年”纪念章。组织2021年新发展党员进行集中宣誓。

2021年，根据市委组织部关于新发展党员年龄、学历、进度等方面要求，发展党员275名。其中，35岁以下的党员占比65%；大专以上学历的党员占比72%。举办党员发展对象培训班4期。全省基层党组织和党员信息系统录入基层党组织650多个、党员信息1.2万条，并进行动态更新维护。

2021年，信息在中央、省委党建电视栏目新闻、专题播出42条；在《中国组织人事报》《农民日报》等中央级纸媒刊发稿件22篇次；在《浙江日报》《时代先锋》《今日浙江》等省级纸媒刊发稿件62篇次；拍摄《小雷书记》《学讲话 悟思想 开新局》《百个支部看共富》《传承系列老党员短视频》等系列微视频6个。其中，《红色旧物——老账本》《学讲话 悟思想 开新局(大均乡)》《百个支部看共富“蓝凤妮”党员工作室》等3个微视频在浙江省“之江先锋”公众号刊播，《小雷书记》在浙江卫视“人物专题”播出。宣传工作连续两年居全市组织系统首位；信息工作连续七年获评全国组织系统信息报送先进单位。

【干部培训】 2021年，举办县管领导干部共同富裕能力提升专题研讨班，依托浙江领导干部网络学院推出共同富裕学习专题；支持县发改局、县农业农村局、县文广旅体局、县大数据发展中心、县经济合作中心等职能部门举办系统行业领导干部培训班15期；赴长三角地区举办培训班13期；选送各领域干部赴外地培训学习1300多人次。依托独特的民族政治、红色革命、绿色生态等优势，创建浙江(景宁)民族干部培训中心，提升梅岐乡、毛垟乡等10个饱含革命遗迹、畲族风情、红色基因的现场教学基地，打造“1+15+X”现场教学模式。全年共承接来自重庆石柱土家族自治县、省社会主义学院、桂林市委党校、温州少数民族培训班等外来培训班10多期400多人，初步形成“红+绿+畲”的干部教育培训品牌。

2021年，县推行“青苗培育”工程。通过组织推荐、能力测试、组织面谈、资格联审、组织考察等多道程序，发现识别各领域“青苗”150多人。按照“日常培养+专题培训+一线锻炼”的综合培育模式，建立起“每周一学习、每月一研讨、每季一检测”的常态化学习机制，选派一对一“传帮带”导师，选派成员到“双招双引”、重大项目等“急难险重”岗位锤炼。实行“一人一档”，详细及时记录培训、学习、工作情况，通过日常表现、个别谈话、民主评议等形式评定等次，并根据表现实行动态调整。以实干导向用人，定期搭建“赛场选马”平台，及时让条件成熟的“苗子”脱颖而出、发挥作用。

【干部监督】 2021年，发布《关于加强换届纪律学习教育宣传 确保换届风清气正的通知》，实施换届纪律承诺机制，签订换届纪律承诺书2900多人。制定《2021年景宁畲族自治县加强乡镇领导班子换届风气监督工作方案》，向全县各级领导干部、换届工作组成员、各级党代表、人大代表和政协委员等人员发放“十严禁”换届纪律提醒卡1.2万多份；组织全县90多个单位2400多名干部观看严肃换届纪律警示片《警钟长鸣》。结合民族地方特色，编制拍摄畲族山歌版“‘十严禁’换届纪律要求”。结合换届考察，对21个乡镇(街道)党(工)委进行全面的选人用人检查；完成42家单位党委(党组)书记离任检查和30家单位主要领导经济事项离任交接工作。是年，联合县纪委、县监委提醒85人(其中科级领导35人)，函询3人(其中科级领导2人)，诫勉11人(其中科级领导3人)。创新推行领导干部监督管理“预警指数”评估机制，多渠道收集问题、多层次预警反馈、多部门综合研判，着力提升干部管理监督实效。

2021年，县委组织部经过调查，分析全县19个乡镇不同的功能定位和发展潜力，建议差异化配备领导班子职数。组建换届考察组，对21个乡镇(街道)班子、67个县直部门629名县管领导干部开展换届考察，并对推荐的139名优秀年轻干部进行考察。根据优化乡镇领导班子结构功能需要，分类组织对30岁以下年轻干部、优秀村党组织书记、乡镇事业编制人员、县乡机关选调生、农村工作指导员等150多人开展择优比选。在谈心谈话、深入考察、择优比选的基础上，结合乡镇换届职位空缺情况、乡镇发展定位和换届政策要求，选优配强各乡镇领导班子，并以省、市换届数字化平台为依托，开展换届人事安排模拟推演，实现换届成果可视化。通过换届人事调整，共提拔或进一步使用干部80人，平职交流干部109人，退出领导岗位24人。换届后，乡镇领导班子中，35岁以下的年轻干部占39.68%；全日制大学以上学历占35.14%。

【公务员管理】 2021年，新录用公务员59名(其中选调生8名)，全日制本科以上学历占91.53%。推出"量化评价+业绩比拼+从严考察"公务员职级择优晋升机制。制定印发《景宁畲族自治县关于深化公务员平时考核工作的实施方案(试行)》，全县机关单位建立平时考核制度75家，覆盖率100%。修订完善《景宁畲族自治县机关事业单位工作人员交流管理办法》。

2021年，开展干部人事档案分级集中管理和国有企事业单位人事档案专项审核全覆盖工作。开展第二期公务员及参公人员、事业人员档案数字化扫描工作，全年扫描数字化档案1020卷。

【基层党组织治理】 2021年，建立选调生在村任职积分管理平台，通过数字化手段实现对省、市、县选调生到村任职"七个一"任务落实情况和补助资金使用情况的全面跟踪管理，对各项工作进展缓慢和未完成的自动进行"红黄蓝"实时预警，并通过浙政钉实现对相关人员实时提醒，实现选调生在村任职情况"一屏掌控"。推出村级组织和村干部智慧预警应用场景，对村(社区)干部干事创业状态和成效、基层组织运行状况、村社发展情况等进行"红、黄、蓝"三色预警管理，实现村(社区)干部评价分析"一网通看"、村级组织管理事项"一站统管"、村级组织运行情况"一键预警"。该做法被省委组织部作为典型案例上报中组部。

【农村党建】 2021年，深化"一乡一党建项目"创建，由乡镇(街道)党(工)委书记领办。通过举办"党建统领先富带后富 全面助推乡村振兴"党建项目大比拼活动，给予鹤溪街道"嵌入式"党建、红星街道村社主职干部"主政档案"、鸬鹚乡书记项目(县级优秀党建项目)各5万元的奖励。出台《全面深化"村社大赶考"实施方案》。将全县136个行政村，9个社区分为重点型、一般型和留守型进行分层分类推进；通过选树标杆定目标、争先比拼答考题、考核比拼看实绩等举措，为村社干部营造浓厚干事氛围。组建"大赶考"督查小组，全程监督目标完成情况、存在困难、干部履职情况。通过村社"大赶考"擂台赛，从重点型村中评出综合工作示范村6个、从一般型村中评出综合工作先进村3个、从留守型村中评出综合工作进步村2个，并给予8万元的奖补资金。该做法在《中国组织人事报》《组工信息》上刊发。严格落实党内组织生活相关制度，围绕市委组织部下发的“双整”(十百千)高质量评估指标，每季度组织开展农村党员组织生活的县级调度，逐村对照、逐村整改。加大后进村党组织整转力度，对后进村党组织进行了提级调度，并搭建“蝶变”擂台，促“后进”为“后劲”，夯实基层组织基础。

【城市党建】 2021年，景宁城市基层党建以疫情防控为契机，着眼“补短板、强弱项、攻难题、创品牌”的目标定位，完善“街道大工委—社区大党委—网格或小区党支部—楼栋或片区党小组”四级组织体系。全县建立网格服务党支部43个、楼栋党小组115个、志愿服务队58支，推选楼栋长721名。全面推行县直机关党员、干部、职工进社区报到服务制度。“一社区一品牌”“老叶工作室”“廊桥说事”“庭院议事”等作用不断凸显。

【机关党建】 2021年，县委机关工委下辖部门党委8个，机关党委21个，党总支3个，党支部36个，共有党员4199人。是年，发展党员78人，确定入党积极分子115人，组织培训4期194人次。在中国共产党成立100周年和党史学习教育背景下，依托党群服务中心开展“十个一”系列活动，以“回眸百年砺初心·昂扬开启新征程”为主题，为全县各级党组织定制主题党日菜单式服务。全年举办政治生日4期；为98名党员代表颁发“光荣在党50年”纪念章。推荐评出省级优秀党务工作者1人，市级优秀党务工作者1人，县级优秀党务工作者6人；推荐评出市级优秀共产党员5人，县级优秀共产党员40人。制定出台《2021年清廉机关、模范机关建设重点任务贯标（试行）》文件，国家税务总局景宁税务分局被评为全省“双建”工作先进集体，荣获全市机关党建工作“实招妙招”创新展示擂台赛优秀创新案例奖。国家税务总局景宁分局发动机关单位在职党员、干部、职工5000人次进社区服务，全年开展志愿服务1.2万人次。县市场监管局被评为市级“双建”工作先进集体。

【两新党建】 2021年，全县有新经济组织（非公有制企业）399家，新社会组织236家。全县有两新党组织69个，党员609人。其中，综合党委4个、党总支1个、党支部64个(38个非公企业党支部，26个社会组织党支部)、工作支部35个(12个非公企业工作支部，23个社会组织工作支部)。新建党支部7个(其中3个工作支部转实体)、工作支部3个。下派两新党建指导员选派和驻企“第一书记”128名。评出六星党组织4个，五星党组织33个，四星党组织19个，三星党组织6个。举办全市第六届两新党建好故事讲演活动。规范提升启文中学、江泰广场、宇海幼教党建示范点，打造“一核四联，打造商圈党建新高地”党建品牌。实施畲乡“红领赋能”工程，通过开设“红领论坛”、开展“红领帮带”、发放“红领津贴”，提升两新党务干部业务能力和工作积极性。通过选树先进典型、制作微党课、组团学党史等活动开展中共党史学习教育。指导建立五联快运有限公司党支部，成立“宁聚•骑心”快递物流行业党建联盟。出台畲乡红•骑士暖心十条，开展“绿谷先锋”系列评选，打造“绿谷先锋驿站”64个。

【全域党建联盟建设】 2021年，出台《关于推进全域党建联盟的指导意见》，健全“1+X+N”组织架构。按照“组织融合、资源融合、发展融合”总体思路，结合辖区单位、区域特点和党建工作实际组建片区、产业、两新、城市等类型党建联盟，带动产业链或行业上下游共同发展。健全联动共赢机制，以党建联盟形式实现党员人才共管、区域发展共谋、联盟活动共办、阵地共建共享、工作联比共评。全县各领域共组建党建联盟61个。其中，雁溪乡功能型党小组联盟、“大东景雁”片区联盟的经验和做法在《农民日报》《浙江共产党员》《丽水日报》刊发。78名优秀乡村干部与161名新任村党组织、后进党组织书记、新进班子的大学生进行导师“帮带结对”，做大做强后备干部数据库。

【党群服务中心】 2021年，畲乡景宁党群服务中心开展“百名党员说党史”“忆峥嵘岁月•争当薪火传人”新老党员政治生日、“‘书’百年党史•‘画’百年成就”书画展、“百名党员有话说——最想对党说的一句话”等“十个一”系列活动。党群服务中心成为全县中共党史学习教育的主阵地。其中，“回眸百年砺初心、昂扬开启新征程”为主题党日，受到县内外党组织和党员的关注，成为热门的“红色之旅”打卡地。是年，党群服务中心接待县内外团队1241个3.97万人次。接待参观讲解339场1.07万人次；提供会务服务962场3.18万人次。举办流动党员夜校、公益读书会、舒心课堂等活动350场次，1.14万人次参加。时任省委副书记、省长郑栅洁到该中心参观考察并予以肯定。红星街道红星社区、鹤溪街道城南社区党群服务中心、澄照乡澄和社区党群服务中心被评为县级“最美社区党群服务中心”；红星街道杨绿湖党群服务中心、鹤溪街道包凤村党群服务中心等9个党群服务中心被评为县级“最美村级党群服务中心”，并给予获评村（社区）2万元奖补资金。县党群服务中心入选长三角“三省一市”党建共建共育共享资源清单；被评为全省十大“最美党群服务中心”。县党群服务中心参与浙江省博物馆“八个‘窗口’看精彩浙江——浙里不止小康”活动。

【“消薄”工作】 2021年，通过“六个一批”举措，完成消除集体经济薄弱村任务。立足景宁县域实际，注重村集体发展基础与实际情况相结合，带动各村集体创新和可持续“造血”能力，夯实“消除经济薄弱村”根基。是年，全县村集体经济总收入7369.3万元，同比增长19.38%。其中，经营性收入3325.41万元，同比增长17.34%。全县136个行政村中，有55个集体经济相对薄弱村均实现总收入20万元，经营性收入10万元以上。经营性收入超过50万元的行政村有11个；经营性收入超过15万元的行政村有116个，占总行政村数的85.3%。为县、乡两级强村公司配备公司经理、财务和项目管理人员，推动公司规范化、制度化运营管理。县级兴村富农公司整合财政资金2.38亿元,用于联建光伏电站、投资“消薄飞地”、购置物业、观光巴士等项目13个,营业收入1320.62万元。

【人才工作】 2021年,制定出台《技能人才一次性奖励补充意见》《景宁畲族自治县科技特派员工作管理办法》等专项政策,增加人才新政操作细则29项。全年投入人才费用2200万元。开展人才活动29场,服务群众800人次。组建资金、人才招引小分队86支。全年开展“招才引智”对接活动800多次,引进高层次人才152人。举办“三月三”“双招双引”集中签约仪式、“才聚畲乡”第二届景宁人才科技峰会暨全域旅游助推民族地区共同富裕景宁论坛等人才活动。建立“景宁600”与碳中和研究工程师(专家)协同创新中心,邀请美籍华裔院士李百炼担任顾问专家,引进省农科院各类专家45名;与51家高校院所、人才中介达成合作;创建博士后工作站、省级技能大师工作室各1家;新增省级科技型中小企业13家;聘任引才大使5位;建立“双招双引”联络站8个,引才联络站2个,海外人才工作联络站1个,“助力畲乡·人才工作室”18家,签订人才合作项目19个。其中,5位专家入选市“双百引领计划”。组织“双一流”、省属重点院校大学生遴选,引进青年大学生2959人。其中,硕士139名,博士19名。入选“绿谷精英”人才项目6个。

2021年11月2日,“才聚畲乡”第二届景宁人才科技峰会举行 (县委组织部 供图)

2021年,举办各类人才培训班20多次,受训4200多人次。全县卫生和教育系统获得省、市级荣誉69人;新增高技能人才480人。在国家、省、市技能大赛中获奖12人。其中,获评浙江青年工匠4人。农技队伍中,新增中级“农三师”36人、高级“农三师”9人。非遗队伍中,新入选浙江省非物质文化遗产代表性传承人6人。启动畲乡英才、拔尖新秀、畲乡文化艺术名人、畲乡名医名护士、畲乡名师名校长选拔工作。有800多人参与,涉及100多个企事业单位,覆盖全县各领域。选拔出畲乡英才14名、拔尖新秀32名、畲乡文化艺术名人15名、畲乡名医名护士20名、畲乡名师名校长20名。全县享受畲乡人才补贴495人。 (雷陈嵘)

宣传工作

【概况】 2021年,策划组织新华社、中国新闻社等各大主流媒体记者多次到景宁,开展“沿着高速看浙江”“共同富裕新征程”“助力山区26县高质量发展公益行动”等采访活动。市级以上主流媒体刊播景宁相关新闻稿件3000多条。其中,省级以上重点主流媒体刊播500多条。完成《画说景宁》创作评审，《畲山谍影》《畲岭往事》等多部红色影片在景宁取景拍摄。举办2021年“三月三”大型节庆活动。创作反映畲族老妈妈勇救红军史实的大型民族歌剧《畲山黎明》，并代表浙江省参加第六届全国少数民族文艺会演，荣获“优秀剧目奖”“艺术表演奖”2项国家级奖项，实现综合性奖项零的突破。遴选畲族领域专家队伍，建立民族智库。推出“数字文明大擂台”工作比拼机制，开展“红黄蓝绿”公开亮牌通报3次，黄牌提醒乡镇11家。

【理论学习中心组】 2021年，建立完善理论学习中心组巡听旁听机制。以中共景宁畲族自治县委理论学习中心组为龙头，以基层党委（党组）中心组为主体，以县委党校为平台，开展中共十九届六中全会精神、中共党史学习教育、习近平总书记在庆祝中国共产党成立100周年大会上的讲话精神等专题学习。通过专题研讨、辅导讲座、党课讲授等方式，组织县委中心组集中学习23场、专题研讨3次，县委常委党校授课12堂，各单位组织开展党委（党组）理论学习中心组专题学习980场次。

【落实意识形态主体责任】 2021年，贯彻《浙江省党委（党组）意识形态工作责任制实施细则》，重视市委巡察问题及市审计组的审计反馈，并做好整改。将意识形态工作纳入党政领导班子实绩考核评价体系、纪律监督检查范围和平安建设考核。开展意识形态主体责任落实情况半年度督查，查出问题144项，完成整改96项，持续整改48项。构建“县、乡、村”三级“网络生态瞭望哨”体系框架，组建覆盖全县重点单位、乡镇、行业的哨兵队伍（191人），做到各类风险隐患早发现、早预警、早处置。建成“两个中心”，并投入使用（投资240万元，占地面积200平方米）。该项目集独立瞭望哨技术平台、可视化大屏设施、移动视频会商系统、执法室、值班室等一体化数字办公平台于一体提升网络应急处置水平。是年，县委宣传部被评为全省“网络生态瞭望哨”工程建设成绩突出集体。浙江网信网、丽水网信网先后刊发《景宁畲族自治县“三车并驾”提升网络应急处置水平》经验做法。

【理论宣传】 2021年，积极发挥“头雁”效应，由县处级党员领导干部带头开展中国共产党历史学习教育宣传工作。通过组建畲语宣讲队、“畲青年”宣讲团等队伍，用唱山歌、话畲歌等方式，开展主题宣讲1700多场次。其中，县处级以上领导带头深入基层开展专题宣讲或讲党课94场，接受教育党员、群众累计5万人次。

【对外宣传新闻发布】 2021年，统筹广播电视、新闻客户端、微信、微博等多种平台联合发力，推出新闻专栏90多个，全平台发稿累计3万多条。景宁电视台推出《30秒看重点项目》《主播说新闻》《畲吃品》《小编跑项目》等系列短视频栏目。108家省、市媒体平台同步直播“一竹渡江”独竹漂，全网点击量400万人次。

【精神文明建设】 2021年，成立全县志愿者联合会，全年开展志愿服务活动400多场，6000多人次。全县获评“浙江好人”3人；“丽水好人”4人；市第七届道德模范1人；“畲乡好人”16人。开展“我们的节日”系列主题活动134场、“春泥计划”活动163场，开展“反对浪费、公勺公筷”等文明主题行动20多次。《畲乡聚焦》、“问政直通车”、“新闻直通车”等舆论监督类栏目受理问题282个，帮助基层解决实际问题6件。 （刘　鸿）

统战工作

【概况】 2021年，统一战线成员在“两会”上围绕教育提质、数字化转型、基础设施完善、企业转型升级、畲族文化传承等方面进行发言和提案70多条。其中，10名代表参加“两会”发言。办理“三侨生”中、高考加分事项24件。创成清廉民企1家。开展新冠肺炎疫情防控工作，全年境外入景人员闭环管控和健康管理125人。成立景宁欧洲海外人才工作欧洲联络站（联络站设在西班牙），该工作被丽水市侨联评为年度最有影响力的工作。

2021年12月24日，景宁海外人才工作欧洲联络站在西班牙挂牌成立 （县委统战部　供图）

2021年，整合专项资金50万元，建成畲族文化智能数据平台，打造中华好畲音工作室、畲族语言交流大讲堂、畲族文化图书信息中心三个平台。完成畲医畲药文化等11类资料收集和“浙统云”人物库、组织库、场所库建设。完成1623名统战成员的建档工作。谋划“浙里畲乡共富”数字化改革场景建设。

2021年，邀请知名浙商、企业家40多人及侨联影业（杭州）有限公司有关人员到景宁考察。聘请4名知名浙商担任景宁畲族自治县招商大使；聘请104名景商担任“金奖惠明茶”推广大使。引进丽水巨智科技有限公司、浙江富大企业管理集团等一批优质侨资企业。联系杭州锤子生物科技有限公司直播团队到景宁开展为期一个月的助农直播宣传，累计直播58场次。联系G情杭州俱乐部到景宁，为沙湾镇校捐赠校服、书包、图书等爱心物资2000多件，价值20万元。通过组织乡贤外出学习、发出乡贤回乡倡议、乡贤典型宣传等举措，促进乡贤回归新增投资项目14个。

【党外代表人士队伍建设】 2021年，依托浙江（景宁）民族干部培训中心这一品牌，举办少数民族干部、党外干部培训班2期80多人。更新少数民族干部、党外人士数据库；完成民进景宁总支部换届工作。推荐选派新生代企业家10人去经济部门挂职锻炼。

【统战主题活动】 2021年，县委统战部以庆祝中国共产党成立100周年为契机，开展“巾帼”党员志愿者助农采茶赛茶活动、“我们和党旗在一起——56个民族心向党”主题活动、

“党恩各族颂•民族一家亲”畲风红歌进课堂活动、坚守初心跟党走——庆祝中国共产党成立100周年暨民进景宁总支、民进丽水科技经济总支结对共建活动等系列活动21场次。中国香港景宁同乡会联合香港庆元同乡会，组织70多名在港乡亲举办“共叙乡情，同赏胜景”活动。举办知名浙商助力丽水跨越式发展大会景宁分会场活动。承办丽水市留联会（丽水市留学人员和家属联谊会）“双招双引”科技人才高峰论坛。召开铸牢中华民族共同体意识先行示范工作新闻发布会。举办畲族确认65周年文艺晚会。（董　亮）

机构编制

【概况】 2021年，全县党政群机关63家，行政编制893名，机关工勤编制30名，合计923名，党政群机关实有人员897名，机关工勤人员22名，合计919名。全县政法专项编制425名，实有人员397名（含政法机关工勤人员占用政法专项编制17名）。全县事业单位301家，事业编制4196名（含报备员额编制220名），实有人员3915名（含报备员额编制人员162名）。是年，核准全县行政编制使用计划68名，事业编制使用计划147名，参公编制使用计划33名，报备编制使用计划52名，编外用工计划93名，国企用工计划10名。

2021年，县级机关事业单位人员职业生涯全周期“一件事”管理服务平台上机关公务员调出、转任、录用、职务职级变动及机关事业退休、事业单位工作人员交流调出、调入、招录、解聘等后续经办业务审核1294人次，核准全县股级职数使用731名。

2021年，着力构建覆盖省、市、县、乡四级监管事项清单体系，推进监管事项集中梳理和认领工作。是年，全县认领本地监管事项9486项，应领认领率100%；完成浙江省“互联网+监管”平台行政检查事项监管行为覆盖3444项，年度覆盖率100%。

【机构调整】 2021年1月，经中共景宁畲族自治县委机构编制委员会同意，撤销中国人民银行景宁县支行下属事业单位县金融服务中心，并收回事业编制2名。2月，将中共景宁畲族自治县委组织部党员电教中心更名为中共景宁畲族自治县委组织部党员教育中心。调整县委组织部内设科室，县委组织部干部综合和公务员管理科（挂干部教育科牌子）调整为干部教育科、公务员管理科，并将干部综合职责划入干部调配科，整合组建为干部科；县委组织部组织科（挂两新党建科牌子）调整为组织科、两新党建科。增加县殡仪馆承担县级经营性公墓的建设、服务等工作职责。11月，经中共丽水市委机构编制委员会批复（丽编委〔2021〕75号）同意，设立县委社会建设委员会，作为县委派出机关，与县发展和改革局合署办公。12月，经中共景宁畲族自治县委机构编制委员会同意，在县生态林业发展中心增设景宁畲族自治县九龙省级地质公园管理站，为景宁县生态林业发展中心直属管理保护站，机构规格为股级。设立县国有资产管理服务中心，为县财政局（国有资产监督管理办公室）下属公益一类事业单位，机构规格为股级。

2021年4月，县民政局下属事业单位县综合救助管理站增挂未成年人救助保护中心牌子。5月，经中共丽水市委机构编制委员会批复同意，县农业农村局增挂乡村振兴局牌子，负责巩固拓展脱贫攻坚成果、统筹推进实施乡村振兴战略及完成上级交办的有关工作，不再保留县扶贫开发领导小组，将其职能并入县委、县政府农业和农村工作领导小组。8月，经中共丽水市委机构编制委员会批复同意，县文化和广电旅游体育局增挂县文物局牌子。11月，经中共丽水市委机构编制委员会批复同意，县综合行政执法局增挂县综合行政执法指导办公室牌子，承担统筹推进行政执法体制改革，履行统筹协调、指导监督和考核行政执法、完善执法工作机制、协调指挥各执法主体执法活动、调配使用执法力量等职责。

【机构更名】 2021年12月，印发《景宁畲族自治县"大综合一体化"行政执法改革机构编制调整方案》，保留"1+8"行政执法队伍。将县劳动保障监察大队更名为县劳动监察中心；将县水政监察大队更名为县水政监察中心，挂景宁畲族自治县水土保持监督管理站牌子；不再保留在县殡葬管理所挂牌的县殡葬执法大队。经中共丽水市委机构编制委员会批复同意，将县市场监管综合行政执法队更名为县市场监管行政执法队；将县文化市场综合行政执法队更名为县文化市场行政执法队；将县交通运输综合行政执法队更名为县交通运输行政执法队；将县农业综合行政执法队更名为县农业行政执法队；将县生态环境保护综合行政执法队更名为县生态环境保护行政执法队。

【人员编制调整】 2021年7月，根据《关于钱江源—百山祖国家公园管理机构编制事项的通知》（浙编〔2020〕40号）和《关于贯彻落实〈省委编委关于钱江源—百山祖国家公园管理机构编制事项的通知〉的通知》（丽编委〔2020〕54号）等文件精神，从县自然资源和规划局上划行政编制1名至钱江源—百山祖国家公园百山祖管理局；划转事业编制10名至钱江源—百山祖国家公园百山祖管理局下属景宁保护中心。其中，从县自然资源和规划局下属事业单位森林资源管理中心划转事业编制6名（划转后县森林资源管理中心事业编制17名），从英川镇社会事务综合服务中心和英川镇农业农村服务中心各划转事业编制1名，从沙湾镇农业农村服务中心划转事业编制1名，从秋炉乡农业农村服务中心划转事业编制1名。

【重点领域体制改革】 2021年1月，按照"政府主导，市场化运作"的模式，核定县城市建设投资集团有限公司人员55名（含班子成员），设综合管理部、财务管理部（内审监察室）、项目前期部、投资建设管理部、公共事业管理部、党群工作部等6个科室。12月，印发《中共浙江景宁经济开发区工作委员会、浙江景宁经济开发区管理委员会职能配置、内设机构和人员编制规定》和《县供销社联合社机关机构编制有关事项的通知》。全面完成开发区管理体制改革和县供销社联合社的改革工作。

【基层治理模式改革】 2021年，整合各乡镇(街道)社会治安综合治理办公室和综合信息指挥室中应急管理工作的相关职责，不再设立社会治安综合治理办公室，新设社会综治和应急管理办公室，原社会治安综合治理办公室中的挂牌单位相应调整在社会综治和应急管理办公室挂牌，各乡镇街道核增股级职数1名，提升应急管理体系建设，探索"四个平台+应急管理+大综治"的基层治理体系。按照数字化改革、全周期管理要求，坚持问题导向、权责一致的原则，梳理了动态管理一清单，县、乡协同一流程，边界划分一纪要，响应联动一机制，事项处置一案例的67项"五个一"工作体系，进一步科学规范了乡镇(街道)"属地管理"，统筹县、乡资源，强化县、乡协同，助力"县、乡一体、条抓块统"改革。

【事业单位管理】 2021年，完成全县133家事业单位法人年度报告公示工作，合格率100%。简化中文域名注册管理流程，提供"一站式"管理服务，实行注册、管理、缴费三统一。全县中文域名注册及续费287家，实现党政机关、事业单位中文域名注册全覆盖。事业单位法人设立登记5家，变更登记89家，注销登记5家。党政机关类统一社会信用代码赋码2家，信息变更15家。对全县事业单位法人进行"双随机、一公开"抽查，随机抽查4家事业单位，并对抽查结果进行公示。对县蓝天幼儿园、摇篮幼儿园、启文中学、启文小学四家民办事业单位的公益指数进行评价，得分均在90分以上，评价等级均为A级。 （刘奕平）

党校工作

【概况】 2021年，中共景宁畲族自治县委党校(以下简称县委党校)与上海市委党校、浙江省委党校、文化浙江建设研究中心等院校开展战略合作，建立畲乡干部培训新机制新模式，借平台拓宽培训视野，提升党校办学质量。与省委党校李涛教授团队合作成立"助力畲乡·人才工作室"，柔性引进博士4人、硕士研究生1人。创建"铸魂赋能 护航人生"清朗党校品牌，推动党校工作规范化、科学化发展。创新开展"红色教育基地""标化工程"建设。完成数字化校园建设工程前期招标，并进入施工阶段，总投资1400多万元。

【干部教育培训】 2021年，县委党校围绕中共十九届五中和六中全会精神、习近平总书记在庆祝中国共产党成立100周年大会上的讲话、百年党史等内容，推出党史课程12个，深入基层宣讲85场次，受众5000多人次。全年举办主体培训班次14期，培训学员768人次。在教学安排中，理论教育和党性教育课时占主体班次总课时的81.7%;党性教育课时占总课时的33.2%;党史课时占总课时的17%;创新式教学方法在培训班课时中占25.2%。县领导到党校授课15人次，科级以上领导授课比例32.1%，选聘陈战耕等20名党校兼职教师到培训班授课16人次，兼职教师授课比例

70%。邀请省、市专家到景宁授课46人次；县委党校教师外出培训36人次。全年新增教学专题12个，课程更新率42.85%。在主体培训班上发放教材970册，学员课程测评平均满意度99%。先后与上海市委党校、省委党校及文化浙江研究中心、丽水职业技术学院开展合作办班；与重庆市石柱土家族自治县、甘肃省肃南裕固族自治县等民族地区加强沟通联系，并举办石柱县人大干部培训班、桂林市委党校中青班、温州市传统文化培训班等省内外培训班18期，培训学员1354人次。制定并实施《关于在主体班中进一步加强学员管理的办法》，把学员评优评先与其在校期间综合表现结合起来，为组织部门选人用人提供参考。结合党员活动，开展“沿着习近平总书记畲乡足迹、城乡融合、共同富裕”等专题调研，推出微党课晾晒、新课试讲、精品课比赛活动，推动科研咨询成果转化，提高干部队伍新动能。

【教科研工作】 2021年，县委党校出台《县委党校教学科研业绩考核与奖励方案（试行）》，推动教学研究咨政宣讲一体化发展。全年开发新课程17个。其中，1人获丽水市党校系统微党课比赛一等奖，1人获丽水市党校系统精品课比赛二等奖。咨政建言献策18篇。其中，获省咨政优秀成果二等奖1篇，获评优秀建议案3篇，县领导批示6篇。课题研究类获省课题立项3个、市社科联课题立项11个、县社科联课题立项9个。其中承担领导课题3项。完成调研、学术、征文等123项。其中，公开发表13篇，获各类科研奖励5项，在各类媒体报道及转载25次，《景宁畲族自治县：民族山区异地“造血式”扶贫开发模式》入选中央党校主编的《深入贯彻习近平新时代中国特色社会主义思想实践案例》。（刘晓云）

老干部工作

【概况】 2021年底，景宁畲族自治县有离休干部19人。其中，享受副处以上离休干部2人、女性离休干部2人。年龄最大的离休干部为98岁，最小的为88岁，平均年龄92岁。全县有退休干部2861人。其中，女性退休干部1272人、副处以上退休干部24人。退休干部平均年龄69岁。全县乡镇部门共设立中国共产党离退休支部委员会37个。是年，县老干部服务中心获省级老干部工作先进集体称号。选评树立省级先进个人3名，市级先进个人23名；市级先进集体7个。

【老干部教育管理】 2021年，通过送学上门、座谈会、征文比赛等形式增强离退休干部的党性教育和理论学习。举办离退休党支部书记培训班两期，通过开展专题党课、现场教

2021年4月28日，景宁畲族自治县老干部庆祝建党100周年文艺晚会（县老干部服务中心 供图）

学、研讨交流等方式，引导离退休党员干部学习习近平新时代中国特色社会主义思想。开展"红色基因永相传"主题党日活动，举办以庆祝建党百年为主题的文艺会演、书画展、诗歌"云"创作、运动会等大型活动30多场次，开展百名老干部"走基层、看变化、促发展"活动，实现学习宣传全覆盖。编印红色书籍《建党百年》。

【老干部服务保障】 2021年，以夏季送清凉、冬季送温暖、重阳送祝福等形式上门走访慰问、送医、送学600多人次。首次与凤凰爱心协会合作，为离休干部提供上门服务；联合县人民医院，为离休干部发放优待证，实现离休干部快捷就医"一对一"服务。利用离退休干部服务管理系统，完成2800多名老干部信息的录入，并与人力社保局、殡仪馆实现数据共享，实现人员增加和减少实时更新。更新智慧黑板等教学设施，构建统一的智慧教学、智效管理和智能安防体系，实现WiFi、监控全覆盖。开设智能手机操作培训班，设立乐活智享服务点。开展"以老助老"帮扶活动30多场次，参与2200多人次。对老干部大学、老党员驿站、老干部活动中心进行改造升级，加装电梯、扩建室外活动场所，推进美丽庭院建设。

【老干部文化活动】 2021年，在老干部大学开设文史哲、葫芦丝、电钢琴等14个专业21个班级，共招生1000多人次，不断满足新形势下老干部多元化学习需求。利用《畲乡老干部》微信公众号和季刊等平台，展示老干部学习活动成果。组织"五老"深入校园开展"与信仰对话·与青春同行"红色思政大宣讲，举办"传承红色基因·争做时代新人"暑期公益夏令营，"我们的节日"等系列主题活动。

【老干部作用发挥】 2021年，组织老干部参与县委重要会议、重要活动1000多人次，引领全县1200多名退休干部（职工）党员融入城市基层党建。组织"五老宣讲团"进机关、社区、农村、企业开展"红色百年史"主题宣讲，共计宣讲46场，2800多人次参加；组织老科技专家开展石蛙养殖、茶叶发展等产业项目调研，为乡村振兴建言献策；每天安排2名老年党员在县方舱疫苗接种等待区开展志愿服务，全年累计服务213天。建成老干部大学老党员驿站、正达小区老党员驿站，开展送戏进社区活动10多场、化解矛盾纠纷100多起。

（潘明义）

景宁畲族自治县人民代表大会

综　述

【概况】 2021 年，县人大常委会依据宪法和法律赋予的职责，认真贯彻落实上级和县委文件精神及决策部署，依法对“一府一委两院”工作开展监督。全年，召开常委会会议 10 次、党组会议 25 次、主任会议 16 次；听取和审议专项工作报告 13 项，作出决议决定 30 项；任免国家机关工作人员 49 人次，年度履职满意度测评局长 19 名；办理人民群众来信来访 25 件 73 人次；备案审查规范性文件 45 件；编印《景宁人大》2 期，赠阅 1500 份；依法选举县十届人大代表 183 名和新一届乡镇（街道）人大代表 855 名；办理县人大代表书面建议 149 件，审议发言意见 267 条。

2021 年 4 月 19—23 日，重庆市石柱土家族自治县人大常委会 42 名干部在景宁开展以“绿水青山就是金山银山”理念及转化试点经验为主题的培训活动。该班次是景宁畲族自治县人大常委会在 2020 年广西巴马瑶族自治县召开的全国少数民族自治县（旗）人大工作联席会第 22 次会议上推介浙江（景宁）民族干部培训中心后承接的首个省外干部培训班。

【人大代表工作】 2021 年，县人大常委会视察全县重点项目和民生实事完成情况，做好县、乡两级人大代表换届选举工作，开展人大数字化改革和“双招双引”以及党史学习教育工作。进行常态化新冠肺炎疫情防控、网格管理及联系乡镇（街道）、村（社区）、企业的帮扶指导工作。

【履职评议】 2021 年 1 月 20 日，召开 2020年度政府组成部门局长履职测评会。会议随机抽取 5 位政府组成部门局长上台述职，其他部门局长作书面述职。会议对全部局长进行履职测评，综合运用测评结果，努力推进各项工作。

立法工作

【立法后评估工作】 2021 年 8—11 月，景宁畲族自治县首次开展立法后评估工作。由县人大常委会立法评估组和浙江财经大学法学院组成的课题组，通过实地走访专题调研《景宁畲族自治县促进惠明茶产业发展条例》（以下简称“条例”)实施情况、存在的困难与问题,以及“条例”在惠明茶产业发展中所发挥的作用和条文需要完善的地方,并形成了评估报告。县九届人大常委会第四十二次会议对评估报告进行了审议,形成专题报告并呈送县委、县政府、县政协领导审阅。

【立法联系点工作】 2021年7月16日,根据《景宁畲族自治县立法联系点工作规则》,在全县选配9个联系点(其中部门3个、乡镇6个),加上省级基层立法联系点——县人大常委会,市级立法联系点——大均乡、县建设局,形成了省、市、县三级立法联系点工作新格局。县人大常委会每年从立法专项经费中拨付适当工作经费支持各立法联系点开展工作,调动基层参与立法的积极性。

重要调研与视察活动

【概况】 2021年,县人大常委会组织县人大代表围绕全县工作大局和人民关心的热点难点问题,开展了以下五项专题调研:4—5月,县人大常委会调研组分别赴县人力社保局、经商局、司法局、法院、检察院等部分重点执法、司法部门开展法治景宁(法治政府)建设情况调研。通过调研,建议县政府及相关单位充分认识法治景宁(法治政府)建设工作重要性、必要性,从协调推进“四大全面”战略布局的高度,主动对标建设“重要窗口”的新目标新定位,围绕重点、难点、痛点问题,积极补短板、提弱项,全面提升工作水平,推动工作取得新实效。

5—6月,县人大常委会调研组分别赴县公安局、法院、民政局、红星街道、鹤溪街道开展打击电信网络新型犯罪工作情况调研。针对调研中存在的问题,建议政府及相关部门要加强宣传提高群众防范能力,并做好电信网络诈骗潜在人员摸排管控劝返工作,纵深推进打击电信网络新型犯罪。

7—8月,县人大常委会开展养犬管理工作专项调研。针对养犬管理工作中的合力不足、基础不实、执法能力水平需要提升、宣传劝导工作不到位等问题,向县政府及相关部门提出了相应的建议。

7—11月,县人大常委会调研组走访全县32个民族村开展规划保留民族村专题调研。针对民族村在经济社会建设、乡村治理等方面存在问题,提出加强民族村规划、持续推进产业发展等建议。10—11月,开展职业教育工作调研。通过座谈、交流等形式广泛听取各方面的意见和建议,梳理出对职业教育认识、经费投入、产教融合、教师队伍建设等四方面不足,提出提高对职业教育的正确认识、增强对职业教育的保障、推进产教融合、加强教师队伍建设、高度重视职高迁建工作等五方面意见。

人大督查

【概况】 2021年,县人大常委会开展推进落实“十四五”规划科技创新发展部署、加快建设高水平创新型省份工作专项监督,提出营造科技创新良好氛围、发挥科技创新主平台作用、加强科技创新人才队伍建设、抓住机遇争取政策更大支持等建议。先后开展《浙江省劳动保障监察条例》《景宁畲族自治县促进惠明茶产业发展条例》、物业管理“两条例”等执法检查。并对《浙江省劳动保障监察条例》和国务院颁发的《宗教事务条例》实施情况、重点区块小微企业转型升级情况、公共文化服务保障“一法一条例”执行情况、大气污染防治“一法一条例”执行情况、2019 年度行政事业性国有资产管理情况、水库移民后期扶持政策落实情况、打击电信网络新型违法犯罪工作情况、物业管理“两条例”实施情况报告的审议意见落实情况进行跟踪监督；对《景宁畲族自治县促进惠明茶产业发展条例》实施效果进行评估；对 2020 年度国民经济和社会发展计划、财政预算执行情况，2021 年计划、预算编制情况审查；2021 年上半年国民经济和社会发展计划、2020 年财政决算及 2021 年上半年财政预算执行情况开展审查监督。

县人大重要会议

【九届人大五次会议】 2021 年 3 月 15—19 日，景宁畲族自治县第九届人民代表大会第五次会议召开，大会应出席代表 168 名，实际出席 163 名，列席会议 59 名。大会听取和审查县人民政府县长钟海燕所做的《政府工作报告》，县人大常委会主任严轶华所做的《景宁畲族自治县人大常委会工作报告》，县人大常委会副主任钟利海所做的《景宁畲族自治县自治条例（修正草案）》《景宁畲族自治县水资源管理条例(修正草案)》《景宁畲族自治县荣誉市民条例(草案)》的说明，县人民法院院长陈雪平所做的《景宁畲族自治县人民法院工作报告》，县人民检察院检察长瞿承健所做的《景宁畲族自治县人民检察院工作报告》，并通过上述工作报告决议；书面审查《2020 年环境状况和环境保护目标完成情况报告》《县国民经济和社会发展第十四个五年规划和 2035 年远景目标纲要报告》；审查、批准《景宁畲族自治县 2020 年国民经济和社会发展计划执行情况及 2021 年国民经济和社会发展计划草案的报告》《景宁畲族自治县 2020 年预算执行情况和 2021 年预算草案的报告》。大会对 2020 年 10 件民生实事完成情况进行满意度测评，票决确定 2021 年县人民政府 10 件民生实事。大会收到代表署名的建议、批评和意见 149 件、口头发言意见 267条。会议审议并表决通过了《浙江省景宁畲族自治县自治条例》《景宁畲族自治县水资源管理条例(修正案)》和《景宁畲族自治县荣誉市民条例》。

【县九届人大常委会会议】 2021 年，县九届人大常委会召开会议 10 次。

1 月 12 日，县九届人大常委会第三十四次会议召开。会议以无记名投票方式表决通过县监委提出的人事任免议案。

1 月 20 日，县九届人大常委会第三十五次会议召开。会议听取和审议了县人民政府关于 2019 年财政决算报告、2019 年财政预算执行和其他财政收支情况审计工作的审议意见落实情况报告；关于重点区块小微企业转型升级情况的审议意见落实情况的报告；关于公共文化服务保障“一法一条例”执行情况审议意见落实情况报告；关于大气污染防治

“一法一条例”执行情况审议意见落实情况报告；关于2019年度行政事业性国有资产管理情况审议意见落实情况报告；关于水库移民后期扶持政策落实情况审议意见落实情况报告等6个报告并进行满意度测评。听取和审议县人民政府关于县九届人大四次会议代表建议办理情况的报告和县人大常委会代表与选任工委关于县九届人大四次会议代表建议督办工作情况报告。会议任命仲建锋为景宁畲族自治县人民政府副县长，免去陈荣世的景宁畲族自治县人民政府副县长职务。会议接受林敏辞去景宁畲族自治县第九届人民代表大会代表职务，其委员职务自行终止。会议以无记名投票方式表决通过县人大常委会主任会议、县人民政府、县法院提出的人事任免议案并进行宪法宣誓。

2月7日，县九届人大常委会第三十六次会议召开。会议传达学习了省十三届人大五次会议精神；任命王乐为景宁畲族自治县人民政府副县长，免去王益的景宁畲族自治县人民政府副县长职务。会议以无记名投票方式表决通过县人民政府、县检察院提出的人事任免议案并进行宪法宣誓。

3月5日，县九届人大常委会第三十七次会议召开。会议听取县人大常委会工作报告，县人民政府工作报告，县人民法院工作报告，县人民检察院工作报告；县人民政府关于2020年民生实事项目完成情况和2021年民生实事候选项目征集确定情况报告、2020年环境状况和环境保护目标完成情况报告、县国民经济和社会发展第十四个五年规划和二〇三五年远景目标纲要；县发展和改革局关于2020年国民经济和社会发展计划执行情况和2021年国民经济和社会发展计划报告；县财政局关于2020年预算执行情况和2021年预算报告（草案）的起草情况说明。审议作出将《景宁畲族自治县自治条例（修正草案）》《景宁畲族自治县水资源管理条例（修正草案）》《景宁畲族自治县荣誉市民条例（草案）》提请县九届人大第五次会议审议的决定（草案）和关于召开景宁畲族自治县第九届人民代表大会第五次会议的决定；审议提出景宁畲族自治县第九届人民代表大会第五次会议议程、日程、议案截止日期的决定，关于通过表决议案、决定办法、主席团和秘书长名单、主席团常务主席名单、执行主席分组名单、副秘书长名单、各代表团团长和副团长建议名单、2021年民生实事项目代表票决办法的草案；表决通过景宁畲族自治县人大常委会代表资格审查委员会关于代表资格审查情况的报告和县九届人大第五次会议列席人员名单。会议传达学习了丽水市四届人大六次会议精神。

5月27日，县九届人大常委会第三十八次会议召开。会议听取和审议县人民政府关于推进落实“十四五”规划科技创新发展、加快建设高水平创新型省份情况报告和关于2020年度法治景宁（法治政府）建设情况的报告、关于贯彻实施《浙江省劳动保障监察条例》情况报告；县人大常委会执法检查组关于《浙江省劳动保障监察条例》的执法检查报告。审议县人大常委会关于推进落实“十四五”规划科技创新发展、加快建设高水平创新型省份情况的调研报告。会议对宗教事务条例实施情况报告审议意见落实情况进行了满意度测评；表决通过《景宁畲族自治县人大常委会领导与列席常委会会议代表座谈办法》《景宁畲族自治县人大常委会关于政府重大投资项目监督的规定》《景宁畲族自治县人民政府组成部门局长年度履职评议的规定》；任命梅晓燕等27位景宁畲族自治县人民陪审员。

7月30日，县九届人大常委会第三十九次会议召开。会议听取和审议县人民政府关于2021年上半年国民经济和社会发展计划执行情况的报告、关于2020年财政决算草案和2021年上半年预算执行情况的报告、关于2020年预算执行和其他财政收支的审计工作报告、关于2021年全县重点项目实施情况的报告、关于打击电信网络新型犯罪工作情况的报告、关于贯彻实施物业管理“两条例”情况的报告；审查县人大财政经济委员会关于景宁畲族自治县2020年财政决算草案的审查报告；审议县人大常委会关于打击电信网络新型违法犯罪工作情况的调研报告、关于检查物业管理“两条例”实施情况的报告。表决通过《关于批准景宁畲族自治县2020年财政决算的决议》《景宁畲族自治县人大常委会专题询问办法》《景宁畲族自治县关于新一届乡镇人民代表大会代表名额的决定》。

9月28日，县九届人大常委会第四十次会议召开。会议听取和审议县人大常委会执法检查组关于《促进惠明茶产业发展条例》执法检查情况报告和县人民政府关于贯彻实施《促进惠明茶产业发展条例》情况的报告。审议通过关于设立县选举委员会、各乡（镇）街道选举委员会和县直机关选举办事处、县（乡）两级人民代表大会换届选举有关事项的决定。会议接受叶旭平辞去景宁畲族自治县第九届人民代表大会代表职务，其委员职务自行终止。会议接受陈勇辞去景宁畲族自治县第九届人民代表大会委员职务。会议以无记名投票方式表决通过县人大常委会主任会议和县人民政府提出的人事任免议案并进行宪法宣誓。

11月28日，县九届人大常委会第四十一次会议召开。会议接受钟海燕辞去景宁畲族自治县人民政府县长职务，任命蓝景芬为景宁畲族自治县人民政府副县长并决定其为代理县长；接受陈雪平辞去景宁畲族自治县人民法院院长职务，任命刘文斌为景宁畲族自治县人民法院副院长并决定其为代理院长；接受瞿承健辞去景宁畲族自治县人民检察院检察长职务，任命林巍为景宁畲族自治县人民检察院副检察长并决定其为代理检察长。会议以无记名投票方式表决通过县人大常委会主任会议、县人民政府、县人民法院、县人民检察院提出的人事任免议案并进行宪法宣誓。

11月29日，县九届人大常委会第四十二次会议召开。会议听取和审议县人大常委会关于《景宁畲族自治县促进惠明茶产业发展条例》立法后评估报告，县人民政府关于民族村发展情况报告和关于全县法治宣传教育第七个五年规划实施情况及第八个五年规划报告；审议县人大常委会关于民族村发展情况调研报告；审议并表决通过关于《批准2021年地方政府债务限额和预算调整的议案》《景宁畲族自治县人民代表大会常务委员会执法检查办法》;审议并作出《关于开展第八个五年法治宣传教育的决议》;对县人民政府关于《浙江省劳动保障监察条例》、物业管理“两条例”、打击电信网络新型违法犯罪工作等3个报告的实施情况报告审议意见落实情况进行审议并满意度测评。

12月9日，县九届人大常委会第四十三次会议召开。会议接受叶龙标辞去景宁畲族自治县监察委员会主任、严伟华和饶伟贞辞去景宁畲族自治县人民政府副县长职务。任命吴建明为景宁畲族自治县监察委员会副主任并决定其为代理主任,张濂、曹刚毅、柏彬为景宁畲族自治县人民政府副县长。会议以无记名投票方式表决通过县人大常委会主任会议和县人民政府提出的人事任免议案并进行宪法宣誓。（潘建军）

景宁畲族自治县人民政府

县政府重要会议

【县政府九届六次全体会议】 2021年9月18日，县委九届十次全体(扩大)会议暨县政府九届六次全体会议召开。会议全面落实省委十四届九次全会、市委四届十次全会决策部署，研究部署推进共同富裕各项任务，审议通过《景宁加快跨越式高质量发展建设山区和民族地区共同富裕先行示范区行动方案(2021—2025年)》。

会议强调，要强化使命担当，锚定山区共同富裕示范区建设新目标。作为全省唯一的自治县，奋力与全省全市同步推动实现共同富裕，是我们必须坚决扛起的光荣使命。一要提高站位，把准共同富裕奋进方向。二要清醒坚定，客观辩证看待当前形势。三要勇于担当，深入凝聚克难攻坚合力。

会议强调，要展现更大作为，全力推动畲乡加快跨越式高质量发展。对标高质量发展、竞争力提升、现代化先行和共同富裕的要求，必须准确把握工作关键，更加积极主动作为，推动经济社会发展持续稳中加固向好，加快畲乡跨越式高质量发展步伐。关于下阶段工作，聚焦"三季进""全年胜"的目标。一是要聚焦提质扩量增效，加快打造工业核心引擎。二是要聚焦促进绿水青山转换成金山银山，着力壮大农业和服务业。三是要聚焦扩大有效投资，加快落地牵引型重大项目。四是要聚焦增强发展后劲，奋力推进高水平"双招双引"。五是聚焦内驱力提升，推进系统重塑集成改革。六是聚焦全民美好生活，推进公共服务提质扩面。七是聚焦营造良好环境，持续加强风险隐患防范。

会议强调，提升工作质效，着力锻造唯实惟先、善作善成政府团队。推进共同富裕是一场深刻的社会变革，各项工作能否顺利推进，很大程度上取决于干部队伍的工作质效。我们要加快变革型组织塑造，打造更有凝聚力、更具战斗力团队。一是要讲政治，加速理念转变。二是要讲实干，深化状态革新。三是要讲效率，加快机制重塑。四是要讲廉洁，加强作风建设。

【县政府常务会议】 2021年，县政府召开常务会议12次。

1月5日，县政府召开第43次常务会议。会议审议《景宁畲族自治县垦造耕地问题整改工作方案(送审稿)》《景宁畲族自治县农村集体资金、资产、资源管理办法(送审稿)》；听取金村水库及供水工程异地搬迁安置相关政策补充建议的汇报。

2月8日，县政府召开第44次常务会议。会议审议《景宁畲族自治县关于进一步规范工程建设项目招投标的意见(送审稿)》《景宁畲族自治县农村房屋安全隐患排查整治工作实施方案(送审稿)》；研究景宁畲族自治县体育公园一期暨体育场复建工程概算调整相关事宜和山哈大剧院工程概算调整相关事宜、农民创业园基础设施建设项目工程建设内容及概算调整相关事宜；听取2020年环境状况和环境保护目标完成情况、景宁畲族自治县2020年药品安全工作、景宁畲族自治县2020年度禁毒工作情况、景宁畲族自治县2020年度道路交通安全工作情况、景宁畲族自治县2020年度消防安全工作情况4项书面汇报；常务会议学法：《最高法院判例：闲置土地的界定及处罚时效》(书面)。

2月26日，县政府召开第45次常务会议。会议听取省审计厅审计报告和审计意见反映问题整改情况汇报；审议《景宁畲族自治县国民经济和社会发展第十四个五年规划和二〇三五年远景目标纲要(送审稿)》《关于景宁畲族自治县2020年国民经济和社会发展计划执行情况与2021年国民经济和社会发展计划草案的报告(送审稿)》《2020年度财政预算执行情况和2021年县级财政预算收支建议方案(送审稿)》《2021年政府工作报告》及《2021年民生实事(送审稿)》；听取景宁畲族自治县2020年法治政府建设工作情况的汇报(书面)；常务会议学法：《最高法院判例：行政赔偿诉讼的诉讼标的是赔偿请求能否成立而非赔偿决定》(书面)。

4月20日，县政府召开第46次常务会议。会议审议《景宁畲族自治县2021年基本建设和重大前期项目计划安排建议(送审稿)》《322国道景宁段改建工程土地征收补偿安置方案(送审稿)》《2021年度景宁畲族自治县人民政府重大行政决策事项目录(送审稿)》《景宁畲族自治县烟花爆竹经营燃放管理规定(送审稿)》；研究景宁畲族自治县与浙江建设技师学院成立景宁民族分院合作事宜和撤销东坑等4个居委会相关事宜；常务会议学法：《政府督查工作条例》(书面)。

4月27日，县政府召开第47次常务会议。会议审议《2021年度大赶考综合考核办法》(送审稿)；听取景宁畲族自治县2021年一季度经济运行情况分析的汇报。

6月2日，县政府召开第48次常务会议。会议审议《景宁畲族自治县关于加快生态工业高质量绿色发展的若干意见(送审稿)》《关于年产500万片超薄柔性玻璃(UTG)项目的招商政策(送审稿)》《景宁畲族自治县“增花添彩”三年行动实施计划(送审稿)》《景宁畲族自治县创新区(大花园)建设工作2021年实施计划(送审稿)》《千峡湾渤海生态园项目(一期)招商方案(送审稿)》《景宁畲族自治县3岁以下婴幼儿照护服务发展的实施意见(送审稿)》；听取《景宁畲族自治县房地产市场健康发展长效机制工作方案(送审稿)》起草情况的汇报；常务会议学法：《最高法院案例：被征收人的诉讼行为不能阻碍政府及时作出征收补偿决定》（书面）。

7月15日，县政府召开第49次常务会议。会议审议《景宁畲族自治县关于精准落实乡镇干部待遇倾斜政策的实施方案（送审稿）》《景宁畲族自治县关于坚决防止粮食生产功能区"非粮化"稳定发展粮食生产的意见（送审稿）》《景宁畲族自治县关于推进村规民约、居民公约现代化实施方案（送审稿）》《景宁畲族自治县招商引资中介奖励实施办法（试行）（送审稿）》《丽水市境内部分高速公路（云景段）ETC小客车差异化收费实施方案（送审稿）》《景宁畲族自治县2021年度规划编制计划（送审稿）》；研究县人民医院专家楼项目概算调整相关事宜；常务会议学法：《中华人民共和国刑法》修正案（十一）关于安全生产内容的解读。

7月26日，县政府召开第50次常务会议暨2021年上半年经济运行分析会。会议听取景宁畲族自治县2021年上半年经济运行情况分析的汇报。

8月26日，县政府召开第51次常务会议。会议审议《关于坚持和完善民族区域自治法律制度基层联系点工作方案（2021—2025）（试行）（送审稿）》《景宁畲族自治县人民政府质量奖评审管理办法（送审稿）》；听取景宁县残疾人康养中心建设项目相关情况、景宁职业高中整体迁建工程投资总额调整的情况、《景宁畲族自治县政府投资信息化项目管理办法》修改意见等情况汇报。常务会议学法：解读《中华人民共和国土地管理法实施条例》。

10月26日，县政府召开第52次常务会议。会议审议研究购置消薄物业的相关事宜；审议《景宁畲族自治县人民政府—丽水市政策性融资担保有限公司一体化合作方案（送审稿）》《景宁畲族自治县国有企业市场化改革总体方案（送审稿）》《景宁畲族自治县关于深化县管企业负责人薪酬制度改革的实施意见（送审稿）》《景宁畲族自治县关于进一步做好被征地农民参加基本养老保险有关工作的实施意见（送审稿）》《景宁畲族自治县困难群众高额医疗费补助实施意见（送审稿）》《景宁畲族自治县农村公路养护与管理办法（送审稿）》《景宁畲族自治县国有建设用地违法建筑处置办法》《关于废止〈景宁畲族自治县人民政府令〉（2003年第2号）的决定（送审稿）》；研究景宁—中国电建"央地合作"的相关事宜；听取县民族双创中心有关事项及年产900万只LED节能灯和10万套灯具项目相关情况的汇报；常务会议学法：《中国共产党组织处理规定（试行）》（书面）。

10月28日，县政府召开第53次常务会议。会议听取张山岙至张村联网公路工程变更情况汇报和县综合公交总站建设项目情况、景宁畲族自治县2021年三季度经济运行情况分析的汇报。

12月20日，县政府召开第54次常务会议。会议审议《景宁畲族自治县跨越式高质量发展五年行动计划（2021—2025年）（送审稿）》《景宁畲族自治县基层应急管理体系和能力建设工作方案（送审稿）》《关于全面推行林长制的实施意见（送审稿）》《景宁畲族自治县建设工程领域沙石资源管理实施办法（送审稿）》

《景宁畲族自治县景宁二中新建工程和旱降村安置小区建设工程国有土地上房屋征收补偿实施方案(送审稿)》《景宁畲族自治县景宁二中新建工程和旱降村安置小区建设工程集体所有土地征收房屋补偿实施方案(送审稿)》《景宁畲族自治县医疗救助实施办法(送审稿)》《景宁畲族自治县关于促进电子商务发展的二十二条意见(送审稿)》《景宁畲族自治县人民政府重大决策出台前向县人大报告制度(送审稿)》(书面);听取《关于促进商贸、投资、现代服务业等企业健康发展的若干意见(送审稿)》起草情况、景宁畲族自治县第三次全国国土调查主要数据成果、关于对陈辉等九位见义勇为行为进行表彰奖励、健康景宁工作推进情况(书面)、景宁畲族自治县创建浙江省食品安全示范县工作(书面)等情况的汇报;研究景宁畲族自治县惠明禅茶文化产业园水系连通工程概算调整相关事宜;常务会议学法:《最高法院判例:请求县级以上政府查处违法建筑属信访》(书面)。

【县政府专题会议】 2021年,县政府召开专题会议10次。

2月2日,县西坑经营性公墓建设、管理及审批有关事宜专题会。

6月4日,政府性投资项目通信线路设施设备迁改、新建、改建工程相关工作专题会。

6月15日,翡翠湾住宅小区建设涉及110千伏杨宁"1295"线、云宁"1084"线迁改工程方案变更相关事宜专题会。

6月29日,建筑业企业招商政策研究联席会。

7月2日,旅游专班第四次会议暨那云•天空之城休闲度假景区项目协调会,专题协调解决那云•天空之城休闲度假景区项目推进相关问题。

7月8日,县老年医养综合服务中心项目政策处理等相关事宜专题会。

8月27日,"批而未征"土地征收补偿标准专题会。

10月21日,景文高速公路东坑互通A匝道预留235国道右转定向匝道相关事宜专题会。

10月29日,景文高速公路征迁房屋认定有关事宜专题会。

11月2日,322国道景宁段改建工程PPP项目补充资金使用专题会议。

县政府办公室工作

【概况】 2021年,县政府办公室紧紧围绕县委、县政府中心工作,扎实开展党史学习教育,认真履行参谋助手、综合协调、督办督查、服务保障四大职能,有力保障了县政府的高效有序运转。全年组织政府党组会议15次、常务会议12次、县长办公会议12次;收文9422份,制发公文4997份,未出现文件漏登、漏发和泄密等情况;规范办会程序,重点精简的三类文件发文25份,较上年度下降3.8%。2021年,完成《政府工作报告》等综合材料700多篇,撰写调研文章50余篇,上报专报、约稿、要情等各类政务信息942条。其中,各类政务信息被国务院办公厅录用20条,获国务院领导批示5条;被省政府办公厅录用135

条，获省领导批示 10 条；被市政府办公室录用 331 条，获市领导批示 3 条。“景宁县‘六力齐发’加快推进‘治未病’健康工程提档升级”和“养羊控草 肥园种树 引鸟控虫——景宁县创新生态茶园管理模式助力‘品质惠明’产业振兴”两篇专报得到时任省长郑栅洁批示肯定，实现专报省政府主要领导批示“零突破”。制定 2021 年度《景宁畲族自治县政府重点工作督查事项》，151 项县政府重点工作督查事项有序推进或完成；交办县人大代表建议 149 件、政协委员提案 140 件，按期答复率和满意率均为 100%。全年在政务公开平台上公开政务信息 12326 条次，公开自治条例 3 条，县政府、县府办公文 25 条，公开政府（办）规范性文件 22 条、部门规范性文件 12 条并同步发布政策解读。（郑言东）

行政审批

【概况】 2021 年，全县跑零次实现率 100%，即办率 95.9%，承诺时限压缩比 98.9%，单一事项在 2.0 系统里的办件占比率 91.5%，“一网通办”率 90.5%，办事指南信息和材料正确率均实现 100%。公共资源进场交易项目 276 个。其中，依法招标 56 个，小额发包 220 个，成交金额 11.1 亿元，占全县固定资产投资的 23.4 %，节约资金 9300 万元，节约率 7.7%；10 万—50 万元直接发包项目 696 个。政府采购项目 100 个。其中，集中采购 20 个，成交金额 1.3 亿元，节约率 9.1%。

2021 年，首推政银合作“四办”模式，将办事窗口设到群众“家门口”。与甘肃省兰州市城关区、福建省寿宁县签订政务服务“跨省通办”合作协议。开设服务专窗，“e”家亲帮办平台，通过线下线上布点、省内省外连线，推动社会治理体系和治理能力现代化，实现两地企业和群众“无差别受理、享同等服务”。出台《景宁畲族自治县代理机构进场交易行为管理办法（试行）》，以履约评价记分制构建阳光信用评价体系，实现全流程、全方位、全闭环管理。

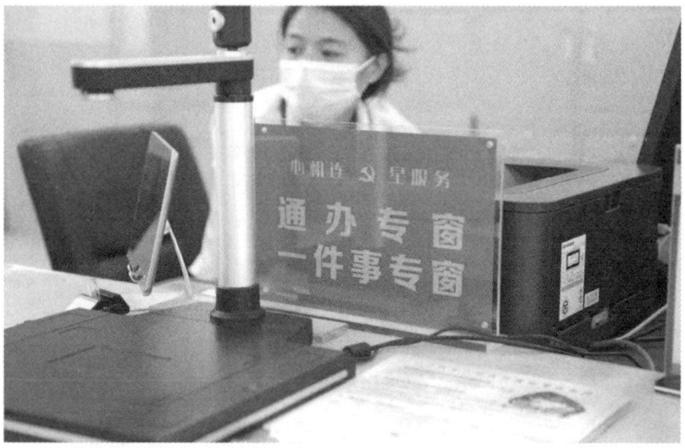

2021 年，景宁行政服务中心跨省办事专窗

（县行政服务中心 供图）

2021 年，数字经济系统多跨场景应用入选全省第二批“揭榜挂帅”项目。完成评标区改造，系统联调测试，作为副场顺利参与全省远程异地多点评标项目评审。既实现评标专家、场地资源共享，又规避廉政风险和人员聚集。（李芬芳）

重点项目服务

【概况】 2021 年，全县有 30 个重点项目，完成投资 38.82 亿元。

2021 年，县重点项目服务中心及时与国土、环保、林业、水利等部门对接、了解和掌握土地“三调”数据、生态红线、饮用水源保护等

相关数据的更新情况，为大唐光伏发电（一期）、5G基站建设、消防队水域救援基地建设、抽水蓄能等项目核查土地性质，实现项目落地选址“最多跑一次”。完善征地指数和动态管理“红线”图，制定阳光征收流程；出台房屋监测认定办法，细化对无证建筑、连体建筑的认定；统一征收补偿标准，构建完整、规范的征收体系。直接参与重大项目前期和政策处理全过程。班子全员、征收骨干全部进驻大搬快聚、景宁二中、未来社区、抽水蓄能和澄照副城等重点项目专班；全程参与322国道、百鸟朝凤、康养中心等项目任务分解、程序把关和安置测算；参与协调解决惠明禅茶产业园、景文高速、城南棚户区改造等多个项目土地、房屋等征收安置。在6月重点项目走访月活动中，实地走访了千年山哈宫、畲族风情康养度假综合体、溧宁高速公路（G4012）景宁至文成段工程（景宁段）、百鸟朝凤文化旅游度假区等17个重点项目；在9月重大前期项目走访月活动中，走访了温武吉铁路（景宁段）、浮丘未来社区、景宁二中新建工程等13个重大前期项目。及时了解和掌握重大项目及重大项目前期工作中遇到的困难和问题，全年参加政策协调会100多次，有效解决历史遗留问题60多个。重大项目“抢时扩量”攻坚行动组被县委县政府授予百日攻坚行动先进集体称号。

2021年11月16—19日，牵头举办2021年项目建设管理培训班，课程涵盖招商政策解读、招投标管理、项目资金管理、征收流程及行政诉讼案例解析等内容，并结合天空之城、党校迁建等项目工程开展一线现场教学，各乡镇（街道）及部分重点项目建设单位相关人员70多人参加培训。

【省级大花园建设】 制定2021年景宁畲族自治县大花园“增花添彩”行动之“景宁邀您来赏花”实施方案，围绕浪漫花海、花园大道、城市彩屏、花园绿道、花园乡村精品村等项目，集成全年17个浪漫“精品赏花点”，链接“精品赏花点”所在地特色旅游资源，推进“诗画浙江”大花园最美核心区建设。全年安排“增花添彩”项目23个，累计投资6000多万元。景宁大花园建设工作被列入2021年省政府督查激励事项，省、市政务信息多次刊登景宁的做法，《浙江日报》专版宣传景宁大花园建设成效，并专题报道“增花添彩”工作成果。（刘文婷）

2021年10月19日，创浙江省大花园典型示范县宣传活动开展（县重点项目服务中心 供图）

机关事务管理

【概况】 2021年，景宁畲族自治县机关事务保障中心（以下简称县机关事务保障中心）接待来宾329批次；调派车辆1.12万余辆次，安全行驶120多万千米；完成会议活动接待3100多场次。

2021年，县机关事务保障中心牵头全县92家机关单位开展办公用房自查自纠。现场摸底走访全县70多家党政机关、2000多个办公室，妥善调配处理20多处闲置办公用房、5处安全隐患建筑。将购买时间、购买价格、使用人、使用地等多项“身份信息”，通过“二维码”录入系统，形成“一物一码”“人物相符”管理体系，有力破解资产“来无影”“去无踪”的难题。

【机关行政工作】 2021年，智慧后勤2.0版正式投入运行，围绕“一卡通”线上升级改造，将门禁人脸识别、用餐扫码支付、食堂卡查询充值等功能融于一体，实现了线下实体卡和手机移动端的互联互通。后勤服务“一卡通”数字化平台入选全省机关事务数字化改革试点项目。建立“每周一训练，每月一演练”制度，健全保卫队伍建设机制。邀请县交警大队、武警中队教官对县机关事务保障中心全体保卫人员开展技能培训，打造“最美安全卫士”。通过民主测评、知识考察、技能检验等环节，评出“最美安全卫士”2名。在行政中心各办公楼、会议室设立贴心服务角，提供日常药品、办公用品等“公务暖心包”；在机关食堂开展“过好中国节”系列活动，弘扬传统节日文化，通过宣传与监督并举，让“勤俭节约”成为用餐者的行动自觉；制定《景宁畲族自治县机关事务保障中心首问责任制度》，确保每一件上门办事业务落实到个人，服务来访干部群众。带领本地名厨在“诗画浙江·百县千碗”、市机关食堂等重要平台宣传“畲家味道”。

【机关政务接待】 2021年，县机关事务保障中心制定出台《景宁畲族自治县机关事务保障中心接待工作标准化操作指南》，为打造特色接待体系提供重要依据。在接待全国各地的嘉宾时，充分展示“景宁600”、畲族礼仪、特色小吃等景宁元素。是年，县机关事务保障中心在全国农村人居环境整治提升现场会筹备过程中，通过连续1个多月、每天10多个小时的攻坚作战，共计召开工作协调会议20多次，接站170多批次，服务嘉宾300多人次，圆满完成接待任务。为讲好畲乡故事、展示发展成果营造“重要窗口”。被县委、县政府评为2021年全国农村人居环境整治提升现场会筹备工作先进集体，4名干部职工被评为先进个人。

【公务用车管理】 2021年，公务用车严格按照“三清、三查、三规范”管理制度，实现公务用车“云监管”，进一步规范全县公车使用管理。该创新举措得到省纪委监委官网、《浙江日报》等新闻媒体的宣传报道。持续开展“车技大比武”，提升驾驶员队伍的操作技能、文明礼仪、安全意识、清廉意识，打造“德才兼备”的驾驶员队伍。

（叶滨锋）

应急管理

【概况】 2021年，县应急管理局监察大队检查、服务各类企业100多家次，开展重点领域安全专项检查3次，制作行政执法文书142份，查出各类安全隐患256条，督促整改隐患

256 条。配合市应急管理局对浙江青风环境股份有限公司、浙江贝多智木制玩具有限公司等 10 家企业开展企业安全生产专项检查，对 10 家企业的非事故案件进行行政处罚，其中，一般程序案件 9 起，简易程序案件 1 起，收缴罚没款 10.25 万元。事故行政处罚 9 起,收缴罚没款 99.2 万元。评选出 2021 年度全县生产经营单位安全生产工作考核评比优秀企业 10 家和十佳安全管理员 10 名。

2021 年，根据“全灾种、大应急”的现实需要，整合场地功能、物资装备、资源资金，建设占地 1500 多平方米的畲乡应急救援中心，融合队伍驻地、救援训练中心、应急救援体验、装备物资储备分中心等“一站式”功能，致力构建“全要素”保障体系，为全域应急抢险救援工作打下坚实基础。

2021 年 5 月 8 日，县应急局危化科和县公安局开展易制毒化学品联合检查

（县应急管理局 供图）

【安全生产】 2021 年，开展“减一般、防较大、遏重大”安全生产百日攻坚行动。以安全生产巡查隐患整改“清零”行动、道路运输、消防、危险化学品、建设施工、工矿、旅游和城市运行 8 个易发生群死群伤领域为重点，对 45 个乡镇（街道）、部门巡查发现的 520 多项安全隐患问题进行“回头看”，实现全部整改、隐患“清零”。道路交通领域，对全县的运营工程车辆进行摸排和工程车驾驶员开展安全教育；开展各运输企业一车一档检查工作和工程车专项治理；完成 G235 新海线生命防护设施整改和农村公路安全设施整治提升工作。消防领域，完成全县高层小区住宅楼道清理和消防通道排查治理及查处工作。危化品领域，完成燃气储配站安全检查和安全管理制度完善工作；完成重点危化品使用企业储存场所与人员密集场所有效隔离工作。建设施工领域，完成对全县建筑工地的排摸和复工复产项目的审查工作；完成建筑工地重点部位安全隐患专项检查整改和安全生产履职情况工作。工矿领域，督促重点涉爆粉尘企业更新中央除尘系统；完成前期工程安全设计评审和配合省、市领导检查指导工作；督促属地政府东坑镇强化浙南钼业尾矿库闭库工程施工过程管控。旅游领域，完成全县各景区设施安全整治工作。城市运行领域，完成主城区块、城南区块和外舍区块路面塌陷、城市道路桥梁隧道隐患问题整改和 2021 年前三个季度城镇燃气检查整改工作。

2021 年 5 月 15 日至 7 月 15 日，开展为期 60 天的“平安护航建党百年”安全风险隐患大排查大整治专项行动。对全县各领域开展隐患排查 400 次，出动检查人员 950 人次；发现问题隐患 961 个，完成隐患整改 820 个，整改率 85.4%；立案 11 起，行政处罚 11 起，罚没款 5.07 万元，责令停业停产 4 起。

2021年，开展危化品企业“低、小、散”专项治理，要求各乡镇(街道)、有关单位开展辖区内危化品领域非法违法“小化工”大排查大整治工作，及时反馈信息、上报报表。

2021年，对景宁“110区块”危化品使用企业开展安全生产专项执法检查工作。对危化品临时存放场所是否独立设置和有效通风、现场危化库存数量是否超标、危化品出入库是否进行登记、企业安全生产台账等情况进行现场检查。要求企业认真做好员工安全教育培训，提升每位员工的安全意识，严禁员工开展各种违章违规操作行为。此次共检查危化品使用企业6家，发现隐患问题13处，要求企业及时做好整改工作。

【防汛应急】 2021年，自4月15日入汛至7月3日梅汛期结束，未造成人员死亡，人民群众财产损失降到最低限度。汛期开始前，县防指认真落实防汛抗旱工作责任制，及时成立防汛抗旱工作领导小组，做好汛前准备。修订全县应急预案21个，修订率100%；更新村级防汛防台形势图133张，更新率100%；开展防汛知识培训1175人次，发放防汛宣传册3000多份；21个乡镇(街道)、136个行政村均配置卫星电话、应急备用电源、排水泵等重要应急物资。

2021年，建设规范化避灾安置场所10处，其中乡镇(街道)级避灾安置中心6处，分别是红星街道、大均乡、澄照乡、英川镇、雁溪乡以及郑坑乡避灾安置中心；村级避灾安置点4处，分别是东坑镇北溪村、鸬鹚乡温枫村、鹤溪街道敕木山村、沙湾镇叶桥村避灾安置点。10个避灾安置场所均完成房屋修缮、安全检定、功能区分、监控安装、物资采购、制作标识牌等规范化建设工作。 (叶丽菁)

【地质灾害防治】 2021年，开展全县地质灾害风险普查，重新梳理全县地质灾害数量、类型、规模、灾情，查明地质灾害发育分布特征，对地质灾害易发性、危险性和风险性进行了评估，摸清了全县地质灾害风险底数，提出地质灾害风险防治区划及降雨阈值建议。落实地质灾害风险防范区汛前排查措施，发现问题1处，新增风险防范区1处，完成年度即查即治项目4个。完成9处地质灾害专业监测点设备安装。是年，渤海镇梅坑滑坡治理工程通过竣工验收和核销。 (游张平)

大数据服务管理

【概况】 2021年，县大数据发展中心，打好浙江省一体化数字资源系统一本账和数据资源体系攻坚战；按照省定标准完善28家单位的43个应用系统，自建系统数据资源、组件资源、云资源、项目信息和应用基本信息等五大指标全关联；全面摸清景宁信息系统资源底数，完成自建系统普查入账43个，编制数据目录1266个，响应数据需求114次，数据共享调用607万次，编制开放数据集61个，建成“600码上知”和“清廉指数”2个专题库；“浙里办”注册用户9.2万人，日活跃用户3200人，“浙政钉”活跃率为79.8%；数字化改革总门户建设通过验收。是年，县大数据发展中心获得2021年度浙江省城市建设管理成绩突出集体和工作突出贡献奖，1 名干部获创新人物称号。

2021 年，进一步提升“12345”热线功能，打造信访矛盾减压平台。“12345”咨询投诉举报热线共受理投诉案件 2120 件，投诉化解件 714 件，案件化解率 25.2%，15 秒接通率 96.78%。景宁智慧城市管理系统共受理问题 2154 件，结案率 99.75%，按期结案率 99.65%。丽水市基层治理四平台系统（综治工作、监督执法、应急管理、便民服务）共受理问题 8.42 万件，办结率 99.84%。

【大数据项目建设】 2021 年，新建大数据基础设施建设项目、景宁“图上办”消防场景应用、信息化项目协同管理系统 3 个项目，审查通过项目 9 个，总投资 3213.6 万元。组建信息化项目专家库，入库 27 人；景宁大数据基础设施建设项目开工建设，该项目预算总投资 1500 万元，最终以 1100 万元中标，主要实施感知网、视联网、政务网三大数字化改革基础设施建设。建成后将进一步夯实数字化改革基础，提升数据支撑能力和政务网安全防范能力。（李　瑶）

信访工作

【概况】 2021 年，全县受理群众信访事项 4679 件次。其中，来访 748 人次，同比上升 20.6%；来信 231 件，同比上升 12.5%；网上投诉 1118 件，同比上升 15.1%；来电转信访平台办理 2582 件，同比下降 26.5%。信访事项按期受理率 100%、按期办结率 100%。

【信访积案化解】 2021 年，县信访局开展信访积案化解清零攻坚行动。每天一名县领导在县矛盾调解中心坐班接访，县领导接待群众 37 批 201 人次，占县级登记走访批次的 50.8%；县党政主要领导阅批群众来信 24 件，占县级登记来信总量的 51.35%。常态化召开信访工作联席会议，21 次专题分析、重点研究化解疑难案件。全年化解各级信访积案 117 件。

2021 年 6 月 22 日，县委书记陈重（右三）在县社会矛盾纠纷调处化解中心坐班接待群众上访（县信访局　供图）

【矛调中心建设】 2021 年，县信访局构建“党建+矛调”工作模式，发挥“一巷四区、组团服务”优势，开展“法治讲堂”“今天我是网格员”等主题党日活动，把党建工作与矛盾化解工作紧密结合。按片区在人员聚集的四大集镇设置矛盾调解分中心，实现县、乡两级联动。是年，县矛盾调解中心（信访超市）受理各类群众诉求 1.83 万件，办结率 100%。其中，接听群众“12345”来电 1.52 万个，咨询事项直接答复率 99.2%；无差别受理窗口来访 689 人次；法院受理诉前调解 1535 件，同比下降 7.1%，调解成功率 54%；人民调解 306

件，同比增长 32%，调解成功率 100%；劳动人事争议调解 158 起，同比增长 8.4%，调解成功率 96.4%；法律咨询 373 件，同比增长 12%。

（林雅婷）

气象服务

【概况】 2021 年，县气象局编制并印发《景宁畲族自治县气象事业发展“十四五”规划》，通过人才政策引进研究生、副高级工程师各 1 名。修订完善各项预报服务制度和工作流程，制定决策气象服务周年方案。

【气候评价】 2021 年，景宁畲族自治县平均温度 18.8℃，平均最高温度 24.9℃，平均最低温度 15.2℃，年极端最高温度 37.9℃，出现在 7 月 10 日，年极端最低温度-5.9℃，出现在 1 月 9 日，年降水量 1648.3 毫米，年日照时数为 1458.6 小时。2021 年，平均气温较常年偏高 0.8℃，降水量比常年同期偏少 24.3 毫米，偏少 1.5%，日照时数比常年同期偏少 89.3 小时，偏少 5.8%。春季气温明显偏高，3 月平均气温为历年最高，强对流天气多发，部分时段出现较明显的冰雹天气，降水量偏多。5 月，降水量历年最多，出现了历年汛期最早的降水集中期，暴雨过程频繁。夏季梅汛期暴雨过程多且多个时段连续出现，部分过程范围大、强度强，部分地方暴雨重叠、累计雨量大。秋季气温偏高，气象学上入秋偏迟，后期冷空气活跃，降温幅度较大。冬季强冷空气次数多、强度强，多次出现寒潮天气过程，月内冷空气活动较频繁，强度强。

【主要天气气候事件】 2021 年，景宁畲族自治县春季气温明显偏高。3 月，全县月平均气温创历史新高，县城站点平均气温为 15.1℃，较常年偏高 2.2℃，为历年同期最高。3 月下旬，前期气温大幅下降，并出现较明显的霜冻天气。春季强对流天气多发，部分时段出现较明显的冰雹天气。全县及部分地方的月降水量为历年最多，5 月，全县平均降水量为 452.6 毫米，县城站点为 460.2 毫米，较常年偏多 127.8%，为历年同期最高。5 月，出现汛期最早的降水集中期，累计雨量排历年 5 月第一。5 月 17—24 日，受雨带南北摆动影响，景宁出现历年汛期最早的降水集中期，全县平均累计雨量 339.7 毫米，该次降水集中期累计雨量为建站以来 5 月第一；其间，暴雨过程频繁，强降雨区域重叠，其中 20—22 日均出现暴雨。据综合评估，该次降水集中期景宁的暴雨致灾强度为全省前列。6 月，梅汛期暴雨过程多且多个时段连续出现，部分过程范围大、强度强，部分地方暴雨重叠、累计雨量大。9 月，景宁气温持续偏高并以下旬为最。10月中下旬冷空气活跃，全县气温持续走低，并于 16 日入秋，较常年明显偏迟。12 月，县城站点降水量 为 37.7 毫米，较常年偏少 30%；12 月上旬，出现连晴天气。

【公共气象服务】 2021 年，做好春运、疫情防控、“畲乡三月三”、中高考、全国农村人居环境整治提升现场会等重要工作的气象保障服务。县气象局以世界气象日、全国防灾减灾日、全国科技工作者日、全国安全生产月等为契机，通过多种途径向公众宣传气象科普常识、气象法律法规，气象安全、防灾减灾等知识，为市民提供气象科普咨询服务和知识。通过电视、政府网站、“96121”、国突平台全网发布、手机短信、多媒体预警终端、村级气象预警信息发布终端、农村应急大喇叭、微信公众号和抖音新媒体等途径做好公众气象服务。全年发布《气象内参》55 期，《预警信号》112 期，《气象专题报告》19 期。发送气象短信 125 批次，服务 22.5 万人次。开展人工影响天气作业，完成常态化火箭作业 6 次，发射火箭弹 50 枚；地面烟炉作业 3 次，燃烟 4 根。

2021 年 11 月 4 日，县气象局在景南乡上标西垟村开展人工增雨作业 （县气象局 供图）

【气象服务乡村振兴】 2021 年，新建东坑镇茗源村、东坑镇章坑村、沙湾镇李处村、英川镇白坦村 4 个六要素区域自动气象观测站。全县累计建成 62 个多要素自动气象观测站，县域观测格点密度间距缩短至 5.6 千米。预警信息发布平台新增新型农业经营主体 88 家，实现全县 198 家新型农业经营主体气象灾害预警信息全覆盖。将全县 119 家茶叶种植大户纳入预警信息发布平台，并将惠明茶产业协会设为服务对象。

2021 年，县气象局深挖景宁生态气候资源。制定《丽水国家气象公园景宁云中大漈避暑胜地建设方案》，积极对接当地党委、政府和景区管委会，按要求推进国家气象公园景宁试点建设。是年，景宁县域通过“中国天然氧吧”首轮复查，大均畲乡之窗景区入选全省首批“气候康养乡村”。

【气象现代化建设】 2021 年，县气象局与县启文中学附属小学达成战略合作，共同出资建成景宁首个校园“红领巾气象站”和气象科普教室，将气象科普知识纳入学校综合素质教育课程内容，积极创建“省级校园气象科普教育基地”。建成全市首个县级气象科普馆和雁溪乡梅坞村农村文化礼堂气象科普点。9 月 26 日，全市首个县级气象科普馆——景宁气象科普馆正式竣工验收并投入使用。景宁气象科普馆位于县气象局二楼，展厅面积 150 平方米。该项目总投资 46 万元，融合了景宁气候特征、气象仪器展示、气象预报体验、气象知识科普等 14 项内容，突出气象科技和防灾减灾两个主题，助力全县科普素质和防灾减灾能力的提升。

【气象助力平安建设】 2021 年，县气象局通过打通突发预警信息发布系统与基层治理四平台的数据接口，构建“网格+气象”的基层气象灾害防御体系。气象部门发布气象灾害预警信息后，网格员通过“浙政钉”App 内的丽水基层治理模块同步接收预警信息，再通过微信群在所属的网格内传播，实现接收预警信息“零时差”。同时，网格员及时到灾情发生地进行拍照、摄像，走访了解灾情信息，以图文形式及时向气象部门反馈气象灾情信息，实现双向沟通反馈。开展气象灾害综合风险普查。与县应急管理局、水利局、自然资源和规划局、建设局、文广旅体局等部门建立暴雨诱发的地质灾害、小流域山洪联合预警机制。全年新建省级气象防灾减灾标准化村(社区)28个。

2021年，县气象局落实"互联网+监管"和"双随机"监管，加强行政规范性文件和重大行政决策事项合法性审查。8项双随机监管事项覆盖率100%，掌上执法检查率100%。全力护航中国共产党成立100周年，对14家危险化学品企业的防雷设施年度定期检测落实情况进行专项检查，对其中5家企业发放整改通知书，并督促其完成整改。将气象灾害防御纳入地方目标管理考核，完成13家易燃易爆场所、2家旅游景区防雷安全全覆盖检查和一企一档信息化建设，防雷安全风险码推广率100%。　　(项慕虹　邓　健)

中国人民政治协商会议景宁畲族自治县委员会

综　述

【概况】 2021年，中国人民政治协商会议景宁畲族自治县委员会（以下简称县政协）党组坚持把推进党的政治建设贯穿于政协履职的全过程和各方面，年初研究制定2021年度党风廉政工作要点和主体责任清单，压实党风廉政主体责任，切实履行职责担当。定期召开党组会专题研究部署党风廉政和意识形态工作，引导政协干部和委员保持清醒政治头脑，严守政治纪律，营造了政治清明、作风清廉、干部清正的政协工作环境。出台《县政协党组工作规则》《关于中共党员委员联系党外委员的工作意见》等多项制度。以党史学习教育为契机，重点结合中国共产党十九届六中全会精神，通过线上线下多种形式，实现了学习教育全覆盖。自觉在县委领导下谋划和推进工作，重要工作及时报告、重大事项及时反映、重要议题及时沟通；围绕中心大局，做大朋友圈，对接中国电影集团、上海太合音乐集团等资源，拟在大漈、景南一带合作开发运营"大东景美育小镇"，共同打造有全国影响力的"星耀IP"。该活动引起了市委书记胡海峰的高度重视，指示景宁要将此项目打造成"丽水生态产品价值转换的样板"。引进北京辛庄师范"大美行者"走进大漈乡小佐村，助力打造新型研学基地和文化共享中心。围绕"共同富裕""千亩杜鹃"等课题开展"请你来协商"专题协商活动6场，进一步打响富有景宁特点的"即提即办""跨县合作""现场解决"三大品牌。云景"跨县合作"组团式系列协商被评为全市政协系统"十佳"请你来协商活动。同时根据县委、县政府的统一部署，县政协领导班子成员主动参与党政中心工作，各主席当好"带头人"，挂帅指挥、靠前发力，积极参与项目建设、政策处理等"一线工作"，为推进全县重点工作、重点项目贡献政协力量。聚焦非遗文化保护，及时启动《廊桥纪事》文史专辑的征集、编纂工作，并完成终稿审核、交付排版、印刷。

【凝聚共识工作】 2021年，县政协出台《关于加强和促进人民政协凝聚共识工作的实施意见》

等文件，加强与各界人士的联谊交友，铸实统一战线。全年，收集反映社情民意信息45篇，发出“政协好声音”，不断释放影响力，扩大社会团结面，推动一批民生实事落细落实。

【协商平台建设】 2021年，制定出台《景宁县“请你来协商·民生议事堂”平台建设工作实施办法》，在红星、鹤溪街道建立民生议事堂，开展了“新建马仙文化公园·弘扬忠孝文化”首场民生议事堂专题协商活动，把民生议事堂作为“请你来协商”平台建设的重要抓手，有效助推委员履职臂展向基层延伸。持续推进“民情速递”窗口和“委员会客厅”两个平台建设。“民情速递”窗口不断完善运行机制，推动委员联系群众常态化、实效化。全年安排委员窗口轮值96人次，收集民情民意34条，经综合归纳后向有关方面反映16条，现场协商解决热点问题5个。“民情速递”窗口被评为市政协“十佳创新案例”。“委员会客厅”定期组织主题活动，把工作触角延伸到“网红”、非遗传承人、新生代民营企业家等特定群体中，围绕县“两会”宣讲、少数民族产业发展等课题开展6场议事活动。“委员会客厅”平台建设被省政协评为“三星级”会客厅；《“如何强化农业产业支撑，让乡村更美丽”活动案例》入选市政协“十佳会客厅案例”；《小窗口　会协商　善治理》工作经验入选市政协“十佳创新案例”。

县政协重要会议

【县政协第九届第五次会议】 2021年3月15—18日，县政协第九届第五次会议举行。此次大会应到委员159名，实到委员142名。会议同意县政协主席张峰代表县政协常委会所做的工作报告；同意县政协副主席沈秀慧所做的提案工作报告。

政协全体与会人员列席景宁畲族自治县第九届人民代表大会第五次会议，听取并讨论县长钟海燕所做的《政府工作报告》和其他有关报告。通过小组讨论、大会发言和提案等形式，提出许多建设性的意见和建议。8位委员作口头发言，10位委员作书面发言。其中，17篇发言稿得到县领导的批示。提案审查委员会共收到提案149件，经审查，立案140件，并案处理8件，不予立案1件（转为意见建议）。会议表彰了县政协第九届第四次会议优秀大会发言、2020年度县政协先进专门委员会、委员工作站、先进委员、优秀提案、优秀信息员。

【县政协常务委员会会议】 2021年，县政协九届常委会召开会议6次。

2月5日，县政协九届常委会召开第二十二次会议。会议传达学习省“两会”精神；通报县政协2020年度“请你来协商”建议落实情况；听取县纪委县监委、县人民法院、县人民检察院工作汇报；通报县政协2020年度提案办理落实情况；听取县政协参加单位工作情况汇报；审议通过相关人事事项。

3月5日，县政协九届常委会召开第二十三次会议。会议通报景宁畲族自治县人民政府与浙江建设技师学院合作成立“浙江建设技师学院景宁民族分院”相关事宜；传达学习市政协四届五次会议精神；通过2020年度政协工作先进集体和先进个人；听取县政协九届五次会议筹备情况，及大会议程(草案)、日程，执行主席、秘书长，常务执行主席、会议主持人，副秘书长，提案审查委员会名单和提案截止时间；听取县政协九届五次会议大会发言筹备情况；通过关于召开县政协九届五次会议的决定；通过常委会工作报告、提案报告及报告人；通过县政协九届五次会议列席原则和名单；通过县政协九届五次会议执行主会议小组召集人名单；审议增选县政协常委候选人建议名单和选举办法(草案)；通过授权主席会议审议县政协九届五次会议期间常务委员会会议未尽事宜的决定。

4月19日，县政协九届常委会召开第二十四次会议。会议听取县纪委县监委有关情况的通报。

6月4日，县政协九届常委会召开第二十五次会议。会议传达学习中共中央政治局常委、全国政协主席汪洋在浙江考察调研重要讲话精神；传达学习省政协常委会第二十一次会议专题协商会暨各民主党派省委会、省工商联负责人和无党派人士代表座谈会精神；传达学习《政协丽水市委员会关于加强和促进人民政协凝聚共识工作的实施意见》文件精神；传达学习换届相关文件精神；通报《中共景宁畲族自治县委景宁畲族自治县人民政府政协景宁畲族自治县委员会2021年度协商工作计划》；审议通过相关人事事项。

9月2日，县政协九届常委会召开第二十六次会议。会议听取县人民政府2021年上半年经济形势通报；听取县发改局关于山区26县相关工作情况的汇报；审议通过相关人事事项；传达学习省、市政协主席读书会精神。

11月25日，县政协九届常委会召开第二十七次会议。会议举行书香政协常委读书专题讲座：中国共产党十九届六中全会精神解读；审议通过《关于加强和促进人民政协凝聚共识工作的实施意见》；部署“请你来协商·民生议事堂”平台建设工作；部署书香政协·政协委员读书活动；审议通过相关人事事项。

专题协商及建议

【概况】 2021年，县政协举行“请你来协商”专题协商会6场次，并形成了相关建议。

7月8日，县政协举行“关于保护‘上山头千亩杜鹃’”专题协商会并形成如下建议：

建议县政府建立相应的工作专班，理顺管理机制，协调推进千亩杜鹃的保护与开发工作；建立上山头区块保护和开发利用专家库，立即启动对云锦杜鹃“病因”进行把脉会诊，找出千亩杜鹃花近几年花开不盛、不齐，甚至不开花的真正原因，并对症下药，让千亩杜鹃能早日再放光芒，再现生机；结合景宁“十四五”发展规划和全县的旅游专项规划，将“上山头千亩云锦杜鹃林保护与开发”纳入“大东景”区块旅游发展规划(划定保护范围，争取保护政策、落实保护经费)，通过谋划通景公路，与大漈、东坑、上标等地串点成线，使之成为“大东景”旅游发展规划重要区块；从未来大景区着眼，从打造AAAA级景区着手，高标准规划，高起点谋划，不断完善道路、停车场、游步道、驿站、厕所、通信等基础设施。

9月16日，县政协举行“共建宜居城市

共享共富生活”专题协商会并形成如下建议：

建议力抓政策先机，加快城市基础设施建设步伐（一是积极规划增设室外文娱活动场所，最大限度满足群众需求。二是逐步延长绿道线路，做好平时维护。尽快贯通商业桥上边路段沿江绿道，消除断头路，提升群众休闲健身体验。三是从规划源头上提车位存量，如探索农民自建房规划增加地下停车场的举措）；细化管理机制，织密城市基础设施管理网（一是依据住宅噪声标准，对晚间歌咏、占道跳舞等行为，规范声音分贝管控。二是限制城区内室外文娱活动、室外广告宣传等时限。三是规范室外广告宣传形式及宣传场地。四是在考虑泊车公司维持长效运转的同时，在部分重点路段、时间段延长免费停车时间，可探索每年发放一定额度的停车券，引导市民规范停车。五是强化巡查力度，及时修缮基础设施设备）；强化执法力度，提升畲乡宜居宜业好环境（一是对深夜路边摊点、晚间歌咏、占道跳舞、打牌等喧哗行为开展整治行动。二是规范乱停车、乱拉乱挂等现象。三是对随地吐痰、随意大小便、乱扔垃圾等行为进行劝导。四是通过媒体加强互动式宣传力度，让更多市民参与其中）；加大宣传力度，拓宽社会力量参与面（积极利用电视、网络、微信等宣传媒介及时发布城市治理动态，增强广大市民对各项城市管理建设工作的认知，广泛收集百姓关心的热点难点话题。同时要进一步发挥志愿者的作用，广泛动员机关干部、基层和社会组织广泛开展文明志愿者活动，动员企业、商铺在其所有的LED显示屏进行法条走字；发挥物业管理引导作用，加强居民自治，发挥村规民约作用，引导居民养成文明习惯，形成人人参与、人人监督、人人受益的良好氛围）。

9月30日，县政协举行“加强廊桥保护与利用”专题协商会并形成如下建议：

建议出版系列廊桥图书，系统展现景宁廊桥风貌；绘制一册廊桥地图，呈现景宁廊桥分布情况；培训一支讲解队伍，讲好廊桥的前世今生；完善一套法规体系，强化景宁廊桥保护管理；培养一批非遗传承人，修缮、复建、兴建一批景宁廊桥；成立景宁廊桥申遗中心，助推申遗成功；举办系列廊桥活动，扩大景宁廊桥知名度。

建议完成系列文化提升，提高景宁廊桥文化底蕴。一是进行廊桥立体文化提升工程，在不破坏现存廊桥文化载体的基础上，结合史料记载、地方传说、外地先进做法等，挖掘内容，以书法、楹联、画作、雕刻等形式，丰富廊桥文化载体，提升廊桥文化底蕴，弥补景宁廊桥品相单一、装饰简单的不足。二是做好廊桥文化宣传，利用公众号、视频号、微博、抖音直播、广播广告特别是自媒体等加大景宁廊桥文化宣传，创作一批文学、影视、音像作品，扩大景宁梁桥文化影响力，提升知名度。三是提高县域内廊桥元素使用率和覆盖率，增加重点廊桥的路标、指示牌，以廊桥形象兴建公交车站台、公园景观等基础设施，营造保护和发展廊桥文化的良好社会氛围，吸引国内外游客前来旅游、参观。四是大力支持设计、创作廊桥文创品，将廊桥文化与畲族文化、农耕文化等有效融合，创作廊桥模型、廊桥木玩、剪纸、文化衫、摆件、餐具、文具等文创品，让游客不仅有风景可以观赏，还有文创品可作为留念。五是进行廊桥文化数字化保护与开发，并搭建有利于廊桥申遗、保护、开发的网络平台等，利用数字化手段，打造掌上廊桥，走向世界。对景宁廊桥进行整体建模，更加形象具体地展示廊桥结构与风貌，同时为今后修缮工作提供最准确数据支撑。

建议建设系列廊桥展厅，全面展示景宁廊桥文化。景宁廊桥数量大，分布范围广，为了集中展示廊桥，必须建设一家廊桥文化展厅，全面展示景宁廊桥发展历史、营造技艺、保护活动等珍贵资料，方便游客与廊桥爱好者了解、探索景宁廊桥奥秘。在建设好廊桥文化展厅的基础之上，支持兴建廊桥技艺馆、廊桥博物馆、廊桥非遗馆等，组建廊桥文化传承与体验系列场馆。选择一批重点廊桥，逐年在桥畔建立主题展馆，深入挖掘廊桥历史故事，与当地其他文化有机结合，成为集中展现地方文化的综合性展馆。

10 月 19 日，县政协举行“关于抢抓发展机遇，拓展副城空间”专题协商会并形成如下建议：

建议尽快明确规划定位。争取在 2021 年完成《景宁畲族自治县澄照副城空间发展总体规划》编制评审及发布。在此基础上，尽快开展澄照区块控规修编工作，明确城市定位和功能。抓住新一轮国土空间规划调整有利时机，明确副城空间拓展范围以及永久性基本农田调整、稳定耕地举证等，加强澄照副城空间拓展谋划和规划保障。同时尽力争取土地指标，尽量拓展资金渠道，尽早保障工作力量。

11 月 5 日，县政协举行“关于兴建马仙文化主题公园　弘扬忠孝文化”专题协商会并形成如下建议：

建议按照国家非遗保护传承“见人、见物、见生活”的要求，建设“马仙文化公园”，充分体现马仙信俗的历史人文景象，包括马仙巨型塑像、马仙“忠孝”故事传说、马仙圣迹浮雕、马仙信俗非遗传承体验馆，让马仙忠孝文化有形化。

建议建设的马仙信俗文化长廊，做到历史与现实相融，过去与现在相承，将千年历史文化积淀与当代社会主义核心价值观相融合，营造厚重的民间信俗文化氛围，既是信俗群众的向往之所，也是大众文化休闲运动之地，从而达到寓教于文，寓俗于德，成为广大群众心愿文化的承载地。

建议将“马仙文化公园”新建在新体育馆的后山上。这里是景宁老城区与畲乡古城衔接处，紧邻体育馆，连接正待兴起的畲乡古城，“一馆一园一古城”自成一线，多元结合，相得益彰，不仅可以满足游客群众的旅游需要，也为城市居民提供最佳的休闲带，已成为景宁文化旅游、夜经济的新亮点。在新老城区衔接处，新建“马仙文化公园”，则可形成景宁特有的“南禅北道”的地理文化布局。

建议强化保障，齐心协力，加快建设“马仙文化公园”。一是将“马仙文化公园”纳入景宁“十四五”文化基础设施建设的盘子，让千年马仙文化的传承发展迈上快车道，与中国畲乡“三月三”畲族文化同放异彩，共添新姿。二是做好前期调研工作，从高端策划、科学规划入手，将“马仙文化公园”与畲乡古城的有机结合，打造成文旅融合的又一个“新亮点”。三是强化组织保障，成立以分管县长为组长，县发改、自然规划、文旅、建设、红星街道和马仙非遗研究会等为成员单位的项目领导小组，有序推进项目实施工作。

11 月 19 日，县政协举行“关于打造山水林田湖生命共同体示范区，构建景宁跨越发展千峡新引擎”专题协商会并形成如下建议：

坚持“五大原则”，确保规划有品。一是定位要高。高品质打造全省乃至全国的“山水林田湖生命共同体”示范区。二是统筹要全。要将千峡湖现有的自然资源、文化资源、产业资源、旅游资源等要素充分统筹起来，充分开发利用，以促进人与自然的和谐相处。三是特色要精。要分别挖掘培育千峡湖的“山”“水”“林”“田”“湖”的特色，逐一将其打造为精品，使之成为未来旅客来景游湖非到不可的打卡景点。四是坚持有利于资源整合、政策利用与市场主体引入并举。五是坚持重视基础与重视可持续发展并举。在对千峡湖发展的长期规划和策划中，既要处理好近期与远期的关系，更要注重基础设施建设与可持续发展的关系。

做好“五大文章”，确保项目有形。一是着眼于资源统筹利用，做好打基础的文章。二是着眼于打造浙南名山，做好九龙山的文章。三是着眼于水经济开发，做好水的文章。四是着眼于特色林带峡湾建设，做好林与峡的文章。五是着眼于秀美梯田建设，做好田地文章。六是着眼于知名垂钓中心与水运动基地建设，做好湖的文章。

建议构建“四大机制”，确保推动有力。一是构建千峡湖生命共同体机构牵头抓总统筹推进机制。二是构建资源联管机制。三是构建执法联合机制。四是构建议事联席机制。

（张　蓓）

中国共产党景宁畲族自治县纪律检查委员会·景宁畲族自治县监察委员会

综　述

【概况】 2021年，景宁畲族自治县纪检监察组织，以习近平新时代中国特色社会主义思想为指导，坚决贯彻省、市纪委监委和县委决策部署，坚持严的主基调，弘扬廉的主旋律，纵深推进全面从严治党，一体推进不敢腐、不能腐、不想腐，全域推进清廉畲乡建设，全力营造山清水秀的政治生态，纪检监察工作高质量发展态势持续巩固深化，为景宁加快建设山区和民族地区共同富裕先行示范区提供坚强保障。

2021年，县纪委县监委立足所辖乡镇山高路远、信息获取不及时等实际，探索建设集问题质询、廉情监测、民意收集、监督检查等功能于一体的“问廉直通车”工作品牌，打造流动的“纪委监委”。全年发车63次，现场质询问题46个，现场解决问题26个，推动解决各类问题矛盾143个。“问廉直通车”工作品牌荣获“基层清廉建设（浙江）十大创新经验”优胜奖，被评为“全市纪检监察系统十佳工作品牌”。

【县纪委十届二次全会】 2021年3月24日，县纪委十届二次全会召开。全会传达学习了十九届中央纪委五次全会、省纪委十四届六次全会和市纪委四届六次全会精神，回顾总结2020年工作，研究部署2021年任务。全会审议通过了叶龙标代表县纪委常委会所作的《奋力推进纪检监察工作高质量发展　为我县开启高水平全面建设社会主义现代化新征程提供坚强保障》的工作报告。

【清廉畲乡建设】 2021年，按照省委推进清廉浙江建设的决策部署，制定清廉畲乡年度创建计划，切实强化“责任共同体”意识，督促县委机关工委、农业农村局等部门牵头，推进清廉机关、清廉村居等八大清廉单元建设。健全正向激励和反向鞭策的晾晒制度，通过清廉畲乡“半月刊”、清廉村居“代言人”等形式，落实“四责协同”制度，形成同题共答、一体落实的局面。全年召开联席会议3次，发布专刊5期，公布典型做法25例，对13家党委（党组）发出建议书并督促整改。组建“清廉建设帮带团”，推动示范引领、组团推进，相关做法被省委办公厅《浙江信息》刊发。研发“清廉指数”数字化评估与预警平台，通过构建政治生态指标设置、数据采集、分析评价、预警反馈、净化修复的智治闭环，形成了一条融合基层实际的政治生态监测预警、分析研判、协同治理的系统监管新路径。10月，该平台上线运行，实现PC端、手机端“双端”操作。其中，手机端在“浙政钉”上线。全年采集政治生态建设数据1.2万条，发出预警23条、廉政令33个。

2021年5月5日，景宁畲族自治县“十佳清廉村居”擂台赛举行（县纪委 供图）

【纪检监察体制改革】 2021年，21个乡镇（街道）共立案审查调查70件。推进纪委监委机关和派驻纪检监察组“六联一体”模式的基层实践，核查问题线索61条，问题线索处置平均时长从原来的57天下降至43天。坚持“三个区分开来”，及时为4名党员干部澄清了信访反映不实的问题，受理核准了9个项目的容错免责备案申请，旗帜鲜明地为担当作为的干部撑腰鼓劲。开展受处理处分干部跟踪回访工作，累计回访教育党员干部207人，激励受处分干部放下包袱再出发。

监督执纪

【政治监督】 2021年，县纪委县监委制定出台2021年度政治监督工作计划，列出“政治监督任务书”，实行项目化、清单式监督。围绕疫情防控、“双招双引”、构筑新型“亲清”政商关系等重点工作以及“重点项目攻坚克难划句号”“重大风险攻坚克难画句号”等专项行动开展监督检查。全年监督检查363次，发现并督促整改问题241个，发布督查通报33期。加强换届监督，严明“十个严禁”换届纪律。严格审查、回复党风廉政情况3482人次。结合景宁实际细化“五张责任清单”，强化主体责任压力传导，抓好主体责任落实监督检查，发出整改建议书48份。

【惩治腐败】 2021年，全县各级纪检监察组织共处置问题线索220条。其中，“第一种形态”109人，党纪政务立案103件（涉及县管干部7人，留置6人，移送司法机关审查起诉4人），办理市纪委市监委指定管辖留置案件1件。重点查办了标溪乡原党委书记陈某某严重违纪违法案和县经济商务科技局原干部刘某某严重违纪违法案。全年发出纪检监察建议书13份，督促整改问题22个，实现“查处一案、警示一片、治理一域”的综合效果。

党风政风建设

【纪检监察干部队伍建设】 2021年，县纪委监察机关围绕深化一体化、规范化、专业化建设年活动主线，健全“全员培训”“轮岗交流”等机制，开展青蓝计划、廉政讲坛、技能比武等活动，构建系统内外“优进优出”良性循环。组织全县纪检监察干部主动参与“一户一策一干部”帮扶、“我为企业解难题”、“双招双引”等工作。开展“严纪律、守规矩，规范执纪执法权”专项整治活动。制定“带头转作风六项规定”制度，以制度建设促进规范管理，坚决防止“灯下黑”。拍摄《“五毒”局长的双面人生》等警示教育片，注重用“身边事”教育“身边人”，强化“清风系列”资源整合，推进警示教育常态化。

【“四风”问题政治】 2021年，县纪委县监委紧盯违规发放津补贴、违规收受礼金礼卡、违规参与“酒局”“牌局”、党员干部“酒驾”“醉驾”等易发多发老问题和隐形变异新动向。全年发现并推动整改问题219个，发出主体责任督查建议书48份。创新推出“您点题•我监督”“1+X监督”(“1”指规定动作，“X”指自选动作)机制，以精准监督回应群众关切的问题。坚持“一月一主题”，常态化开展正风肃纪明察暗访。强化通报曝光，发布通报4期，通报典型问题16起。将15个漠视侵害群众利益专项治理项目成果在“清廉畲乡”公众号进行公开晾晒。

【群众身边腐败和作风问题整治】 2021年，紧盯群众“急难愁盼”问题，开展供销系统腐败、教育领域腐败、公职人员违规从事营利性活动、党员干部酒驾醉驾及背后“四风”问题等专项治理66项，发现问题线索136条，督促问题整改298个，给予党纪政务处分45人，移送司法机关2人。开展政法队伍教育整顿执纪执法工作，第一时间处置涉及政法干部问题的线索。大力整治群众身边“微腐败”，全年受理处置基层党员干部问题线索103条(占比47%)。其中，村级党员干部线索89件，立案65人。深化信访举报“三清三提升”活动，推动信访举报减存遏增、提质增效。全年受理信访举报59件，较上年下降49.6%。

(杨必军　李海波)

巡察工作

【概况】 2021年，县纪委县监委协助县委抓好中央对省委巡视及省委巡视反馈问题整改工作，配合完成全部问题的整改。完成九届县委第九、十、十一轮巡察；完成对21个乡镇(街道)、71个部门、144个村(社)党组织巡察和3家单位的巡察“回头看”；完成涉粮问题专项巡察工作。发现问题737个，移交问题线索11条。落实“七张问题清单”之“重大巡视巡察问题清单”主管责任，上报问题库42个，进入蓄水池1个，进入清单库8个。

2021年，召开县委常委会、县委书记专题会、巡察工作领导小组会议、巡察动员会10次，研究、听取、部署巡察工作。通过巡察，历年累计发现问题6419个，移交问题线索155

条252人，给予党纪政务处分104人（次），移送司法机关6人，追缴违规资金1478.86万元。

【巡察整改】 2021年，召开巡察问题反馈会24次，签订巡察整改责任书24份，县领导约谈整改第一责任人24人次，指导各被巡单位召开巡察整改专题民主生活会24个，对各被巡单位的整改方案和整改报告逐个开展“五方联审”，提出修改意见158条。对第六、七、八轮巡察25家单位落实巡察反馈意见的整改情况进行了回访检查、民主评议、督促督办，发现问题68个，提出整改建议49条，全方位了解被巡察单位的巡察整改实际情况，确保巡察整改全面彻底。是年，反馈巡察问题699个，完成整改661个，通过整改新制定制度103项，完善制度203项，收回违规资金305.27万元，处置652人次。落实“重大巡视巡察问题清单”主管责任，一事一研判，上报问题15个，县级发布3个（已完成整改），上报预警问题、重点关注问题各1个，提炼典型案例1个。开展“巡察问题整改画句号”行动，督促九届县委前八轮巡察未整改到位问题（共88个）攻坚画句号，完成整改50个。

2021年，建立“一书一单”跟踪问效机制，以一份“告知书”，向被巡察单位原主要负责人发出《反馈意见告知书》，明确告知原负责人离岗不脱责，要求新官旧官同理“旧账”；以一张“交办单”，向职能单位开出《巡察整改交办单》，梳理汇总书记专题会议点出的突出问题，要求相关单位共同落实巡察整改责任，有效避免责任空转，助力拧紧巡察整改责任链条。

【巡察重点工作】 2021年3月下旬至6月初，开展九届县委第十轮巡察，共派出4个巡察组，对渤海镇、沙湾镇、县经济商务科技局、县大数据中心、县委政法委、县重点服务中心、县统计局7家单位党组织开展巡察。7月下旬至9月下旬，开展九届县委第十一轮巡察，共派出4个巡察组，对县政府办公室、县公安局、县委办公室、县人民法院、县退役军人事务局、县人大常委会机关、县应急管理局、县政协机关8家单位党组织开展巡察。3月10日至4月9日，市委提级（交叉）第九巡察组对县供销联社党组开展巡察回头看。10月9日至11月12日，县委涉粮问题专项巡察组对县发展和改革局（县粮食和物资储备局）、县粮食收储有限公司、县军粮供应点等涉粮单位开展专项巡察，专项巡察组发现5个方面的问题共38条，移交问题线索1条。3月中旬至4月中旬，县委第一巡察组赴莲都区提级交叉巡察莲都区供销社。（严　扬）

民主党派 · 群众团体

民进景宁总支部

【概况】 民进景宁总支部是景宁畲族自治县内唯一的民主党派组织。2021年，经民进市委会批准，有2人入会，会员总人数32人。

是年，民进景宁总支部举办庆祝中国共产党成立100周年专题读书班，参加统战系统中共党史学习教育，接受《追寻红色浙西南足迹学党史》专题党课教育和党的革命历程教育。

【参政议政】 2021年，民进景宁总支部8名会员以政协委员身份参加县“两会”，《全力实施初中提质“壮腰行动”让畲乡教育腰杆子挺起来》《那城 那人 那世界：将“畲乡古城”打造成景宁民俗风情旅游IP的建议》入选大会优秀发言，《关于完善我县公共卫生应急管理体系建设的建议》被纳入大会发言材料。全年，赴惠明禅茶文化产业园等地开展专项民主监督活动4次。

【组织建设】 2021年6月19日，民进景宁总支、民进丽水市科技经济总支在景宁沙湾镇道化村开展坚守初心跟党走——庆祝中国共产党成立100周年暨民进景宁总支、民进丽水市科技经济总支结对共建活动，共40多人参加活动。两总支本着“共建共享、和谐发展”的原则签订结对共建协议，拟在调研课题、社情民意、社会服务等方面加强交流与合作，为全市民进基层组织建设探索模范推动模式、提供示范样本。

7月19日，民进景宁总支召开支部成立大会，成立民进景宁综合支部、科技卫生支部、文化教育支部3个下设支部，各支部分别选举产生支部委员、主任委员。9月1日，民进景宁总支召开第二次会员大会，大会审议通过《中国民主促进会景宁畲族自治县第二次全体大会选举办法（草案）》，选举产生中国民主促进会景宁畲族自治县第二届委员、副主任委员、主任委员共7名。

【社会服务】 2021年，民进景宁科技卫生总支到梅岐乡开展医药下乡活动。民进景宁综合支部、文化教育支部联合到消防队慰问消防救援人员。积极编排节目，参加“听党话、跟党走、颂党恩”畲族确认65周年文艺晚会表演。总支会员积极参与疫情防控工作，民进科技卫生支部会员或直接参与疫情指挥部工作，或在方舱疫苗接种点、各卡口、网格小区进行预检等工作。（董　亮）

景宁畲族自治县总工会

【概况】 2021年，医疗互助网上报销836人次，发放互助金58.41万元；疗休养审批6957人；线上预约文化宫公益培训课1500人次。

组织工会财务云平台和工会经费收支管理培训2期。对全县137家企事业单位工会经费管理情况进行审查，提出问题250多处，整改意见200多条。按要求落实企业工会经费减免20%及小微企业工会经费全额返还工作。建立劳动关系协调员队伍，开展劳动法律宣传、监督活动20场次，并指导147家企业全部签订工资集体协商合同。

【基层工会建设】 2021年，新建基层工会16家，会员实名制数据入库率85%。县农业银行工会职工之家创成省级财贸工会职工小家县交通局、景宁汽车长途运输有限公司、浙江青风环境股份有限公司3家职工之家创成市级星级职工之家；澄照乡政府职工书屋创成市级职工书屋；县人民医院妈咪暖心小屋创成市级四星级妈咪暖心小屋；县税务局创成市级女职工特色工作品牌；创建县级职工之家示范点5家。组织县电力公司、浩南精密电子公司参与全国模范职工之家“结对共建”活动；开展工会组织与职工谈心会和“公开解难题、民主促发展”主题活动；举办“助力全民阅读 共建书香景宁”图书公益巡展。推荐丽景园总工会参加基层工会改革品牌路演评比。

【职工疗休养】 2021年，县总工会多次召集旅行社、民宿（农家乐）、餐饮业、零售业等开展职工疗休养工作座谈会，在深入调研的基础上制定出台2021年景宁畲族自治县职工疗休养专项政策，推出“五养”精品路线。举办疗休养产品设计大赛、首届工会疗休养接待站点厨艺大比拼暨“畲乡工匠”技能竞赛活动。创成省级疗休养基地2家（鹤溪街道扫口村、鹤溪街道东弄村）；市级疗休养基地5家（草鱼塘森林公园、东弄田园综合体、云鹤雅院农家乐、逸江南民宿、那云温泉度假村）；县级疗休养基地21家。与浙江省教育工会、浙江省财贸工会、浙江省部属企事业工会、宁波市北仑区总工会等签订合作协议16项；到杭州、宁海等地举办专场推介会；在长三角一体化三省一市疗休养区域协作大会上作典型推介，宣传畲乡疗休养特色。是年，县外职工到景宁疗休养1.49万人次，全县职工参加疗休养6840人次。

【职工文体活动】 2021年，县总工会根据职工需求，组织茶艺、书法、瑜伽、古典舞、葫芦丝等12项“菜单式”公益培训300多场，惠及职工8000人次；同时，全面开放文化宫健身房、职工书屋等场地。举办全县职工文艺会演、职工演讲、才艺展演“浙工缘”职工交友等活动7场次。围绕流动服务，组建职工业余合唱团，并开展“直通车”开进厂区工棚活动，丰富广大职工业余文化生活。开展“展示、培训、交流、传承”立体融合样态的“云端”网络课程79期,点击量200多万人次。

【产业工人队伍建设】 2021年,召开新时代产业工人队伍建设改革协调推进会,提升技能人才能力素质。开展“中国梦 劳动美”主题教育;举办电工、电商创业、秘书、安全员等技能培训班次7个;开展“求学圆梦行动”和“学历与能力提升行动”,提升产业工人技能水平;举办焊工、厨艺等畲乡工匠技能竞赛项目12项,培育浙江工匠、丽水金蓝领等技能人才15名;开展重点工程立功竞赛,《浙江工人日报》专题报道景文高速立功竞赛工作开展情况及经验做法;组织开展劳模疗休养4次,劳模慰问70人;依托高技能人才(劳模)创新工作室,名师带徒28对,发挥劳模、工匠“传帮带”作用;组织两名美发师参加市级技能竞赛并获得二等奖两个。选树省级产改综合试点单位1家(浙江青风环境有限公司);县级产改试点单位3家。

【困难职工帮扶】 2021年,开展元旦和春节送温暖活动,走访慰问困难职工53户,发放帮扶资金63.42万元;开展“春送岗位”线上线下活动4场次,提供就业服务、就业援助职工100人;开展夏送清凉活动,为县交警大队、环卫所等近20家单位2000多名一线职工送去高温慰问品;开展金秋助学和2021年度困难职工帮扶,帮扶困难职工家庭43户,发放帮扶资金22.8万元;建立爱心翼站2家,为户外劳动者群体提供饮水供给、“幸福学堂”等暖心服务;开展“安康杯”竞赛和“安全隐患随手拍”活动;开展“情系职工·温暖相伴”留景过年系列活动,为外地职工送去慰问物资10多万元。 (吴根玲)

共青团景宁畲族自治县委员会

【概况】 2021年末,共青团景宁畲族自治县委(以下简称团县委)有基层团委42个,团工委4个,团总支12个,团支部503个,团员3018名。全县18—35周岁青年户籍人口2.9万人。是年,该团县委承办市少工委四届五次全委(扩大)会议暨少先队“致敬百年伟业 争做‘真善美’好队员”主题教育实践活动启动仪式。举办“青春夜话”系列活动4期,邀请党政主要领导与优秀青年代表面对面对话,引导青年关注县域发展和提升工作站位格局。

【青少年思想引领】 2021年,开展中共十九大、习近平总书记系列重要讲话精神主题教育、读书会等活动1000多场次,开展新时代好少年等评选表彰活动,深化理想信念教育。发挥青少年宫校外教育主阵地优势,在全市率先启动实施“真善美”种子工程,提升“红领巾学院”课程质量,开展非遗教学和非遗实践30多期,培养小小传承人100多名。开展“致敬百年伟业 争做‘真善美’好队员”青少年中华经典诵读大赛等系列活动18场。举办“学党史、强信念、跟党走”2021年党团知识竞赛和景宁“畲青年”新时代理论宣讲大赛。组建“畲青年”宣讲团,开展畲青年党史宣讲系列活动60多场。建成研学基地6个,研学线路10条,开展研学活动50多批次。开展“我在

2021 年 4 月 21 日，民族小学主题实践教育启动仪式举行 （团县委 供图）

窗口写青春”主题实践和红领巾公益夏令营、红色研学、红领巾助力“双减”、民族团结进步教育等活动 100 多场次。开展“沿着习爷爷的足迹寻访和美景宁”和“百年百场”“双百”活动，引导青少年明白“办好中国的事情，关键在党”。开展“青年大学习”，在全县团员、青年中开展线上和线下主题团课学习活动，8000 多名团员、青年在线学习。整合畲乡读书会力量，坚持每周三在畲乡景宁党群服务中心举行公益读书日活动，全年举办 36 期，吸引 1000 多人次参与。

【青少年综合服务】 2021 年，团县委围绕“双招双引”工程，建立学子服务类、“211”“985”景宁籍学子联络群，收集景宁籍学子信息 534 人。开展“畲雁归巢”“团聚山海 共话成长”等活动，宣传景宁人才政策和创新创业政策。开展“青聚浙丽·创梦畲乡”青年人才招引行动，组织 148 名景宁籍大学生开展“百名学子进机关进企业进农村”暑期实习，举办“景宁情 家乡行”等系列研学活动 8 期。对接中国美术学院、上海交通大学、华中农业大学、上海外国语大学等 8 支重点大学本硕博学子团队到景宁，开展“红绿融合高质量发展”主题暑期社会实践，做好联系服务，引导青年大学生人才为景宁发展贡献青春智慧。

围绕“直播经济”，实施“景宁直播经济三年行动计划”，推进“四季网红”项目。搭建主播达人培训平台，开展电商普及培训，实现 21 个乡镇（街道）全覆盖，举办直播电商启航培训 3 期，推荐 3 名直播达人入选市青春主播团，推荐代表参与全市互联网营销师比赛，荣获市一等奖。组织青春主播团开展“四季网红”“春之茶”“夏之果”直播活动，“斗茶大会”当日通过线上直播销售惠明茶 28.6 万元。开展景宁“十大网红餐厅”评选路演，为评选出的网红餐厅颁发奖牌并集中宣传推广。举办第一届青年职业技能大赛暨农村电商技能赛，评选出畲乡技术能手 5 人，畲乡工匠 24 人，推荐 4 人入选“浙江工匠”。是年，全县创成市级“青年文明号”3 个，有 2 人被评为市级“青年岗位能手”。

【团工作对口帮扶】 2021 年，团县委围绕“安暖和”，谋深做实“关爱 365”行动。关心关怀乡镇重点青少年儿童，每月关注更新乡镇重点青少年现状，及时提供关怀帮助。通过“我为青年做件事”活动、年底结对帮扶行动、实现青少年微心愿和发放助困金，共帮扶 30 多名重点青少年。开展“请你微笑 2021”青少年心理健康行动，向全县中小学生征集微心愿 1400 多个、微烦恼 800 多个。擦亮“希望工程”品牌，积极对接“山海协作”五县及上海静安组建共青团帮共体，探索建立“青年携手共富基金”。

【青年志愿服务】 2021年,团县委组织开展志愿者培训会和团建活动5场次。通过举办第一届畲乡小园丁公益文化节,提升志愿服务水平和凝聚志愿者合力。全年组织疫情防控、垃圾分类、健康景宁宣传等志愿服务30多场,有1000多名志愿者参与新冠病毒疫苗接种宣传引导和方舱点位志愿服务。 (何宁子)

景宁畲族自治县妇女联合会

【概况】 2021年,景宁畲族自治县妇女联合会(以下简称县妇联)完成全县“十四五”妇女儿童发展规划编制;完成“十三五”妇女儿童规划各项任务指标和民生实事;完成终期监测报告。县妇联在承接全国农村人居环境整治提升现场会—美丽庭院创建和提升项目中,集中精力打造大均、澄照等地为花园庭院样板,将大均古街打造成为乡村旅游网红打卡点。景宁“0—3岁婴幼儿照护实训项目”被列为2022年浙江省妇女儿童发展规划示范项目。县妇联分别被评为浙江省实施妇女儿童发展规划成绩突出集体和景宁县关心下一代先进集体。

【思想政治引领】 2021年,县妇联将中共党史学习教育与妇联重点工作融合,举办“谱写巾帼华章•献礼建党百年”庆祝2021年“三八”国际妇女节系列活动;“‘述、唱、绣’畲家妇女学党史颂党恩”被列入全市党史学习教育十大典型案例,并提交给党史学习教育中央第五指导组;获全县庆祝中国共产党成立100周年主题合唱大赛金奖,景宁有2人分别获浙江省、丽水市巾帼建功标兵称号。景宁华数广电网络有限公司鹤溪营业厅被评为浙江省巾帼文明岗,景宁法院—刑事审判庭、景宁税务局—税源管理股、畲乡景宁党群服务中心、毛垟乡红色教育基地、九龙革命遗址陈列馆被评为丽水市巾帼文明岗。

【妇联组织建设】 2021年,完成村社妇联组织换届工作。全县推选妇女代表4357人,选举产生村(社区)妇联执委1023人。其中,村(社区)妇联主席144人(全部进入村“两委”班子)、副主席214人。举办新任村社妇联主席培训班,开展中共党史学习教育和业务知识培训。推进新领域妇联组织建设,在“景宁600”产业联盟、凤凰爱心协会、五联快运、星天地电子商务有限公司等新领域建立妇联组织,因地制宜建立“妇女微家”,为妇女群众提供个性化特色服务。创成省级示范妇女微家1个、市级示范乡镇(街道)妇联5个、市级示范新领域妇联组织2个、市级示范妇女微家7个。

【帮扶关爱】 2021年,外舍儿童之家创成省级示范儿童之家;岗石村、仙童社区、鹤溪小学、九龙乡中心小学4个儿童之家创成市级示范儿童之家。开展“相伴童行•助力儿童之家”公益联盟儿童之家援助计划和“春蕾计划——梦想未来”公益筹款,筹集公益金1.82万元,并获得省妇儿基金会帮扶资金3.2万元,完成4个儿童之家援助启动资金筹集。以“妇联组织+社会组织+专业服务+志愿服务”的模式,探索儿童之家长效运行机制,利用寒暑假、春节等开展“守护儿童·牵手共成长”系列关爱陪伴服务。寒假在金仙寺等4个儿童之家开展活动10次；暑假在岗石村、外舍社区儿童之家分别开展为期50天的暑期主题阅读班；与绍兴文理学院在5个乡镇儿童之家开展为期10天的暑期志愿帮扶活动。全年，在各儿童之家开展“童心向党·牵手共成长”系列活动80多次，参与活动并受益3000多人。

【家风家教】 2021年，景宁苏珍兰家庭被评为全国“最美家庭”；陈瑞田家庭被评为2021年度省级“最美家庭”。微信公众号推送清廉家风好故事8篇、“和美家庭”家风故事4期，观看人数2万多人。打造清廉机关品牌，联合县纪委监委向全县广大家庭发出“和美家风守住幸福家门”倡议书，举办廉洁家风大讲堂、和美畲娘“绣”家风、“守住幸福家门”领导干部家属家庭助廉主题沙龙活动，创评“和美家庭”52户。

【平安家庭建设】 2021年，县妇联组建县畲娘工作室和26支“平安畲娘”团队，开展矛盾纠纷排查化解、普法宣传、心理疏导等服务。走访排查婚姻家庭矛盾纠纷100多件，受理群众来电和来访16件16人。在“三八维权周”等重点时段，联合县公安局、县检察院、县法院、县妇计中心开展未成年人防性侵、防拐卖、防诈骗、防溺水、禁毒等自我保护知识教育专题讲座20多期。在来料加工点、广场等地开展平安家庭知识、“预防青少年近视”“两癌”防治宣传活动15场，组织学习法律知识、平安知识288次，发放宣传资料1万多册。在“畲娘网络服务工作室”开展线上法治维权知识微课堂“云培训”3期，转播省平安家庭建设讲座9期，普及宣传《中华人民共和国民法典》等法律知识。并开展矛盾纠纷调解、咨询，共1500多人次参与。其间，县检察院妇委会为一位低收入妇女追讨欠薪5100元；一位妇女二审离婚案得到答疑帮助。县妇联推荐的3个优秀维权案例入选全市平安丽姐维权案例选编。

【妇女创业就业】 2021年，打造“妈妈的手作”品牌，促进来料加工产业发展。全年发放来料加工费1.67亿元，新增来料加工点15个。组织景宁凤舞银针畲绣馆、浙江义浩竹木等5家来料加工经纪人参加义博会，达成意向订单107笔、金额1028万元。举办线上专场招聘会3场，为14个加工点的40多个岗位进行招聘。组织来料加工人员参加平车技能竞赛，提升来料加工从业人员技能水平。对177个来料加工场所开展消防安全生产检查督查2次，查处隐患244条，现场整改隐患36家129条。打造“妈妈的味道”品牌，助推畲乡小吃产业发展。组织畲乡小吃参加“三月三”畲族风情一条街中国好“畲”系列展示活动，参加全市“妈妈的味道‘粽’望所归”端午粽子大赛，并获最佳人气奖。推荐小吃项目入驻网上农博平台“妈妈的味道”专馆。通过传帮带、技能培训等方式，帮助妇女群众掌握实用的“畲乡小吃”制作技术，历年累计培养畲乡小吃女师傅200多人。培育“巾帼主播”团队宣传推广畲乡美食。是年，县妇联代表丽水市妇联在全省妇联执委扩大会议上作《传承弘扬“妈妈的味道” 深耕细作“温暖的娘家”》交流发言。打造“妈妈的庭院”品牌，助力美丽乡村建设。深入实施“增花添彩”三年行动计划，制定花园庭院创建实施方案及创建标准。举办“推窗见彩 花满景宁”畲乡花匠培训班，组建“美丽导师团”指导花园庭院建设。通过开展“美丽庭院”擂台赛、打卡晾晒等方式深化创建活动，全县10户家庭创成市级花园庭院示范户，澄照乡金丘村创成市级花园庭院样板村。组织妇女群众开展爱国卫生运动宣传，家家户户开展环境卫生整治行动。开展“我为房子洗洗澡”“美丽大比拼”等活动，引领畲乡妇女争当美丽女主人。探索打造“妈妈的菜园”，结合各村实际和特色，将菜园变成花园，花园就是菜园。完成渤海镇梅坑村和东坑镇桃源村“妈妈的菜园”项目。

2021年12月1日，来料加工“大篷车”开进仙童社区 （县妇联 供图）

【公益事业服务】 2021年，全县1155名妇联干部走访“五必访”人员3529人次。妇联机关党员开展志愿服务31人次，为企业解难题7件，为群众办实事38件。不定期走访慰问陪伴“三留守”人员，为行动困难的人员洗衣服、打扫卫生。开展“把爱带回家”走访慰问活动，与留守老人、妇女、儿童共度节日，开展做“清明粿”、包粽子、做月饼等活动。在村社开展女性素养提升培训5期。联合县妇计中心开展“两癌”防治妇女筛查体检工作。联合家庭教育学会组织专家团队列好“惠民家教”公益清单，走进学校、社区、企业提供点单式服务。举办“惠民家教”讲座15期，受益家长2000多人。通过知识竞赛、展板展示、发放宣传册等形式，在全县各乡镇（街道）妇联、中小学校开展《浙江省家庭教育促进条例》《中华人民共和国家庭教育促进法》宣传。

（刘金花 王和斌）

景宁畲族自治县科学技术协会

【概况】 2021年，实施“一县一业一学会”赋能行动。浙江省电力学会与景宁畲族自治县人民政府签署合作框架协议，建立新型电力系统研究创新基地。浙江省科协与景宁畲族自治县委、县政府签订《全面深化战略合作共同推进高质量建设共同富裕示范区的框架协议》。德清、长兴、景宁等7个县（市、区）成立“科创联盟”，在人才平台资源等五个方面达成合作意向。是年，聘请院士工作取得“零”突破，人才落地为历年最多。分别聘请院士李百炼、宁波大学博士吴乃成为“景宁600”与碳中和研究工程师协同中心的特约顾问、顾问，并与袁凤杰、徐盛春、朱开元等10名D类以上的人才签订服务景宁协议。

2021年，县科协摸排梳理农业农村发展

需求信息90条，建立供求优化机制，积极对接专家，开展科技下乡服务30次。开展2020年度科技示范户复核工作，认定2021年科技示范户两期75户，下达补助资金80万元。

2021年，县科协获“十三五”期间浙江省科协系统先进集体称号。县科协主办的2021年全国科普日嘉年华活动被中国科协予以表扬。

【科普活动】 2021年，开展科普活动37次（专项活动20次），在微信公众号发布科普图文信息120篇，发放宣传材料2万多册。承办“科技大篷车”进校园活动3次，邀请中科院老科学家林钢华、原魁、王文利等专家在城北中学、鹤溪小学、景宁职高等6所学校举办科普巡讲6场，参加学生2000名。邀请古咸彬、韩文炎、薛冰等专家到景宁开展科普讲座。国庆期间，开展“寄语祖国”专项活动，参加学生200多名。围绕全国科技工作者日和全国科普周，开展主场活动2次；21个乡镇（街道）活动22场次。

【科普教育基地】 2021年，建设提升景宁气象科普馆等9家科普场馆，补助资金78万元，并完成相关单位科普场馆规划建设。新认定大均水域救援科普馆、毛垟乡苔藓文化园2家市级科普教育基地。景宁中学生物馆等5家市级科普教育基地复验合格。其中，景宁畲族博物馆被认定为2021—2025年全国科普教育基地。新建企业科协2家（景宁宏强竹制品有限公司企业科协、丽水市一建建设有限公司企业科协）。

【公民科学素质提升】 2021年，县科协与县老年人活动中心、县教育局、县卫健局、移动公司景宁支公司和景宁农商银行等7家单位建立合作关系，联合开展“银龄跨越数字鸿沟”科普专项活动。组建老年人志愿者服务队伍1支，打造教学网点4个，以智能手机操作培训为切入点，围绕解决老年人交通出行、就医、购物、办事服务等运用智能技术难题，培训1500多人。是年，参加省农函大培训14人；新型职业农民培训52人；基层科普干部培训41人。（梅　翼）

景宁畲族自治县工商业联合会

【概况】 2021年，景宁畲族自治县工商业联合会（以下简称县工商联）走访商会、企业60多家。完成“我为群众办实事”38件、“我为企业解难题”25件。联合县税务局、县经济商务科技局召开“亲清直通车，政企恳谈会”，收集企业家提出的问题和意见30多条，实现建议办理情况全程跟踪。先后召集山东、天津、上海、宁波、四川等地景宁商会代表和景宁民营企业家代表开展“畲乡经理”培训、“景宁民营企业家培训”、“2021年度景商创业传承讲坛”等活动。积极号召商会会员和域外支部党员主动投身社会公益事业。全年结对助学50人，组织无偿献血3批次，参与社区志愿者、抗疫服务6次。

【组织建设】 6月25日，景宁畲族自治县总商会海南分会召开第一次会员大会，选举产生第一届理事会（46人）、监事会（5人），三亚望峰商贸有限公司董事长当选理事会会长。是年，金华市金东区景宁商会、景宁畲族自治县新农链产业协会完成社团注册。7月30日，景宁新生代企业家联合会第三届第一次会员大会召开。大会选举产生景宁新生代企业家联合会第三届理事会，丽水畲乡宏泰混凝土有限公司总经理当选理事会会长，原任会长名誉会长、县工商联副主席为顾问。10月10日，重庆景宁商会二届一次会员大会在重庆市召开。大会选举产生新一届理事会成员(35人)，重庆昌海龙超市有限公司董事长连任会长，原执行会长连任，聘任商会名誉会长4人。

【助推经济发展】 2021年，县工商联探索打造超市联盟，搭建数字化服务平台，构建域内外景宁人现代商业网，推动“三小经济”转型升级。完成“畲超联盟”集体商标申领，并通过设计开发的微信小程序在线收集超市信息495家，为后续超市联盟路径设计提供数据样本。该项目已经申报信息化建设立项。3月14日，在景宁举行“百名景商助力百年名茶”活动启动仪式，活动现场邀请全国18个景宁商会31位代表作为“推广大使”为家乡金奖惠明茶代言，各相关部门、乡镇(街道)、茶叶企业代表共品新茶、共商合作。县领导为在场的代表颁发惠明茶推广大使聘书。该活动带动茶叶销售1000多万元。在天津、西安、四川、重庆、杭州、宁波、温州、义乌八地设立“双招双引”联络站。招引浙江华耀生态农业发展有限公司、浙江山超软件有限责任公司、浙江省好阿嘎农旅有限公司、景宁亿森玩具有限公司等15家景商企业回景宁注册落地。助力丽景民族工业园和澄照农民创业园两个工业平台招商引资，招引16名景商回景宁投资，总投资2亿元在宇海产业园购置厂房，发展配套产业链。邀请温岭市、海盐县、上虞区等经济强县(市、区)工商联副主席企业家和29名知名浙商到景宁考察，活动现场聘请4名知名浙商担任景宁畲族自治县招商大使，会后即有2名参会浙商表达成合作意向。继续加强与温岭市等经济强县工商联对接交流，就文旅、康养及来料加工等项目合作开展交流，带队到温岭市实地走访企业4家，其中2家企业达成初步签约意向。 (兰　澜　叶丽英)

景宁畲族自治县文学艺术界联合会

【概况】 2021年，景宁畲族自治县文学艺术界联合会(以下简称县文联)内部文学刊物《畲山风》更名为《畲乡文艺》(半年刊)，更名后刊出2期，历年累计刊出23期。是年，《景宁古诗》出版，共收录隋朝至明清的景宁古诗词1099首，畲族歌言98首。

7月31日，县文联在东坑镇大张坑村报告厅举办文联系统学习会。会议邀请了县会计专家开展财务专题培训讲座，针对协会在日常财务管理方面存在的薄弱环节，从行业协会腐败的案例分析着手，分别对协会财务凭证报销、账目记录、资产管理、建立协会财务制度等方面进行深入详尽的讲解，进一步加大对协会工作的指导和管理。当天，还组织与会人员参观畲族革命历史展览馆，观看党史宣传片《此时此刻——2019大阅兵》。

【重要文艺活动】 1月22—29日，县文联组织县书法、诗词等协会的骨干成员分别在县城银行门口、法院、梅岐、大均等乡镇、街道、社区的10个点开展“写春联送福”活动，共送出对联3000多副；组织县摄影家协会成员到英川镇隆下村进行“全家福”拍摄活动。2月7日，联合鹤溪街道多个畲族村的山歌队在线上举办“清廉畲村云直播”山歌演唱活动。4月，联合县委宣传部、县档案馆开展“百年风华•畲乡印记”主题征文活动，征集作品近百篇。5月14日，王开明“牛腿”系列油画展在丽水美术馆3号展厅展出，共展出作品88幅。6月26日，联合县诗词学会举办第三届诗词培训班，邀请丽水学院副教授余厚洪授课。是年，组织作家、美术、诗词等协会开展采风创作活动5次，共120人参与。县文联组织县宏顺木偶剧团围绕“中共十九届六中全会精神”宣讲创作木偶戏剧本，先后在渤海、鸬鹚、沙湾、鹤溪等乡镇街道文化礼堂上演。“木偶戏”用方言与村民共话乡村振兴，向基层老百姓宣传中共十九届六中全会精神。是年，县文联举办畲族民间绘画等专题培训班3次，培训学员80多人次；举办二胡、葫芦丝、书法、古筝等公益培训班，共培训学员150人。6月29日，县文联在畲族博物馆举办“庆祝中国共产党成立100周年暨共建平安景宁、法治景宁”书法作品展，共展出书法作品70多幅。该书法作品展，以笔墨守卫浙西南红色根脉，用艺术展现中国共产党光辉历程以及畲乡景宁经济社会发展、清廉畲乡、法治景宁、平安景宁的建设成果。10月1日，县文联联合县委宣传部和浙江外国语学院在县城市展览馆共同举办“传承非遗文化坚守红色根脉”礼赞建党百年剪纸展。该剪纸展，共展出作品100幅，分“红色文化、民俗风情、生态文明”三大篇章。旨在传承党的光荣传统和优良作风，大力弘扬新时代爱国主义精神，凝聚砥砺奋进力量，推动新时代畲乡文化建设，文艺助力全面小康，促进共同富裕。12月13日，县文联在大漈乡如隐•小佐居民宿举办“弘扬严用光诗歌文化精神”研讨会。会上，县诗词楹联、作家、摄影等协会骨干成员就如何弘扬严用光诗歌精神，使其成为新时代景宁文化传播的重要内容与形式，纷纷提出建议和意见。（张亚华）

景宁畲族自治县残疾人联合会

【概况】 2021年，全县有持证残疾人7873人。其中，视力残疾1247人、肢体残疾3369人、智力残疾455人、听力残疾1618人、言语残疾51人、多重残疾578人、精神残疾555人。县财政投入残疾人事业(含省级转移支付资金)资金2141万元。享受困难残疾人生活补贴1827人，享受重度残疾人护理补贴3079

2021年6月15日，畲乡残疾人文艺晚会举行

（县残联 供图）

人，发放“两项补贴”1265 多万元。残联机关开展“党员在身边”志愿服务 35 人次，“我为群众办实事”实践服务活动 45 人次，文艺晚会 6 场。集体认领“微心愿”9 个。

【残疾人帮扶】 2021 年，开展残疾人茶叶种植、烘焙技能培训 2 期 84 人。联合人力资源和社会保障局等部门举办招聘会 3 场，有 60 名残疾人受聘就业。根据《残疾人农户就业创业补助办法（试行）》（在县域范围内发展“短、平、快”产业项目的全部残疾人农户，在扶持资金中按以奖代补方式由县残联予以补助 300—7000 元；低保和低边残疾人农户，在农业主管部门的补助基础上叠加补助 50%）的规定，2021 年有 838 名残疾人共享受补助 201 万余元。全年有 606 名残疾学生和残疾人家庭子女得到助学补助，共计 105 万余元。

全年办理残疾人证 1009 件。其中，跨省通办 6 件，省内通办 178 件，上门办证服务 35 件。累计支出残疾人各类保险（农医保、浙丽保、小额意外伤害保险、养老保险、重大疾病保险等“五险”）补贴 408 万余元。

【康复服务】 2021 年，为 262 名残疾人提供辅具适配。568 名精神残疾人被纳入全额保障免费服药系统。在省内外定点康复机构康复儿童 56 人，景宁残疾人康复中心在训残疾儿童 16 人。全县 0—8 周岁有康复需求符合条件的残疾儿童，给予一年最高 2.4 万元的康复补助。是年，残疾儿童康复补贴 62 人次 103 万余元。开展无障碍电影观影活动 30 场。

【服务设施建设】 2021 年，康养中心建设项目通过立项及用地审批。该项目集残疾人之家、托养中心、康复中心、培智学校和安康医院于一体。项目总投资 9950 万元，其中省财政专项激励资金 1200 万元。

2021 年，红星街道团结社区建成省级无障碍社区，九龙乡王湾村建成省级无障碍村，畲乡之窗景区建成省级无障碍景区。实施九龙、大漈两乡残疾人之家和康复中心规范化提升建设，新增入住残疾人之家 11 人。红星街道残疾人之家通过市残联四星级评定验收。全县无障碍家庭改造 17 户，投入无障碍环境建设资金 158 万元。有 10 户困难残疾人家庭实施“净居亮居”工程。（叶青青）

景宁畲族自治县红十字会

【概况】 2021 年，深化与温岭市红十字会“山海协作”关系，双方续签了第二周期（三年）的合作协议。依托“博爱助学”“送山区孩子一双爱心鞋”等项目开展日常合作，社会爱心人士与景宁 87 名困难学生建立结对关系，发放助学金和慰问款 15 万元；向 1135 名儿童发放价值 25 万元的运动鞋、雨靴等爱心物资。

1 月 12 日，县红十字会第四次会员代表大会召开，91 名会员代表参加会议。会议审议通过了县红十字会第三届理事会所作的工作报告。依法选举产生第四届理事会、监事会。

2021 年，县红十字户外应急救援队及队长分别获得“浙江省红十字救援工作成绩突出集体”和“浙江省红十字救援工作成绩突出个人”称号。县红十字户外应急救援队 2 人、县红十字蓝天救援队 5 人、县美发行业协会红十字服务队 3 人获“全省红十字系统五星级志愿者”称号。

【红十字系统助力抗疫】 2021 年，积极做好新冠肺炎疫情常态化防控工作，履行防疫指挥部成员单位职责，强化“四方责任”落实，积极开展常态化宣传、防护工作。在特殊时期，严格落实“健康码”“行程码”两码联查、排查管控等措施，带头并协助做好新冠疫苗接种工作；组织志愿者为学校正常上课、企业正常生产、群众接种疫苗等提供帮助和服务。两次到景宁高中和职业高中开展“爱心护航•助力高考”“同心防‘疫’•助力首考”和助力全县校园环境消杀等活动，深入丽景园和创业园相关企业开展宣传培训工作，向学校、企业赠送口罩、额温枪、消毒水等防疫物资。

【“三救”“三献”工作】 2021 年，县红十字会推进“三救”“三献”工作，服务民生。红十字应急救护知识普及培训 7833 人次，红十字应急救护员培训 1095 人，应急救援知识普及率和救护员取证率继续蝉联全市第一。制定出台培训师管理制度，新培养二级应急救护培训师 20 名。是年，县红十字会获丽水市红十字应急救护培训工作优秀单位称号。

2021 年，县红十字会开展“救在身边”系列行动之“校园守护”“交通救护伴行”“机关先行”等行动，创建和打造职业高中学生“毕业证+救护员证”双证毕业制、“教师全员学急救，人人成为救护员”、“开学第一课”、“带着救护技能上大学”等机制和品牌。开展全民学急救之“急救广场”活动 9 场；大型 LED 显示屏播放急救知识 10 期；组织 AED（电子除颤器）使用技术培训 9 期；组织“关爱老人，从头做起”系列服务活动 23 场，受益 2000 多人次。

2021 年，县红十字会依法动员社会力量筹集救灾救助资金物资 85.84 万元。组织“2021 年全县火灾户慰问”“康恩贝健康之旅——心脑血管疾病防治博爱行动”“博爱百村行”“支援河南抗洪救灾”“少儿白血病救助——小天使基金”“爱心护航•助力高考”等 8 个具有红十字辨识度和畲乡特色的项目以及一批人道主义零星困难救助，4100 多人获得救助和帮助。

2021 年，县红十字救援队参加各类救援 42 次，抢救人员 76 人（其中死亡者 3 人）；参加演练 4 次；参与森林扑火 1 次；参与大型活动保障 10 场次。是年，县红十字救援队获 2021 年第四届浙江省红十字救护大赛优秀团体奖。

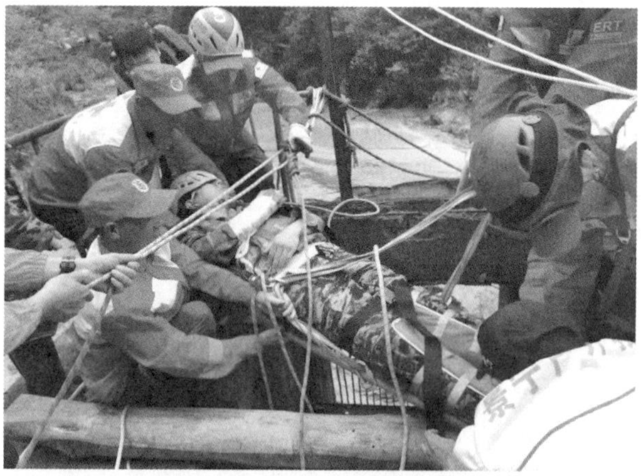

2021 年 3 月 20 日，县红十字户外救援队施救跌落金坑口电站 10 多米深井的村民

（县红十字会 供图）

2021 年，景宁体制内人员捐献造血干细胞、景宁户籍人员捐献人体器官两项实现

“零”突破。是年，全县造血干细胞入库 23 人，成功捐献 1 例；人体器官（组织、遗体）入库 85人，成功捐献 4 例。共挽救了 13 名重病患者的生命，让 2 名失明患者重见光明。12 月 10 日，景宁在全省“三献”工作会议上作典型交流发言。造血干细胞捐献入库率和人体器官组织、遗体捐献入库率首次达到全省平均水平。

【基础设施建设】 2021 年初，景宁公共场所共有 AED18 台。是年，积极参与市政府十大民生实事之“五分钟社会应急救护圈”建设。新安装 AED 机 40 台，培养应急救护培训师 20 名，培训 AED 机布点管理型救护员 217 名，实现县、市两个系统有效对接。景宁每一万人拥有 AED 机 3.4 台，位居全市第一。县红十字会自主开发了“智慧物联 AED”微信小程序和“景宁 AED 分布地图”，组织救护员、志愿者、医疗工作者等 500 多人加入该系统，并组织使用培训，在全市率先建成“AED+救护员+救护队+智能管理”四位一体的应急救护响应机制，实现“一键呼救响应”，进一步提升突发事件处置能力，助力平安建设。按“4+X”模式在梧桐乡同兴村，红星街道团结社区、仙童社区，鹤溪街道三枝树村建成首批“博爱家园”4 个。在大均中国畲乡之窗景区建立首个“景区救护站”，打通服务群众“最后一公里”，推进“群众身边的红十字会”建设，参与社会治理。

2021 年，通过建立高架绳索训练平台、拓展基地空间等措施完善大均水域救援培训基地设施。以“双招双引”形式引进浙江海洋大学教授茅勇、中国台湾籍教练吴承錩等 6 位专家入驻基地，增强教练专家团队。引进“应急救援培训系统”等新的培训体系，丰富培训科目，配合制定全国首个《急流救援培训基地建设》（DB3311/T182—2021）和《急流救援人员培训技术规范》（DB3311/T183—202127）市级地方标准，促进基地规范化建设，构建较为完整的培训体系。以现代媒体、以训代宣等方式全方位宣传推介基地等一系列“赋能措施”，开启国家级红十字水域救援培训基地建设三年行动计划。全年，举办公益培训 16 期、其他培训 16 期，参与培训 1259 人次，有效提升省内外红十字、公安、消防、海事和民间公益救援组织的救援能力。（刘俊平）

法　　治

人大立法

【概况】 2021年，出台《景宁畲族自治县人大常委会关于政府重大投资项目监督的规定》《景宁畲族自治县人大常委会领导与列席县人大常委会会议的县人大代表座谈办法》《景宁畲族自治县人大常委会专题询问办法》《景宁畲族自治县人大常委会执法检查办法》《景宁畲族自治县人民代表大会专门委员会立法工作规则》《景宁畲族自治县人大常委会立法联系点工作制度》。修改完善《景宁畲族自治县人民政府组成部门局长年度履职评议的规定》。《景宁畲族自治县自治条例(修正)》《景宁畲族自治县水资源管理条例(修正)》《景宁畲族自治县荣誉市民条例》三部条例草案(修改决定)经3月19日县第九届人民代表大会第五次会议审议通过，5月28日经省人大常委会批准，于8月1日起施行。（潘建军）

政法委与综治

【概况】 2021年，中共景宁畲族自治县委政法委(以下简称县委政法委)紧抓数字化改革机遇，围绕打造“山区和民族地区社会治理先行示范区”目标，以平安护航中国共产党成立100周年为主线，扎实推进县域社会治理现代化，不断强化更高水平的平安景宁建设。是年，景宁未发生“平安县”创建考核“一票否决”重特大事件；未发生影响社会稳定案事件、群体性事件、重大事故。景宁连续17年获浙江省“平安县”称号。

【基层治理深化】 2021年，县委政法委会同相关责任单位继续深化“县级一个中心指挥、乡镇四个平台运行、村社全科网格管理、域外综治网络延伸”的“四级融合、多元一体”县域社会治理模式。

围绕迭代升级基层治理“四平台”，聚焦景宁人口大量外出创业务工、县域人口分布变化、乡镇行政区划设置不合理以及基层治理“四平台”派驻人员下沉难且作用发挥不明显等现实问题，整合毗邻乡镇基层政法力量、“四平台”力量、矛盾纠纷化解力量等治理资源，以片区为单位，通过力量整合、机制重塑、流程再造、数字赋能，在东坑、渤海等片区打造跨乡镇、跨区域综治工作中心，推进山区县区域治理新模式，增强片区社会风险预防和处置能力，提升县域治理体系和治理能力现代化。

【平安景宁建设】 2021年，县委政法委坚持和发展新时代“枫桥经验”，持续坚持“平时平安”工作理念，持续将矛盾纠纷“清患见底”专项行动、合用场所“消防改造”专项行动、矛调中心“提质增效”专项行动、食安景宁“固本强基”专项行动、平安校园“深化提升”专项行动、工程车辆“安全整治”专项行动、社会组织“平安创投”专项行动“七大提质行动”贯穿全年的平安工作，形成齐抓治理、共建平安的良好氛围。

【数字法治系统建设】 2021年，按照全省数字化改革部署要求，将省、市“数字法治系统”总体框架与景宁实际结合，制定出台景宁“数字法治系统”建设方案。全力推进多跨场景应用建设，网格+气象、跨区域治理综治工作中心、畲彩云盾、检察网格化监督平台4个特色多跨场景入选全省数字化改革“一本账”S0版；审判辅助事务多元智能协作入选全省“数字法治”多跨场景清单1.0；域外网格2.0版、向企法律服务平台、审判辅助事务多元智能协作、检察网格化监督平台、畲彩云盾入选全市“数字法治”多跨场景重大应用“一本账”。

【政法队伍建设】 2021年，县委研究制定全县政法队伍教育整顿实施方案，成立以县委书记为组长的工作领导小组，组建“一办四组”工作机构，配套建立对口联络、工作专报等6项工作制度。县委主要领导带头为全县政法干警上党课，并与政法系统各单位主要领导开展谈心谈话，多次下沉政法一线督导调研。召开县委常委会、领导小组会等重要会议进行专题部署，确保教育整顿目标方向明确、组织动员有力、方法步骤规范。县委分管领导一线指挥、全程参与，推动重点任务高质量完成、问题难点逐个突破。全方位营造宣传氛围，有效拓宽群众参与渠道。成立线索专项工作组，畅通监督举报投诉渠道，制定线索处置流程，规范线索接受、移交、反馈、归档各环节流程，不断提高线索核查办理效率。

【惩治违法犯罪】 2021年，根据中央和省委的部署要求，全面推动扫黑除恶专项斗争常态化向纵深开展。调整领导小组，保留工作专班，紧紧抓住信息网络、自然资源、交通运输、工程建设四大行业领域整治，特别是将三年专项行动中反映出来的民间高利放贷问题列入专项整治，通过开展全面排查，及时发现预警，消除行业领域乱象，以“零容忍”的态度和“除恶务尽”的决心，依法严厉打击各类涉黑涉恶违法犯罪。全年，公安机关在扫黑除恶中打掉涉恶团伙1个，破获涉恶案件2起。抓获犯罪嫌疑人5人，监狱押回重审2人，移诉7人，发出建议书2份。（柳　美）

法治政府建设

【概况】 2021年，深入学习践行习近平法治思想，坚持将党的领导贯彻到全面依法治县的全过程和各方面。将法治政府建设纳入

“十四五”发展规划，认真履行党政主要负责人法治建设第一责任人职责，全面落实宪法宣誓、述法等制度。政府常务会议学法常态化，“关键少数”法治思维和法治意识增强。全县干部职工年度普法建档考试和县管领导干部任前法律知识考试参考率、合格率均100%。综合运用好“督察、点评、交办、通报、晾晒”等机制推动各项任务落地见效；坚持问题导向，以“实地+书面”的形式开展乡镇（街道）专项督察；针对重点执法领域开展行政执法评议。

2021年，开展习近平法治思想“进机关、进学校、进社区、进企业、进农村、进单位”活动，涵养全社会法治意识，宪法主题公园、“鹤溪亭说法”“石榴籽志愿宣讲团”“畲之韵”普法工作室等畲乡法治文化特色品牌作用凸显。强化基层法治队伍建设，组织大范围线上线下集中培训及测评，参训1000多人次。是年，创成省级民主法治村6个、市级民主法治村12个。民族区域自治法律制度的完善项目获评2020年度浙江省县乡法治政府建设最佳实践项目。2021年转化立法优势为发展优势项目被列入法治浙江实践100例。

2021年，坚持把依法决策作为依法行政的根本，规范审查流程、强化审查标准，提升依法行政水平。加大行政规范性文件合法性审查和备案审查力度，全年审查县政府行政规范性文件28份，提出合法性审核意见120多条，县政府行政规范性文件全年零差错。认真贯彻落实重大行政决策能力提升、目录化管理全覆盖、规范化提升三大专项行动，进一步提升依法决策水平。创新政府法律顾问管理办法，全年法律顾问接受政府法律事务咨询500多次，提出法律意见200多条，参与涉法信访接待30多次。推进乡镇（街道）合法性审查工作，以法治建设示范乡镇（街道）创建工作为契机，以“一图一册两清单”为抓手，推进合法性审查“六有”规范化标准化建设。完成乡镇（街道）合法性审查87件。鹤溪街道被列为省级法治化综合改革试点单位，东坑镇、英川镇获评法治丽水建设示范乡镇。

【“放管服”改革】 2021年，着力完善个人、企业、机关全生命周期“一件事”全流程“最多跑一次”，政务服务事项网上办事实现率97.51%、“跑零次”实现率100%，承诺时限压缩比98.97%。加快梳理权力清单和监管事项清单，制定属地管理主体责任和配合责任清单，明晰权责边界，优化行政权力运行配置。实施“无证明城市”创建工作，推行证明事项告知承诺制度，取消证明事项107项，告知承诺22项。开展营商环境“10+N”便利化行动，从开办注销、政策兑现、金融支持等方面为企业提供便利实惠。在全市率先出台政商交往“亲”“清”清单，健全信用联合奖惩体系。强化行政机关合同签订与履行管理，完善公平竞争审查机制，依法保护企业合法权益。打造“向企”平台3.0版，实现市场主体法律顾问网格化全覆盖，开展“法治体检”800多次，解答法律咨询3000多人次。

【综合行政执法体制改革】 2021年，进一步细化清单、明确机制，完成31个领域749项执法事项职权交接。推进“大综合一体化"行政执法改革，成立大综合一体化专班，制定专项方案，建立健全部门协作、争议协调等制度，推进"一支队伍管执法"试点工作，进一步规范执法行为，持续提升工作成效。落实行政执法公示制度，发挥全过程记录资料在解决行政争议中的重要作用，法制审核率100%。开展"净网2021"专项行动，纵深推进"网络生态瞭望哨"工程，健全线上线下舆情一体化处置机制。持续强化执法监督检查力度，通过监察建议、司法建议、执法案卷评查、行政执法评议等方式，严格规范行政执法行为，提升执法队伍能力水平。制定出台《鼓励和支持全县干部参加国家统一法律职业资格考试的意见》，进一步激励干部提升法治素养。

【矛盾纠纷化解】　2021年，深入推进行政诉讼发案量和败诉率"双下降"工作，强化诉前化解、诉中调解，严格落实化解责任，全年发生一审行政诉讼案件16件。开展行政复议"以案治本"专项行动，全年共办理行政复议案件30件，调解协调率56.52%。出台《出庭应诉评价办法》，进一步规范景宁行政机关行政应诉行为。不断完善行政调解、人民调解、司法调解衔接机制，持续开展社会矛盾纠纷"清患见底"专项行动，推进"一乡一域一法官"工作机制。宁和、陈瑞田等调解工作室获评省级金牌人民调解工作室。深化县级矛调中心建设，全年受理各类群众诉求2782件，办结率99.8%，实现矛盾纠纷调处"最多跑一巷"，全力将信访矛盾化解在基层。

5月14日，景宁、松阳、遂昌三地"政府、法院、检察"联合签订《景宁、松阳、遂昌三地实质性化解行政争议，助力法治政府建设合作框架协议》。合作框架协议确定了一体化深化府院联席会议机制、一体化推进行政争议联动化解机制、一体化营造行政争议化解会商环境、一体化建设行政审判研判制度、一体化加强行政审判信息共享、一体化建立立审调执协作制度和一体化推行行政诉讼法律援助制度七个"一体化"制度建设。三地将本着优势互补、信息互联、发展互动、创新协作，逐步形成"司法资源同享、互助平台同建、风险防患同防、突出问题同治、协调机制同立、工作举措同商"的工作格局，共同有效提升行政机关依法行政能力和水平，推进行政争议实质性化解，助力法治政府建设。（罗　婧　林海燕）

公　安

【概况】　2021年，景宁畲族自治县公安局（以下简称县公安局）总接警量2.15万起，有效接警8582起，共查处治安案件830起，行政处罚539人，同比上升52.2%；刑事案件立案423起，起诉258人，同比上升24.63%。常态化开展黑恶势力违法犯罪案件侦办和情报搜集、线索处置、预防治理黑恶势力犯罪行动，始终保持对黑恶势力违法犯罪严打高压态势。严厉打击人民群众深恶痛绝的"黄赌毒""食药环""盗抢骗"等突出违法犯罪行为。开展"云剑""净网""断卡""猎狐""枪爆"等专项行动。全年，查处涉"黄赌"案件76起，行政处罚352人，采取刑事强制措施18人；查获吸毒人员6人，移送起诉4人，铲除罂粟1720株；查获非法枪支2支，移送起诉2人；收缴非制式猎枪15支，对1家违反标准实施爆破作业从业单位罚款10万元。查处一批涉众型经济犯罪案件，挽回经济损失1200万元。

【公安荣誉】 2021年，获国家、省、市级表彰的先进集体11个次、个人46人次。县公安局被省委、省政府评为“全省扫黑除恶专项斗争先进集体”；被市公安局评为2020年度全市公安机关户籍管理工作成绩突出单位和2020年度全市公安机关流动人口管理工作成绩突出单位；被县委、县政府评为2020年度平安建设和社会治安综合治理先进集体；被县信访工作领导小组评为2020年度全县信访工作先进单位。县公安局行政审批科被市公安局授予2020年度全市公安机关户籍管理工作成绩突出单位称号和2020年度青年文明号称号；县看守所被评为2020年度全市公安监管场所执法执勤先进单位。年内，有3人被省公安厅通报表扬；1人被市政府记个人二等功；3人被市公安局记个人三等功；1人获市政府个人嘉奖；1人被市政府通报表扬；3人被市公安局通报表扬；8人被评为2020年度全市公安驻电力联络室工作突出个人；2人荣获市公安局二等治安荣誉奖章；1人在市公安局“寻找丽水美警”活动中被评为“最美辅警”。

【涉疫违法犯罪案件查处】 2021年，县公安局严格落实（疫情防控）流调“快响激活”机制，高效回溯活动轨迹，为党委政府科学划分“三区”范围提供数据支撑。查办违反疫情防控规定案件18起，查处“三非”案件2起，办理3起偷越国（边）境案件，抓获偷越国（边）境犯罪嫌疑人8人。全年投入执勤警力960余人次对集中隔离点进行24小时轮岗执勤。加强监管场所、执法办案场所等内部疫情管控，巩固疫情“零传播”良好态势。

【基层社会治理】 2021年，县公安局坚持和发展新时代“枫桥经验”，深化公安“最多跑一次”改革，运用“70免跑”“跑进畲寨”“警务集市”等一批具有景宁公安辨识度的民生警务。公安初信初访化解、信访件办结、信访积案化解等工作达到规定的指标要求，助力景宁“无信访积案县”“平安金鼎”创建工作。

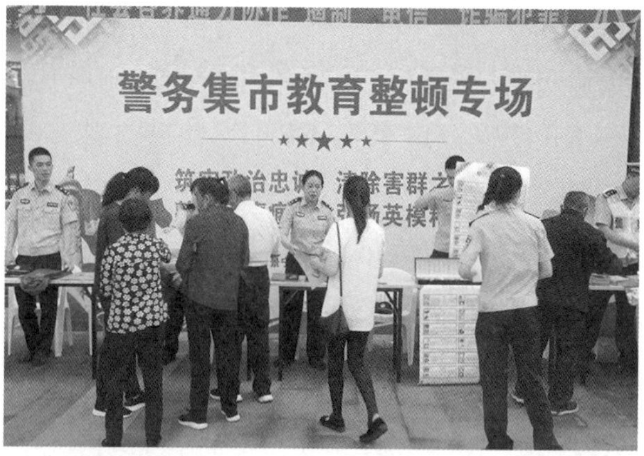

2021年5月14日，县公安局开展警务集市教育整顿专场活动 （县公安局 供图）

2021年，县公安局成立合成作战中心和推进执法办案中心、警体训练中心、涉案财物管理中心建设。超额完成“智安小区”“智安单位”新建任务；全面启动公安智能化综合提升项目和动态人像卡口项目建设；推进“两所一队”(鹤溪派出所、红星派出所、交警大队)技术业务用房建设;建成“侦查中心”,并将“反诈中心”“三级视频侦查室”常态入驻“侦查中心”,开启情报导侦(以刑事情报引导刑事侦查工作)新领域,推进刑事侦查研判打击专业化工作。

9月9日,县公安局成立“雷鹰突击队”。“雷鹰突击队”作为突发事件处置与应急救援、打击违法犯罪的攻坚力量,按照“快速反应、动中备勤、高效处置”的原则,常态化开展“高空索降”“水上救援”“防盗门破拆”“长短枪组合射击”等项目训练。是年,“雷鹰突击队”处置“5·10”袭警案等70多起案件,应急支援派出所处警(指令或报警之后,前去现场处置紧急或危险情况,以及对报警人或当事人了解情况)800多次。

【维护国家政治安全】 2021年,县公安局围绕中国共产党成立100周年安保维稳工作主线,开展“利剑护航建党百年”专项行动,全面深化反颠覆、反渗透、反分裂、反邪教斗争,高效处置3起事件,排查各类不稳定因素、线索13条。全力护航中心工作,完成各类警卫、安保任务170场次。

【惩治违法犯罪】 2021年,传统侵财案件立案122起,破获31起,抓获犯罪嫌疑人48人。其中,刑拘16人,取保候审3人,逮捕13人,移送起诉13人。破获电信诈骗案件64起,打掉涉诈窝点5个,抓获犯罪嫌疑人77人,其中移送起诉11人;推送反诈骗宣传信息20多万条,成功预警劝阻49人次,直接挽回损失58.23万元;完成公安部、省公安厅下发“断卡”“断流”线索52条,线索打处(核查)率89.47%。破获“1·13”电信诈骗案件,入选省公安厅“钱潮十四号”十佳典型案例。

2021年,县公安局在扫黑除恶专项斗争中,全力开展线索核查、破案攻坚、打伞破网、打财断血各项工作,先后破获九类涉恶案件128起,核查线索199条,抓获犯罪嫌疑人332人,打掉黑恶势力团伙14个,查扣冻结资金1.09亿元。是2021年全市唯一完成打击恶势力团伙目标的县局。

【强化交通管理】 2021年,推进农村道路交通安全综合治理,开展“六大行动”,严查突出交通违法行为。全年,处罚各类交通违法行为4.53万起。其中:查处货车超载270起,货车非法改装248起;电动车不按规定佩戴安全头盔1.03万起,电动车违法载人688起;未按规定使用安全带4403起,违法停车1.05万起;酒后驾驶机动车297起。道路交通亡人事故、财产损失分别下降63%、87%,实现“双下降”。

【公安队伍建设】 2021年,县公安局严格落实中央和省委、市委、县委有关政法队伍教育整顿的安排部署,围绕“六个新”目标,聚焦“四项任务”“三个环节”,强化理论学习、深入查纠问题、及时总结整改、全面建章立制,持续推进各项规定工作,实现政治生态进一步优化,纪律作风进一步好转,能力素质进一步增强,执法公信力进一步提升的目标。

其间，先后召开警示教育会8次；上廉政党课2次；组织旁听案件审理2次；受教育民警1636人次。核查2020年以来涉案警情1762起；核查2018年以来的经济纠纷警情200起、信访件707起；核查2017年以来的刑事案件、行政案件984起，外单位移送案件线索168条，取保候审保证金案件23起39人和行政拘留未执行案件21起；核查监管系统1990年以来“减假暂”案件68个。开展岗位风险隐患排查，全局民警、职工、辅警根据部门和岗位实际，对执法风险、廉政风险、保密风险等进行全面排查。积极创新学习载体，通过“三学、六书、九会”学习法营造学习氛围。深入开展公安队伍教育整顿、党史学习教育、“三能”主题教育实践活动，创新开展“四创三比两争当”创红夺标活动，高标准落实县委巡察整改工作，“大练兵”四项抽测成绩全市第一。通过法律职业资格考试5人。“巡回检查”“创红夺标工程”等经验做法被市委政法委《简报》刊发，“三六九”学习法被省公安厅《简报》专刊发表。

【电信网络新型违法犯罪宣防行动】 2021年12月，启动“警网融合，脚印万家”电信网络新型违法犯罪宣防专项行动，构建“全民反诈”的新格局。该专项行动，严格按照宣传区块划分，实行领导挂区，中层挂片，民警（职工）辅警、网格员挂点包干实施的反诈宣传管理模式。通过逐门逐户发放防诈骗宣传单、讲解身边案例、推广国家反诈中心App应用等方式开展入户宣传。同时，依托县融媒体中心、通信运营商、“景宁公安”公众号等平台，推送诈骗犯罪热点、警示防范等措施，增强群众识骗防骗免疫能力，实现全县电信网络诈骗犯罪发案、案损同比“双下降”。

【“1·20”重特大传销案获破】 2021年1月，县公安局在工作中发现“景宁上山岭网上商城”涉嫌组织领导传销活动，该平台存在重大风险隐患。案件受理后，迅速成立专案组对“景宁上山岭网上商城涉嫌组织领导传销活动”立案侦查。经过缜密侦查，于4月对涉案人员进行统一收网，抓获犯罪嫌疑人18人。案件办理期间，累计开具法律文书700多份，梳理资金流水6万多条，制作层级图谱1000多人，外出取证制作各类笔录200多份，制作案件卷宗50多卷。该案件的成功办结，对非法集资、传销等违法犯罪行为起到了有力的震慑作用。

（毛华斌）

检　察

【概况】 2021年，景宁畲族自治县人民检察院（以下简称县检察院）受理审查逮捕案件78件104人，审结79件105人。其中，批准逮捕41件50人。受理审查起诉案件162件234人，审结150件188人，向法院提起公诉116件147人。其中，受理移送审查起诉涉黑恶犯罪案件1件4人，提起公诉1件4人。扫黑除恶专项工作受到市政府集体嘉奖。

2021年，县检察院开展政法队伍教育整顿和中国共产党历史学习教育，加强队伍“革命化、正规化、专业化、职业化”建设，锻造新时代畲乡检察干警队伍。先后与杭州市西湖区，丽水市莲都区、青田县等基层检察院签订结对共建协议，建立互联互动、互帮互助机制，促进队伍建设。

2021 年，县检察院受到县级以上集体表彰 3 个、个人表彰 11 人次；1 名干警被评为全省检察机关自侦办案业务骨干；3 个案例被评为省、市精品（典型）案例；县检察院编排的案件情景剧《一场特殊的婚礼》（该情景剧是根据现实案件综合提炼编排而成。主要是讲述畲乡检察官因办理扫黑除恶案件延误婚期，却收到一份意外惊喜——老百姓自发为他们准备了一场畲族婚礼）。在全省检察机关主题文化成果展示系列活动中获金奖。

2021 年 6 月 28 日，案件情景剧《一场特殊的婚礼》剧照　　（县检察院　供图）

【法治服务】 2021 年，县检察院通过打击侵犯企业财产权益犯罪、参与矛盾纠纷化解、接受法律咨询等方式，激发企业创新活力，服务民营经济健康发展。赴乡镇（街道）开展法治专题宣传活动 15 次，护航县、乡两级换届选举。开展“古树名木”“红色历史文化遗产保护”等公益诉讼专项监督行动，探索建立的“树长+检察长”监督管理机制、办理的英川茶园村革命标语保护案件相关做法被《检察日报》刊发。

【法律监督】 2021 年，县检察院依法向县公安机关发出书面纠违通知 2 份，侦查监督通知书 4 份，口头纠违 45 次。向县人民法院提出再审检察建议案件 1 件并获改判，监督法院立（撤）案件 24 件，开展民事审判监督 9 件、执行监督 16 件。办理行政非诉执行监督案件 9 件，其中涉及征收社会抚养费类案件 8 件。办理涉环境资源、国有资产保护等领域行政公益诉讼诉前检察建议 33 件，其中重、特大案件 8 件。办理公益诉讼诉前赔偿 1 件。

【社会综合治理】 2021 年，县检察院坚持倡导人文司法，秉持“谦抑、审慎、善意”的现代刑事司法理念。依法对轻微刑事犯罪不批捕 55 人，不批捕率 52.38%，同比上升43.81%。不起诉 39 人，不起诉率 20.97%，同比上升 6.63%。加强案件质效内部监督，“案—件比”科学管控降至 1:1.1 的合理区间。是年，办理回复群众信访 68 件；化解涉法涉诉类重复信访积案 2 件；办理司法救助案件 9 件；发放国家司法救助金 6.2 万元。加强未成年人合法权益保护，全年受理审查逮捕、审查起诉未成年人案件 14 件 18 人。其中，批准逮捕 7 件 7 人，提起公诉 7 件 8 人，不起诉 1 件 5 人。在全市社会大普法“六选”培育行动计划评比中，未检品牌“畲之韵”普法工作室被评为优秀普法工作室。

【信息化建设】 2021年，县人民检察院检察网格化平台完成迭代升级，进一步打通综合治理四大平台、民间媒体及“12345”“12309”等相关部门8个数据系统，共享困境儿童、古树名木等基础数据，归集线索信息、对象信息、处理状况反馈等17个数据项，提高了线索的精准性。自检察网格化平台应用升级以来，接入原始线索22万多条，筛选有效监督线索700多条。并实现与“公益云”智慧公益诉讼办案辅助平台系统的同步运行。是年，筛选有效监督线索57条，促成案件办理36件，其中重大案件6件。（夏培莲）

法　院

【概况】 2021年，景宁畲族自治县人民法院（以下简称景宁法院）受理各类案件4433件，办结4141件，质效指标优于浙江省基层均值。其中，庭审直播率、有财产可供执行案件法定期限内实际执结率、结案均衡度位列浙江省第一，审判执行工作运行态势良好。

2021年，景宁法院个人和集体获得各类先进及荣誉37项。被评为2021年度《法治日报》新闻宣传工作先进集体和丽水市“美丽丽水”模范集体；被丽水市中级人民法院记（2020年）集体三等功；获得丽水市扫黑除恶专项斗争先进集体行政嘉奖。民事审判庭被浙江省高级人民法院记集体二等功；刑事审判庭被评为浙江省执法办案成绩突出集体。“景法石榴籽普法讲师团”获浙江省第三批社会大普法“六优”培育行动计划优秀普法讲师团称号。

【疫情防控与执法办案统筹推进】 2021年，景宁法院统筹推进疫情防控和执法办案，推广应用移动微法院、浙江解纷码等在线平台，改造网络法庭，提升在线审判能力，做到疫情防控与审执工作两不误。聚焦“六稳”“六保”和企业复工复产。深化拓展“三服务”，开展“我为企业解难题”活动，印发《关于设立丽景民族工业园、浙江省景宁经济开发区畲乡法律服务小组，进一步加强服务园区、服务企业活动的通知》。深入澄照农民创业园、丽景园等工业区开展多形式法治宣传，摸排企业风险，帮助企业解决实际困难，为民营企业良性发展和民营企业家健康成长营造良好法治环境。

【审判与执行】 2021年，审结刑事案件107件，判处罪犯140人。其中，故意伤害、抢劫、强奸等暴力犯罪案件8件，电信网络诈骗、妨碍信用卡管理等犯罪案件9件。审结民商事案件1787件，涉案标的2.3亿元。其中，买卖、租赁、借贷等合同纠纷991件；调解继承、赡养等民事纠纷251件；调解金融借款合同、信用卡纠纷等金融纠纷71件；追索劳动报酬、劳务合同等劳动争议案件8件。审结行政诉讼案件11件、行政非诉1件，行政机关负责人实际出庭应诉率100%。推进行政争议调解中心实体化、标准化、智能化运作，协调化解行政案件13件。牵头召开景松遂（景宁、松阳、遂昌）三地“府、院、检”联席会议，形成7个协作机制，推进行政争议实质性化解。联合云和县人民法院成立“少年法庭”，打造“一带三区”云（和）景（宁）聚落发展区块未成年人司法协作保护模式。发出司法建议

2 件，助推依法行政和法治政府建设。协同破解执行难题，巩固深化“基本解决执行难”成果，全年办结执行案件 1836 件，执行到位金额 4158.46 万元。以拒不执行判决、裁定罪判处 5 件 7 人。联合多部门开展执行“一件事”改革，相关经验做法获省高院总结推广。坚持贯彻落实市中院“减存量、控增量、防变量”信访长效机制，建立院领导下基层大接访、大走访活动机制。建立健全劳动争议裁审衔接工作机制，有效化解劳动纠纷，维护劳动者合法权益。

【生态司法保护】　2021 年，景宁法院审结环境资源案件 29 件。参与建立浙闽廊桥文化遗产司法保护协同机制，在丽水市首推国家保护级廊桥“桥长制”，国家文物局在《精细化文物保护管理，让文物更安全》一文对该做法予以高度肯定。建立百山祖国家公园（英川）巡回审判点，联合县检察院、丽水生态环境局景宁分局签订“百山祖国家公园生态资源合作框架协议”，推动多元共治环保体系建设。发布新一期生态失信行为人名录，进一步完善生态环境损害联合惩戒制度，发出首份“生态服务令”。在景宁“智慧文旅”平台设立“生态司法保护云展馆”，在畲寨东弄建立生态司法保护教育基地，建设生态保护文化长廊、设立生态环保旅游共享法庭等，积极营造良好的生态司法保护氛围。4 月 1 日，景宁法院发出景宁首份“生态服务令”。1 月，被告人林某某因违反《中华人民共和国森林法》，擅自野外用火，造成森林火灾。景宁法院秉持严惩环境资源犯罪、注重惩罚与教育相结合的理念，依法判处林某某有期徒刑二年缓刑三年，并发出“生态服务令”，责成林某某履行承诺，在缓刑考验期内定期对其所在村进行森林防火巡查。

【司法改革深化】　2021 年，景宁法院深度推进智慧法院建设，持续推进审判辅助事务“社会化、集约化、智能化”改革试点工作，以制度重塑和流程再造构建司法审判新模式。审判辅助事务“三化”改革试点成果在浙江省数字法院改革推进会上作书面交流，被丽水市委《改革先锋》刊发，并亮相 2021 全国政法智能化建设技术装备及成果展。景宁法院推进全域“共享法庭”建设。历年累计建成“共享法庭”乡镇（街道）点位 21 个，村（社区）点位 102 个，实现全县 21 个乡镇（街道）“共享法庭”全覆盖。“共享法庭”依托站点硬件设施，配置“一屏、一线、一终端”，集成浙江解纷码、移动微法院、庭审直播系统等软件模块，通过“共享法官”“共享案例”“共享宣传”等方式，在线指导调解案件、分享典型案例和开展普法教育，打通基层司法服务的“最后一公里”。是年，“共享法庭”庭审直播 12 次，组织开展普法宣传 17 次，指导调解 132 次，总计

2021 年 4 月 29 日，景宁法院石榴籽普法宣讲团到启文中学附属小学上普法课（景宁法院　供图）

化解矛盾纠纷142件。以系统思维强化空间区域和司法资源统筹，与云和法院共建“云景风情集聚区”司法协作新模式，在执行、未成年保护、司法警察工作等领域展开深度合作，形成跨区域协作执行机制，共建“少年法庭”“共享法庭”。继续打造“畲法大学堂”民族司法教育培训品牌、“畲乡·雷法官工作室”民族司法调解品牌、“畲乡巡回审判”、“石榴籽青年普法团队”民族普法品牌、“一乡一域一法官”畲乡法律服务小组点对点服务品牌。是年，景法石榴籽普法宣讲团精选典型案例，进校园、进社区、进企业、进畲寨开展各类主题法治讲座50多场，发放普法读物2万多册。

2021年12月28日，法官运用“共享法庭”进行案件远程调解 （景宁法院 供图）

【自觉接受监督】 2021年，景宁法院自觉接受县人大及其常委会的监督，主动接受政协民主监督，邀请23名人大代表、政协委员参与法院公众开放日和旁听庭审、参与执行、信访接待等活动。依法接受检察机关法律监督，支持、配合检察机关履行法律监督职责，邀请检察长列席审判委员会会议4次。是年，更新选任人民陪审员27人，与县融媒体中心合作举办两场巡回审判庭审直播，扩大司法公开和普法面，让人民参与司法、监督司法。 （林海龙）

司法行政

【概况】 2021年，全县办理行政复议案件30件，调解协调率56.52%；发生一审行政诉讼案件16件，败诉率6.67%，行政机关负责人出庭应诉率100%。对23家单位开展行政执法案卷专项评查，评查案件267件，案卷合格率98.9%；发现问题947处，发放《行政执法监督通知书》6份。制定完善重大行政决策制度7项，开展重大行政决策后评估决策4件；审核行政合同10件，审查行政规范性文件22件，报备规范性文件19件；提供合法性审核意见、法律意见120多条；开展行政规范性文件清理工作4次，清理行政规范性文件320件。

2021年，通过远程视频会见系统加强监地衔接，有效解决疫情、家庭困难、年老体弱等“会见难”问题。县司法局共设远程视频会见点3个，全年开展远程视频会见250多人次，公检法纪委监委等部门开展视频庭审提审30多次，涉及20间监所单位、家属750多名，会见成功率100%。

2021年，制定、修订《景宁畲族自治县社区矫正矫务公开办法》《景宁畲族自治县社会矛盾纠纷分级化解机制》《景宁畲族自治县社区矫正走访排查工作制度》等司法行政队伍监督管理机制7项。县依法治县办公室出台2021年法治景宁重点工作清单，分解任务指标713项，交办任务3323次，亮晒、通报19次。县司法局获评全省‘法雨春风进万家’爱民实践活动表现突出集体，鹤溪街道被列入全省法治化综合改革试点，《促进惠明茶产业发展条例》获评丽水市首届“十大法治事件”。在全省法治浙江建设社会满意度调查中，景宁以法治建设社会综合满意度95.18分位列全省第一，是全省首个突破95分的县(市、区)。

【社会维稳】 2021年，全县在册社区矫正对象117人，无脱管漏管，无再犯罪。在册刑释解教人员391人，安置率100%，帮教率100%。开展集中学习和修心教育5次，社会公益服务7次，参与1000多人次。贯彻落实司法部“智慧矫正中心”示范单位创建相关部署，加强智慧矫正中心硬件建设，完善三区十八室，升级办公电脑，采购VR设备、移动执法车、语音转录系统等智能设备，通过数字赋能构建智慧矫正中心“1+2+3+4”AI智慧模式，实现指挥可视化、管理智能化、管控精准化，全面提升社区矫正监管质效。

2021年，全县有人民调解委员会173个。其中，乡镇(街道)调委会21个，村(社区)调委会145个，专业性、行业性调解委员会7个。有人民调解员857名；调解信息员队伍145支。开展矛盾纠纷排查1.3万多次，预防纠纷578件。联合县公安局建立由15位退休民警、法官、老干部、人大代表等组成“畲乡银龄义警调解团”，化解疑难复杂案件30多起，涉及金额600多万元。人民调解队伍探索“人民调解+律师调解”组队，创新推出“一区一律”调解新模式。全县有5家律师事务所的8名专业律师分别结对县矛调中心和21个乡镇(街道)，7个行业、专业调委会，解答专业法律问题，主动介入疑难纠纷化解。开展结对指导150多人次，提出调解建议80多个，参与调解50多人次，进企入户排查纠纷2970多人次，有效预防纠纷170多件。全县各级调解组织共受理调解案件1188件，成功调解1180件，调解率100%，成功率99.3%。

【普法治理】 2021年，县司法局印发《2021年景宁县普法依法治理工作要点》《2021年度县直单位法治宣传教育责任清单和主题活动计划》，实施《景宁畲族自治县拟提任干部任前法律知识考试办法》。完成3批次40位拟提任县管领导干部任前法律知识考试。组织浙江省社会化大普法六优项目申报(共推选优秀普法工作室2家、优秀普法公益性组织2家、优秀普法讲师团2个、优秀普法文创作品6个、优秀普法项目4个和优秀普法志愿者2人)。完成12家市级民主法治村(社区)创建工作。全县有植入“民法典”宣传广告的“法治公交站”93个，不断拓展“法治小区”“法治长廊”等新的宣传教育阵地，实现法治宣传长效化。成立畲歌普法宣传队，开展各类普法、坐诊活动280多次，拍摄普法微视频10期，发放宣传资料10多万份。开展“法治村联送祝福”“疫情防控、法治同行”“崇尚法典精神、共筑美好生活”等系列主题活动180多次，发放普法宣传资料5万多份，累计开展“坐诊”活动100多次，为群众答疑解惑2000多人次。同时，结合“鹤溪亭说法”拍摄普法短剧《普法畲歌绕山城》《“熊孩子”打赏网络主播》《快速get民法典的养宠新规定》等8期微视频。

2021 年 11 月 12 日,县司法局联合公检法开展"鹤溪亭说法"普法活动 （县司法局 供图）

【公共法律服务】 2021 年,推进公共法律服务体系数字化建设,加强县、乡、村实体法律服务平台建设,提升智慧服务能力,优化法治营商环境,改进升级"向企"3.0 版本。14 名县内外律师为 100 多家民营企业开出"体检报告"290 多份,提供法律帮助 152 次。深入推进法律援助参与刑事案件律师辩护全覆盖、值班律师法律帮助、认罪认罚从宽工作,做到"应援尽援、应援优援"。景宁法律援助中心受理法律援助案件 221 件（其中民事128 件,刑事 92 件,行政 1 件),接待群众法律咨询 835 人次;值班律师为犯罪嫌疑人提供法律帮助 138 件次。开展全县律师行业突出问题专项治理活动,严格落实律师行业"四必谈"制度,严格查处律师违法违纪行为。景宁公证处共办理各类公证 343 件。其中:国内民事 261 件,国内经济 28 件,涉外 54 件,办证量同比增长 17%。

2021 年,景宁成立全国首个少数民族自治县（旗）公益法律服务中心——景宁杭天信公益法律服务中心,兜底政府法律援助范围之外的困难群体法律援助需求。该中心累计解答群众法律咨询 270 多人次,为全县领导干部上法治课 1 次,为县委、县政府重大决策提供法律意见 10 多条,参与涉法信访案件处置 3 起。 （毛素婕）

军　　事

人民武装

【概况】 2021年，景宁县及时调整征兵工作领导小组和征兵办成员，严密组织体格检查、政考走访、役前训练、审批定兵、廉洁征兵等工作环节。深入校园开展宣讲活动，拍摄制作征兵宣传微电影《圆梦》。

【军事训练】 2021年，县人武部严格按纲施训、规范组训。按训练大纲要求组织首长机关训练，坚持跟学跟训、集中组训与自学自训相结合，运用军事职业教育等平台，抓实基本理论、基本技能、基础体能学习训练，突出动员案例分析、动员要图标绘、动员计算等主干专业精练，每周登记训练成绩、每月统计训练情况、每季度分析训练形势。按照年度训练计划，组织两期专武干部集训，完成基本军事技能和防汛抗台、森林灭火、山地救援、战场救护等课目。5名专武干部参加全市专武干部集训考核，分别获个人综合第一、第五、第六、第七、第十名，单位获得总评第二名。

【基层武装部建设】 2021年，以县人武部“评星挂牌”为重要抓手，通过台账资料交叉互评、规范化建设现场观摩会等形式，推进基层武装部规范化建设。指导推进大均、九龙、鹤溪和英川等单位争创五星基层武装部。县、乡两级坚持落实民兵和退役军人党员发展专项指标，发展符合条件的优秀民兵骨干和退役军人入党。高度重视专武干部的培养使用，每季度召开武装工作例会和总结部署工作会，对专武干部进行考核、讲评，着力提升军政素质和业务能力。

【双拥工作】 2021年，景宁县深化“省级双拥模范县”创建成果，通过届中考评。县人武部充分发挥后备力量突击队作用，组织民兵积极完成山林灭火、防汛抗台、应急处突、搜救失联群众和“驴友”等急难险重任务。不断完善军人军属优抚优待措施，医院、车站、银行等公共场所落实军人依法优先，义务兵优抚金、大学生入伍奖励金自然增长机制落实到位。协助举办“八一”军民联欢会、“迎老兵送新兵”文艺晚会、退伍老兵专场招聘会。携手县双拥办开展“最美退役军人”“最美民兵”评选表彰活动，增强退役军人和民兵的荣誉感自豪感。在全县推开“拥军贷”，共计授信额度超10亿元，是年，给退役军人军属发放贷款2000多万元。组织景宁中学学子为景宁籍现役军人书写“八一”慰问信。开展精准扶贫帮教活动，与两个经济薄弱村建立联系点，落实帮扶经费，帮助巩固脱贫致富成果，跟踪推动军分区精准扶贫联系点——“红色畲寨”东坑镇大张坑村建设。（县人武部）

国防动员

【国防教育】 2021年，县人武部紧扣“迈向强国新征程、军民共筑强军梦”主题，紧抓专武干部、青年学生、民兵三类重点对象的国防教育。各级党政机关、企事业单位和民兵广泛开展“重走红军古道、寻访战斗遗址、重温入党誓词”“向烈士敬献花篮”等教育活动，不断增强全民国防观念。组建学生军训教官队伍，完成2所高中1500多人的学生军训，向初中、小学、幼儿园延伸开办“少年军校”“小兵训练营”等形式多样的国防教育活动，给青少年的心灵播撒爱国爱军种子。结合集训、会议等时机组织部机关、专武干部、民兵政治教育，利用浙政钉、微信经常推送最新理论、形势政策等内容，引导大家及时廓清政治迷雾、始终站稳政治立场。

【民兵工作】 2021年，根据年度任务，景宁县及时调整民兵调整改革工作领导小组，紧跟上级精神、紧贴任务实际、紧扣标准细则，采取集中点验和分点划片相结合方式，组织点验训练等。修订完善应急、战备行动方案预案，认真落实应急、战备值班规定，确保重要信息及时传递。加强要讯和情报信息建设，着力提高民兵信息队伍能力，抓好信息情报搜集上报工作。参加丽水市第四届民兵岗位练兵比武暨军事体育竞赛，在指挥作业、情报侦察、战斗运动、应用射击、通信保障、伪装防护、医疗救护等7个分队课目以及5个军事体育竞赛项目比拼中，获得总评第一名，其中任务分队对抗获第二名。（县人武部）

【安全工作】 2021年，县人武部把安全稳定工作放在首位。定期传达学习上级有关文件精神，分析安全形势，研究风险评估，部署安全工作。始终扭住人、车、枪、弹、密为重点的17个安全管控要素，确保安全工作一点小事都不出。落实安全管理“六个规范”，常态开展安全教育、安全训练和“百日安全”等活动，确保各项规章制度有效落实。完善营区、保密室、兵器室安防设施设备，加强武器装备正规化管理。按照各级保密要求，对各类办公场所进行安全保密巡查，对相关办公电脑、文件资料、办公场所进行清查清理，全年无安全事故发生。

人民防空

【概况】 2021年，人民防空根据“军事化斗争长期准备”的要求，加强人防工程建设。加强指挥通信工作，组织人民防空检验性演习；加强宣传教育，巩固人防教育阵地。

【指挥通信】 根据市人防指挥部设定的“一中心、三分中心、三保障部门”的要求，对县人民防空指挥部人员进行调整，并组建人防指挥工程维护管理保障专业队和人防指挥信息保障专业队等10支人防专业队伍。组织开展“4•4”哀悼日、“5•12”全国防灾减灾日、“九一八”纪念日的防空防灾警报试鸣，防空警报鸣响率100%。

【宣传教育】 持续推进人防宣传教育“五进”工作。加强与教体部门的工作联系，做好人防进校园，为全县各学校征订中小学人防知识教材共3000册，受教育学生7400人次。充分运用网络开展人防宣传，在省、市人防网站、本地主流媒体网站等推出人防宣传报道8次。开展”关爱民生、关注民防”的国际民防日宣传活动，发放宣传折页1000多份，现场群众咨询百余次。（朱依婧）

退役军人事务

【概况】 2020年，景宁围绕符合政府安排工作退役士兵和军队转业干部的移交安置、自主就业退役士兵的接收，优抚对象的服务管理、烈士褒扬等做好退役军人事务工作。坚持以退役军人为中心，全面尊重、优待退役军人，保护退役军人合法权益。

2021年，完成转业士官“阳光安置”工作；为现役义务兵父母免费体检；整修全县烈士纪念设施35处；完成新版残疾军人证件印制换发。评选出第二届“最美退役军人”10名。

【服务体系建设】 2021年，完成99个村（社）退役军人服务站的创建。其中，县退役军人服务中心等14个服务中心（站）获评浙江省新时代枫桥式退役军人服务站。建成九龙乡、毛垟乡、东坑镇、梅岐乡、家地乡和郑坑乡6个“红色精品退役军人服务站”。其中，九龙乡退役军人服务站入选“浙江省百家红色精品退役军人服务站”。

【退役士兵、军转干部安置任务完成】 2021年，接收并安置符合政府安排工作的退役士兵，有的安置到事业单位，安置到国有企业。接收并安置营以下军队转业干部，均为计划安置，安置到行政机关或参照公务员法管理事业单位，完成随调家属对口安置。安置率、选岗率、满意率均为100%。

【退役军人就业创业】 2021年，县退役军人事务局通过“浙里办”App的“老兵之家”，向退役士兵推送招聘信息。积极开展技能培训、对接相关企业、帮助退役军人就业。4月27日，县退役军人事务局与县农商银行签署“拥军优抚协议”，为退役军人及现役军人家属提供就业创业金融服务。（张国东）

2021年4月27日，县退役军人事务局和县农商银行签订“拥军优抚”战略合作协议

（县退役军人事务局　供图）

经济管理

计划管理

【概况】 2021年，全县地区生产总值80.67亿元，同比增长5.5%，全市排名第七。其中，第一产业增加值6.94亿元，同比增长1.9%；第二产业增加值18.25亿元，同比增长4.1%；第三产业增加值55.48亿元，同比增长6.5%。三次产业结构比重为8.6:22.6:68.8。

【规划编制与管理】 2021年，印发《景宁畲族自治县2021年度规划编制计划》《景宁畲族自治县国民经济和社会发展第十四个五年规划和二〇三五年远景目标纲要》，完成《景宁畲族自治县城镇住房保障"十四五"规划》《景宁畲族自治县生态工业发展"十四五"规划》《景宁畲族自治县卫生健康事业发展"十四五"规划(2021—2025年)》《景宁畲族自治县现代服务业发展"十四五"规划》等规划编制工作。推进《景宁畲族自治县副城空间发展总体规划》《景宁畲族自治县全域森林康养总体规划》等规划编制工作。

【计划编制与检测分析】 2021年，科学编制《景宁畲族自治县2021年国民经济和社会发展计划执行情况与2022年国民经济和社会发展计划草案的报告》，该报告于景宁畲族自治县第十届人民代表大会第一次会议通过审议。定期开展全县经济运行分析工作，根据掌握的情况撰写每季度的经济运行分析报告，并印发经济运行汇编本，为县领导和各单位决策提供参考依据。

【社会发展】 2021年，自全国民族地区城乡融合发展试点工作开展以来(该工作于2019年8月26日启动)，通过人口集中、产业集聚、公共服务集成的城乡融合模式，成功打造澄照副城城乡融合示范点。实施"大搬快聚"富民安居工程，澄照副城集聚群众3765人。建成宇海幼教木玩产业园，引进实体企业43家，全部投产能提供就业岗位3000多个，2021年一期投产，近千人实现在家门口就业。景宁启文澄照学校成为全市首个民办托管公办的全寄宿九年一贯制学校。此外，加油站、菜市场、卫生院等配套设施正在规划建设中。建成"景宁600"生态基地4667公顷。金奖惠明茶、高山冷水茭白、食用菌等农产品畅销杭州、上海等长江三角洲市场，实现销售额25.74亿元，产品溢价率普遍在30%以上。城乡教育医疗实现优质均衡发展，创成全国义务教育基本均衡县和省教育基本现代化县；建成浙江建设技师学院景宁民族分院和浙大医院民族分院。县域内就诊率上升至91.26%。景宁获评国家卫生县城，实现省级卫生乡镇全覆盖。建立低收入农户与“景宁600”加盟主体之间的利益联结纽带，实现1528户低收入农户户均增收3000元，“景宁600”平台促农增收入选浙江省精准扶贫十大案例。打造农村金融扶贫改革“政银保”项目升级版，累计发放贴息贷款8.56亿元。

【营商环境优化】 2021年，出台新版工业政策，新政策围绕“打造先进制造业集群、企业培育、产业平台建设、数字赋能”等方面补齐政策措施34项。景宁有规模以上企业30家，根据《丽水市企业智能化改造和数字化转型三年行动计划(2021—2023年)》(丽经信技术〔2021〕19号)文件要求，完成宏强、华寅、鼎大、宇海、大自然、青风、福莱克、兆福、富利达9家企业的自动化、数字化、智能化改造。起草《景宁县开展新一轮制造业“腾笼换鸟、凤凰涅槃”攻坚行动实施方案》。对11家高耗低效企业制定一企一整治方案，其中改造提升4家、入园提升6家、整治淘汰1家。通过整治高耗低效企业，为高效企业和优质项目腾出更多发展空间，优化景宁企业发展的基础条件。畲乡景宁数字文创电商产业园引入各类电商企业572家，同时引入邮政和五联快递，完善物流配套设施，形成综合性电商产业园。开展乡村振兴合作创业带头人系列——电商创业技能提升培训3期，参加培训136人。通过公开磋商方式引入国贸数字跨境电商综合服务平台，通过麒麟云跨境电商生态平台为景宁企业发展跨境电商出口业务提供一站式全流程服务。形成杭州景宁数字经济产业园招商项目优惠政策备忘录。针对小微企业资金紧张、周转困难的情况，对符合贷款要求的小微企业推出“名单式”管理，逐户上门就“银税互动”申请渠道、办理流程、所需资料等进行辅导，并全程跟踪落实。通过“银税互动”，引导金融机构对优质实体企业低利率放贷。558家企业通过“银税互动”获得银行授信9804万元。

【信用体系建设】 2021年，联动部门信息归集，构建联合奖惩体系。归集合同履约数量14.9万条，汇集用水数据1039条、信用承诺数1997条、履约践诺数1997条。制定并发布区域信用制度118项，归集信用信息106.96万条，行政处罚和行政许可公示5599条。归集整合水、电、气、仓储物流、知识产权等满足“信易贷”业务需求的信用信息，完善“信易贷”平台数据信息。开展企业信用查询、个人评先评优、资格审定以及公务员、行政事业单位招聘引才查询业务3000人次。完成信用修复案例15个。推进多个“信易+”系列应用场景落地，涉及旅游、住宿、出行、参展、医疗等多个领域，对信用等级AA以上的市民，推出优惠政策。启动2021年度生态信用村评定工作。经评定：东坑镇深垟村，大均乡伏叶村、大均村生态信用优秀，生态信用评级为AAA级；东坑镇东坑村、心田村、白鹤村、杨斜村、桃源村、茗源村、北溪村，大均乡泉坑村、新庄村、李宝村，渤海镇安亭村、渤海村，大地乡大地村，鸬鹚乡葛山村、鸬鹚村，英川镇隆川村生态信用良好，生态信用评级为AA级；东坑镇儒章村、新和村，渤海镇石塘山村，鸬鹚乡驮戥村、山下村生态信用一般，生态信用评级为A级。大均乡和东坑镇两个生态试点乡镇申报全覆盖，创建的生态信用村覆盖辖区80%以上的行政村。是年，全县发放“生态抵质押贷”和“两山信用贷”967笔，共计9717.8万元，“生态贷”余额17.43亿元。

【数字社会改革】 2021年，对照数字社会12个“有”跑道，结合景宁实际，谋划特色场景应用12个（子门户全部点亮上线），其中智慧殡葬系统上线浙里办和浙政钉，并参加市级应用路演评比，取得全市中上等次。县发改委被列入省数字社会第二轮“揭榜挂帅”中榜单位。成功争取省级未来社区和未来乡村试点，鹤溪街道浮丘村和大均乡大均村接入浙里办“我的家园”板块；成功争取全省民政系统2022年数字化改革重大应用建设试点，即儿童之家智慧服务。 （李 丹 梅毅伟）

财 政

【概况】 2021年，全县财政总收入31亿元，同比增长53.4%。一般公共财政预算收入13.69亿元，同比增长52.8%，占财政总收入的44.1%，与上年基本持平。一般公共预算收入中，税收收入12.76亿元，同比增长64%，占一般公共财政预算收入的93.2%，比上年同期提升了6.3个百分点。全年一般公共财政预算支出47.52亿元。

2021年，县财政局按照“政治清明、事务清爽、企风清正、文化清廉”的“四清”标准，进一步完善党员活动室、清廉展示厅、清风书吧、警示教育牌、公开公示栏等各类硬件设

2021年财政收入执行情况统计表

表5

新开工项目	收入（万元）	同比增长(%)	新开工项目	收入（万元）	同比增长(%)
一、一般公共财政预算收入	136855	52.8	8.契税	5817	63.5
（一）税收收入	127576	64.0	9.其他税收	7538	94.3
1.国内增值税(50%部分)	64072	278.0	（二）非税收入	9279	-21.2
2.改征增值税(50%部分)	0	-100	1.专项收入	7205	49.4
3.营业税(50%部分)	—	—	其中：教育费附加	3566	49.2
4.企业所得税(40%部分)	19012	155.2	地方教育附加	2497	56.6
5.个人所得税(40%部分)	24335	76.2	残疾人就业保障金	1138	35.5
6.城市维护建设税	6591	56.6	水利建设专项收入	—	—
7.耕地占用税	211	-64.2	2.行政性收费收入	297	-88.4

续表 5

新开工项目	收入（万元）	同比增长(%)	新开工项目	收入（万元）	同比增长(%)
3.罚没收入	0	-100	3.企业所得税(60%部分)	72588	53.0
4.国有资源有偿使用收入	949	-53.8	4.个人所得税(60%部分)	36503	76.1
其中:水资源费	599	-36.5	5.改征增值税(50%部分)	0	-100
5.捐赠收入	0	-100	6.营业税(50%部分)	—	—
6.政府住房基金收入	828	-2.4	三、财政总收入	310032	53.4
5.其他收入	0	-100	四、政府性基金收入	41626	-59.0
二、上划中央“六税”收入合计	173177	54.0	其中:国有土地使用权出让收入	17944	-71.5
1.国内消费税	14	133.3	五、国有资本经营预算收入	102	34.0
2.国内增值税(50%部分)	64072	278.0	六、社会保险基金收入	40270	-37.5

2021 年财政支出执行情况统计表

表 6

项目	执行数（万元）	比上年(%)	项目	执行数（万元）	比上年(%)
一、一般公共预算支出合计	475193	8.5	(十三)资源勘探电力信息等事务	29697	-27.5
(一)一般公共服务	50767	-6.0	其中：支持中小企业发展和管理	29588	-27.6
(二)国防	859	23.2	(十四)商业服务业等事务	408	-40.5
(三)公共安全	17113	-4.5	(十五)自然资源海洋气象等	4190	2.4
其中:公安	11184	-3.3	(十六)住房保障	11437	21.5
检察	1609	0.1	(十七)粮食物资储备	1209	133.4
法院	2981	0.4	其中:粮油事务	1	96.6
(四)教育	51220	6.0	(十八)灾害防治及应急管理	2316	-7.2
其中:进修及培训	566	7.0	(十九)金融	—	—
(五)科学技术	6123	15.6	(二十)其他支出	489	-16.6
(六)文化旅游体育与传媒	13786	1.4	(二十一)债务付息支出	14128	15.4
(七)社会保障和就业	50637	2.0	(二十二)债务发行费支出	39	-4.9
其中:最低生活保障	3840	23.4	(二十)预备费	—	—
(八)卫生健康	35298	-15.3	二、政府性基金支出	76713	-55.7
其中:计划生育事务	767	-0.4	其中:国有土地使用权出让收入安排的支出	13084	-78.8
(九)节能环保	6781	-0.6	债务付息支出	2682	98.5
其中:污染防治	409	172.7	债务发行费用支出	42	-25.0
扶贫	11731	-26.9	三、国有资本经营预算支出	50	-36.7
(十二)交通运输	49476	79.0	四、社会保险基金支出	40270	-37.5

施，筹办财政清廉教育展示厅。牵头推进清廉国企建设，创成示范型清廉国企1家，选评树立清廉国企标杆1家。开展国企领域突出问题专项治理，排查出七大类47个突出问题，逐个落实整改措施，有效净化国企领域发展环境和政治生态。

2021年，制定《国有企业市场化改革总体方案》，结合资产隶属关系和行业板块关联性，以原有资产隶属关系为基础，将现有国有企业归并为“四大板块”。设立国有资产投资经营有限公司、城市建设投资集团有限公司、文化旅游开发集团有限公司、交通发展集团有限公司4家行业性集团化运作公司和若干家集团子公司。制定《国有企业退休人员社会化管理工作具体实施办法》，按照“老人老办法、新人新办法”的原则，推进国有企业退休人员社会化管理。

【财政政策落实】 2021年，为企业减负3.06亿元。为2109户（人）次社保减费1894万元。兑现涉企财政政策资金6.2亿元。落实中央和省级直达资金3.36亿元，支出进度100%。全年争取地方政府债券9.75亿元，用于城市基础设施、农村公路、农村水系综合整治、教育等重点领域。其中，一般地方政府债券4.5亿元、专项债券5.25亿元。统筹财政资金20亿元，支持137个新建或续建政府性项目建设。科学技术财政支出6123万元，增长15.6%。

【民生事业支出】 2021年，全县民生支出32.16亿元，增长9.3%，占总支出的67.7%，比上年提升0.53%。其中，教育支出5.12亿元，增长6%（增支景宁二中新建工程等“小县大教”重点项目建设）；农林水支出6.81亿元，增长6.3%（增支农村社会事业美丽城镇基础设施建设）；交通运输支出4.95亿元，增长79%（增支用于公路等基础设施建设）；城乡社区支出6.11亿元，增长63.4%；社会保障和就业支出5.06亿元（其中全县城乡低保2879户5058人最低生活保障支出3840万元，低保边缘对象286户553人临时救助支出83万元，特困供养对象359人支出559万元，困难群众一次性春节临时生活补助400万元）。从基本医疗保险基金中上划1520万元用于新冠疫苗接种；落实资金1600万元用于基本公共卫生服务各项工作。投入专项债务7000万元用于项目总投资1.3亿元的老年医养综合服务中心建设，新建7家乡镇（街道）居家养老服务中心，实现全县21个乡镇（街道）居家养老服务全覆盖。新增100户特殊困难高龄、失能、残疾老年人家庭实施适老化改造。投资5000万元建设残疾人康养中心；1827人享受困难残疾人生活补贴524万元，3079人享受重度残疾人护理补贴741万元。从2020年失业保险基金中提取职业技能提升专项资金1500万元，重点支持企业在岗职工、高校毕业生、退役军人、农民工等就业群体职业技能提升。

【财政管理数字化】 2021年10月31日，全部预算单位上线预算项目库和预算编制模块。预算管理一体化预算执行模块于11月26日开启，20家预算单位业务数据同步执行。县财政局、县人民法院分别于12月10日、12月21日上线同步测试2家代理银行。全年通过“政采云”采购项目89个，预算金额1.97亿元，中标金额1.86亿元，节约资金1148万元，资金节省率6.2%。统一公共支付平台线上线下第三方支付接入执收单位83家，执收项目222项，受理缴款业务8.2万笔，收缴资金1.47亿元（不含土地出让金和土地指标调剂收入）。131家单位开通电子票据，开出电子票据10.3万份，金额3.68亿元。票据种类覆盖非税收入、医疗、罚没、往来结算、捐赠等16种财政电子票据式样。通过“资产云”2.0信息平台，对全县独立核算的67家行政单位、112家事业单位的所有国有资产购入、登记、使用、处置审批、核销等全流程进行动态监管。

【财政监管】 2021年，地方政府债务限额55.58亿元。其中，一般债务限额42.2亿元，专项债务限额18.38亿元。组织7亿元财政专户资金实行公款竞争性存放。其中，社保资金5.5亿元，核算中心代管资金1.5亿元。8家行政事业单位、4家国有企业开展公款竞争性存放工作，竞争性存放金额3.17亿元。开展预算绩效管理工作，选取县交通运输局、县自然资源和规划局、县移民管理中心、景宁经济开发区管委会4个部门开展整体支出绩效评价工作，涉及评价部门预算资金3.05亿元；开展乡镇（街道）财政运行综合绩效评价试点工作，完成2个街道政府财政运行综合绩效评价报告，涉及评价资金1.18亿元。从7月起全面推行授权支付，支出业务范围和支出额度不受限制，全年实行国库集中支付33.06亿元。其中，授权支付6.82万笔18.38亿元；直接支付1.5万笔14.68亿元。全年清理盘活存量资金2.67亿元。其中，国库历年存量资金1.4亿元，财政专户存量资金0.68亿元，乡镇部门存量资金0.59亿元。财政专户和乡镇部门存量资金上缴国库统筹使用。（吴向东）

税　务

【概况】 2021年，县税务局共组织各项税费收入39.89亿元，同比增长53.1%。其中，税收收入30.66亿元，同比增长66.43%；社会保险费收入8亿元，同比增长12.86%；非税收入1.23亿元，同比增长126.85%；一般公共预算收入13.69亿元，同比增长52.76%；税收收入占一般公共预算比重93.22%。通过制发惠企“备忘录”，配备“税企联络员”，招募税务体验师，在“中国畲乡”App开设“税美畲乡”专栏等方式落实各项优惠政策，简化税费优惠办理手续，推送优惠政策153批次。全年实现减负降本3.01亿元，累计办理出口退税4316万元。

【纳税服务】 2021年，县税务局持续优化纳税服务，开展“我为纳税人办实事暨便民办税春风行动”，深化“放管服”和“最多跑一次”改革，巩固拓展“非接触式”办税缴费，推广网上办、掌上办，网上综合办税率98.6%。构建出口退税“函调通信专线”工作机制，实现回函时间从20个工作日缩短至15个工作日。稳步推进财产和行为税（城镇土地使用税、房产税、车船税、印花税、耕地占用税、资源税、土地增值税、契税、环境保护税、烟叶税)合并申报,有效压缩纳税人办税时间。通过拓展纳税信用增值应用,助力企业获得“银税互动”信用贷款授信。重点打造“智慧型办税服务厅”,启用丽景园智慧税务“微厅”,为纳税人缴费人和“双招双引”等工作提供更加便捷高效的智能办税服务以及智能技术支撑。

【税收征管改革】 2021年,县税务局根据中共中央办公厅、国务院办公厅印发《关于进一步深化税收征管改革的意见》,成立专门班子,明确责任分工,以党史学习教育为载体,做好解读,对标对表,确保各项改革举措落地落细。特殊行业(交通运输业、医疗行业)发票电子化改革有序推进。全面停止零散税收委托代征工作。

【县税务局荣誉】 2021年,县税务局再次被评为浙江省级“文明单位”;被评为浙江省“建设清廉机关、创建模范机关”先进集体;蓝凤妮党员工作室被评为浙江省税务系统十佳党员工作室;国家税务总局景宁畲族自治县税务局第一税务所被评为浙江省税务系统先进集体。“蓝凤妮”税收服务团被评为丽水市女职工特色工作品牌。“蓝凤妮”税收服务团被评为县清廉机关标杆点;税源管理股被评为“县巾帼文明岗”。县税务局党委书记、局长李维被评为浙江省税务系统先进个人;1人在“税务法治”大比武中获全省第11名、全市第1名;1人被评为市级“青年岗位能手”;1人被评为全市税务系统“优秀共产党员”;1人获全市税务系统“优秀党支部书记”称号;1人入选市税务局“纪检人才库”。 (吴玉芬)

统计管理

【统计服务】 2021年,深化“三色预警”机制,加强精准指导,积极同各经济部门对接,提供统计咨询。建立走访调研长效机制,围绕“三服务”,对全县“四上企业”“规下限下”重点企业、城乡住户调查样本户、低收入农户开展走访。实现“四上企业”及21个乡镇(街道)走访全覆盖,解决问题100多个。从招引企业在景宁经济结构中的“精准度、贡献度、有效度”三个维度出发,创编《服务“双招双引”涉统指南》,对紧缺急需行业进行“红、橙、黄、绿、蓝”五色分解,旨在从强到弱的亟须度补齐各领域、各产业短板,促进经济结构均衡发展。此举得到市统计局的肯定,并在全市推广。是年,完成统计专报12篇,各类专业分析30篇。

【统计队伍建设】 2021年,通过实施“素质提升青蓝接力”人才培育工程,以班子结对优秀年轻干部“综合提素”、师徒“鲁班学艺”、“榫卯互助”统计无休日,三个层次立体式提升局内干部综合素质。建立健全全县136个行政村村级统计员队伍,落实村级统计员劳动报酬,实现县、乡、村三级统计布网。组织局内专业干部、经济部门统计联络员、企业统计员、乡镇首席统计员、三项收入辅调员、劳动力调查员、限下规下样本调查员、村级统计员、统计执法人员参加省统计局综合能力提升培训。举办各类专业培训,提高队伍专业性。建立辅调员考核机制，构建“三三制”考核体系，进一步优化管理。

2021 年 4 月 14 日，县税务局开展第 30 个全国税务宣传月活动　　(县税务局　供图)

【统计执法】　2021 年，县统计局结合统计数据质量管控制度的实施，制订 2021 年全县统计“双随机、一公开”实施方案。“双随机”执法检查 11 家、配合省、市执法检查 32 家。开展迎接国家统计督查准备工作，召开工作落实会 4 次，全县 47 个部门、21 个乡镇(街道)建立防范和惩治统计造假、弄虚作假责任制，13 个部门、2 个乡镇制定了统计工作管理制度。及时清理纠正违反统计法的有关文件和做法，通过走访清查和部门自查相结合，对重点部门自 2017 年以来的发文进行全面纠正清理。全年清理违反统计法精神的“两办”文件 8 份，部门文件 16 份。

【住户调查】　2021 年，开展新一轮样本对象调查工作。全县有样本点 20 个、样本户 200 户。其中，城镇调查点 10 个，农村调查点 10 个。形成局长亲自抓、分管领导具体抓、各科室相配合的工作机制。从初审、随机抽查复核、台账资料进行重新梳理归档等方面抓好源头数据质量。调整增加专业人员，并及时对业务能力差、年龄较大的辅调员进行调整。通过健全访户制度，加快统计调查“无纸化”进程，电子记账率 80.5%。是年，民生调查中心被评为市级乡村振兴进集体。

【第七次全国人口普查】　2021 年，做好第七次全国人口普查“后半篇文章”。开展人口普查行职业编码审核、验收等工作，对 2020 年的第七次全国人口普查档案进行整理，发布全县人口普查主要数据公报。完成《从“七人普”看景宁县十年人口变化情况》《从“七人普”看景宁少数民族人口十年发展变化》2 篇总结分析专报，及《景宁县十年劳动就业与社会保障情况变化》课题。6 篇第七次全国人口普查技术业务文章在全市获奖。县第七次人口普查领导小组办公室获评全国先进集体，系全省18 个之一，全市唯一，也是 1984 年设县以来人普工作首次获此殊荣。

【清廉统计建设】　2021 年，县统计局将党风廉政工作与统计工作深度融合，打造“白米粒”数据颗粒归仓清廉统计品牌。根据品牌内涵，结合实际，制定出台品牌建设实施方案。出台“亲企十条”“清企十不准”，建设清廉统计，进一步强化清廉数据意识。结合中共党史学习教育，着眼于解决现实问题，通过梳理近年来“数据事件”，组织干部进行学习，深刻认识数据真实有效的重要性。发挥典型案例的警示作用，组织干部观看庭审直播。通过召开党风廉政专题会议和廉政谈话，筑牢干部廉洁自律防线，创成规范型清廉机关。

(俞英杰)

审计监督

【概况】 2021年,景宁畲族自治县审计局(以下简称县审计局)完成审计项目14个,查出问题金额10.22亿元。其中,违规金额73.08万元,管理不规范金额10.21亿元。移送纪检监察机关处理事项1件,督促被审计单位制定整改措施162项;督促被审计单位制定、完善规章制度30项;督促县教育局、县经济商务科技局等16家单位完善内部审计制度。提交审计专报15篇,其中领导批示8篇。景宁交通运输局局长任期经济责任审计项目获丽水市优秀审计项目。

【政府性资金审计】 2021年,完成2020年度县本级预算执行和决算草案情况审计。重点关注预算法执行、重要财经纪律和重大财政政策贯彻落实、政府财务报告编制、政府债务限额管理、部门预算执行等情况。被审计单位落实审计建议,清理长期出借挂账资金3.87亿元和结余挂账资金3.56亿元。

【经济责任审计】 2021年,完成7家单位11名领导干部经济责任审计和1个自然资源资产任中审计。重点关注贯彻落实县委、县政府重大决策部署、重大经济决策事项、项目业主履职、自然资源资产管理和生态环境保护履职等情况。发现审计问题63个,提出审计建议21条。

【民生资金审计】 2021年,开展粮食保障情况、乡村振兴相关政策和资金审计,重点关注乡村振兴、民生实事等落实情况。乡村振兴相关政策和资金审计发现了"非农化"、"非粮化"、农田项目建设进度缓慢及管理不到位等问题,督促上缴土地整治指标调剂收入3.13亿元。

(黄　茹)

价格管理

【概况】 景宁畲族自治县根据浙江省发展改革委印发的《关于浙江电网2020—2022年输配电价和销售电价有关事项的通知》,自2021年1月1日起执行新的输配电价和销售电价,工业平均销售电价每千瓦时较2019年下降5.2分。根据《浙江省节水型企业水资源费减征管理办法》,获得省级节水型企业称号的取水户水资源费按规定标准的80%征收;获得省级节水标杆企业称号的取水户水资源费按规定标准的50%征收;获得国家重点用水企业水效领跑者称号的取水户按省级节水标杆企业减征标准执行。对同时获得两种以上称号的,按最高减征标准执行,不重复减征。

2021年,景宁畲族自治县根据国家有关公墓价格管理的规定,结合景宁实际制定景宁乡镇公益性公墓指导价收费标准;调整景宁中学学费收费标准为1800元/学期,调整景宁停车服务收费标准为一类区域第1小时2元,第2小时起3元/小时。

每月5日、15日和25日,对成品粮市场价格定时监测;每月25日,对粮、油、肉、蛋、禽、蔬菜等70多种日常生活必需品和建筑材料、化肥农药等品种价格进行监测上报及分析。是年,市场商品供应充足,米面价格相对保持平稳；食用油价格小幅上涨；猪价、肉价大幅回落；蔬菜价格以涨为主；工业生产资料价格涨幅较大；成品油价格有所上涨；瓶装液化气价格稳中趋涨。

2021年，价格认证中心办理县公安局委托的刑事案件涉案物品价格认定50件，认定标的总额82万元。（季 俊）

市场监督管理

【概况】 2021年，景宁畲族自治县市场监督管理局(以下简称县市场监管局)被评为浙江省市场监管系统"法治立局"示范单位、浙江省市场监管安全保障工作成绩突出集体、丽水市"建设清廉机关、创建模范机关"工作先进集体。红星市场监管所被评为丽水市抗击新冠肺炎疫情先进集体。1月18日，县市场监管局——县食品安全委员会调整为县食品药品安全委员会。

2021年，县市场监管局完善市场监管领域权责清单，梳理事项1988项；完成商务、盐业行政处罚事项划转，本级执法事项划转62项。开展"烦企扰民"行政规范性文件清理等专项行动3次，清理规范性文件5件，拟修订规范性文件1件，制定规范性文件1件。连续三年无行政诉讼案件，无行政复议败诉案件。

2021年，加强"品字标"品牌培育，建立"一库一单一跟踪"培育机制，完善"品字标"品牌梯度培育清单。丽水州通电气科技有限公司通过"品字标浙江制造"认证；5家"景宁600"地方特色农产品企业通过"品字标丽水山耕"认证。指导申报《球墨铸铁复合树脂检查井盖》浙江制造标准并发布；修订《关于推进品牌创建与质量建设的若干意见》。开展2020年品牌创建与质量建设奖励资金兑现工作，兑现奖励资金87万元。

2021年，全市食品抽检分离改革现场会在景宁召开；县市场监督管理局在全市抽样技能比武大赛中获团队一等奖，2人获评丽水市"十佳抽样业务标兵"，4人获评丽水市"十佳抽样业务能手"；2名干部代表丽水市参加全省抽样技能比赛，获团队二等奖。抽检分离改革以来，累计抽检硬分离285批次、执法人员抽样384批次。

2021年，成立县电动自行车综合治理集成改革工作专班。全县有经营电动自行车相关市场主体29家，全部完成"浙江e行在线"平台注册，并在线签订诚信承诺书。

【市场主体登记】 2021年底，全县有在册市场主体1.66万户，同比减少5.93%。其中，企业3603家，同比增长7.1%；个体户1.27万户，同比减少8.82%；农民专业合作社357户，同比减少14.8%。全县注册资金518.62亿元，同比增长24.52%。其中，企业490.01亿元，同比增长25.62%；个体户25.97亿元，同比增长10.56%；农民专业合作社2.64亿元，同比减少10.81%。

【优化营商环境】 2021年，深化"证照分离"改革，对县内520项涉企经营事项进行调整，采取直接取消审批、审批改为备案、告知承诺制、优化审批服务四种方式分类实施改革，全年办件919件。其中，审批改为备案203件，实行告知承诺418件，优化审批服务298件。预包装食品备案登记115户。为新办企业免费发放单位公章、财务专用章、发票专用章、法定代表人章、合同专用章等五枚公章，全年累计发放公章679套，为企业节约开办成本40多万元。简化企业注销流程，将简易注销公示时限由45天压缩至20天，全年发布简易注销公示和一般注销公示共419条，为企业节约公告成本20多万元。全县原有学科类培训机构11家，注销2家，转为非学科类或其他9家，压减率100%。

2021年，推进"双随机、一公开"抽查监管，开展双随机抽查614次，专项检查242次。掌上执法开通率100%，掌上执法激活率100%，监管事项入驻率100%，掌上执法率100%，双随机抽查事项覆盖率100%，双随机任务完成率100%，投诉举报处置率100%，风险事件处置率100%，应用信用规则率100%，跨部门监管率46.31%。浙江企业在线、浙江质量在线、浙江标准在线、浙江公平在线、浙江知识产权在线、浙江外卖在线、浙江特种设备在线、浙江市场在线、浙江市场监管执法在线、浙苗链应用，浙江e行在线11个系统全面上线运用。县市场监管局自主开发的电子健康证明2.0版本成功升级，系统上线以来，市场主体激活账号1.78万家，在线申领电子健康证明7068张，体检数据7783条，通过线上培训和考试9540人次，为群众减免费用80多万元。推动市场监管执法工作数字化转型，推进"简案快办"掌上执法工作，实现了"减时间、减材料、减成本、提效能"的数字化改革成效，"简案快办"办结案件19起。

【价格秩序管理】 2021年，开展行业协会商会，供水、供气，行政审批中介服务和教育、医疗服务等行业收费行为专项检查；开展旅游、粮食市场价格秩序，转供电环节，交通、物流等领域专项整治，转供电红码核查率达100%，责令整改违规案件2起，为企业减负23.59万元；联合县发改局、县交通局、县住建和城乡局等部门开展跨部门"双随机"联合检查6次，查处房地产未明码标价案1起。创新开展公平竞争审查工作，建立公平竞争审查智慧监管系统，在党政机关协同办公系统发文流程中增设"公平竞争审查"环节，实现自动提醒、智能搜索、及时预警等功能，全县搭建单位监管系统87个，首批开通单位64个；在全市率先建立公平竞争审查专家库，为公平竞争审查工作提供智力支持。深化明码标价规范提升工作，大际乡、大均乡、渤海镇创成"阳光菜单"示范街区；对中心农贸市场，城北菜场的肉类、干水产类、海鲜类的"明码标价"进行提升。

【食品安全监督管理】 2021年，景宁创成全省首批省食品安全示范县。全面压实食品安全党政同责，构建基层食品安全网络体系，推进基层食安办创建，建成四星级食安办1个，三星级食安办8个。推进省、市民生实事建设，落实33家学校及公办幼儿园、6家养老机构食堂，5家农贸市场，27家农村家宴放心厨房食安责任保险工作，交纳保费23.43万元，保额3450万元，发放补助资金22.35万元；建成农村家宴阳光厨房16个；建成学校"智能阳光厨房"38个；建成食品安全全程可追溯的食品生产经营主体30家;建成食品生产企业“阳光工厂”13家。开展生产、流通、餐饮等各个环节食品安全隐患大整治,监督抽样392批次,不合格11批次,问题发现率2.81%,食品安全行政立案63件,立案率、查办率、处理决定率均100%。实施食安金融惩戒,采集不良信息230条,市场主体受限23户,贷款金额受限509万元。推行餐饮单位食品安全“红黑榜”制度,全年发布红榜23家、黑榜32家,立案查处18起,责令整改32家,排除风险隐患80多个。完成上级交办的重大活动聚餐保障工作,保障重大活动21次,驻点监督79餐次,保障就餐1.58万人次。开展食品及食品相关产品快速检测373批次。

【药品、医疗器械、化妆品监督管理】 2021年,办理药械行业行政审批许可事项73件。药品经营企业变更3家,换证3家,注销2家;医疗器械批发变更2家,注销1家,换证1家;执业药师注册30人;二类医疗器械经营企业备案4家,变更11家,注销2家。创成三星级省民生实事民生药事服务站3家,建设“网订店送”药房2家,创建化妆品放心消费示范单位10家。完成35家药店、4家医疗器械经营企业、1家化妆品生产企业的信用等级评定。开展打假治劣提级、新冠疫苗质量、婴幼儿化妆品,美容美发、专营店化妆品质量安全、中药饮片、医用敷贴类医疗器械流通、兴奋剂药品、麻精药品、儿童化妆品等专项行动,以贯彻新药品管理法、疫苗管理法、医疗器械监督管理条例为主线,出动执法人员903人次,检查涉药械单位301家,举报投诉3起,立案查处5起。联合县卫生监督、疾控等部门,开展麻精药品、新冠疫苗、非法行医、医美机构等专项检查活动。全年对涉药涉械单位开展疫情巡查和日常检查597家次,飞行检查6家次,化妆品“双随机、一公开”试点检查99家;第三类医疗器械经营企业“双随机、一公开”试点检查4家。完成各类药械化监督抽样69批次;处理投诉举报4件,涉药案件查处7件;上报药品不良反应104例,医疗器械不良事件35例,化妆品不良反应30例。开展药械安全宣传活动,发放宣传资料5000多份。

【特种设备监管】 2021年,全县有在用特种设备1016台。其中,锅炉11台、压力容器210台、电梯560台、起重机械162台、场(厂)内专用机动车辆73台。压力管道约2.5千米。开展大型游乐设施、机械停车设备、叉车、气瓶充装单位安全等专项整治以及重要节假日期间安全专项检查,发现安全隐患149项,处置到位133项;移交案件线索3件,重大隐患整改率100%。

【产品质量监管】 2021年,开展生产领域监督抽查,抽查建筑胶水、眼镜、无缝钢管、食品相关产品等23批次,合格23批次;组织口罩、头盔、电动车等流通领域产品抽检77批次,不合格10批次,不合格产品处理率100%。加强风险监控,以社会反映强烈、媒体曝光的热点问题、行业反映潜规则等风险为重点,收集报送假水、书包等产品质量安全风险信息10篇,上报问题类信息4篇。

【计量与合格检定】 2021年，检定燃油加油机、水表、乡镇医疗计量器具等计量器具3102台/件。新建电子停车计时检定装置、膜式燃气表两项计量标准，并获得计量授权资格，填补了景宁自主检定电子停车计时检定装置、燃气表检定历史空白。购置红外耳温计和医用电子体温计两套检定设备；完成8个计量标准复查考核，提前完成县级计量机构技术能力B级要求的项目数；新增“浙里检”服务方案2项，开通“浙里检”计量力学、流量检定实验室，开放实验室21次，全年通过“浙里检”平台受理在线客户送检102个批次，e-CQS平台1102台/件，为企业减免检定费用13.5万元。

【质量与标准化】 2021年，将质量强县工作考核列入乡镇和部门“大赶考”综合考核并制定质量强县考核细则。开展《景宁畲族自治县政府质量奖管理办法》修订工作。开展2021年政府质量奖评审工作，建立产品质量安全信息伤害信息监测点1个，上报产品伤害信息2条。开展“质量月”宣传系列活动，发放宣传资料320多份。推广“质量在线”平台应用，提升质量基础设施一站式服务，新增注册企业272家。

2021年，完成50项地方标准规范审查，地方标准规范继续有效20项，修订地方标准规范4项，废止地方标准规范26项。中华蜜蜂活框标准化养殖推广示范市级标准化项目通过验收。指导申报市级标准化项目3个。其中，院前急救(信息化)服务标准化试点项目和肉兔标准化养殖推广示范项目成功立项。以县市场监督管理局为主制定《生态茶园网格化养羊控草技术规程》《香榧采收及炒制加工技术规程》2项市地方标准；参与制定《急流救援培训基地建设规范》等5项市地方标准；组织制定县级地方技术性规范《森林康养基地服务设施建设规范》。开展“百城千业万企对标达标”质量提升专项行动，新增参与对标达标企业4家。

【检验检测机构监管】 2021年，县市场监督管理局取得浙江省农业农村厅颁发的农产品质量安全检测机构考核合格证书，成为丽水市市场监管系统首家“CAM检验检测机构资质认定”“CATL农产品质量安全检验检测机构考核”双认证机构。全年检验894批次。其中，监督性抽检236批次，不合格4批次；委托检验237批次；食品快速检验421批次。在“浙里检”平台发布服务方案12个，为企业免费检测120批次，减免检测费用45万元。建设实验室信息化系统(LIMS)，改造提升“实验室信息化管理系统”，实现检验检测中心数据与国家食品安全监督抽检平台、“浙里检”平台共享。食品检测实验室和畲药展示厅向社会开放，为学校师生、企业和社会各界代表开展“实验开放日”活动4场次，接待社会各界代表等300多人次。

【消费权益保护】 2021年，受理消费者信访、投诉、举报、咨询等1726件，处置率100%，为消费者挽回经济损失5.87万元。开展“3•15”国际消费者权益日系列活动和现场咨询活动，发放宣传资料7000多份，并在活动中集中销毁假冒伪劣商品。围绕“守护安全、畅通消费”消费维权年主题，开展消费维权进社区、进学校、进景区、进商圈、进网络“七进”宣传活动13场次，发放宣传资料2.6万份。

【放心消费建设】 2021年，县市场监督局启动放心消费在景宁建设，创成浙江省放心消费重点县。创建放心消费单位566家。其中，放心工厂56家，无理由退货单位221家，放心消费商圈3个（东方江泰广场商圈、大均伏叶放心民宿示范区、渤海放心消费渔村）。渤海镇渤海村建成县级首个“双拥引领”放心消费渔村，并入选丽水市2021年度放心消费美丽乡村。建成全县首个食品体验消费教育基地（山绿色实业有限公司）。城北农贸市场创成省“五化”农贸市场；鹤川菜市场续创省级放心农贸市场。联合景宁农村商业银行股份有限公司推出“放心码”和“丽商贷”，为放心消费单位授信1亿元。浙江畲山贡茶叶有限公司等4家企业被评为市级消费者信得过单位；丽水一山绿色实业有限公司等7家公司被评为县级消费者信得过单位。景宁畲银文化有限公司金鱼配件（银饰品）和足银金鱼配件（银饰品）入选浙江省特色伴手礼；景宁畲银文化有限公司足银金鱼配件（银饰品）入选2021年丽水优选特色伴手礼；畲银九连环戒指（银饰品）入选2021年丽水特色伴手礼名录。《景宁高质量构建放心消费体系打造共同富裕山区样本》的经验做法获浙江省副省长朱从玖批示肯定。

2021年4月7日，执法人员开展食用农产品监督抽检 （县市场监督管理局 供图）

【合同与广告监管】 2021年，办理合同格式条款备案和自我声明公开合同6份。其中，自我声明公开合同3份，电信合同1份，有线电视合同1份，房屋买卖合同1份。景宁获评“守合同重信用”企业AAA级公示2家，AA级1家，A级5家。

【企业信用管理】 2021年，严格按照“谁抽查、谁列入，谁列入、谁移出”的原则，强化异常名录管理工作。截至12月6日，全县企业经营异常名录累计列入1413条，累计移出625条，累计在列788条；农民专业合作社经营异常名录累计列入1515条，累计移出1105条，累计在列410条；个体工商户经营异常名录累计列入16510条，累计移出11597条，累计在列4913条。此外，累计列入严违失信名单193条，累计移出严违失信名单41条，累计在列严违失信名单152条。

【商标管理】 至2021年底，历年累计注册商标5841只，其中2021年新增注册商标2000只。是年，成立“景宁600”品牌指导服务站，为全县“景宁600”企业提供全方位、一站式服务的商标品牌公共服务。开展商标权质押工作，促成浙江宇海教育科技有限公司、浙江创岳金属材料有限公司共获得组合融资贷款2400万元。

【专利发展】 2021年，新增有效发明专利35件，累计有效发明专利106件，“每万人发明专利拥有量”达到9.55件；5家企业通过知识产权管理体系评价认证；完成国际专利申请2件；专利质押登记额4900万元。严厉打击专利非正常申请，主动撤回非正常专利申请170件，撤回率达100%。

【执法维权】 2021年，开展漠视侵害群众利益专项治理、民生领域案件查办“铁拳”行动、打击走私“护卫2021”专项行动、欧江流域禁渔行动专项检查等专项执法行动37个，查处各类案件140件，罚没款76.3万元。其中，行政处罚大要案13件，移送公安机关立案侦查1件，市场秩序类案件70件，食品类案件64件，药械化案件6件。开展纪念币、保健食品、穿越机等产品违法违规宣传行为专项整治，发现线索43条，下架产品31个，立案查处网络案件19件，罚没款3.71万元。开展电动自行车领域专项执法行动，查处案件5件。

2021年，开展违法违规商业营销宣传集中整治行动，重拳整治借庆祝中国共产党成立100周年等名义从事违法违规营销宣传行为。监测媒体广告1.54万条次，互联网广告445条次，发现并处置以伟人名义宣传纪念品线索1条、违法销售党徽线索3条、违法宣传假冒军用产品线索1条，下架产品4个，列入经常异常名录主体2家，立案查处1件。针对校外教育培训、医疗、药品、保健食品等重点领域广告乱象，指导3家校外培训服务机构完成自我声明公开合同3份。是年，监测保健食品广告225条次，立案查处违法广告案件14件，罚没款6050元。

【疫情防控相关市场监督】 2021年，坚持“外防输入、内防反弹”和“人物并防”战略部署，做好疫情防控冷链食品物防工作，重点检查相关经营单位主体责任落实情况，严查进货查验、进口冷链食品“三证一码”、库存清理等，排除食品安全和疫情防控隐患。全县共有食品冷库58家。其中，国产35家，进口和国产混合经营23家。全县激活“浙冷链”重点主体64家，重点冷链食品溯源赋码2.86万张，扫码5.56万张；食品流通环节激活“浙食链”主体176家，成功上链赋码食品8.43万批次。全县共有水果经营户26家，经营进口水果的主体12家。全年食品核酸抽样4055批次。其中，进口冷链食品1955批次，进口水果1365批次，进口零食709批次，其他食品26批次，检测结果均为阴性。全年食品相关人员核酸抽样3336人次。其中，冷链从业人员1991人次，进口水果从业人员456人次，外卖骑手484人次，间接暴露人员327人次，其他人员78人次，结果均为阴性。全县药店对退热、止咳、抗病毒、抗菌四大类监测药品实行实名登记销售，并在省药监局零售药店常态化疫情监测警戒系统上报数据，全年上报常态化信息5.12万条，实名登记销售

3.32万条。开展新冠病毒疫苗质量安全、新冠病毒检测试剂质量专项检查，落实“浙苗链”系统监管工作，疫苗接种单位检查覆盖率100%，疾控机构和接种点冷链数据规范上传覆盖率100%。（周宝娟 刘卫美）

国有资产监督管理

【概况】 2021年，县国资公司注册资金9268万元，总资产约10.5亿元，净资产7.95亿元。全年经营性房产收入1151万元。其中，主营业务收入740万元；对外投资企业22家，总投资3.58亿元，投资收入411万元。行政事业单位办公用房修缮面积7000多平方米，费用支出1385万元，增加固定资产270万元。

2021年，根据《景宁畲族自治县国有企业市场化改革总体方案》，结合行业板块关联性，对归并至国资公司下属15家子公司进行成建制整合的前期工作。根据《丽水市机制沙行业专项规划（2021—2025年）》要求，县国资公司组建景宁畲族自治县景矿资源开发有限公司，实现机制沙标准化生产。

【国有资本投资】 2021年，通过前期调查、股权价值评估、审计等工作，投资3400万元，收购正阳集团持有景宁三家电站股份。投资约10亿元，打造“浙江景宁民族双创中心”。该项目已完成可行性研究报告和项目建议书。县国资公司通过信用担保等方式累计为包凤示范小区工程项目、安盛低丘缓坡开发有限公司、景宁城南区块老旧小区改造工程（3家企业）信用担保13亿元。（叶月香）

2021年11月17日，县国有企业市场化改革动员部署会召开 （县国资公司 供图）

农 业

综 述

【概况】 2021年，县政府出台《关于坚决防止粮食生产功能区“非粮化”稳定发展粮食生产的意见》（景政办发〔2021〕18号），成立县防止粮食生产功能区“非粮化”工作领导小组，开展粮食生产功能区“非粮化”整治工作。制定发布《生态茶园网格化养羊控草技术规程》《茭白田土壤酸化改良技术规程》2个市级农业地方标准。开展县级地方标准清理工作，修订《高山花椰菜无公害种植技术规范》等4个标准，废止《农家乐旅游服务质量》等4个标准，保留《景宁白茶生产技术规程》标准。全年，全国农产品全程质量控制技术体系（CAQS-GAP）试点生产经营主体获证7家，国家良好农业规范（GAP）认证企业3家，其中浙江奇尔茶业有限公司连续20年获绿色食品认证。浙江九曲茶业有限公司的“九曲红茶”被纳入首批全国生态环保优质农业投入品（植保产品）应用试点名录。

2021年，制订《景宁惠明茶历史文化体验街区概念性规划》。开设安吉白茶城、政和白茶城惠明茶销售窗口。建设数字惠明茶之惠明茶产业全要素一张图。2021年，景宁畲族自治县香雨有机茶有限公司推选的惠明茶获2021年“黄山杯”首届全国传统名茶产品质量比赛特别金奖；景宁六江源茶业有限公司获第十八届上海国际茶博会“中国好茶叶”绿茶类评比特别金奖；浙江九曲茶业开发有限公司获2021年浙茶杯红茶金奖。

“景宁600”惠明茶（县农业农村局 摄于2021年）

【安全绿色生产】 2021年，全县推广测土配方施肥1.25万公顷，主要农作物测土配方施肥覆盖率93.1%；推广商品有机肥8700吨，推广水肥一体化技术140公顷。开展耕地质量动态监测与评价174个点，将商品有机肥的使用情况纳入全县垦造耕地整改项目地力培育验收的必备条件。单位耕地面积化肥使用量(折纯)215.4千克/公顷(目标值<410千克/公顷)。为加快测土配方施肥技术应用、促进配方肥落地,发布景宁2021主要农作物肥料主推配方24个。培育县级示范性植保服务组织2家,建立农药减量增效示范方15个,示范区面积340公顷,单位耕地面积农药使用量4.7千克/公顷(目标值<22千克/公顷)。在红星街道杨绿湖村建立药肥减量增效示范方1个,在红星街道小金州村小粗自然村建立水稻化肥利用率示范点1个。完成鹤溪和景南2个综合监测点,红星、沙湾、梧桐、九龙、郑坑等5个乡镇(街道)6个常规监测点的取土检测评价工作。推广病虫害统防统治3866.7公顷、应用绿色防控技术6133公顷,其中绿色防控示范基地面积340公顷。建成绿色防控省级示范区1个——景宁澄照乡东升村蔬菜病虫害绿色防控(农药定额制施用)示范区,示范面积13.33公顷、推广面积33.3公顷。发布《病虫情报》20期,实际回收处置农药废弃包装物8.98吨。

2021年,在红星街道岭北村西坑自然村和澄照乡东升村山后自然村建立植物疫情防控示范基地。在红星街道、东坑镇、澄照乡和九龙乡建立省际阻截带植物疫情监测点3个、县级植物疫情监测点5个,开展疫情监测。开展7项重大农业植物疫情(外来有害生物)普查,在红星街道外舍社区发现红火蚁疫情;在东坑镇桃源村、英川镇三川村金林自然村发现亚洲梨火疫病;在红星街道城北村山后自然村、渤海镇旦水村发现柑橘黄龙病;在鹤溪、红星、大均、渤海等乡镇(街道)发现加拿大一枝黄花。未发现水稻细菌性条斑病、甘薯茎腐病、黄瓜绿斑驳花叶病毒病、瓜类果斑病等重大外来有害生物入侵。完成亚洲梨火疫病发病面积7公顷防控,铲除病株23株;完成柑橘黄龙病发病面积16公顷防控,铲除病株773株;完成红火蚁发生核心区42.8公顷、监测区192.27公顷防控;完成春秋两季防除加拿大一枝黄花1公顷。

【农产品营销】 2021年,“景宁600”打造即食茭白、稻鱼米等产品112款,培育加盟企业58家,品牌销售额25.35亿元。组织全县具有地域特色的农产品生产企业和产品参加2021宁海推介会、2021浙江网上农博会、2021丽水农三师成果展、2021青岛茶博会、2021磐安中药材博览会、2021青田侨博会、2021第八届中国国际老龄产业博览会、2021中国农民丰收节等各种农业展会10场,开拓景宁农产品销售流通新平台。

“景宁600”茭白 (县农业农村局 摄于2021年)

累计建成“景宁600+飞柜”8个,飞柜经济销售额4361.94万元。是年,积极与宁波、宁海等地交流对接,开展农业农村领域互动交流3场;开展“景宁600”电商直播培训3期,培训学员130多人,打造网红主播孵化空间和公共直播间。举办2021年百名景商助力百年名茶“景宁600”•金奖惠明茶推介会、2021中国白茶城（政和）贸易洽谈会暨“景宁600”•惠明茶品牌推介会，通过召开专场推介会，开拓景宁农产品销售流通新平台。在青岛、杭州等地开展金奖惠明茶推介会3场，进一步助推“丽水山耕•景宁600”融入长三角一体化发展，有效扩大“景宁600”农产品的宣传面和知名度。

8月23日，景宁—温岭山海协作生态旅游文化产业园“景宁600”农产品采购签约。约定台州小背篓食品有限公司在两年内向浙江景岭农产品有限公司购买1000万元的“景宁600”农产品。

【农业机械管理】 2021年，全县有农机总动力8.44万千瓦，农机作业面积4486公顷。全县推广新型农业机械768台，发放农机购置补贴123.71万元。开展安全检查8次，检查农机180台，排查农机安全隐患18起，整改率100%。举办农机操作手、农机安全知识培训班3期，培训73人。7月1日起实施全县变型拖拉机禁行。建成茶园、油茶等基地轨道车轨道10条、长6.4千米。新建认定区域农机综合服务中心1个、农艺农机融合示范基地2个。

【农业综合开发】 2021年，景宁整合县农业农村局、县自然资源和规划局、县财政局、县水利局等部门的农田基础设施建设职能和资金，推进高标准农田建设、灾毁农田修复等工作。全年新立项实施高标准农田建设项目7个，计划建成高标准农田441.13公顷，总投资1412.39万元。至年底，实际完成续建高标准农田建设项目验收11个，累计建成高标准农田536.67公顷，总投资2103.2万元。全年完成灾毁农田修复面积266.67公顷，总投资500万元。

【农产品质量安全监管】 2021年，县农业农村局积极巩固农产品质量安全“双创”成果。注重管控结合，创新监管机制，建立农产品质量安全标准化生产绩效评价制度，督促生产经营主体遵守农产品产地准出制度，落实生产记录档案制度，公示农产品抽检和农业投入品质量信息。出台景宁农产品质量安全和信用管理等工作与农业农村扶持政策挂钩实施细则，对新立项的乡村产业发展项目开展近三年农产品质量安全情况审核，实行动态管理，评定结果与金融征信、农业政策扶持、评优评先相挂钩。完成标准化生产绩效农业主体13家。其中，12家评定为C级，1家评定为D级。完成蔬菜、茶叶、水果等产业项目审查45个。抽检蔬菜、水果、茶叶、食用菌等农产品7484批次，平均合格率99.91%；农产品定量抽检410批次，合格率99.51%。同时接受省级农产品例行抽检109批次，省级监督抽检29批次，茭白、食用菌等省级专项或应急抽检40批次，完成农产品市级农产品监测62批次；畜禽产品监测20批次；水产品6批次；全部合格。全县获绿色食品认证7个，新增“三品”认证面积80公顷，农业绿色优质农产品比率（不含水产品）58.93%。全年未发生重大农产品质量安全事故。

【农业科教生态】 2021年，景宁完成基层农技推广体系改革项目，创建省级高品质农业绿色科技示范基地3个、培育农业科技示范主体386家。新增省级产业技术团队项目3个，柔性引进D类省、市农业技术专家4名，17人被评为丽水市首批乡村振兴优秀导师。丽水一山绿色实业有限公司被评为省级乡村振兴实训基地；景宁景泰菜篮子有限公司、浙江景宁惠明茶保护园区、浙江奇尔茶业有限公司被评为省级农民田间学校；景宁畲族自治县毛垟红色教育基地被评为第二批丽水市乡村振兴示范实训基地；景宁畲族自治县福从心觅传统文化交流中心、景宁景泰菜篮子有限公司被评为第三批丽水市乡村振兴实训基地。举办县级实用人才培训4个班次，共251人；县级高素质农民培训1个班次，共50人。浙江省农业广播电视学校景宁分校新招学员46人。选送全县农技人员参加知识更新培训88人。推荐列入丽水市农业丰收计划项目3个，即《红火蚁高效监测技术示范与推广》《景宁县优质稻米新品种引进及其全产业链关键技术示范推广》《覆盆子标准化种植技术提升与示范推广》。《“景宁600”优质惠明茶生产集成技术示范与推广》获浙江省农业丰收奖项目二等奖；《旱杂粮丰产增效集成技术示范与推广》获浙江省农业丰收奖项目三等奖；《景宁县耕地地力提升综合技术集成示范》获丽水市农业丰收奖项目二等奖；《“景宁600”农产品营销体系构建与应用》《景宁山区中华土蜂生态养殖技术示范与推广》获丽水市农业丰收奖项目三等奖。省级农技推广基金会项目《覆盆子套种水果—套养蜂蜜种养示范推广》、市级农技推广基金会项目《黄精基地套种大豆——推广粮经互促生产新技术模式示范建设》通过验收。成功申报绿色优质农产品生产服务(“肥药两制”改革)、低收入农户帮促、数字畜牧多跨应用场景第一批“先行先试”单位；成功申报第二批省级数字乡村建设试点县。

【农业执法与安全监管】 2021年，出动宣传车18次、张贴禁渔期通告等500多份、发放丽水禁限用农药品种目录、禁用限用农药、农药科学选购和合理使用、农业普法宣传册、禁渔期通告等宣传资料700多份，接受咨询200多人次，定点普法宣传3次，制作固定禁渔警示20幅，在主要码头张挂横幅3幅。全年，出动执法人员2411人次，检查经营场所451个次，涉农案件立案39起，结案23起，罚没款4.79万元，其中移送涉嫌犯罪案件1起。受理违法举报140多起。

种　植　业

【粮食作物】 2021年，全年粮食播种面积6406.30公顷，粮食总产量3.65万吨，粮食总产值1.12亿元。建成省级粮食绿色高产高效千亩示范片3个、百亩示范方1个。全县水稻规模种植(2公顷以上)基地31个，面积198.47公顷；规模旱粮种植基地18个，面积186.97公顷。储备农作物救灾种子54.5吨。景宁梅彭春家庭农场提供的“雾中田华浙优261”原生态稻田鱼米被授予中国稻渔综合种养产业协同创新平台2021优质鱼米评比推介活动银奖、2021浙江好稻米优质奖和2021丽水好稻米优质奖；景宁三艺家庭农场提供的“畲乡梅漈甬优15”稻鳖米被授予2021丽水好稻米优质奖。2021年引进新品种19个，建立对比试验基地3个、建立核心展示示范基地5个26公顷。筛选出泰两优217、华浙优261、甬优9401等一批优质高产高效绿色的水稻当家接替品种，为景宁农业高质量绿色发展提供品种支撑。

“景宁600”稻谷（县农业农村局 摄于2021年）

【经济作物】 2021年，全县新发展惠明茶基地100公顷，茶园总面积4873.3公顷。其中，可采摘茶园面积3850公顷。惠明茶总产量3189吨、产值5.07亿元，分别比上年增长2.7%、3%。其中名优茶产量1543吨、产值3.96亿元，分别比上年增长2.8%、3.1%。

2021年，全县蔬菜种植面积5379.73公顷（包括果用瓜），总产量13.86万吨，产值3.34亿元。建立大漈高山茭白数字农业示范基地，创新研发茭白深加工技术1项——多口味即食茭白系列产品“茭佼者”，并量产上市50万盒。建成大漈乡茶林、景南乡上标省级高品质绿色科技示范基地。完成《高山茭白种植技术规范》《高山茄子种植技术规范》《高山小尖椒种植技术规范》《高山花椰菜种植技术规范》等4个地方技术规范修订。

2021年，全县新发展水果基地面积35.6公顷，全县果园总面积1528.1公顷，总产量5414吨，产值3478万元。景宁畲族自治县启发农业开发有限公司、景宁畲家桃源葡萄专业合作社获2020年度浙江省水果产业“优秀示范果园”称号。

全县花卉种植面积1.18公顷，年生产盆花65万盆，年销售盆花150万盆，产值1772万元（其中苔藓占937万元）。产量、产值均有增加，增加最大的是苔藓花卉，增幅达80%。

【中药材产业】 2021年，巩固提升“畲五味”和“畲药”等传统品种，以培育发展多花黄精、掌叶覆盆子、三叶青、前胡等新兴地方特色品种为重点，以“双招双引”为契机，引入不同产地品种白花前胡试种20公顷。不断推行规模化种植、标准化生产、产业化经营，进一步提升景宁草本药材质量安全水平和产业综合竞争力。是年，全县新增草本中药材种植面积86.7公顷，累计草本中药材种植面积1594.13公顷，草本药材总产量3339.1吨、总产值1.09亿元。

【食用菌产业】 2021年，稳定香菇生产，示范推广香菇反季节栽培技术和立地大棚栽培模式，推动产业转型升级。全县袋栽食用菌6050万袋，鲜品总量5.18万吨，产值2.92亿元，出口额1250万美元。食用菌产品全年监督抽检和风险检测合格率均为100%。从山东七河生物科技有限公司引进香菇新品种“七河2号”“七河9号”在东坑镇深垟村试种成功，种植规模10万袋。七河系列较耐高温，菌龄短，产量高，适应性广。试种表现为菇型大，较圆整，菌肉结实，菌盖厚，可出白面菇、花菇。

养殖业

【畜牧业】 2021年，全县有生猪规模养殖场23家，生猪存栏2.13万头，年出栏3.43万头，可基本满足全县猪肉自给。牛饲养量0.9万头；羊饲养量3.46万头；家禽饲养量63.86万羽。肉类总产量4765吨，畜牧业总产值1.69亿元，同比增长4.3%。创成省级美丽牧场2家、省级“两化”试点场4家、省级数字牧场1家。

【水产渔业】 2021年，全县淡水养殖面积812公顷，水产品总产量1880吨，渔业总产值5115万元。新增“景宁600”稻渔生态综合种养示范基地106.67公顷。景宁三艺家庭农场创成省级水产健康养殖示范场。扶持建设县级稻渔综合种养示范基地2个，面积6公顷。推广“稻田+”（稻鳖共生、稻蟹共生、稻鱼共生等）种养技术，稻渔综合种养面积400公顷。通过招投标采购，相继在千峡湖水库及县内水域进行增殖放流鲢鱼、鳙鱼、黄尾鲴等夏花鱼苗1300万尾和鲢鱼、鳙鱼和青鱼冬片鱼种20.43吨，投入资金30.34万元。完成全县水产种质资源普查工作。组织各乡镇相关人员召开普查技术培训会，按照区域属地普查、分工协作原则，经过进场入户调查、信息采集、登记核实等，完成108个主体的基本情况普查工作。（郑慧瑾）

水 利

【概况】 2021年，景宁县域177个站点平均降雨量为1483.27毫米。汛期（4月15日至10月15日），平均降雨量为1138.96毫米，相比2020年增加271.1毫米。汛期降雨主要集中在英川镇、东坑镇、鹤溪街道、景南乡等地。其中，英川镇隆川雨量站降雨最大量为1757毫米。梅汛期面雨量为203.37毫米，相比2020年减少10.29毫米。其中，降雨量最大站点为东坑镇阳畲雨量站，降雨量为314.5毫米。水雨情呈现特点：2021年降雨主要集中在汛期，出汛后（10月15日至12月31日）全县平均降雨量为176.52毫米，相比2020年同期的平均雨量增加了128.69毫米，各乡镇并未出现严重缺水的情况；2021年梅汛期从6月10日开始入梅，到7月5日出梅，梅期持续26天。2021年台风影响全县情况较小。在“5•21”强降雨预警期间，景宁有多座小型水库超警戒水位自溢流，大均水文站实测最高洪水位为160.64米，最低水位为154.12米，最大流量每秒2290立方米。县水利局发送预警短信10多万条。截至汛期结束，全县未收到水旱灾害报告。实现连续15年人员“零伤亡”。

2021年，县水利局被省政府办公厅授予全省农村饮用水达标提标行动成绩突出集体称号。创成省级美丽河湖1条、水美乡镇3个、美丽池塘15个。

【水利工程建设】 2021年，全县续建项目3个、新建项目17个，完成总投资4.1亿元。金村水库及供水工程大坝主体工程填筑完成20%，输水隧洞爆破完成5500米；外舍支洞爆破完成5500米，全年完成投资1亿元。小溪流域综合治理工程（一期）外舍右岸、善水桥标段工程、那云堰标段工程通过竣工验收，王金垟标段主体工程施工中，全年完成投资6000万元。景宁智慧水利平台投入试运行，投资5300多万元。投资3125万元用于农村饮用水建管再提升工程，改造18个美丽水厂，1万农村人口供水条件得到改善。实施城乡滨水品质长廊延伸建设，完成河湖治理116千米，河道景观带建设13.8千米，滨水绿道建设24.2千米，增加滨水景观节点100多处。

2021年，水系连通及水美乡镇试点县项目五片区（东坑片、英川片、沙湾片、渤海片、城郊片）、104个点全面有序进行。其中，梧桐坑试验段、大均派庄坑、雁溪龙井段、郑坑乡段通过验收，并发挥效益。全县水系连通及农村水系综合整治试点县项目（含26个水利项目和5个整合项目）总投资7.26亿元。其中，水利部分投资5.13亿元，治理河湖50条（河道48条、湖泊2个）、河长116.35千米、水域面积55.5万平方米；整合项目（污水处理、城乡生活垃圾分类利用处置、畲族风情产业及惠明禅茶文化产业配套建设）投资2.13亿元。

12月1日，景宁畲族自治县与中国电力建设股份有限公司签订沙湾抽水蓄能电站项目投资建设合作意向协议。根据协议，双方将按照国家及浙江省新一轮抽水蓄能中长期规划，共同科学、有序开发建设沙湾抽水蓄能电站项目，将地方抽水蓄能资源优势转化为经济发展优势，助力高质量发展建设共同富裕示范区。该项目计划总投资约75亿元，电站规划装机规模约120万千瓦，为日调节纯抽水蓄能电站，计划于2024年10月前开工建设。

2021年，全国水系连通及水美乡村建设试点县项目——大均乡泉坑村亲水平台

（县水利局 供图）

【水资源管理】 2021年，完成省水利厅、市水利局布置的节水型社会建设年度计划工作任务。开展企业水平衡测试1家、企业清洁生产审核2家，创成省级节水型企业1家、省级节水标杆酒店1家、省级节水标杆小区1个。整改梳理取水户208家，实施一户建一档；标准化建设取水口15户。征收水资源费669.09万元，水土保持补偿费20.41万元。移交综合行政执法局立案6起，收缴罚没款14.81万元。深化“最多跑一次”改革，通过提升政务服务效率，变“群众跑”为“数据跑”，政务服务事项全部实现“跑零次”；依托投资项目在线审批3.0平台，实施“标准地”“承诺制”改革，投资项目涉水审批推行极简审批。

【小型水电站】 2021年，景宁畲族自治县有农村小水电152座，比上年增加1座（水溪电站新建投产），总装机容量34.94万千瓦，年发电4.65亿千瓦时。累计发放电站抵押登记证62本，抵押贷款11.92亿元。 （练梅霞）

工业经济

综　述

【概况】 2021年，全县规模以上工业增加值4.75亿元，同比增长15.2%；规模以上工业总产值20.23亿元，同比增长23.7%，景宁规模以上工业总产值首次突破20亿元。制造业投资增长57.2%；技改投资增长68.4%。

2021年，召开工业投资项目入园决策评价会议3次，工业投资项目入园18个，新项目开工12个，完成新项目投产12个，土地出让8宗13.52公顷。数字经济核心产业制造业产值1242万元，数字经济核心产业制造业实现破零并快速增长。

2021年，浙江飞科电器有限公司实现投产并升规纳统，全年新增规模以上企业7家。景宁民族创业园成功申报省级小微企业园，景宁连续三年成功申报省级小微企业园。浙江天造环保科技有限公司被评为省级"专精特新"企业，省级"专精特新"中小企业实现零突破。

（何苏芳）

景宁经济开发区

【概况】 2021年，景宁经济开发区（以下简称开发区）引进总部企业117家、实体企业16家。新项目投产13家，上规2家，在建项目7家。实现工业产值2.9亿元，同比增长184%。其中，规模以上企业工业产值2.17亿元，同比增长107%。限上批发业（年商品销售总额在2000万元以上的贸易企业）实现销售收入793亿元，同比增长73%，占全县的94%，占全市的48%。外贸出口额3.58亿元，占全县的61%。全年上缴税收12.1亿元，同比增长28%。

【开发区基础建设】 2021年，开发区有序推进生态产业平台建设项目，充分利用新一轮国土空间规划编制有利时机，拓展副城发展空间，完成景宁副城空间发展规划编制，规划面积1203公顷。其中，城市建设用地763.88公顷，工业用地383.15公顷。致力构建"一心两轴、双城三园，多节点"的规划空间结构，全力打造景宁生态工业主平台。全力推进省级美丽园区创建试点，创成景宁民族创业园

"污水零直排区"。完成9号地块绿化工程和园区的二次整合提升，形成全县最大的产业工人集中就业区。

【开发区招商引资】 2021年，开发区实行全员招商、产业链招商，以建设省级产业链试点示范单位为契机，引进研发龙头企业——广州四联玩具有限公司（港资企业）。与毕马威会计师事务所、中汇税务师事务所签订战略合作协议，搭建招商平台。推进产业园企业与幼教高校产学研（中国美术学院、浙江树人大学和杭州幼师学院等高校）合作，致力招引科技含量高、附加值高的电子玩具类企业，在浙江省开发区产业链汇报会上得到省专家组的肯定。至年底，已入驻园区产业链的链节企业有44家，实现投产运营27家，进一步提高了幼教玩具主导产业的集中度和话语权，力争打造幼教玩具的全产业链。全年对接客商1000多人次。

9月11日，庆隆木业有限公司年产10万套益智玩具产品项目开工建设。该项目位于景宁民族创业园C2-12-02地块C3区块，建筑面积1.1万平方米，总投资2000万元，主要建设包括机械化木制玩具产品生产线车间，成品仓库等。

【开发区企业服务】 2021年，开发区深化"驻企服务员机制"，实行全程代跑制。完善《〈关于鼓励澄照创业园创业带动就业的若干意见〉实施细则》，从政策、资金、教育等方面支持入园企业发展。引导企业员工完成疫苗接种700余人，接种率95%。兑现惠企政策资金2.74亿元。8月，将办公点搬至创业园，实现"零距离"为企业服务。

【原创业园指挥部实施的建设项目全部结束】 原有创业园指挥部实施的政府投资项目于2020年底已全部结束，完成县委、县政府交办的澄照农民创业园一、二期基础设施工程开发建设、自来水厂、污水处理厂等基础设施建设任务，新的副城正逐步崛起。

根据县政府《关于印发景宁畲族自治县城市建设投资集团有限公司组建方案的通知》（景政办发〔2020〕20号）文件明确，"按照资产资源整合、构建以产权为纽带的母子公司经营管理体系的要求，合理构建集团公司构架，组建10家职能与资产、资源相匹配的子公司"，景宁畲族自治县安盛低丘缓坡开发有限公司正式并入景宁畲族自治县城市建设投资集团有限公司，承担创业园区块的基础设施建设任务。从2021年，起创业园区块新建基础设施项目实施正式由城投集团负责，开发区主要负责园区的招商引资和产业培育，致力于发展园区的生态工业。（叶美美）

丽景民族工业园

【概况】 2021年，丽水经济开发区景宁民族工业园（以下简称丽景园）实现工业产值12.1亿元，同比增长15.6%。其中，规模以上工业产值10.64亿元，同比增长18.6%；规模以上工业增加值2.23亿元，同比增长8.5%。实现入库税收11.4亿元，同比增长80.2%。全年完成固定资产投资3.74亿元，其中企业投资3.46

亿元，占全县民间项目投资34.7%。全年新开工项目9个，竣工验收项目9个，投产项目8个。全年完成政府项目投资5000多万元，平整土地28公顷。

【园区项目建设】 8月3日，由浙江奔富新能源股份有限公司投资的年产1000万平方米锂电池铝塑膜生产线建设项目通过竣工验收。该项目用地面积1.2公顷，建设内容包括建设综合楼、厂房，购置AC涂布机、涂碳涂布机、铝塑膜涂布机等配套设备。

10月9日，由浙江飞科电器有限公司投资的飞科电器丽景园产业基地项目（一期）投产。浙江飞科电器有限公司是景宁畲族自治县引入的第一家上市工业企业、丽水市最大的制造业企业，产业基地计划总投资15.2亿元，分两期建设。其中，一期投资7.5亿元，用地面积约161万平方米，总建筑面积约20.7万平方米，新建生产车间3间、配套用房3栋、辅助用房1栋及其他用房。达产后，可达到年产1500万件剃须刀和750万件电吹风的生产能力，预计年销售收入约15亿元，上缴税金约1.5亿元。

10月13日，由丽水巨智科技有限公司投资的年产500万片超薄柔性玻璃（UTG）项目开工建设。该项目计划用地3.33公顷，总投资约4.43亿元，主要建设厂房、仓库、办公及科研用房、集体宿舍等。

11月26日，省市县长工程——丽景园网营物联（丽水）智能供应链运营中心项目竣工验收并投入使用。该项目累计完成投资1.79亿元。

2021年11月26日，丽景园网营物联（丽水）智能供应链运营中心项目竣工验收（丽景园　供图）

【园区“双招双引”工作】 2021年，丽景园聚焦电工电器（电气）等精密制造产业，全面落实“全员招商”工作机制，积极“走出去”，努力“引进来”。全年接待客商600多人次，外出招商走访企业100多家。成功招引实体项目9个，其中亿元以上项目4个；总部经济企业120家，其中7家总部经济企业入选2021年全县招商引资大项目。坚持园企联动，外招贤才内培新秀相结合，不断提升园区人才层次。新增畲乡英才1人、拔尖新秀2人，入选“浙江工匠”1人。

【园区整治】 2021年，丽景园开展拆迁尾留、“五未”用地等园区整治攻坚行动。园区被征收房屋全部拆除到位，拆迁尾留实现大清零。针对园区渣土乱倾倒现象频发情况，联合开发区执法局、交警大队组织开展“打击渣土乱倾倒”专项整治。通过推进浙江青风环境股份有限公司、丽水裕宏电气有限公司二期建设；司法拍卖浙江英得利智能科技有限公司地块，督促浙江世茂智能物联科技有限公司重新启动建设等多种方式，成功盘活低效用地4宗9.18公顷。

【园区企业服务】 2021年，丽景园新增规上工业企业5家(浙江飞科电器有限公司、浙江慕辰电子科技有限公司、泰亿达科技有限公司、浙江利鹏大型构件有限公司、浙江森青包装有限公司)。至年底，园区共有规上工业企业20家。是年，新增国家高新技术企业4家，分别是浙江康润新材料有限公司、丽水裕宏电气有限公司、浙江天造环保科技有限公司、浙江明思特建筑支护技术有限公司。新增省级科技型中小企业3家，分别是浙江宏博汽配有限公司、浙江天造环保科技有限公司、浙江浩琦机车部件有限公司。新增浙江天造环保科技有限公司为省专精特新企业。至年底，丽景园共有高新技术企业5家，省级科技型中小企业8家，省专精特新企业1家。 (雷淑君)

电力工业

【概况】 2021年，景宁最大用电负荷5.67万千瓦，光电、水电装机容量35.35万千瓦，电源最大输出功率32.5万千瓦，是用电负荷的5.74倍。全年用电量3.29亿千瓦时。发电量5.07亿千瓦时，是用电量的1.54倍。全年未发生电力安全考核事故，连续安全生产7123天。景宁有220千伏变电站1座，变电容量48万千伏安；110千伏变电站1座，变电容量8.15万千伏安；35千伏变电所12座，变电容量14.63万千伏安。35千伏线路21条，线路长度266.05千米；10千伏线路83条，线路长度1556.51千米。配电变压器1682台，容量66.82万千伏安。用电户数7.63万户。

2021年，建成新时代乡村电气化村6个、全电景区1个，实现136个行政村电力全覆盖。促成省电力学会与县政府开展战略合作，挂牌设立新型电力系统研究创新基地。打造无人机植物保护示范区。发布县域电动汽车充电网络“十四五”规划。出台用能权(用电权)市场化交易试点方案。开展“乡村振兴·电力先行”12个专项行动和实施服务支撑“共同富裕示范区建设”十项举措。完成全国人居环境现场会、2021年寒潮、节假日和中国共产党成立百年庆典等30多次保供电任务。全县电力营业厅向无人化、“数智化”转型，推出“无证办”“扫码办”等服务模式，居民平均办电流程压减至1.5天。

2021年7月22日，总投资2360多万元的大漈35千伏输变电工程正式投入运行

(县电力局 供图)

2021年，畲乡全域100%绿电项目入选国网科技示范项目。景宁高弹性配电网入选国网浙江省电力公司高弹性配电网优秀典型十五佳示范。《景宁城乡融合生态微电网实景建设》入选国网浙江省电力公司首面首域项目。 (陈 浩)

招商引资

【概况】 2021年，全县新引进项目29个，其中大项目15个；合同投资额13.32亿元。争取山海协作援建资金1670万元，落实援建项目25个。

【全县“双招双引”工作】 2021年，县四套班子主要领导亲自挂帅，所有县领导奔赴招商一线；成立以乡镇部门“一把手”为组长的招引分队86支；成立“双招双引”工作专班。全年对接洽谈1000批次以上，收集有效招商信息700多条，拜访央企、大型国企、500强企业和行业领军企业120多家，重点盯引工业企业38家。举办“双招双引”项目集中签约仪式，一、二、三产项目签约33个，总投资37亿元，其中实体经济项目占82.1%；签约项目当年开工7个，其中大项目2个。举办领导干部招商引资能力提升高级研修班，选送招商骨干赴上海培训50多人。

4月13日，景宁举行“双招双引”抢势领航行动集中签约仪式。集中签约的项目共45个，有招商引资项目28个，包含生态工业、生态农业、文旅康养、新经济等多领域；招才引智项目17个，包含平台合作、院地合作、百名博士助力畲乡等项目。签约仪式现场，还颁发了引才大使证书；并为天津、重庆、杭州等8个异地景宁商会的“双招双引”联络站授牌。

【主要落地项目】 2021年，畲族风情康养度假综合体项目获得土地使用权，项目总投资约3.2亿元，其中一期投资2亿元。项目建设内容为：康养度假中心、婚礼中心、游客咨询中心、生态停车场、观光游憩廊、田园餐厅、游步道观景等。智能健康分析仪及远程非接触式生命体征监护仪项目获得土地使用权，项目总投资约1.1亿元，总用地面积1.64万平方米，实际地上总建筑面积3.03万平方米。年产15万只电表箱及1万套高低压成套设备项目获得土地使用权，项目总投资约1亿元。总用地面积1.61万平方米，实际地上总建筑面积2.92万平方米。年产500万片超薄柔性玻璃项目获得土地使用权，项目总投资约4亿元。总用地面积6.65万平方米，实际地上总建筑面积6.6万平方米。

【山海协作】 2021年，景宁新建海盐—景宁山海协作乡村振兴示范点1个，4个乡村振兴示范点撬动投资3000万元；10个“飞柜”销售额3256万元，“飞柜”经济模式入选浙里小康——庆祝中国共产党成立100周年特展，并在《人民日报》头版头条刊登；“飞网”经济打通产品互售“绿色通道”，农产品溢价率30%以上。8月2日，央视《新闻联播》头条关注景宁“山海协作”升级版，报道景宁多年来通过打通内连外通渠道，创新“飞地飞柜飞网”，建立乡村互动、企业互利、旅游资源互享等全方位协作模式。景宁温岭生态旅游文化产业园完成投资8.9亿元。

4月24日，景宁畲族自治县与海盐县签订2021年度山海协作工程战略框架合作协议。根据协议，双方将按照“政府主导、市场运作，优势互补、利益共享”的原则，共建“山海协作高层联席会议制度”“‘1+X’专题合作机制”“重大经贸合作互动机制”，围绕“开展产业合作、拓展合作领域、开展结对帮扶”三大内容进行深度合作，具体包括组织企业到景宁开展实质性对接洽谈会或项目签约会1次以上、助力景宁共建乡村振兴示范点不少于1个、海盐安排财政援建资金不少于192万元。

3月29日，景宁畲族自治县与浙江大学医学院附属第一医院签订浙江省医疗卫生“山海”提升工程合作框架协议。根据协议，双方将围绕推进山区县卫生健康事业跨越式高质量发展的目标要求，健全完善优质医疗资源扩容下沉长效机制，加快补齐山区县医院服务能力短板，努力实现“3342X”能力提升，即实现县域胸痛、卒中、创伤急救中心三大医疗救治中心，县域影像、病理、检验三大医技共享中心，转外就医较多的四大重点托管专科，专业人才培养、公共卫生服务两项管理以及X项自选项目的能力提升。浙医一院将下派专家团队，确保专家每月在岗数不少于12人，每周工作不少于4个工作日，进一步满足山区人民群众健康需求。 （县经济合作交流中心）

商 贸 业

国内贸易

【概况】 2021年，全县社会消费品零售总额38.32亿元，同比增长0.2%。限额以上社会消费品零售总额2.72亿元，同比增长2.6%。因新冠肺炎疫情影响，县内商贸企业受到一定冲击，但整体平稳增长。

【电子商务】 2021年，景宁实现网络零售额10.36亿元，同比增长11.5%。在重点检测的第三方平台上，景宁有各类活跃网络零售网店280家；通过发展电子商务，直接解决就业岗位1000多个，间接带动就业岗位2200多个。

【成品油贸易】 2021年，全县有成品油零售加油站点10家。其中，中石化站点4家，浙石油站点2家，民营企业站点4家。全年销售汽油1.47万吨，柴油1.36万吨。 （夏丽燕）

对外经济贸易

【概况】 2021年，全县新批对外贸易经营者备案登记企业26家，实际出口企业33家，实现自营进出口总额25.69亿元，同比下降37.91%。其中，自营出口7.63亿元，同比下降52.84%；自营进口18.06亿元，同比下降28.32%。

【利用外资】 2021年，全县新批浙江威德乐科技有限公司、景宁纳瑙企业管理有限公司、浙江远晶网络科技有限公司、浙江威德乐新材料有限公司、景宁弼愈生物技术合伙企业（有限合伙）、浙江丽水同能企业管理咨询有限公司6个外资项目，合同利用外资1054万美元。 （陈妙芳）

供销合作社联合社

【概况】 2021年，景宁畲族自治县供销合作社联合社（以下简称县供销联社）成立县供销联社资产管理委员会，完成全县供销系统清产核资工作。出台《供销合作社集体企业资产和财务管理制度》《景宁畲族自治县供销合作社社有企业资产处置实施暂行办法》《基层供销合作社资产管理会计集中核算暂行办法》等15项规章制度。全县淡季农资储备1000吨、应急救灾储备化肥600吨、农药1.5

吨，淡季和应急农资储备保障供应充足，价格稳定。

2021年，县供销联社组织选送的浙江九曲茶叶开发有限公司的“九曲惠明”红茶，获得由浙江省农合联、浙江省茶叶产业协会、浙江茶业学院联合举办的2021“浙茶杯”优质红茶金奖；敕木蓝氏茶叶专业合作社的“敕峰蓝氏”红茶、景宁沐阳湖家庭农场的“山哈惠明”红茶分别获得优胜奖。

4月24日，县惠民资金互助会第二届第一次会员大会召开，审议通过景宁畲族自治县惠民农民资金互助会2020年度工作报告和资金占用费结余盈余分配方案。

【流动供销致富车】 2021年11月26日，县供销联社启动流动供销致富车项目，推出以“浙丽供”服务车保生活、“浙丽产”服务车促生产、“浙丽销”服务车促增收为主要内容的流动供销致富车。项目实施后将进一步健全景宁偏远乡村产、供、销“一体化”服务体系，确保乡村群众生活消费品供应得到全面保障。同时，通过建立农产品销售网络和平台，帮助山区群众拓展农产品销售渠道，实现乡村共同富裕。是年，有“浙丽供”4辆、“浙丽产”4辆、“浙丽销”8辆。 （杨　莉）

粮食工作

【概况】 2021年，景宁足额足量落实地方储备粮油储备任务。通过网上竞标，完成粮食轮换工作。通过公开招投标本地储备企业包轮换的方式，与丽水嘉禾粮油公司签订成品粮代储协议150吨，并定期开展库存检查；储备粮油达到国家规定的质量标准。是年，成立“星级粮库”创建工作领导小组，完成“二星级粮库”评定工作，创建放心粮油示范店5家。

【粮食安全】 2021年，全县有粮食价格监测点3个，粮食应急供应点20个，应急粮食加工企业3家。开展17户农户、10户居民的粮食生产和消费调查。每周开展价格监测工作，掌握县域粮食价格、库存量等。开展重大节假日粮油市场检查，确保粮食市场供需平稳。建成景宁首个中小学生爱粮惜粮教育基地，围绕“五谷百科、稻作成长、新时代粮食、爱粮惜粮”四个主题开展粮食安全宣传，全年接待参展宣传400多人次。开展世界粮食日和粮食安全宣传周活动，宣讲粮食收购政策、《粮食流通管理条例》，开通“12325”粮食流通监管热线。

【应急物资管理】 2021年，县发改局与旺加惠超市、客隆商贸有限公司、景宁畲都食品有限公司等签订饼干、矿泉水、方便面等生活应急物资代储协议；与景宁永安建材经营部签订钢管物资代储协议。全年储备应急物资品种124个，共计6.67万件，调拨物资4866件。 （杜丽媛）

烟草专卖

【概况】 2021年，景宁畲族自治县烟草专卖局（分公司）销售烟草4900箱，比上年减少166箱，下降3.28%；含税销售额2.22亿元，同比增长2.99%；毛利润6248.53万元，同比增长3.62%；实现单箱销售额4.53万元，比上年增加2761元，同比增长6.49%。零售客户盈利度提升至14.9%，达到近年来最高水平。

2021年，县烟草专卖局（分公司）积极参与数字浙烟生态体系项目建设。《缩短一线下乡补贴统计时长》获全市QC项目三等奖，《专卖案件以及外流数据看板》获全市数据看板竞赛三等奖。获丽水烟草“颂歌献给党 奋进新时代”合唱比赛一等奖、优秀组织奖。县烟草专卖局（分公司）党支部积极履行社会责任、参与地方组织的各类文明实践活动，获2021年度县级先进基层党组织荣誉称号。

【专卖管理】 2021年，景宁查获各类违法卷烟案件105起，同比下降19.23%；查获各类违法卷烟4273.6条，同比下降4.07%。其中，查获省外流入真烟案件40起；查获省外来源卷烟489.1条，同比下降0.02%；查获假私烟案件24起，同比增长41.18%；查获假私烟1970.6条，同比增长25.81%。市场净化率99.38%，卷烟市场保持稳定有序。（李春霞）

石油贸易

【概况】 2021年，中国石化销售股份有限公司浙江丽水景宁石油支公司销售成品油2.38万吨，比上年减少3886吨。其中，柴油销售1.25万吨，比上年减少3311吨；汽油销售1.12万吨，比上年减少576吨。积极配合政府取缔非标油营销点，打击非法经营和走私油品的行为，同时配合做好油品化验、罐车处理等后勤保障工作，消除重大安全隐患。（陈翔鸥）

交　通

综　述

【概况】 2021 年，全县有公路 315 条，总里程 1974.49 千米。其中，高速公路 1 条 12 千米，国道公路 2 条 72.34 千米，县道公路 16 条 370.22 千米，乡道公路 19 条 227.18 千米，村道公路 277 条 1292.76 千米。全县有二级客运站 1 个、三级客运站 1 个，准四级农村客货运一体站 19 个、农村物流服务点 165 个、港湾式停靠站 532 个。有通航航道 77.11 千米（主航道 58.24 千米，支线航道 18.87 千米），农村渡口 17 个，渡埠码头 41 个，在运渡船 21 艘（客位 632 个，车位 12 个）。

【重点工程】 2021 年，全县有交通基本建设项目 21 个，计划投资 23.24 亿元，实际完成投资 17.93 亿元，占计划投资的 77.15%。其中，续建项目 10 个，完工 8 个；新开工项目 11 个，全部完工。

2021 年，完成通用机场现阶段军民航现场踏勘和审查工作；完成 235 国道景宁东坑至景泰交界段改建工程初步设计审查，启动项目工可编制工作；完成洞头至庆元公路景宁红星至庆元界段改建工程线位方案研究（重点深化了穿越大均、梧桐、标溪、沙湾、毛

2021 年景宁交通基本建设项目一览表

表 7

新开工项目	年度计划投资、实际完成投资及完工情况	续建项目	年度计划投资、实际完成投资及完工情况
“四好农村路”东坑镇章坑至杉树岙联网公路工程	完工 计划投资 191 万元 实际投资 191 万元	G4012 溧宁高速公路景宁至文成段工程（景宁段）	未完工 计划投资 16.8 亿元 实际投资 11.91 亿元
景宁渤海镇金头汇渡口（金头汇码头）提升改造工程	完工 计划投资 162 万元 实际投资 162 万元	322 国道景宁段改建工程	未完工 计划投资 5 亿元 实际投资 4.58 亿元
景宁畲族自治县美丽航道航标配布工程（溪口至石埠圩段）	完工 计划投资 201.28 万元 实际投资 201.28 万元	景宁县千峡湖环库公路金钟大桥至岭根段工程（K0+000–K1+800、K2+850–K4+428）	完工 计划投资 1073 万元 实际投资 1073 万元

续表 7

新开工项目	年度计划投资、实际完成投资及完工情况	续建项目	年度计划投资、实际完成投资及完工情况
景宁县渤海镇金头会渡口塘底湾码头提升改造工程(水位标高 145-148 段)	完工 计划投资 45.12 万元 实际投资 45.12 万元	“四好农村路”九龙乡黄村至九龙公路改建工程	完工 计划投资 273 万元 实际投资 273 万元
千峡湖(景宁段)低水位应急抢修工程	完工 计划投资 245 万元 实际投资 245 万元	“四好农村路”沈北线双坑口至岚头村公路改建工程	完工 计划投资 267 万元 实际投资 267 万元
景宁航区应急渡船建造工程	完工 计划投资 31 万元 实际投资 31 万元	“四好农村路”渤海镇至郑坑乡公路改建工程	完工 计划投资 1100 万元 实际投资 1100 万元
景宁县国省道路公路养护大中修工程	完工 计划投资 514 万元 实际投资 514 万元	景南乡东塘村至童岭头(泰顺界)公路改建工程	完工 计划投资 364 万元 实际投资 364 万元
2021 年景宁县农村公路窄路基路面提升改善(造)工程	完工 计划投资 3953.22 万元 实际投资 3953.22 万元	“四好农村路”英川镇凤凰寨村白坦岙至大湾联网公路工程	完工 计划投资 187 万元 实际投资 187 万元
2021 年景宁县农村公路路面大中修工程	完工 计划投资 2455.15 万元 实际投资 2455.15 万元	“四好农村路”大漈乡茶林至雁溪乡浮亭岗联网公路工程	完工 计划投资 468 万元 实际投资 468 万元
2021 年景宁县农村公路安防提升工程(2 米以上临水 4 米以上临崖高落差路段安全防护设施隐患治理)	完工 计划投资 321.84 万元 实际投资 321.84 万元	景宁惠明寺村道路工程	完工 计划投资 159 万元 实际投资 159 万元
2021 年景宁县农村公路危病桥工程	完工 计划投资 2411.11 万元 实际投资 2411.11 万元		

垟等集镇路段的多方案同深度技术比选)；完成白鹤至大漈公路改建工程设计招标工作；洞头至庆元公路景宁九龙至红星段改建工程确定深水大桥和长隧道线位(主线方案提交水保、环评、防洪影响和初审咨询单位进行技术评估)，启动相关审批专题研究；形成温武吉铁路(景宁段)景宁站规划研究初步方案。溧宁高速公路(G4012)景宁至文成段工程(景宁段)项目完成路基挖方 210 万立方米，填方 281 万立方米，挡墙 5 万立方米；完成桥梁桩基 412 根、立柱 437 根、系梁 545 道，隧道完

2021 年 1 月 5 日，景文高速沙湾隧道实现双幅贯通　(县交通运输局　供图)

成 18.85 千米。322 国道景宁段改建工程完成路基挖方 67.6 万立方米，填方 30.5 万立方米，桥梁桩基完成施工 5068 米，隧道完成 7290 米。 （毛时程）

路政管理

【概况】 2021 年，开展以“百吨王”为重点的超限超载货车专项整治行动，与景宁交警及泰顺、云和等县执法队开展联合执法。在联合执法过程中依托现有不停车检测设备，以及澄照交通劝导站 24 小时超限超载检查，对重点路段、重点时段开展突击检查，严厉打击“百吨王”等严重超限运输、非法改装等违法行为。出动联合执法人员 2200 多人次，检测车辆 4.3 万辆次，查获超限超载车辆 63 辆，卸载超限货物 1200 多吨，共计罚款 4.12 万元，违法扣分 243 分；查处非现场超限 10 起，共计罚款 13.78 万元。

【路域环境整治】 2021 年，联合交通运输发展中心对 G235 新海线、G322 瑞友线等重点道路开展“两路两侧‘三化一平’”专项整治行动，对该区块乱堆乱放，违法广告牌等问题进行集中整治，共出动执法人员 85 人次，清理违章堆放 3000 多立方米，清理非公路标牌 23 块。 （李　颖）

水上交通

【概况】 2021 年，全县有六级航道 104.69 千米。其中，通航航道 77.11 千米（主航道 58.24 千米，支线航道 18.87 千米），尚未通航航道 27.58 千米。共有农村渡口 17 个，渡埠码头 41 个，渡工 42 人，在运渡船 21 艘（632 个客位，12 个车位）。辖区涉渡乡镇 5 个，行政村 54 个，常住人口 4.68 万人。本年度完成渡运量 54.64 万人次，渡运车辆 8.85 万辆次（包括摩托车、电瓶车等），千峡湖水路旅客运输量 4343 人次，全年无水上交通安全伤亡事故。是年，出动巡航 236 人次，出动车（艇）76 辆次，检查船舶（排筏）170 艘次，发放“三无”船舶行政告知书 50 多份，销毁水上移动平台 50 处、销毁三无船舶 6 艘、切割竹排 21 艘、劝离三无船舶 10 艘。发放隐患整改通知书 7 份,并全部整改到位。检验营运船舶 32 艘次，参与建造检验 1 艘次。

【水上工程项目】 2021 年，全县水上工程项目总投资 522.4 万元。其中，渤海镇金头汇渡口塘底湾码头提升改造工程（水位标高 145—148 段），总投资 45.12 万元；景宁畲族自治县美丽航道航标配布工程（溪口至石埠圩段），航道全长 8.5 千米，总投资 201.28 万元；千峡湖景宁航区渡运码头低水位应急抢修工程，总投资 245 万元；景宁航区应急渡船建造工程，总投资31 万元。

运　政

【概况】 2021 年，全县有营运车辆 327 辆。其中，营运客车 174 辆（班车 109 辆、公交车 44 辆、出租车 21 辆），营运货车 153 辆（含危险品运输车辆 15 辆）。购置纯电动新能源公交车 13 辆，淘汰报废纯油公交车 5 辆。全县 136 个行政村客车通达率 100%。

2021 年，全县有二级客运站 1 个、三级客运站 1 个，准四级农村客货运一体站 19 个、农村物流服务点 165 个、港湾式停靠站 532 个。

2021 年，驾校共培训学员 833 人，取得驾照 795 人，通过率 95%。全县机动车维修行业共回收废机油 3850 升、废电池 355 只、废轮胎 335 只、废配件 12.2 吨、废包装物 1.6 吨，“五废”全部实行规范回收和循环再利用。

【运输行政执法】 2021 年，联合县公安交警、高速交警及县市场监管等多部门开展路面检查，严厉打击非法营运、客运班车不按规定线路行驶和未取得经营许可、站外组客、擅自从事网约车经营等违法违规行为，对高速公路出入口、国省道、重点乡镇、旅游集散中心、旅游景区（点）等重点区域，采取定点与巡查相结合的方式，对非法运输行为开展执法检查。是年，查处非法营运案件 3 起；班车客运经营者站外揽客案件 3 起，处罚金额 3.16 万元；非法危险运输案件 3 起。

【云景县际公交班线开通】 2021 年 2 月 9 日，景宁至云和县际公交班线正式开通。该条线路共设景宁客运中心、畲乡古城、云和县客运中心等八个站点，总里程约 27 千米。其中，景宁段 9 千米，云和段 18 千米，经 235 国道，全程二级公路或县城街道。公交班车核载 13 人，暂定票价 3 元每人，60—70 岁老人享受半价，70 岁以上老人及残疾人等特定人群享受公交减

2021 年 2 月 9 日，景宁至云和县际公交专线正式开通　（县交通运输局　供图）

免优惠政策。两地首班车发车时间均为 7 时 30 分，末班车发车时间为 16 时整，每日单向六个班次，时间间隔 1 小时 20 分。（何世杰）

运输服务企业

【概况】 2021 年，景宁汽车长途运输有限公司新增新能源公交车 6 辆，开通景宁至云和城际公交线路和景宁至云和定制客运班线。全年客运站发车 3.46 万班次，运送旅客 39.19 万人次；县汇丰汽车有限公司拥有客运车辆 58 辆，其中康庄小巴 24 辆，客运班线 39 条；景宁联运出租汽车服务有限公司名下有出租车 21 辆，从业人员 24 人；县公共交通有限公司新增纯电动新能源公交车 7 辆，淘汰报废纯油公交车 5 辆。全县有公交线路 10 条，公交车 38 辆，公共自行车租赁点 31 个，公共自行车 800 辆。

2021 年，景宁有货运企业 19 家。其中，景宁县域范围内 9 家，丽景民族工业园 10 家；有危险货物运输企业 2 家［景宁畲族自治县平安民爆器材配送服务有限公司（10 辆危险货物运输车辆）、浙江乐道油品运输有

限公司(10 辆危货运输车辆,其中牵引车头 5 辆,常压式罐体车 5 辆)];汽车维修企业 28 家,摩托车维修 18 家,从业人员 135 人。

(马雄雄　何世杰)

公路管理

【概况】 2021 年,县交通运输发展中心根据《国务院办公厅关于深化农村公路管理养护体制改革的意见》(国办发〔2019〕45 号)和《浙江省人民政府办公厅关于深化农村公路管理养护体制改革实施意见》(浙政办发〔2020〕61 号)等文件要求,出台了《景宁畲族自治县农村公路养护与管理办法》,形成"县道县管、乡村道乡镇管"的工作机制。

2021 年,按照《公路网运行监测与服务暂行技术要求》,对普通国、省道应设未设地质灾害易发路段,以及服务站等节点设置应急监控设备,动态采集和传报公路突发事件信息,实现数字化管理。完成景宁"四好农村路"智慧管理平台(路长制)的初期建设,App 取名为"畲乡 e 路通"。

【公路养护】 2021 年,景宁境内国、省道路公路养护大中修 3.45 千米,增设护栏 2.26 千米,平交口处治 15 处、隧道监控提升 3 座,总投资 514 万元;农村公路窄路基路面提升改善(造)114.94 千米,总投资 3953.22 万元;农村公路路面大中修 116.62 千米,总投资 2455.15 万元;农村公路安防提升(2 米以上临水 4 米以上临崖高落差路段安全防护设施隐患治理)16.3 千米,总投资 321.84 万元;农村公路危病桥提升改造工程,总投资 2411.11 万元。是年,年均养护工程比例 5%,农村公路中等路率 85%,全县农村公路列养率 100%。国、省、县道清理垃圾投入人工 2400 多工日,修复钢质护栏 1452 米,修复公路边沟设施 1100 多米。行道树刷白 36 万平方米,12 万株。农村公路累计清理边沟 1200 千米,清扫路面 7400 千米,清理涵洞 302 处,全线清洗隧道 12 次,隧道清洗 218 千米,隧道清扫投入人工 150 工日,设备 36 台班。修补坑洞、沉陷 1200 平方米,用沥青砼合计 62 立方米,清理塌方 4.2 万立方米。绿化修剪 220 千米,绿化修剪投入人工 1800 工日,清理高边坡长草投入人工 2300 工日。服务区综合清理 569 处,修补坑槽、坑洞 387 平方米。

【公路运输安全】 2021 年,景宁境内国、省道 2.5 米以上临水临崖安全设施全覆盖完成里程 2.26 千米。完成辖区内 202 座公路桥梁隐患排查摸底,对 100 座危病桥梁进行提升改造。实施平交口及路侧开口整治工作,完成整治平交口 105 处。完成农村地区道路安全隐患整治 24 处。全年,出动抢险 2840 人次,机械 374 台次,清理塌方累计 8720 立方米,清理桥涵淤塞 32 处,设置警示牌 130 块,应急抢险率 100%。

(叶　超)

邮政·通信

邮　　政

【概况】 2021年，全县有邮政局(所)22个。邮政代理储蓄所6个[县城网点3个，农村局(所)3个]。电子化支局联网网点5个，电子汇兑网点24个。2021年完成总收入2523万元，同比增长2.33%。

2021年3月24日，邮政景宁分公司和五联快运有限公司开展“邮快合作”“快递进村”项目签约暨首发仪式活动，合作项目解决了快递进村“最后一公里”的难点问题。11月24日，邮政景宁分公司联合县委宣传部、教育局、团县委、总工会、人民医院等单位举办以“助力全民阅读·共建书香景宁”为主题的图书公益巡展活动，县教育局和邮政景宁分公司分别对实验二小和培智学校进行图书捐赠。

【助农志愿活动】 2021年11月26日，邮政景宁分公司、县民政局和葛山村联合举办以“凝聚慈善力量 助力共同富裕”为主题的助农志愿活动。该活动通过线上线下相结合方式，线上依托邮乐网平台上架葛山萝卜、“云顶飞鸡”“农家土猪肉”“畲乡小黄姜”等农产品，通过微信公众号、朋友圈等推广宣传，活动当天通过“邮善邮乐”农产品直播销售。线下组织40多名志愿者开展关爱老人系列活动。其间，邮政景宁分公司为葛山村经济合作社“邮善邮乐”慈善示范基地授牌。（鲍丽丽）

电　　信

【概况】 2021年，景宁电信移动用户总量3万户，年净增955户；宽带总量1.77万户，年净增996户；宽带电视总量1.22万户，年净增638户；固定电话总量8904户。主营业务收入2918万元。

2021年，与县公安局联合开展反诈骗宣传，上门发放反诈宣传单3000多份。开展“断卡”行动和电话实名制工作，落实用户个人信息和数据安全保护措施。完成全国农村人居环境整治提升现场会议、县两会、党代会、“三月三”等重大活动通信保障任务。将景宁电信中心营业厅建成“爱心翼站”服务点。为老年人开展“幸福学堂”，为户外工作者、社区老人提供消暑休息场所及爱心茶摊和防暑降温用品。

【电信助力食品安全】 2021年，景宁电信通过套餐优惠、赠送摄像头等形式协助店家“明橱亮灶”。在“浙江消费者在美团”和“饿了么”两大外卖平台上都可通过电信自主研发的“阳光厨房”模块实时查看7万多家商家后厨的监控。该系统叠加AI功能，对工作人员没有戴帽子、口罩等行为以及生产经营场所老鼠等出没进行抓拍，实现透明化市场监管。

【电信基础设施建设推进】 2021年，开通5G站点13个。完成主城区4G站点(电信、联通共建共享)安装调测，网络整体优化调整4次；完成外舍综合接入区机房中继光缆和电源、传输设备建设。农村无信号覆盖区域信号补盲扇区32个。新建景宁—沙湾—上圩—东坑—景宁1环，景宁—梅岐—渤海—景宁2环，10G OTN承载环2个。为保障政府部门和集团客户至省、市的组网电路安全，新装和割接核心DCSW数据中心交换机2套、核心BRASS宽带服务器2套。OLT上云改造割接32台，OLT上云测试24台。将1000户符合条件的宽带升级为云宽带。为金钟源村安装平安通监控点位13个。 (叶银香)

移　动

【概况】 2021年，景宁移动有物理基站249个，逻辑站点869个；2G基站299个；4G基站597个，TD-LTE基站371个，FDD-LTE基站226个；5G基站126个；骨干机房2个，汇聚机房18个。行政村驻地网覆盖率100%，行政村无线覆盖率100%。是年，投资5000万元用于县域700M频段建设，建成开通700M基站137个，实现城区、重要风景区、所有乡(镇)政府所在地700M基本覆盖。

【通信服务保障】 2021年，完成对面山隧道、天空之城等基站建设，并对重点工程施工区域信号进行优化。实施国家光纤到户项目，加强行政村宽带建设和城区光纤宽带改造。完成中国畲乡“三月三”活动、“献礼中国共产党成立100周年”大型文艺演出等各类县重大活动和突发公共事件应急等移动通信服务保障9场次，开通临时应急站11站次，扩容43站次。其间，移动通信无高负荷小区、无拥塞小区、无用户投诉。全国农村人居环境整治提升大会期间，景宁移动网络“青春5G+”青年突击队完成“5G云天网”可视化通信建设，实现了人动画面动，人到画面到，人员行程、车辆、路面监控画面实时回传，指挥中心在线指挥，全程画面直播。

【志愿服务活动】 2021年，景宁移动有注册志愿者40多名，成立“党员志愿者突击队”志愿服务队，先后开展“红马甲”学雷锋活动、“植树添绿为党献礼”义务植树活动、“3·15”主题宣传活动、“宽带品质跃升　我为群众办实事”实践活动、“世界地球日”主题活动、世界电信日“防诈骗”宣传活动、“我为群众办实事”主题活动、高考现场服务活动、“八一送慰

问 军企鱼水情”活动、“慰问抗美援朝老兵”活动、“城乡结对 共建文明”结对帮扶等系列活动 17 场次。 （毛忠玲）

联 通

【概况】 2021 年，中国联通丽水市景宁县分公司（简称景宁联通）业务收入 672 万元。宽带用户 2700 多户，移动用户 6100 多户。是年建成 5G 基站 27 个，基本覆盖主城区；4G、5G 网络覆盖乡镇所在地、省道公路及主要景区；县域光纤网络覆盖率 100%。

2021 年，景宁联通完成“数字经济”和“数字社会”总门户建设。为县人民医院打造智能导航系统，该系统深入各个就诊环节和流程，协助患者轻松抵达各个就诊科室，与医院自助挂号缴费机设备联合使用，实现基于就诊流程的扫码导航。为县交通运输发展中心开发“四好农村路”专项管理系统，推进“四好农村路”的建设。完成春节、“两会”、公务员事业国企招聘考试、高考、国庆节等节假日和重要活动的通信保障工作。全员参与党支部及政府组织的各项疫情防控工作，开展结对帮扶相关活动 80 多人次。 （夏向东）

金　融

【概况】 2021年，全县有银行业金融机构10家，保险机构3家，证券营业部1家。金融组织体系层次完备、竞争适度、健康有序。是年底，全县各项存款余额126.32亿元，比年初增加0.48亿元，同比增长0.38%。各项贷款余额120.96亿元，比年初增加14.68亿元，同比增长13.81%。其中，中小企业贷款余额25.64亿元，比年初增加6.46亿元；政府类项目贷款余额2.29亿元，比年初减少0.24亿元；住户贷款余额95.27亿元，比年初增加8.83亿元；涉农贷款余额76.13亿元，比年初增加14.00亿元；农户贷款50.85亿元，比年初增加5.66亿元；制造业贷款8.94亿元，比年初增加5.41亿元。不良贷款余额0.75亿元，比年初减少1.00亿元，不良贷款率0.62%。全年共处置不良贷款0.86亿元。县域银行业金融机构经营保持平稳发展态势，信贷适度增长。

2021年12月末，全县“三权”抵押贷款余额11.61亿元。其中，林权抵押贷款2657笔，余额5.95亿元；农房抵押贷款1127笔，余额4.68亿元；土地流转经营权抵押贷款94笔，余额0.72亿元。全县发放“两山信用贷”967笔，余额0.97亿元，较年初增加0.62亿元；发放“生态抵（质）押贷”3968笔，余额17.43亿元，较年初增加3.66亿元。在278个行政村（行业）继续做好“整体批发、集中授信”小额农贷业务。是年12月末，授信额度13.46亿元，授信农户26239户，累计发放贷款38.83亿元。全县共有村级担保组织14家，累计服务农户2757户，累计担保金额3.01亿元。持续提升县域农村地区支付结算和小额取现服务水平，保障全县银行助农取款与代理转账业务量。截至是年12月末，全县170个助农取款服务点共办理取款业务10500笔1614.53万元；现金汇款1500笔253.82万元；转账汇款2900笔73071万元；代理缴费2100笔360.23万元。推进农村电子金融自助交易服务。截至是年12月末，全县加载移动支付比率100.00%，改造助农自助终端16个，放置智能POS机170个，新建乡村振兴金融服务站91个，创建电子支付示范村2个。全年，发放支农再贷款500万元，惠及13户农户和涉农企业，加权平均利率4%。

积极推进省扶贫联系村结对帮扶工作，截至2021年末，为东坑镇北溪村信用农户发放贷款142笔，贷款余额1960万元。县人民银行指导金融机构运用再贷款政策，引导法人银行机构将支农支小再贷款快速、准确、足额投放到重点领域，帮助企业缓解资金压力。各金融机构累计走访县域民营和小微企业381家，解决融资问题229个，累计提供融资4.11亿元；发放支小再贷款7600万元，支持各类市场主体103户，加权平均利率4.39%。（吴佳丽）

【中国工商银行股份有限公司景宁支行】 2021年，中国工商银行股份有限公司景宁支行（以下简称工行景宁支行）实现拨备前利润2586万元，净利润1800多万元。

2021年底，全部存款余额11.79亿元，较年初新增400万元。其中，三项存款余额11.3亿元，较年初减少4418万元（公司存款余额3.46亿元，较年初新增1.21亿元；储蓄存款余额6.15亿元，较年初新增4979万元；机构存款余额1.7亿元，较年初减少2.15亿元）。

2021年，各项贷款余额4.9亿元，较年初新增4082万元。其中公司贷款余额6800多万元，较年初新增3500多万元；项目贷款新增400万元，突破了零余额；制造业贷款新增2700多万元，增速126%；民营贷款新增3100多万元；普惠贷款新增3600多万元；个人贷款余额4.22亿元，较年初新增540多万元，个人住房贷款年度新增2075万元。

2021年，全量个人客户净增4717户，个人有效客户市场覆盖率38.91%，新增信用卡普通卡客户360户，基金客户占比提升0.51%，保险客户占比提升0.09%，代缴代扣个人客户净增724户；公司有效客户净增108户（新开有效对公结算账户129户），同比增长50%；新开有效基本结算账户101户，同比增长40%，其中有效基本户净增67户（机构客户净增8户），同比增长22.64%；个人手机银行客户新增3984户，法人手机银行月均活跃客户净增125户。

2021年，各项贷款不良率控制在0.51%，当年贷款劣变控制在291万元，共清收不良贷款156万元。是年，获得金融机构第七轮安全评估得分优秀等级。

2021年，工行景宁支行积极主动履行社会责任，在做好行内疫情防控工作的同时，积极配合社区街道履行网格职责。积极开展金融安全宣传，持续做好景宁低收入农户结对帮扶活动。积极开展各项慰问工作，对郑坑乡校教师、景宁武警官兵、消防指战员、人武部等人员进行慰问。（梅亚萍）

【中国农业银行景宁县支行】 2021年，各项存款余额21.18亿元，比年初下降5690万元。各项存款日均余额19.71亿元，比上年新增1.36亿元。对公存款余额13.54亿元，比年初下降1.14亿元。个人存款余额7.64亿元，比年初增加5677万元。各项贷款余额18.59亿元，比年初增加9097万元，余额新增占比63.27%。其中：对公贷款余额8.52亿元，比年初新增4547万元；个人贷款余额10.07亿元，比年初上升4551万元，新增占比84.32%。不良贷款余额191万元，比年初下降218万元，不良贷款率0.11%，

比年初下降 0.16%。（汤力成）

【中国银行景宁县支行】 2021 年，本外币贷款时点余额 14.09 亿元，较年初增加 2.41 亿元，增幅 20.7%，贷存比 225.96%。其中，对公贷款余额 5 亿元，较年初增加 2.83 亿元，增幅 129.9%；制造业贷款余额 4.64 亿元，较年初增加 4.06 亿元；中长期贷款余额 4.05 亿元，较年初增加 3.87 亿元；普惠金融贷款新增 1.42 亿元；零售贷款余额 8.95 亿元，较年初增加 0.3 亿元。不良贷款余额 295 万元，较年初下降 197 万元，不良率由年初的 0.42% 下降到 0.21%，不良贷款现金清收 112 万元。全年累计开立公司账户 202 户，净新增 163 户，基础客户新增 115 户，有效户新增 32 户。全年为各类企业及经营主体减免费用 300 多万元。是年，中国银行景宁县支行荣获中国银行总行"万马奔腾"网点业绩竞赛普惠金融贡献奖。（张海美）

【中国建设银行股份有限公司景宁支行】 2021 年，一般性存款余额 16.27 亿元，日均余额 14.19 亿元。各项贷款余额 14.97 亿元，较年初增加 1.39 亿元，存贷比 92.01%。实现拨备前利润 4564 万元，中间业务收入 1018 万元。不良贷款从年初的 390 万元下降到 277 万元，减少 113 万元；不良率从年初的 0.29% 下降到 0.18%。

2021 年，小微快贷授信 192 户共 1.57 亿元，分别比年初增加 50 户 5792 万元。普惠信用贷款惠及全县 50 个行政村，全年发放信用惠农贷 70 笔 1219 万元、共富贷 49 笔 977 万元。是年，完成"我为群众办实事"8 件；与村（社区）党支部结对党建共建 6 户；帮扶农村低收入人口和欠发达地区 8 户 20 人；解决困难企业 1 户。

2021 年，与景宁梧桐乡同心村（省级经济薄弱村）党支部开展党建共建活动。为同心村投入项目资金 13 万元，通过销售黑木耳等农特产品，使村集体经济净增收 6 万余元，并完成"消薄"任务。是年，向县地质灾害避让搬迁包凤示范小区项目发放城镇化贷款 8500 万元，历年累计发放 2.1 亿元。

2021 年，建行景宁支行获丽水市分行开门红综合优胜支行奖；被中国人民银行丽水市中心支行评为 2021 年度全市金融机构打击治理电信网络新型违法犯罪工作先进集体；获 2021 年度全县银行业金融机构综合评价 A 级。（吴光明）

【景宁农商银行】 2021 年，景宁农商银行各项存款余额 37.42 亿元，比年初增加 6456 万元。各项贷款余额 36.31 亿元，比年初增加 5.01 亿元。存、贷款市场份额分别为 29.56% 和 30.02%。不良贷款 3193.19 万元，较年初减少 216.43 万元，不良贷款率为 0.88%，较年初下降 0.21%。各项贷款拨备覆盖率 647.04%，贷款损失准备充足率 1415.87%，各项贷款拨备计提充裕，贷款风险抵补能力持续增强。

全年营业收入 2.38 亿元，同比增加 2070.39 万元；实现利润 7458.53 万元，同比增加 859.31 万元，共缴纳税金 2988.62 万元。处置不良贷款 4782.26 万元。其中，核销847.47 万元，现金处置 3934.79 万元。新建商户信息档案5740户，新增贷款用户1355户，新增小微企业“首贷户”168户，金额6446万元。面向1558户企业及个体工商户，发放“无还本续贷”5.94亿元，累计为存量、新增贷款减免利息1861万元。截至年底，互联网客户5.98万户，比年初新增4726户；移动支付价值客户1.84万户，比上年新增5942户；移动价值客户覆盖率比年初增加3.69%，增幅51.6%；申领电子社保卡1.8万张，比年初新增7293张；“数字化转型”开通系统25个，完成比例83.33%，剔除不计划上线，开通率100%。

2021年，深推普惠大走访和“农户小额普惠贷款”，实现授信服务100%全覆盖，行政村100%全覆盖，累计向8702户农户发放小额普惠贷款18.81亿元。成功开立全市首笔矿业权出让首单电子保函。推出“拥军贷”，并向全县现（退）役军人、军属授信5亿元。丽水市作为全国首个生态产品价值实现机制试点市，景宁农商银行创新推出了“绿谷普惠贷”贷款产品，该产品在“浙里贷”产品基础上，后台接入“绿谷分”数据，获取相关分数和等级，实现综合生态信用评价与贷款额度、利率定价有机关联，使“生态价值”在金融服务体系中得到真正体现。全年累计发放“绿谷普惠贷”7538笔共计4.57亿元。

2021年6月7日，景宁农商银行“畲乡蓝”金融服务小分队到大漈村开展助农服务

（县农商银行　供图）

2021年，全面铺开浙江省农村集体经济数字管理系统，全县136个行政村系统上线率100%，支付完成率100%。实施普惠小微企业贷款延期还本付息政策和普惠小微企业信用贷款支持计划，利用“两直”资金共办理普惠小微延期贷款2.51亿元、普惠小微信用贷款2.38亿元。推出“丽商贷”贷款产品，向全县放心消费商户生产经营授信专项贷款金额1亿元。

2021年，推进“政务服务便利化”，成功上线“云保贷”“云商贷”“农合通”“公积贷”“太易贷”等纯线上产品，满足多元化金融服务需求。景宁农商银行依托网点资源分布广等服务优势，推动与人社、医保、公安等政府部门的合作，成为景宁银行业中首家实现“36+X”项高频和特色政务事项“就近办”“自助办”“掌上办”“上门办”的金融机构，开展群众特别是老年人与特殊群众“上门办”，实现“办理零跑动”，为企业、百姓提供一站式“政务+金融”服务。开展12个营业网点及4个助农服务点政务服务“便利化”工作，全年共办结1632件，为畲乡人民提供更均等、更便捷、更优质的民生服务。

2021年，开展审计项目15个，提出整改意见51条，促进修订完善制度和操作流程6个，报送审计专报1份。加强消费者权益保护，共设置消保驿站12个、村级消保驿站3个，理财“销售专区”1个和“销售专柜”1个，并在各营业网点设立金融知识宣传教育区、防诈专区，公布投诉电话、投诉流程，及时、公正、客观地处理客户诉求。

2021年，景宁农商银行在浙江省首届绿色金融改革创新大赛中荣获三等奖；荣获2021年丽水银行业保险业消费者权益保护先进单位称号；获评丽水市2021年度市分行（总行）级“两山”银行；获浙江省农户小额普惠贷款推广工作组织工作奖。王湾村丰收驿站被授予2021年浙江农信百佳丰收驿站称号；景宁农商银行沙湾支行获百山祖国家公园特色支行称号；大均乡大均村乡村振兴金融服务站获丽水市2021年度乡村振兴金融服务站示范点称号；景宁农商银行营业部被中国人民银行丽水市中心支行授予丽水市老年人金融服务示范点称号；景宁农商银行被景宁消费者权益保护委员会授予金融消费维权服务站、金融消费教育示范基地称号；辖内12个营业网点被授予消费维权服务站称号。《以思想政治建设为引领 奋力谱写新时代农信系统工作新篇章》被《中国金融业党的建设与思想文化建设调研成果库》全文收录；《景宁农商银行实施的抵押品管理专项审计》项目被丽水市内审协会评为优秀审计项目、被浙江省农村信用社联合社（丽水办事处）评为优胜PPT演示项目。　（王潇沁）

【中国邮政储蓄银行股份有限公司景宁县支行】 2021年，各项存款余额15.62亿元，较年初增长1.71亿元，增幅12.3%，增量占比356.91%。各项贷款余额11.4亿元，新增贷款市场占有率11.51%。

2021年，邮储银行景宁县支行购置金丰大楼1—2层，总建筑面积约1916.36平方米，预计2022年10月投入使用。支行拥有9个网点和10个非全日制金融服务网点。其中，县城网点5个，农村地区网点14个。　（朱训锋）

【浙江景宁银座村镇银行】 2021年，各项存款余额9.86亿元，较年初上升4948万元。贷款余额8.27亿元，贷款户数3162户，户均26.15万元，不良贷款率1.64%。小微企业贷款余额5.17亿元，贷款企业1216家，较年初分别增加6145万元、66家。其中，企业贷款余额3847万元，贷款企业22家，较年初分别增加1619万元、13家。

2021年，景宁银座银行设立张村支行。开展全国首个“人文·生态贷”产品价值试点村建设。全年累计向3个试点村发放“生态·人文贷”32户1404万元，当年使用额度450万元。景宁银座银行特色产品——“兴农卡”覆盖全县136个行政村，累计授信3019户3.87亿元，使用金额1.77亿元。其中，信用贷款2054户，占比68.04%。“生活圈”入驻商户453户，交易1765笔4.52万元。

2021年，与县交警大队、社区、学校等长期合作开展交通安全法规宣传和防电信网络诈骗金融知识宣传等活动。与县公安局签订《宣传战略合作协议》，并被授予警银携手防诈宣传战略合作伙伴单位。是年，开展公益活动300多场次，活动参与1500多人次，发放消费者保障服务宣传资料5000多份，受益消费者2万多人。各网点被评为市级绿谷先锋驿站。景宁银座银行创成清廉民企，并作典型发言。

（梅灵芳）

【泰隆银行景宁支行】 2021年，各项存款余额3.62亿元，较年初增加2559.96万元。各项贷款余额7.19亿元，较年初增加7020.35万元。信用卡（包含随贷通）有效卡1669张，较年初减少92张。信用卡透支额516.799万元，较年初减少233.86万元。不良贷款余额990.89万元，不良率1.38%。人均有效存款122户，金额1574.85万元。人均有效贷款187户，金额6746.43万元。子社区64个，综合社区板块5个，社区有效客户4289户，占比37.25%。（梅　丹）

【浙江稠州商业银行景宁支行】 2021年，浙江稠州商业银行景宁支行各项存款余额5.13亿元，较年初新增0.12亿元；贷款余额5.27亿元，较年初新增1.61亿元。建设乡村振兴金融服务站10家。“乡村振兴贷”整村授信22个村，助推农村经济发展。乡村振兴贷款户数600多户，贷款余额3500多万元。对接景宁义乌商会、天津商会、金华商会、江西商会、贵州商会、山东商会等，开通异地授信渠道，增强“在外景商”的信贷供给。全年，发放“在外景商”贷款300多笔，授信1.26亿元，贷款余额8900多万元。（杨海燕）

【中国人民财产保险股份有限公司景宁支公司】 2021年，中国人民财产保险股份有限公司景宁支公司（简称人保财险景宁支公司）继续做好政策性农险、农房保险、水稻种植保险、自然灾害公众责任保险、校园方责任保险、养老服务机构综合保险等。政策性农业保险参保5.2万户，保障金额8.77亿元。“脱贫保”“防贫保”全年赔付145万元，服务488人次，享受赔款476人。“浙丽保”参保12.11万人，参保率80.34%；累计服务2.74万人次，赔付352.16万元。

2021年，人保财险景宁支公司通过走访、对接、座谈等形式，摸清疫情过后企业复工复产的保险需求，并针对经营压力较大的小微企业推出小微经营户专门保险。联合县交警大队，推广电动车综合保险，并设立乡镇交通服务劝导站，提高理赔服务质量。组织工作人员积极参加岭脚片区网格维护疫情防控志愿工作。（徐冠俊）

【中国人寿保险景宁支公司】 2021年，中国人寿保险景宁支公司开展了独生子女家庭意外伤害保险、失独家庭保险、残疾人保险、少数民族保险、网格员保险、救援救灾人员意外保险、两性安康保险等业务。各项业务考核指标持续增长，从2015年起至2021年系统内全市综合考评连续7年第一名。2021年，寿险业务占景宁寿险市场的85.57%。实现总保费收入9466万元，比上年增加512.84万元，同比增长5.65%。其中，个人营销保费8122万元，公司直销保费1004万元，银行代理保险保费340万元。公司赔付总额1861万元。其中，短险赔款给付590万元，死伤给付673万元，满期给付255万元，年金给付343万元。（陈　川）

【中国太平洋财产保险股份有限公司景宁支公司】 2021年，中国太平洋财产保险股份有限公司景宁支公司主要经营：企业财产保险、家庭财产保险、工程保险、责任保险、意外健康保险、政策性企业保险、车险、船舶险、货运险等多个险种。是年实现保费收入1255.31万元，其中车险保费收入812.65万元，非车险保费收入442.66万元；赔款支出557.32万元，受理赔款案件1197件，简单赔率45.21%，综合成本率85.4%。非车险种客户主要有：企业财产保险82户，家庭财产保险167户，工程保险39户，责任保险187户，政策性企业保险708户，船舶险26户。太保产险景宁支公司高度重视理赔服务环节的建设工作，理赔服务考核领先同行业水准，结案率考核连续4年排名全市第一。 （陈 丽）

旅　游

综　述

【概况】 2021年，景宁畲族自治县有那云·天空之城休闲度假景区（二期）、千峡湾渤海生态园（一期）、汇田大桥区块旅游养生综合体、畲乡迪士尼项目（山哈宫亲亲乐园+引进五星级酒店）、五大垟“云上·鱼芦”田园综合体5个文旅康养项目集中签约，招商引资15.5亿元。与意大利莱西尼亚签订《景宁与巴迪亚建立友好缔结关系意向书》《景宁与莱西尼亚民族文化友好交流协议》《景宁“畲乡智库”成员聘请协议书》，并举办首届景宁—莱西尼亚文创设计国际大赛报名暨作品征集启动仪式和咖啡与禅茶对话活动，推动“一带一路”双方文化交流和旅游合作走深走实。

5月1—5日，景宁文化旅游市场复苏势头强劲。据统计，“五一”假期，景宁重点旅游景区（AAAA级以上景区）共接待游客5.47万人次，同比增长156.47%；实现旅游收入1325.57万元，同比增长189%。

【旅游项目建设】 2021年，全县安排涉旅项目19个，实际完成投资25.5亿元，完成市级年度考核目标（18.84亿元）的135.4%。其中，那云·天空之城项目全年完成固定资产投资3.13亿元（累计完成4.71亿元），一期工程通过竣工验收；山哈大剧院投入使用，是年承接大型文化活动9场；体育公园于是年9月底实现常态化开放，至12月承接赛事活动10余次，接待健身市民3万人次。

推进“微改造、精提升”行动，完成创建示范点摸底调查，制定“微改造、精提升”五年行动方案，共梳理“微改造”项目约300个，预算总投资约8亿元。其中，2021年计划投资2亿元，重点推进伏叶景区村省级示范点，景区城、畲乡之窗景区、东坑景区镇市级示范点，云中大漈景区、浙江景宁畲族风情旅游度假区、渤海镇等20多个县级示范点创建工作。“微改造”项目全年实际完成投资2.45亿元。

【全域旅游发展】 2021年，景宁畲族自治县被省政府命名为第二批浙江省全域旅游示范县（浙政发〔2021〕32号）。景宁畲乡之窗景区通过国家AAAA级旅游景区复核。是年，该县强化规划引领，完成“十四五”文化旅游体育规划编制工作和云中大漈、畲乡之窗景区项目策划评审。推进AAAAA景区城创建，在AAAA景区城的基础上，大力推进景区城标识标牌、景区城智慧旅游服务平台项目、文旅IP形象设计（城市VIS）项目、零直排生活小区改造工程等项目建设，促进城市硬件软件和形象的全面提升，统筹城旅融合发展。进一步打造景观资源、完善服务设施、培育乡村旅游业态，形成乡镇景点化、村居景观化的旅游环境。全县创成A级景区镇（乡）5个。其中，渤海镇被认定为2021年度浙江省AAAA级景区镇；景南乡、郑坑乡、家地乡、雁溪乡被认定为2021年度浙江省AAA级景区镇。全县共有A级景区村庄15个。其中，大均乡新庄村、郑坑乡吴布村、秋炉乡秋炉村、梅岐乡梅岐村被认定为2021年度浙江省AAA级景区村庄；红星街道金包山村、澄照乡东升村被认定为2021年度浙江省AA级景区村庄；鹤溪街道鹤溪村（半垟村）、东坑镇儒章村、沙湾镇莲川村、坑头村、英川镇黄垟口村、毛垟乡库头村、大地乡张溪村、鸬鹚乡山下村、九龙乡和顺村被认定为2021年度浙江省A级

景宁寨山桥（县农业农村局 摄于2021年）

景区村庄。

培育壮大“旅游+”新业态，“如隐·小佐居”获评全国首批甲级旅游民宿。景宁大均乡文旅融合案例入选《2021世界旅游联盟——旅游助力乡村振兴案例》。云中公社古法农业基地获评首批浙江省采摘旅游体验基地（AA级）。畲寨田园精品线路入选“2021年浙江省休闲农业和乡村旅游精品线路”。畲乡之窗景区被列入“2021诗画浙江十大旅游精品线路”。《畲族元素畲蓝功夫茶具套装》获2021中国特色旅游商品大赛金奖；在第16届中国义乌文化和旅游产品交易博览会上获优秀参展企业奖2个，工艺美术金奖、银奖和

如隐·小佐居民宿（县农业农村局 摄于2021年）

铜奖各1个；景宁宿叶民宿“只望青山去”礼盒和自在居民宿“畲鲵”茶具获评第二届“浙宿好礼”。景宁畲族自治县入选全省首批百县千碗数字化改革试点县并签约入驻百县千碗农都美食小镇；天元名都酒店、畲乡鸿宾大酒店、畲森山生态餐厅入选第三批“诗画浙江·百县千碗”省级美食体验（示范）店名单；景宁特色美食街区入选“诗画浙江·百县千碗”美食街区（镇）名单；鸿宾大酒店获2021“诗画浙江·百县千碗”影响力美食体验店称号；豆腐娘、苦槠干两道菜品获评

2021“诗画浙江·百县千碗”影响力美食菜品。畲乡鸿宾大酒店被认定为浙江省金桂品质饭店。

【旅游宣传推广】 2021年，景宁畲族自治县依托景宁文旅七大联络处(上海、江苏、杭州、宁波、温州、台州、嘉兴)深耕长三角客源市场，构建活动推广、线上推介、招募体验三位一体的营销模式，首次以极具创意的车厢内包车形式覆盖杭州地铁6号线全方位展示景宁文旅形象，以杭州为中心辐射长三角。全县共有景宁文旅旅行社联盟成员301家，全年举办携手“绣”春光——景宁文旅进静安宣传推介会、“诗画畲乡　和美景宁”2021浙江·景宁文化旅游江苏南通推介会、“百县千碗·寻味畲乡”景宁文旅(杭州)推介会等推介活动81场，全网曝光量近1亿人次。发布浓情畲寨体验游、畲乡红色印记游等主题精品旅游线路13条。全年，全县接待游客250.8万人次，同比下降3.9%；实现旅游总收入26.7亿元，同比增长3%。

2021年4月23日，2021景宁疗休养(杭州)推介会举办　　(县生态林业发展中心　供图)

【旅游市场管理】 2012年，景宁畲族自治县严格落实安全监管“一岗双责”责任制，实行安全生产“一票否决”制。与相关部门和单位签订《安全生产责任书》，健全安全生产责任体系。建立旅游安全专业委员会，明确安委会工作职责。积极推进安全生产社会化服务，开展旅游领域风险普查工作，形成旅游领域安全生产风险分类分级体系，分地区绘制安全生产风险“四色图”。开展节前旅游市场秩序整治、安全生产大检查、应急演练和专题培训等活动，严厉打击虚假旅游宣传，整顿导游服务市场，狠抓旅游包车服务规范，不断提升旅游市场秩序，保障旅游行业健康发展。

县旅游行政主管部门加强对饭店评星评级工作的指导。2021年，畲乡鸿宾大酒店入选浙江省金桂品质饭店，并通过四星级旅游饭店复评。邀请国家星评员到景宁天元名都大酒店开展五星级旅游饭店创建指导、培训工作。举办最美讲解员大赛和2021年度旅游行业从业人员培训班，提升从业人员整体素养和行业服务品质。开展文明建设和限制一次性用品检查、宣传教育工作，召开文明餐桌行动部署会和行业诚信建设宣传会，签订制止餐饮浪费行为承诺书。督促酒店积极开展垃圾分类工作，通过加强垃圾分类宣传、配齐垃圾分类设施、定期开展员工培训等举措，鼓励和引导消费者进行生活垃圾源头减量与分类工作。　(林　丽)

浙江景宁畲族风情旅游度假区

【概况】 2021年，浙江景宁畲族风情旅游度假区(以下简称度假区)有建设项目6个。其中，新建项目3个，续建项目3个。景宁—温岭山海协作生态旅游文化产业园完成投资

11.32亿元，其中度假区完成年度投资额1亿元。其主要项目景宁—温岭山海协作产业园咨询服务展示中心工程通过验收;“天空之翼”旅游综合体项目参加市级项目谋划大比武，并完成可研报告编制;产业园亲亲酒店、亲亲乐园项目完成意向协议签约，争取到优质社会资本共同参与产业园建设。全年，山海协作产业园设在温岭、宁海两地的“飞柜”平台销售景宁农产品2600万元。

2021年，度假区以畲寨东弄为核心，进行微改造、精提升。串连东弄、惠明寺、金垟和大张坑，推出“红绿畲”旅游新线路，接待游客18万人次，实现旅游收入2300万元。串连十个畲寨的“畲乡天径”入围全省36条自驾线路候选名单;东弄畲家田园综合体、禅茶工坊入围全省185个网红打卡点候选名单;环敕木山“城乡融合 和美畲家”示范带入围省级民族乡村共同富裕示范带。

2021年6月12日，举办首届中国畲乡·山哈电音节。山哈电音节以“山哈”为主题，在举办过程中融入畲族元素，体现畲族风情。此次活动吸引来自省内9个县市1000名游客，实现旅游收入50多万元。游客中“90后”“00后”占80%。举办环敕木山骑行打卡挑战

东弄畲寨风情体验游

(浙江景宁畲族风情旅游度假区 摄于2021年)

赛、红色主题畲族文创产品展，推出度假区“畲哈”“畲宝”吉祥物，东弄畲寨风情体验游、大张坑红色研学、茶工坊星空露营、敕木山顶日出雪景等网红点人气暴涨。全年度假区旅游接待超150万人次，同比增长20%，助力畲乡全域旅游的发展。

【度假区新建项目】 2021年，景观路二期项目开工建设，完成度假区的东西南北入口，敕木山主入口、次入口等景观节点建设7个，完成投资281万元。该项目主要建设度假区东南西北入口、敕木山登山主、次入口、汤夫人故居殿、惠溪日月、通禅之路、畲乡天径等十余处景观小品，路线全长29.88千米，总投资1200万元。畲族风情康养度假综合体项目开工建设，完成地基勘测、临时生活区、办公区搭建及场地平整，场地内道路建设完成80%，完成投资1.02亿元。该项目主要建设康养度假中心、婚礼中心、旅游咨询中心、商业、住宅、景观游憩廊、田园餐厅、生态农业体验观光园等，项目总投资3.2亿元(其中项目一期投资2亿元)。惠明禅茶文化产业园项目(大雄宝殿)开工建设，完成建设用地规划许可证、节能审查意见书、施工许可证等审批事项，完成投资7650万元。该项目以禅茶养生为主题，按功能分寺庙礼佛朝拜区、寺庙生活区、禅茶体验区、寺庙配套服务区4个区块。项目规划总用地面积19.92万平方米，总建筑占地面积3.02万平方米，总建筑面积4.82万平方米，总投资11亿元(其中7.5亿元由佛教百寺基金、上海静安寺投资建设)。

【度假区续建项目】 2021年，千年山哈宫项目完成边坡支护以及零星基础工程，完成投资1765万元，累计完成投资5.08亿元。6月23日，景宁—温岭山海协作产业园咨询服务展示中心工程通过竣工验收，完成投资900万元。该展示中心的投入使用，推进度假区旅游日常监管调度向数字化、网络化迈进。畲家田园综合体项目基本完工，完成投资800万元，累计完成投资2亿元。 （雷靖南）

千峡湖景宁段保护与开发

【概况】 2021年，千峡湖景宁畲族自治县保护与开发管理中心引进旅游项目2个，计划投资7.5亿元。开展“八大行动”，保护库区水、渔业、国土等资源。与县公安局、检察院、水利局、渔政局等单位开展联合执法25次，清理移动大型简易棚、竹排、浮台等95个，没收非法钓鱼竿100多根、大型渔网120多副。2021年岭根断面水质全年为I类水。

2021年，在汇田大桥、金钟大桥、绿草码头、渤海坑等4个区块种植中山杉、池杉等水陆两生彩叶树种3500多株，修复长期低水位带来的消落带生态破坏，协调统一、美化库周生态环境。

2021年，扶持千峡湖金钟梨花峡文旅产业园项目——梨花大道沿线绿化及科普梨园基础挡墙、柳山村凤凰观景平台配套设施、金山村和田坑村光伏工程、黄龙景观大道旅游设施、岭里村桃园基地配套建设、塘底湾（田埠）码头上岸点基础配套等6个项目，逐步完善库区基础设施。

【招商引资】 2021年，在千峡湖渤海镇渤海坑沿库区块（距县城15千米），引进千峡湾渤海生态园项目（一期）。项目内容：游客服务中心、增殖放流中心、康养度假中心、山水康乐中心、茶田高端民宿、花海梯田、生态沙滩、生态停车场、消落带生态修复等，项目总投资约1亿元。引进汇田大桥区块旅游养生综合体项目，选址于景宁汇田大桥西北侧沿湖山体区块（距县城5千米），总投资约6.5亿元，规划用地面积8.82万平方米。建设内容：精品旅游酒店、养生公寓、康健设施、配套商品住宅、叠水景观、公园绿化、景观游憩廊道等。 （毛莉茗）

2021年4月13日，千峡湖文旅康养项目合作签约仪式举行

（千峡湖景宁畲族自治县保护与开发管理中心　供图）

教　　育

综　　述

【概况】 2021年，景宁有各级各类学校（包括幼儿园）50所。其中，小学14所（县城5所，农村9所），教学点2个，初中6所（其中九年一贯制学校4所），普通高校1所，职业高中1所，特殊教育1所，幼儿园25所（公办独立园4所、民办园6所，附属园15所）。在校学生19397人。其中，小学7951人，初中4856人，高中1729人，中职学生1640人，特殊学生56人，在园幼儿3165人。在职教师1511人。特级教师3名，正高级教师2名，省教坛新秀6人，市名家3人，丽水市名师32人，市学科带头人65人。

【清廉学校建设】 2021年，立足景宁教育实际，以“清廉学校”建设为主轴，紧扣“清廉学校”“抓什么、谁来抓、怎么抓”这一核心任务，聚焦“举旗定向、难题破解、优化监督”三个维度，通过构建评估标准“新引擎”、狠抓创建工作“新联动”、搭建师德建设“新载体”、开展专项整治“新行动”、推出风险防控“新举措”等五大抓手，指导基层学校从“坐等送餐”转变为“主动点餐”，从源头上预防腐败的产生，高质量推进“清廉学校”建设工作，使得财务管理更加规范、清廉意识大大强化、食堂管理得到了革命性的提升、一批显性和隐性问题得到解决。经县纪委监委评估验收，创成“清廉学校”示范校3所，规范校5所，选树标杆校2所。经评估认定，创成市教育局“清廉学校”建设示范校16所（“清廉食堂”16所）。“清廉学校”建设工作成效先后在省、市纪委监委网站进行专题报道。

【学生德育建设】 2021年，以落实《中小学德育工作指南》为依托，全面推进“一校一案”工作。成功举办景宁畲族自治县第十届未成年人道德文化节，开展社科普及宣传展、网络安全宣传展、畲族文创成果展、“绿书签”宣传展、家庭教育条例宣传展、未成年人保护法宣传展、“新时代好少年”事迹展等活动。

【心理健康教育】 2021年，出台《关于加强中小学生心理健康教育工作的实施意见》，建立心理健康预警机制，对重点时段、重点对象、重点人群的心理健康情况进行预警。各中小学在4月、9月全面开展学生心理健康筛查。对学校健康辅导室规范运行情况进行3次专项督查。是年，县教育局配备心理健康专职教研员1名；全县教师C证持证率91.8%；100人以上学校配心理专职教师4名，配备率40%；辅导室负责人专兼职心理教师B证持证率87%；辅导室值班率、学生心理检测率、建档率100%；心理健康课开课率100%。

【学生素养提升】 2021年，先后开展了城区学校田径对抗赛、城区学校篮球对抗赛、中小学生田径运动会、县级艺术节、书画赛等30多项赛事，学生覆盖面100%。组织学生参加省、市竞赛获得市一等奖18个，二等奖43个。民族小学的舞蹈《彩带献北京》和鹤溪小学的口琴合奏《春节序曲》获省艺术节二等奖。新增3个市级达标标准获批，覆盖信息技术、民族体育、装饰图案三个类别。全县学生运动技能、艺术特长、技术操作达标率分别为92.62%、86.00%、75.65%。出台《关于实施全县中小学校劳动教育清单管理的通知》。全县各校根据学校实际，制定各年级段学生劳动教育清单，落实劳动教育必修课每周不少于1课时，组织开展劳动周系列展示活动。

【扶困助学】 2021年，出台《各学段学生资助相关规定的通知》《景宁县教育局大学困难新生资助管理办法》等5项文件加大学生资助力度，健全学生资助体系。对资助工作领导小组人员进行了调整，学校设立扶困助学办公室，落实专人负责。出台资助管理考核细则，每年度对学校资助工作进行督查考核。是年，落实政府资助资金1600多万元，惠及学生1.7万人次。

【教育经费】 2021年，财政预算安排教育系统经费7.49亿元，其中，中小学校教育经费4.17亿元。教育局本级人员经费和项目经费1.23亿元，教育基本建设项目经费2.07亿元。教育系统公共财政教育支出5.73亿元，同比增长2.57%。生均公共财政预算教育事业费支出和生均公用经费逐年增长，达到“三个增长”。

学校教育

【学前教育】 2021年，全县有幼儿园25所，在园学生3037人。其中省一级幼儿园3所，省二级幼儿园10所。全面完成全国学前教育普及普惠县创建工作，实现两教一保，教师资格证100%，等级园占比100%，普惠性幼儿园占比100%，普惠性覆盖面100%，等级园覆盖面100%。依据2020年《浙江省等级园新评定标准》，积极开展等级园创建工作，新评省一级园1所，复评省二级园1所。根据全国普及普惠县创建的要求，针对普惠性民办幼儿园的实际情况，投入448万元，对普惠性民办幼儿园进行改造，进一步提升普惠性民办幼儿园的办园硬件条件。是年，景宁创成全国学前教育普及普惠县并入选浙江省幼小科学衔接实验区。实验幼儿园实现丽水市教师业务竞赛五连冠；中心幼儿园连续两年获得

“云和木玩”案例全市一等奖。新增翠涛居幼儿园，于 2021 年 10 月投入使用。

【义务教育】 2021 年，全县有小学 16 所（含教学点），在校学生 7260 人。初中 6 所，九年一贯制学校 4 所，在校学生 4742 人，初中毕业升入高中的比例 99.55%。推进幼小科学衔接“实验区”改革。景宁是全省 11 个幼小科学衔接“实验区”之一，6 所实验校（园）先行先试，形成了综合、语言、社会、科学、艺术、健康等六大领域课程资源包，开发了课中操、大课间、绘本阅读等资源模块。推进义务教育课程改革。基于新城区和新乡村“三品三味”课程体系，建立 13 个省、市、县基地，培育精品项目 17 个，形成了深化课改的县域实践经验，5 个课改案例获评省级典型案例。出台《新时代城乡义务教育共同体建设的实施意见》，开展共建型和协作型两种模式，结对形成办学共同体，推进义务教育优质均衡发展。巩固提升景宁小班化教育改革成果，小班化经验向城区学校转移。推进初中壮腰工程，实行一校一策，以创新举措提升学校办学质量。全面开展学生素养提升行动，3 所学校获得市级素养展示先进集体称号。

2021 年，成立“双减”工作专班，深入贯彻实施“双减”政策，有效减轻学生作业负担和校外培训负担。召开县委教育工作领导小组会议，制定“双减”实施方案和领导小组方案，出台《景宁县中小学生“五项管理”20 条规则》《关于进一步做好义务教育阶段学生课后服务实施意见》等文件，抓实五项管理和课后服务改革。确保学生在校内学足学好。从严治理和规范校外培训机构，实现校外培训机构转登记工作办结率 100%。红星小学的案例入选省第二批典型案例。

【普高教育】 2021 年，全县有普通高中 1 所（景宁中学），在校学生 1840 人。景宁中学以“生态教育”为办学理念，以“调整巩固、优化提升，提高学校办学品质”为学年工作主题，狠抓班主任队伍建设，转变班主任的管理育人理念。做细学生生涯规划，深化生态课堂改革，落实八大要素，积极构建“5S 生态课堂教学”，学科组活动主题化深度推进，赓续“以研促教”的风气。1 个课题被立项为省级课题；2 个课题被立项为市级课题。1 名教师获浙江省优质课二等奖；3 名教师获丽水市优质课一等奖。2021 届高三年级组和 2021 届高三语文备课组被评为丽水市教学工作先进集体称号。2021 届高考，一段上线 470 人（全省高考划线改革：一段线从占比 20%提高到 60%），上线率 90%。其中：“985”高校 12 人（C9 高校 5 人），“211”高校 27 人，省重点高校 86 人，省、市共建重点高校 15 人，浙江警校 3 人，共计 143 人。

【职高教育】 2021 年，全县有职业高中 1 所，在校学生 1940 人。引进浙江建设技师学院，联合举办民族分院，民族分院采用景宁职高与浙江建设技师学院共建共管的模式。9 月 1 日，景宁民族分院挂牌成立，开设电梯工程技术（楼宇自动控制设备安装与维护）、建筑施工、工程造价 3 个品牌专业，每个专业招生 50 人，招生 153 名。实行“2+3”或“2+4”

分段式教育教学模式（前2年在景宁学习，后3年或4年在杭州学习）。同时双方将共同制定合作专业的人才培养方案、实施教学计划，每年为景宁培养专业人才150名，进一步助推景宁畲乡职业教育的发展。景宁职高整体迁建工程于2020年12月8日动工，2021年11月30日土建工程完成招投标工作。开展生命德育“主题月”活动，成功创建省级“健康促进学校金牌”单位。开展课题研究和课堂改革，市级课题获奖2项，1个课题获得省级立项，3个课题获得市级立项，2名教师在浙江省中等职业学校职业能力大赛（教师技能大赛）中获奖，4名教师获市级课堂教学评比一等奖，2名教师获市级课堂教学评比二等奖。2021年单考单招上线率99%，毕业班学生技能等级持证率69.13%，较2020年提升1.88%。在2021年高职高考中，高三全段升学率超80%，本科上线15人，其中旅游专业上线8人。

【成人教育】　2021年，投入200多万元，完成景宁成人文化技术学校校园整体装修工程。按照成人教育的办学特点，全面梳理学校办学思想体系，打造具有成人学校特色的校园文化。鹤溪镇社区学校成功创建浙江省现代化学校。在景宁电大成功举行“2021年景宁县全民终身学习活动周启动仪式”。全年开展各类技能培训及社区教育1.1万人次。社区教育以老年教育特别是老年智能手机使用为重点内容，积极帮助老年人跨越“数字鸿沟”，让老年人更好融入智慧社会。成立“畲乡功夫工作室”，招收学员开展培训，努力传承畲族文化。

【民办教育】　2021年，景宁民办教育集中在学前教育和义务教育阶段，全县民办幼儿园5所，在园幼儿847人。其中，省二级幼儿园1所，省三级幼儿园4所。义务教育阶段民办初中1所，在校学生569人，民办小学1所，在校学生548，九年一贯制学校1所，在校学生171人。出台了《景宁畲族自治县关于购买民办启文学校学位管理办法》《景宁畲族自治县关于促进民办启文学校规范发展实施意见》，进一步规范民办义务教育发展，扎实推进校外培训机构专项治理工作。11月29日，在全市率先完成“两转一销”工作，完成率、压减率均为100%。民办文化类校外培训机构从11家压减至6家。

教师队伍建设

【概况】　2021年，全县教职员工1921人。其中，学校专任教师1494人；正高级教师3人；省特级教师3人；省教坛新秀5人；市名家3人；市名师32人；市学科带头人96人。全年共招聘新教师52名。其中，浙江师范大学校园直招18名，定向培养21名，公开招聘13名；硕士研究生2名，本科48名，专科2名（学前）；师范类毕业生35名。全县符合高级职称评定条件人员65人，中级职称评定条件人员148人，最后评出高级职称18人，中级职称43人。全县省级自主评聘单位2个，市级自主评聘单位11个，首次实行全程网上申报、评议、评审。印发《景宁畲族自治县人民政府办公室关于建立义务教育教师工资收入长效联动机制的通知》(景政办发〔2021〕27号),建立健全了义务教育教师工资收入随公务员工资收入动态调整机制。是年,共招定向生17名,分中学组、小学组。引进一名名校长,任城北中学校长。

【师德师风】 2021年,景宁暑期师德培训从规范化迈向"品牌化"。设计了"双学双做"的课程框架,进一步明确培训主题,提升课程设计品质,打造畲乡特色的师德培训品牌。推进师德示范引领工程,师德规范践行工程、师德警示宣教工程三大工程。深入学习中共党史,并开展师德先进事迹宣传学习和"五个一"活动,讲好"为党育人、为国育才"的初心故事,打造具有"重要窗口"辨识度的优秀教师典型案例集群。该做法被《丽水日报》以《景宁开展教师师德大培训》为题刊发。

2021年,开展师德师风专项整治行动。签订教师师德师风承诺书,有效开展师德师风七个一活动,全面梳理教师队伍建设过程中发现的问题,明确有偿补课、证照管理、微商经营、廉洁从教等专项整治工作举措。向社会公众推出"有偿补课投诉举报"二维码开展线上举报,对无视"禁补令"顶风违规违纪的教师实行优秀评比"一票否决制"。全年开展有偿补课专项整治行动23批次,派出检查人员100多人次,没有有偿补课被举报现象。

【教师素养提升】 2021年,依据《景宁县中小学(幼儿园)青年教师成长研修站实施办法》开展研修站活动。成立青年教师成长研修站21个,吸纳各校年轻教师225人,聘任导师63人。实施第二轮的教师学科关键能力提升行动,发挥研训中心研训一体功能融合的优势,将学科短学时培训与暑期集体大备课相结合。全县中、小学校本研修优秀项目经验和优秀方案分享,树立"项目化·参与式"教研方式,选择"真、需、小、集"的研修内容,策划有深度有广度的组织方式,增强校本研修实效。是年,有2个教研组被评为省级先进教研组;获市基础教学成果奖一等奖3项,二等奖3项。

【名师名校长队伍建设】 2021年,首次承办全国教育局长联盟交流会。成立名校长工作室,发挥平台引领作用,开展首届畲乡名师、名校长评比和校长晒课活动。全面落实《中共中央国务院关于深化新时代教师队伍建设改革的意见》和教育部等五部委联合印发的《教师教育振兴行动计划》精神,34名名师、名校长参加"绿谷名教师"培养工程。该工程集聚优质教育资源,采用双班主任制管理,双导师制全程指导,以分类开展研修的方式进行培养。是年,全县教师队伍中被评为省教坛新秀1人;被评为丽水市首届教学名家3人;被评为丽水市第四届教学名师14人;被评为丽水市学科带头人41人。

改善办学条件

【概况】 2021年,教育基本建设实施类项目6个,重大项目前期4个,完成投资1.11亿元。城北中学食堂宿舍综合楼扩建工程结顶并进行内部隔墙砌筑。景宁中学基础设施提升工程和金山垟幼儿园、包凤幼儿园、翡翠湾幼儿园等小区配套幼儿园建设完工。英华实验学校同心楼拆建工程和职业高中整体迁建工程均开工建设。全县35所学校88个小微维修改造(设备采购)项目,有86个通过竣工验收,共计投入1983.48万元("两直"资金1009万元,省补民办教育发展资金550万元)。规划风雨(生活、红色文化)长廊建设项目2个,建筑面积2700平方米,投资750万元;劳动教育资源供给项目3个,建筑面积3862平方米,投资575万元;食堂及体育运动区改造项目1个,建筑面积2700平方米,投资1600万元。

2021年,投入417万元用于食堂微改造和设施设备提升。其中,投入259.35万元对9所学校食堂扩容,新增餐位2367个,实现学生就餐应供尽供。全县所有学校食堂都建成B级以上食堂,均完成"阳光厨房"建设,其中A级食堂15个。　(刘清华)

文　化

群众文化

【概况】 2021年，县文化馆通过国家一级馆复评。景宁1户家庭5人入选2021年度省级文化示范户和乡村文化能人名单。英川镇被评为浙江省文化强镇；东坑镇、鸬鹚乡通过浙江省文化强镇复核。畲族歌舞团旅游接待演出《印象山哈》41场，赴上海、杭州等地开展旅游推介演出19场次。是年，开展送戏下乡140场、送电影下乡1618场。

2021年，在第16届中国义乌文化和旅游产品交易博览会上，县文广旅体局组织博物馆和6家文旅企业参展，参展产品近百种，分别在中国畲族博物馆和浙江丽水馆展出。其中：作品“凤舞香畲”获金奖，“畲族迁徙装”获银奖，“石榴籽”吉祥彩带获铜奖；景宁凤舞银针畲绣文化传播有限公司、景宁畲族自治县兰道文化产业发展有限公司获优秀参展企业奖。

【公共文化服务体系建设】 2021年，景宁“文化物流”项目入选第四批浙江省公共文化服务体系示范项目。该项目通过搭建仓储中心、监管中心、快递员中心三大平台，实现景宁文化人才的充分流通、文化资源的高效利用，使文化创新活力倍增、百姓文化生活更加丰富多彩。历年累计送戏下乡458场，乡镇节庆策划60多场，文化培训活动120多场，建设特色书房17个，送书3.4万册、送电影5400多场。是年，通过“文化物流”项目申报答辩会，文化馆向文化业余团队购买活动22场，免费向业余团队开放活动场地50多次，组织业余团队赴基层开展活动12场。发动业余文化团队、文化志愿者、社会文化精英等，向全县21个乡镇（街道）输送定制培训服务，文化物流派送服务80多次。开通线上线下免费公益培训40次。

【群众文化活动】 2021年，县文化馆以“庆祝中国共产党成立100周年”为主题，举办了第十二届中国畲族民歌节田园行大展演、中国好声音景宁赛、全县干部职工“七一”合唱大赛、浙江省“三团三社”区域联动示范交流活动决赛、大型音乐剧《畲山黎明》会演、“百年梦想　百年赞歌”景宁领导干部音乐党课等各类赛事和群文活动118场，观众4.8万人次，参演人员5000多人，线上浏览量37万。组织文化走亲活动25场；开展乡村春晚、校园春晚、企业春晚、工地春晚等畲乡春晚8场；开展“我们的节日”系列活动28场；录制全国村晚示范活动和节目2次；承接、配合全县各单位、部门活动、会议50多场。

2021年6月25日，“永远跟党走　奋斗新征程”——景宁畲族自治县庆祝中国共产党成立100周年主题合唱大赛举行

（县文化广电旅游体育局　供图）

【文化精品创作】　2021年，景宁共创作文化精品28个。县文化馆选送多个优秀作品参加省、市赛事。其中，原创歌曲《念畲乡》、舞蹈《畲药女》均获浙江省“三团三”社区域联动示范交流活动金奖；原创歌曲《大树脑的时光》获丽水市第十六届原创歌曲大赛创作金奖、演唱银奖、辅导银奖；原创舞蹈《畲药凤妮》获丽水市第五届原创舞蹈大赛创作金奖；原创舞蹈《彩带献北京》获创作银奖；宣讲《又见畲寨梨花开》获浙江省群文微宣讲大赛二等奖；歌曲《回忆是一首长篇故事集》获浙江省新人新作大赛入围奖；美术作品《割锄》《春暖花开》《迎新年》《春》入选浙江省三团三社区域联动示范交流静态展。景宁畲族自治县和浙江演艺集团（浙江歌舞剧院）携手打造的“省地合作”典范项目——大型原创民族歌剧《畲山黎明》在第六届全国少数民族文艺会演上获“优秀剧目奖”，剧中4位主要演员获“艺术表演奖”。该剧入选浙江文化艺术发展基金资助项目、2021—2022年全省舞台艺术创作重点题材扶持项目。

【文化市场管理】　2021年，县文化市场行政执法大队继续做好节假日及重点时段文化市场的监督执法。全年检查各类文化市场经营单位313家次（处），出动执法人员667人次，立案13起，结案13起，切实维护全县文化市场经营秩序。县文广旅体局印发《2021年度非法卫星接收设施整治工作方案》，开展全县宾馆酒店接收境外电视节目情况普查和非法地面卫星接收设施整治行动，出动检查人员28人次，拆除非法地面接收设施30多个。加强节假日期间未成人进入网吧、歌舞娱乐场所的监管，保障未成年人的合法权益。开展“扫黄打非”“护苗”出版物市场专项整治行动，打击各类非法出版物、非法宣传品等。开展双随机检查24次，其中联合双随机检查15次，形成打击惩治文化市场违法犯罪行为的工作合力。指导3家网吧和3家KTV创建平安网吧和平安KTV工作。认真落实疫情防控措施，严格要求相关场所、单位做好“亮码测温戴口罩”等举措。

（潘智慧　潘平平）

非物质文化遗产

【概况】 2021年，景宁共有非物质文化遗产代表性项目176项。其中，国家级4项、省级21项、市级43项、县级108项。全县共有非物质文化遗产代表性传承人208名。其中，国家级2名，省级29名，市级36名，县级141名。是年，新增省级非遗代表性传承人6名。共有县级非物质文化遗产传承基地15个。英川镇入选“第二批浙江省戏曲之乡”。国家级非遗传承人蓝陈契被授予2021年国家级非遗代表性传承人薪传奖。

【非遗宣传活动】 2021年，县文物和非遗保护中心举办畲乡非遗展演展示、传统戏剧红色之旅展演、畲乡非遗联盟启动活动；组织参加浙江省文化和自然遗产日主场活动、中国传统工艺邀请展、第四届“少年非遗说”浙江传说故事讲述大赛等活动，展示非遗项目，激活非遗传承方式。

【非遗传承人及项目】 2021年，景宁畲族彩带编织技艺入选第五批国家级非遗代表性项目名录。景宁共有畲族三月三、畲族民歌、畲族婚俗、畲族彩带编织技艺4项国家级非遗项目。景宁“畲绣香囊挂饰”入选第三批浙江省优秀非遗旅游商品名单。景宁共有“畲绣香囊挂饰”“畲族银饰”“会友茶”3项非遗旅游商品。景宁畲族刺绣、景宁花鼓戏、景宁粉皮制作技艺、乌饭制作技艺等4个项目入选丽水市非遗项目名录。

【文化基因解码工程】 2021年，在畲乡古城香菇文化非遗馆设立文化基因解码示范基地。完成200项文化元素调研和系统录入工作，重点解码畲族文化、红色文化、传统民俗、饮食文化等15个重点元素，通过艺术作品创作、文化节庆活动、景区规划设计建设、旅游商品和文创产品研发等手段，提出了项目文旅产品策划，形成《基因解码项目策划库》和《重点策划项目》，为基因解码项目实现文化创造性转化和创新性发展提供可行性报告。（陈 燕）

公共图书馆

【概况】 2021年，县图书馆到馆23.52万人次；借阅8.52万人次，外借文献13.19万册次；为群众办理退押金服务9.72万元；信用、点单服务等线上借阅图书500多册；送书下乡1.52万余册。

2021年，县图书馆通过浙江省满意图书馆考评；获浙江省满意图书馆称号；在2021长三角地区公共图书馆阅读马拉松大赛中获优秀组织奖。县图书馆大均分馆被评为“全国百佳公共文化空间”“丽水市最美阅读空间”。在县图书馆沙湾分馆和英川分馆增加藏书量和增设自助借还机、安全门禁等设备。建成大漈书房、税月书房、翡翠湾书房和编办书房、老干部书房等7个畲乡特色书房。

【服务体系建设】 2021年，县图书馆完善和优化开放时间、服务内容公示公告载体，畅通读者诉求渠道和反馈机制；规范馆内标识，消除缺、损、漏、挡现象，提供更加精准有效的标识引导；提升母婴室、视障阅览区等特殊群体的服务场所，配备了AED设备，为读者提供健全的阅读服务；整合提升原有的少儿阅览室和电子阅览室的服务空间，重新打造低幼阅读区和少儿阅览室的阅读环境，既为未成年人读者营造了温馨、舒适的阅读氛围，又更好地充分利用图书馆有限的馆舍空间；采购“耳机森林”、VR体验机、少儿绘本阅读机等电子产品，增设“听书墙”，在增加海量数字阅读资源的同时，能更好地提升读者的阅读体验和阅读兴趣，助力“书香景宁”建设。

【阅读推广活动】 2021年，县图书馆在原有阅读推广活动的基础上，结合疫情防控的需要，积极探索线上线下相结合的模式，围绕“世界读书日”“建党100周年”等主题，开展了探秘图书馆、亲子经典阅读积分赛、长三角地区的阅读马拉松大赛、儿童文学作家商晓娜小读者见面会、“童心永向党”亲子手绘风筝、铭记党史——知识挑战积分赛、念党恩敬党魂——中国梦主题红色故事会、“百年荣光 薪火相传”有奖知识问答等庆祝中国共产党建党百年阅读推广活动40多场。以“我们的节日”为主题，开展2021年民俗文化展、元宵集卡、有奖猜灯谜、踏春清明云上猜诗、绚烂百年话端午亲子阅读、“父爱如山，感恩有你”亲子活动、“六一”手工制作活动、“中秋节里的书香”亲子月饼制作活动、七夕民俗有奖知识问答、“书香漫军营，共筑强军梦”八一建军节文化拥军活动等活动。全年共开展活动169场，其中公益讲座及培训50场次，公益展览56场次，其他阅读推广活动63场次，参与人数达3万人。 （汤长伟）

文　　物

【概况】 2021年，全县有全国重点文物保护单位2处（9个点），省级文物保护单位4处，市、县级文物保护单位40处。是年8月12日，县文化和广电旅游体育局加挂县文物局牌子，并举行挂牌仪式。

【文物保护和管理】 2021年，完成全国重点文物保护单位处州廊桥保护规划编制；开展国家级文物保护单位高演环胜桥维修；完成国家级文保单位东坑上桥的维修方案和施工图。争取文物修缮资金262万元，开展各级文保单位的修缮工程和维修方案设计，完成国家级文物保护单位大赤坑桥、省级文物保护单位敕木山畲族民居、县级文物保护单位驮垟源尾殿等的维护和维修。景宁库头村抗战标语和李树突村红军标语、九龙李振彪烈士墓被列为浙江省第一批不可移动革命文物。开展文物安全大排查大整理大提升攻坚行动，公布全县文保单位的直接责任人和安全责任人名单，完成全县文保单位的责任人公告公示标志牌制作和设立。采取集中排查与联合督查相结合，开展文保单位的白蚁防治工作和消防安全隐患检查，对全县34处木质结构的文物保护单位进行重点消防安全检查，全年更换灭火器364只。

【执法督察与安全保卫】 2021年，县文化和广电旅游体育（文物）局坚守安全底线，推动

2021年9月8日，东坑下桥“桥长”公示牌揭牌仪式　　（县文化广电旅游体育局 供图）

文物安全与督察工作有序开展。联合县人民法院、人民检察院、公安局开展守护廊桥文化遗产合作行动——建立司法保护合作机制，出台《关于建立廊桥文化遗产保护司法协作机制的实施意见》；聘任当地乡镇第一责任人为国家保护级廊桥“桥长”；建立一桥一码；举行东坑下桥“桥长”公示牌揭牌仪式等。该做法得到国家文物网站的推广和省文物局的表扬。　　（陈　燕）

景宁畲族博物馆

【概况】 2021年，景宁畲族博物馆有馆藏文物6225件/套。其中，121件馆藏文物被浙江省文物鉴定中心鉴定为三级文物。是年，景宁畲族自治县文博事业发展水平评估排名由全省第63名上升到第23名；景宁畲族博物馆被评为2020浙江十佳影响力博物馆；畲族博物馆被省科协推荐为全国科普教育基地。景宁畲族博物馆组织申报丽水市第五届瓯江文化奖，获群众文化类优秀成果奖。景宁畲族博物馆馆藏革命文物参加丽水市浙西南革命文物金名片评选活动，入围馆藏革命文物类金名片。景宁畲族博物馆选送短视频参加首届“全省博物馆十佳新媒体短视频推介活动”获优秀奖。景宁畲族博物馆展品说明入围全省博物馆十佳展品说明牌推介活动，等待终评。畲族博物馆提升工程项目已完成土建部分，展陈部分已完成招投标工作。

【宣传活动与培训】 2021年，景宁畲族博物馆举办展览12个和社教活动10个。举行“翰墨颂党恩　同心庆华诞”庆祝中国共产党成立100周年暨共建平安景宁、法治景宁书法作品展；“百年华诞心向党　远离邪教享安康”反邪教主题漫画展，观展学生及游客1.3万人。举办“畲博邀您来过年”春节直播活动，诚邀留景过年的外来建设者进行畲族银饰制作体验，并通过视频连线，帮助他们与远方的家人互致问候；同时，讲解员带领直播间观众云游博物馆，近距离了解畲乡过年风俗及畲族传统工艺。联合畲银博物馆举办“5·18国际博物馆日”暨活态技艺进畲族博物馆专场活动，活动内容涵盖畲银手链制作体验、畲族传统技艺展演和浙西南革命展等主题；联合畲乡景宁党群服务中心举办为期6天“庆祝建党100周年，争当小小红色宣讲员”培训班，培训内容涵盖学习中共党史、画幅画送给党、跳支舞送给党、唱支山歌送给党等课程。到县第一实验小学举办流动博物馆进校园活动。举办追寻“真理的味道”中共党史宣讲团进博物馆专场活动，50名党员群众聆听宣讲，接受党史红色文化教育。　　（胡丽娟）

畲族文化传承与发展

【概况】 2021年，景宁畲族自治县畲族文化发展中心精心创编大型民族歌剧《畲山黎明》，向中国共产党中国共产党成立100周年献礼，并成为浙江省唯一一部参加第六届全国少数民族文艺会演的剧目和浙江省庆祝中国共产党成立100周年优秀舞台艺术作品展演剧目，获得两项国家级大奖；举办2021“中国畲乡三月三”节庆活动，持续擦亮“中国畲乡三月三”民族品牌，不断提升畲族文化对外影响力；聚力“双招双引”一号工程，坚持引进来、走出去相结合，积极招引畲族文创产业人才和企业。全年，柔性引进博士生1名，引进兰道文化产业发展有限公司落地景宁（畲族文创企业），设立畲族文创馆1家，创立“畲乡物语”文创品牌，实现畲族文创产业零的突破。是年，兰道文化产业发展有限公司，挂牌成立了助力畲乡·人才工作室、畲族文化空间工作站、非遗传承体验基地，获评“绿谷精英”创业（创新）人才项目。该公司全年设计研发畲族文创产品50余类200余件。其中，“畲蓝功夫茶具套装”在2021中国旅游特色产品大赛中获中国特色旅游商品大赛金奖、畲族卡通蓝牙音箱获入围奖。该公司获得第16届中国义乌文化和旅游产品交易博览会优秀参展企业（单位）奖。

7月9日，县畲族文化发展中心引进文创企业开发设计畲族文化产品，在第九届澳门国际旅游产业博览会展出畲族文创产品30多件，并与粤港澳酒店产业联合会、深圳市文旅促进会等达成初步合作协议。

【大型民族歌剧《畲山黎明》荣获两项国家级大奖】 该剧作为浙江省唯一一部参加第六届全国少数民族文艺会演的剧目，浙江省庆祝中国共产党成立100周年优秀舞台艺术作品展演剧目，于2021年9月4—9日参加第六届全国少数民族文艺会演展播。9月24日晚，历时近一个月的第六届全国少数民族文艺会演在北京民族剧院落下帷幕。当晚，在由国家民委、文化和旅游部、广电总局、中央广电总台和北京市人民政府共同主办的“第六届全国少数民族文艺会演圆梦奖颁奖仪式暨闭幕式文艺晚会”上，《畲山黎明》荣获“优秀剧目奖”（北京、内蒙古、西藏、浙江共4家院团获此殊荣），剧中4位主要演员荣获“艺术表演奖”，这是浙江省参加历次全国少数民族文艺会演的最好成绩。

《畲山黎明》是由景宁和浙江演艺集团（浙江歌舞剧院）携手打造的“省地合作”典范项目，获得浙江文化艺术发展基金的资助和2021—2022年全省舞台艺术创作重点题材扶持，经结项审计，《畲山黎明》总支出650万元（其中上级资助资金150万元）。

《畲山黎明》取材于浙江省景宁畲族自治县的真实故事，讲述第二次国内革命战争时期，以“畲药婆”钟银钗为代表的普通畲族群众，不顾反动派残酷镇压，英勇救治红军伤员的故事。剧中，红军为了保护群众利益和生命安全，与群众风雨同舟、并肩战斗，带领当地畲族群众开展打盐霸等革命斗争。在血与火的生死考验中，畲族同胞深刻认识共产党和红军与群众心心相印、为贫苦群众打天下的革命信念，坚定了畲族同胞永远跟党走的意志和决心，展现勇于反抗暴政、绝不背叛革命的畲族忠勇精神，也昭示中国共产党为什么能取得革命胜利的根本原因。剧本以“红五星”贯穿全剧，从小处着眼，以平凡人物来绘就不凡的红色时代印记。在创作过程中不仅兼顾多项建党题材、原创题材，同时加入畲族民歌元素，在歌剧演绎中融入畲族的文化习俗，充分彰显畲族和汉族、红军和民众之间的文化尊重与文化认同。该剧由浙江演艺集团（浙江歌舞剧院）负责编排制作，由国家一级导演杨小青担任艺术总监，国家一级编剧刘鹏春为文学顾问，蒋新光导演，陈晶、麻益兵编剧，著名作曲家吴小平作曲及音乐设计，女高音歌唱家郑培钦领衔主演，青年指挥家陈填璇现场指挥。全剧共有8幕，即《祝寿》《拒红》《探红》《识红》《夺盐》《回家》《恋红》《曙光》。前四幕讲述了畲族民众和红军挺进师的初相识和初印象，五、六幕讲述了红军挺进师与畲族民众一起打盐霸、为了掩护红军畲族民众与敌人斗智斗勇的故事，最后两幕讲述了红军挺进师与畲族民众建立起亲如一家的军民鱼水深情，一同迎来畲山黎明。为排演该剧，浙江歌舞剧院集结了三个团300多名演职人员，制作了120多套戏服，并首次采用浙江民族管弦乐团60余名演奏家现场伴奏。（雷露露）

档案史志工作

【概况】 2021年，景宁档案馆共有全宗卷138个，9.62万卷，18.33万件。是年，累计接待档案咨询查阅1207人次，实地到馆利用1087人次，受理他馆异地查档47人次，电话咨询73人，查阅档案3412卷件，复制档案件8416张。景宁创成浙江省档案服务基层社会治理试点县。

2021年，举办“庆建党百年　展景宁风采”主题展，从档案视角呈现景宁发展史，展出41块展板，图片500多张；联合县融媒体中心推出口述红色专题节目；联合县委宣传部、县社科联举办“庆祝建党百年 践行浙西南革命精神　促进革命老区振兴发展”研讨会；联合县委宣传部、县文联开展“百年风华·畲乡印记”主题征文；联合英川镇打造木偶戏《红军婆张森菊》和菇民戏《王起元》（革命现代剧）讲述红色故事；开通“畲乡档案”公众号，设立“党史天地”专栏。

【党史重要工作】 2021年，《中国共产党景宁历史》（第二卷）通过终审，并提交中共党史出版社；有序开展《中国共产党景宁历史》（第三卷）编写工作，并完成70多家承编单位的专题征编工作。县党史和地方志研究室认真学习宣传、贯彻落实《丽水市革命遗址保护条例》，先后到毛垟乡、英川镇、九龙乡、郑坑乡和大地乡等乡镇开展党史调研，指导乡镇开展浙西南革命遗址保护和红色文化资源挖掘、提升工作。是年，英川镇红色纪念馆通过设计评审。

【《景宁年鉴》编纂】 2021年，县地方志办公室研究全国各地优秀年鉴框架结构，学习中指组下发的《地方综合年鉴编纂出版规定》，根据景宁社会经济发展的新变化、新成就，调整《景宁年鉴(2021)》篇目大纲。县委办下发《关于做好〈景宁年鉴(2021)〉编纂工作的通知》,启动《景宁年鉴(2021)》编纂工作。通过上门、浙政钉、微信、电话及请撰稿人来办等方式开展一对一辅导,指导撰写及修改年鉴稿件。积极与省内外同行交流年鉴编撰工作,尤其是认真借鉴市内同行的经验和做法,努力提高年鉴编撰质量。

【档案信息资源建设】 2021年,景宁档案馆开展并完成畲族民间文化“祈福”系列口述建档工作。该“祈福”系列由年夜福、大年福、小年福和播种福等11个“福”组成。引导景宁新生代商会进行档案规范整理建档,共整理归档238件。是年,县档案馆征集到民国20年《高演任氏家谱》(一套八卷)和清朝光绪丙午年《章氏家谱》,以及《张氏家谱》《刘氏传记》等;征集到从1953年至1980年选民证9张;征集到60年代珍贵毛泽东主席铁皮画像3张。开展新冠肺炎疫情防控和精准扶贫工作档案的收集、归档工作。建立脱贫攻坚和疫情防控档案专题数据目录库,归集脱贫攻坚档案目录1.68万条,疫情防控档案目录950条;建立村级档案目录数据库,归集建立村级档案资源86个村。接收新冠肺炎疫情防控档案730卷(件),其中专业档案261卷,文书档案469件,电子照片491张,视频档案25个,录音档案5个。接收机构改革单位档案1714件。

【档案信息资源利用】 2021年,为省、市档案局提供反映中国共产党成立100周年光辉历程的档案史料及“百年潮涌”“百姓生活看小康”大型展览档案素材75件,视频5个;为《中国少数民族文物图谱·浙江省卷》景宁图谱编纂资料收集档案资料42件;在省委宣传部开展“中华版本资源普查”登记工作中,挑选档案资料263件;为县党史办编辑《中国共产党景宁历史第三卷》《景宁历届人代会、党代会》提供档案99卷、55件,报刊资料281册。为厦门大学师生查阅相关畲族文化档案提供600多卷(件)。

【档案文化精品】 2021年,挖掘景宁地方特色文化,整理编辑推出系列“档案文化精品”。收集整理历年小溪流域水运文化口述建档资料,编纂出版《水运文化之瓯江小溪》;转化“千村档案”建设成果,编纂出版历史文化古村落系列丛书——《山村记忆》;深入挖掘乡镇、部门党史资料,将红色文化和绿色发展相结合,编纂出版《丹碧畲乡》系列丛书;与浙江大学历史系合作,挑选出一批北洋时期档案,研究北洋时期基层政治与社会的变迁,整理编制《北洋档案汇编》。

2021年10月28日,《瓯江小溪》——水运文化口述档案发行座谈会召开 (县档案馆 供图)

【档案信息化建设】 2021年,县档案馆到安徽省滁州市明光市档案馆开展馆藏重要档案数据异地备份。该次档案数据异地备份包括128家单位文书档案、畲族特色专题档案、历史古村落和移民、婚姻等业务档案，共计8.2万卷18.87万件。完成全县21个乡镇(街道)存量村级档案数字化成果统计、离线介质县级备份工作。在全省范围内率先开通“机关查档直通车”，启用全县民生查档一网通“查档小哥”，将平台上架至浙里办App，拓宽查档渠道，建立更优质的“掌上查档”服务。创成档案工作服务农村基层社会治理省级试点县。 (陈丽军)

融媒体

【概况】 2021年，景宁畲族自治县融媒体中心(以下简称县融媒体中心)在景宁电视台、景宁广播电台、《畲乡报》、景宁新闻网、“中国畲乡”App推出了相关新闻专栏100多个，共播出广播《景宁新闻》245期1938条；播出电视《畲乡新闻》245期1842条、《畲语新闻》50期；《畲乡报》安全出报147期，4200多篇(幅)；制作播出专题节目《畲乡风》50期、《畲乡新农村》50期、《视野》50期、《诗画畲乡》51期。被中央广播电视总台、《人民日报》、新华社等国家级媒体录用刊播107篇(条)。其中，中央电视台《新闻联播》报道景宁畲族自治县利用好“山海协作”增强造血功能，推动高质量跨越发展的具体做法；中央电视台国际频道“传奇中国节”节目，先后对景宁端午节、中秋节习俗进行现场直播。被浙江卫视、《浙江日报》、《浙江之声》等省级媒体录用刊播545篇(条)。新华社海外版、《人民日报》(海外版)等国际平台上刊发景宁相关报道30条。推出《畲乡聚焦》9期。完成与国家级、省级平台联动直播24场，其中“独竹漂”系列，全网点击量400万+。策划推出《主播说》《畲吃品》《芳言芳语》《婷婷，看看》《盘蓝雷钟》等系列短视频作品，让群众喜欢看、有共鸣，打造景宁本土“网红”。全年发布阅读量1万+的作品127条，10万+的作品有13条。

2021年9月21日，央视国际频道“传奇中国节”对景宁中秋节习俗进行现场直播

(县融媒体中心 供图)

2021年，县融媒体中心获2021年度浙报集团县级融媒体中心共享联盟合作奖；2021年度全省广播电视新闻融合传播协作蓝媒联盟新媒体协作三等奖；2021年度全省广播电视新闻融合传播协作广播新闻协作三等奖；2021年度全省广播电视新闻融合传播协作电视新闻协作三等奖；获丽水市广播全媒体传播协作先进单位一等奖；丽水市电视全媒体传播协作先进单位三等奖；丽水市优秀基层报道单位。在“巾帼心向党 红歌大家唱”云红歌大赛上，获二等奖与最佳人气奖。在庆五一“党在我心中 奋进心征程”职工文艺汇演上，获二等奖与优胜奖。在“合理膳食 营养惠万家”营养知识竞赛上，获三等奖。在“永远跟党走，奋斗新征程”景宁畲族自治县庆祝中国共产党成立100周年主题合唱大赛压轴演出。获得“万步有约”健走大赛县团队赛三等奖、全国优秀健走组织单位奖。在“丽健e行”全民健康活力赛获得团队第二名。

【智慧化管理平台建设】 2021年，县融媒体中心加强新平台的构建、新技术的运用，升级改造60个乡村文化礼堂并纳入平台管理，建设新时代文明实践智慧化管理平台。保安全，促发展，严格落实24小时值班制，实现应急广播、安播监控，广播、电视和网络安全管理、安全播出“零事故”。开展融媒体平台智慧化建设，新建20个慢直播点，并将370多路监控信号纳入安防平台，组建了视频数据中心。归纳发布各类便民电话、旅游、美食等吃穿住行游民生类信息，增加用户黏度，逐步将“中国畲乡”App打造成景宁本土人离不开的社会生活资讯平台。继续保障敕木山无线覆盖，免费为百姓提供15套数字电视节目；继续实施广电惠民政策，做好低保等群体免费收看数字电视工作。

【《畲乡聚焦》栏目开办】 2021年6月1日，县融媒体中心开办《畲乡聚焦》栏目。该栏目为舆论监督类栏目，重点围绕群众反映强烈的热点、难点问题以及县委、县政府重点中心工作，通过大量的现场采访及画面拍摄记录，抽丝剥茧，真实准确地反映问题实质，为督促相关部门的下一步整改提供切实可靠的依据，同时以报道反馈的形式，及时跟进报道整改情况。在传统媒体和新媒体平台同步播发，扩大栏目的影响力和公信力，力争以新闻的力量推动社会的进步。（刘柳俊）

新华书店

【概况】 2021年，景宁畲族自治县新华书店（以下简称县新华书店）上架图书2.28万个品种，在架图书7.45万册。全年，图书总销售2477.81万元。其中，购书中心卖场销售图书478.72万元。2021年，正值中国共产党建党100周年，县新华书店大力推广党史知识宣传，发行党史类图书8500套，销售码洋96.05万元。

【全面阅读活动】 2021年，为持续做好全民阅读推广工作，引导全县市民多读书、读好书、善读书，县新华书店常年开展“新春书市”、“周末有约绘本故事”、“阅读伴我成长·书香景宁”主题读书、“品味书香—阅读打卡”、“我是小小书香大使”百年书单推荐短视频海选、“建党百年，童心向党”故事等各类文化公益活动，这一系列活动不仅吸引了众多读者的参与，还丰富了人民文化生活、助推了畲乡景宁文化工程的提升。（徐慧芳）

卫　生

综　述

【概况】 2021年，全县有医疗卫生机构103家。其中，医院3家(民营医院2家)；基层医疗卫生机构94家(社区卫生服务中心/分中心2家，社区卫生服务站2家，乡镇卫生院19家，村卫生室45家，诊所、卫生所、医务室28家)；专业公共卫生机构3家(疾病预防控制中心、妇幼保健和计划生育服务中心、卫生监督所)；其他卫生机构3家(健康促进和爱国卫生服务中心、医疗卫生服务中心、老龄健康服务中心)。全县有卫生技术人员940人。其中，初级职称人员694人，中高级职称人员239人。各医疗卫生机构执业(助理)医师422人，每千人拥有医生3.80人；注册护士335人，每千人拥有护士3.02人；开放医疗床位650张，每千人拥有医疗床位5.86张。2021年，县人民医院门诊48.86万人次，同比增长18.93%；药占比28.88%(不含饮片)，同比下降3.59%；医疗服务收入占比33.70%，提升4.16个百分点。全县各级医疗门急诊95.29万人次。其中，门诊95.17万人次，急诊1202人次。家庭卫生服务3.28万人次。

2021年，全县共上报户籍死亡卡片1112张，粗死率(指综合因素对一定时间和空间范围内的全部人群生命威胁程度的统计量)为6.59‰。2020年，景宁畲族自治县人均期望寿命80.54岁，较2019年增长0.05岁。2021年，全县高血压管理患者1.11万人，管理率44.62%，规范管理7969人，规范管理率71.97%，血压控制达标7705人，控制率69.59%；糖尿病管理患者2944人，管理率42.98%，规范管理2113人，规范管理率71.77%，血糖控制达标1771人，控制率60.16%。登记在册的严重精神障碍患者664人，在管663人，规范管理658人，在册管理率99.70%，规范管理率99.10%。重性精神病报告患病率5.92‰。

2021年，全面完成省、市政府民生实事共5件(省民生实事：新增村卫生室7家；市民生实事：60岁以上前列腺癌筛查、胎儿系统超声检查、60周岁以上老年痴呆症患者配置防走失黄手环、建设“五分钟社会应急救护圈”)，群众满意度100%。编制并发布《景宁畲族自治县卫生健康事业发展“十四五”规划》。持续强化“三医联动”“六医统筹”联动改革，不断提升卫生健康县域治理现代化水平。是年，定向培养招生 7 名；开展第三届“畲乡名医、畲乡名护士”评选工作，评选出畲乡名医 10 名，名护士 10 名；1 人获丽水市“绿谷名医”称号。

2021 年，县人民医院卒中防治中心顺利通过国家级标准的认证并授牌。“县域医共体 5G 超声基地”和“数字健康基地郑坑站”揭牌启用。与四川省泸州市古蔺县中医院扶贫结对，促进民族团结融合。12 月 6 日，增挂“浙江省民族医院”牌子。

2021 年 12 月 6 日，“浙江省民族医院” 挂牌仪式举行　　（县卫生健康局　供图）

【医疗卫生体制改革】　2021 年，转诊 1813人次（其中县人民医院转浙大一院 56 例），县域内就诊率 93.73%。县医院在 1—11 月全省公立医院综合改革中获得 89.11 分，在全市排名第二。推进智慧医院建设，完成市安全监测平台接入，医院电子病历应用水平从三级向四级提级，完成检验检查互认、绿谷分信用就医、献血诊查减免、浙里办检查及体检报告查询、浙里办取号、医保电子凭证就医、电子票据、国家医保贯标等便民惠民服务的数字化建设和应用；启动就医叫号引导系统、电子地图导航等项目建设。年度受理行政许可 642 件，办结 642 件，办结率 100%。其中，公共场所许可事项 177 件，医疗卫生许可事项465 件。医师执业注册 19 件，护士执业注册 41 件。推进医疗机构、医护人员电子化注册系统使用，电子化注册系统医师激活率 99.78%，护士激活率 92.57%；实现门诊智慧结算、病区结算、检查预约等功能；互联网+医疗延伸到乡镇村社，建立县乡两级医疗机构之间的双向转诊通道。　（陈小慧　黄伟光）

【健康知识普及】　2021 年，举行第六届全国“万步有约”健走激励大赛（景宁赛区）暨景宁第三届职业人群“科学吃动、健康体重”激励大赛，参与人 409 名；全县同步举办合理膳食健康知识竞赛、营养讲座、科普活动等共 48 场次，6000 多人参与；实现健康素养进文化礼堂全覆盖，开展健康宣传活动 260 多场，受益 5000 多人；2021 年监测显示居民健康素养 34.90%，同比提高 3.5 个百分点。

2021 年，实施国民营养计划，开展全民营养周、“5•20”学生营养日系列宣传活动。全年全县 21 个乡镇（街道）以各种形式开展全民营养周活动 46 场次，直接受众 5800 多人。举办“合理膳食　营养惠万家”健康知识竞赛。来自第六届全国万步有约健走激励大赛（景宁赛区）13 支队伍参赛，直接受众超 300 人。通过多种形式对养老机构、中小学、幼儿园等重点人群开展营养知识科普活动。其中，养老机构营养健康科普覆盖率为 100%（1/1），中小学营养科普覆盖率 56.52%

(13/23),幼儿园营养科普覆盖率为57.14%(12/21)。 (梅海燕 朱之娟)

2021年,开展"心灵伙伴"心理援助志愿者服务、心理咨询免费24小时电话热线及"心灵伙伴"心理云平台服务等。全年发布推送"新冠肺炎疫情心理健康知识问答"等各类心理健康知识15期;发放《心理保健知识问答30问宣传手册》3000多册(份);热线电话服务500多人次,电话及现场干预70人;线上心理健康测评95人次。 (蓝义欣)

【医疗卫生山海协作提升工程】 2021年,县人民医院与浙大一院开启新一轮深度合作。从5月起,浙大一院12位专科专家定期下沉景宁,定时开展门诊、手术示教、教学查房,定期完成理论课程、科间晨会及疑难病例讨论;全院综合能力CMI(病例组合指数)值0.84,同比提高4.7%,RW(病种难度系数)大于2的疑难病例诊治472例,同比提高了23.9%。规范实施临床路径,共开展病种数272种,完成临床路径6489例,占出院人数的45.50%;完成远程影像会诊528次,远程病理168次,远程会诊21次;开展多学科诊疗团队MDT(多学科联合会诊)会诊15次,全年完成手术2776例,其中三四类手术828例,同比增长25.3%;成功立项省级课题2项,市县级课题5项,共开展医学新技术新项目17项。

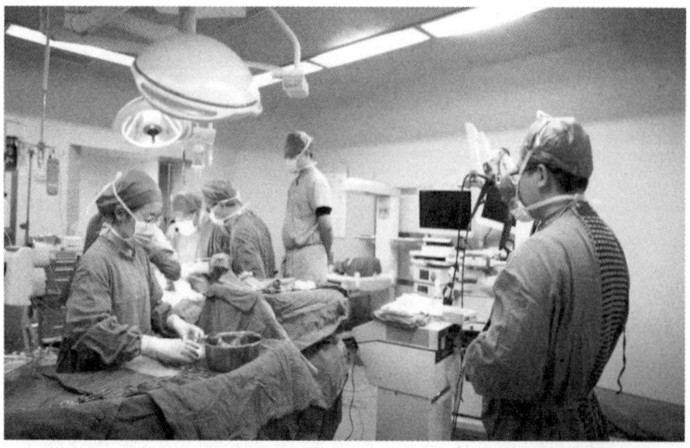

2021年8月7日,浙大一院专科专家在景宁人民医院开展手术示教 (融媒体 供图)

医政管理

【无偿献血】 2021年,全县无偿献血2015人次,献血量578.26升,景宁获2021年度全市无偿献血工作二等奖。妇幼保健和计划生育服务中心在深入开展文明创建工作中被列为2021—2023年浙江省文明创建规划培育单位,并获评丽水市2021年度抗击新冠肺炎疫情先进集体。

【医疗卫生项目建设】 4月10日,澄照乡卫生院(创业园)新院区投入使用。该项目于2019年3月30日开工建设,2020年4月30日完成主体工程建设,占地面积3180平方米,建筑面积4910.37平方米,总投资2500万元。 (陈小慧 黄伟光)

【医共体建设】 2021年,根据省卫生健康委《2021年度县域医共体建设重点任务清单》,县人民医院优化工作实施方案,落实薪酬自主分配,实现薪酬分配一体化,并向基层一线和重点岗位倾斜。全年统一招聘医共体成员单位员工16名,自主评聘高级职称专技人员3名;完成两期全科医生专科培训(轮训)工作;开展责任医师基本公共卫生培训和考核、临床医师技能培训和考核、县域医共体全员 CPR(心肺复苏)培训及考核;开展牵头医院和成员单位的卒中学术交流活动,梳理和完善组织框架和制度,组织卒中防治相关技术指导和培训。全年基层医疗卫生机构诊疗 50.37 万人次,比上年增加 5.9 万人次;就诊率 50.76%,同比增长 2.09%。医共体 21 个成员单位全部设立中医馆,开展中医特色服务。9 月 1 日,景宁畲族自治县首家基层医疗机构院内医养结合服务中心在县人民医院(县域医共体)澄照分院揭牌。该中心于 2021 年 3 月开工建设,占地面积约 800 平方米,总投资约 130 万元,共设置医养结合床位 20张。 (陈乐冰)

【基层公共卫生服务】 2021 年,乡镇卫生院(社区卫生服务中心)门急诊 17.22 万人次。基层卫生院开设床位 97 张。全面落实乡村医生签约制度,全年累计签约服务 6.37 万人,户籍人口签约率 37.61%、常住人口签约率 56.91%,其中重点人群签约覆盖率 89.09%。全年完成城乡低保五保人口签约 3880 人,签约率 96.52%,残疾人签约 5104 人,签约率 95.60%。全县共有巡回诊疗车 4 辆,实现“流动医院”巡回诊疗服务全覆盖,累计巡诊 771 村次、派出医务人员 1567 人次,行驶里程 3.2 万千米、服务群众 1.2 万人次。

【基层卫生健康管理】 2021 年,乡镇卫生院(社区卫生服务中心)标准化建设率 100%,新增或改扩建规范化村卫生室 7 个,村卫生室规范化建设率 83.67%。是年,村卫生室运行经费中,基本公共卫生服务经费补助提高到 28 元/人,财政补助最高的村卫生室为 4.93 万元,最低的为 2.68 万元,平均 3.53 万元。为承担基本公共卫生服务项目和实施基本药物制度的村卫生室医生购买医疗事故责任保险,每人 1000 元/年;全年补助乡村医生工作经费和巡回诊疗点工作经费 214.63 万元。 (陈小慧)

新冠肺炎疫情防控

【概况】 2021 年,景宁无新型冠状病毒肺炎确诊病例,没有无症状感染者,无医务人员感染,无二代病例发生。是年,建立平急一体县级指挥长制度,疫情处置专班下设 10 个工作组,实现疫情防控的提级指挥和扁平化管理。常态化落实各项防控措施,全年下发通报 40 期、通告 32 份、交办单 25 期。派出支援上海工作人员 1 名,支援宁波、绍兴检测人员 2 名;成立应急流调队伍 5 支 45 人。设立核酸采样点 109 个,具备核酸采样资质 765 人、核酸检测资质 26 人。全县隔离点 6 个,房间总数 700 间。全年集中隔离 351 人,居家健康观察 5339 人。重点人群核酸检测 14.49 万人次,重点环境检测 5381 份,食品检测 1708 份。处置新冠肺炎疫情防控可疑(包括确诊疫情)事件 6 起(奶枣阳性事件 1 起,涉疫快递包裹事件 1 起,疫苗污染阳性事件 2 起,境外返景人员核酸检测假阳性事件 1 起,疫苗接种异常反应事件 1 起)。全国农村环境综合整治提升现场会、人才峰会等重大活动疫情防控保障 40 场、县级重要考试疫情保障 7 场。开展疫情防控应急演练 25 次。

【新冠肺炎本土疫情现场处置实战演练】 12月15日，景宁畲族自治县开展新冠肺炎本土疫情现场处置实战演练。该演练以12月15日上午6:30景宁畲族自治县人民医院检测发现一份单管采样标本新冠病毒核酸初筛阳性为模拟背景，模拟病例发现、流调溯源、启动应急响应、社区封控、区域核酸筛查、召开新闻发布会等环节，开展全流程全系统集成实战演练。共有361人参与演练，启动采样点2个、采样台10个。在采样点设置信息“点对点”推送，微信群发量1.3万条，网格员上门通知976次，核酸采样2122人。实战演练进一步检验了预案，磨合了机制，锻炼了队伍，提升了综合应急处置能力。 （徐阿军）

2021年12月15日，景宁本土疫情现场处置实战演练 （县卫生健康局 供图）

【县人民医院疫情防控】 2021年，县人民医院根据新冠肺炎疫情发展需求及防控技术指南的更新，修定完成全院“封控”应急预案，完善防控制度和工作流程20个，组织全院进行应急预案演练、桌面推演及实战演练，确保实时应战能力。多层次、多方式进行培训及考核，全院医务人员个人防护技能培训2次，特殊部门人员个人防护技能培训10多次，累计培训1000多人次；理论知识培训30多场次，累计培训2000多人次。规范发热门诊管理，完成发热门诊标准化建设。根据上级文件要求，第一时间配齐PCR（聚合酶链式反应）实验室基础设施设备，满足区域内核酸检测要求。全年，完成新型冠状病毒核酸检测12.41万人份。选派3名医生（固定接种点2名，流动接种点1名），56名护理人员（流动接种48名，方舱接种8名），配合全县疫苗接种和核酸采样工作。 （陈乐冰）

【中医药助力新冠肺炎疫情防控】 2021年，积极推行中医药预防新冠肺炎疫情防控，坚持“中西医结合、中西医并用”的原则，进一步发挥中医药在新冠肺炎疫情防控中的独特作用，组织各级各类中医医疗机构在医院诊疗大厅、疫苗接种点、社区等人群聚集场所，采取宣传推广、主动配送等方式提供中药“大锅汤”茶饮、中药香囊、发放防护知识宣传手册等中医药预防措施。全年，中药茶饮方服务9660人次，发放香囊5000个，发放宣传手册3500本。 （黄伟光）

卫生执法监督

【医疗卫生监管】 2021年，出动卫生执法人员1260人次，监督次数879次，监督家数268家。卫生行政执法立案152起，同比增加4.1%；罚款33.39万元，同比增加25.1%，公示率100%。其中，对冶金、建材等重点尘毒防治行业开展尘肺病防治攻坚行动，共立案2起，罚款5.1万元；开展非法医疗美容专项整治行动，立案6起，没收器械价值所得1.97万元，罚没款20万元。全年无行政复议、诉讼案件。县卫生监督所公共场所行政许可177件。

2021年，推行"双随机、一公开"监管模式，严格落实医疗卫生行业行政执法三项制度，开展非接触式执法办案。完成双随机任务共计152条，覆盖19项双随机抽查事项，事项覆盖率100%，掌上执法率100%，应用信用规则率100%，监督完结率100%，监督完成率98.11%，查处率34.21%，跨部门监管率28.57%，风险事件数49条(其中精密质控平台风险预警5条)，风险事件处置率100%。

2021年，以全省卫生行业综合监管督查"回头看"为契机，着力开展系统内扫黑除恶专项斗争；打击"非法行医"，强化医疗安全管理；成立医患纠纷人民调解委员会，配置专职调解员3人，调解医疗纠纷5起，调解成功率100%。全年受理信访92件，办结率100%，满意度100%。全年，全系统无违法违规违纪行为发生，无等级医疗事故发生。

【卫生监管数字化转型】 2021年，卫生健康行政执法精密智控平台，智能场景应用由原来的2个提升至8个，即住宿场所智能消毒保洁、口腔诊疗机构风险监测、中小医疗机构诊疗行为智能监管、医废智能监管系统、餐饮具集中消毒等8个个性化智能应用。实现六大重点领域、八大重点环节、重点科室全流程、动态、闭环监管。在新冠肺炎疫情防控工作中，利用医疗机构医疗行为智能监管系统、预检分诊微治理等新手段，进一步强化医疗机构闭环式管理。

2021年，在全市率先完成民营医院医疗废物在线监控系统建设，并100%接入智慧卫监平台，实现线上监管。首批鹤溪街道三枝树村、包凤村、城西村、双后岗村和红星街道岭北村5个村卫生室的医疗废物实现"小箱进大箱"标准化监管，达到医疗废物"可追溯、预警、处置"的大闭环管理。　（吴　芳）

疾病预防控制

【概况】 2021年，全县共报告乙、丙类传染病10种(无甲类传染病报告，无新冠肺炎确诊病例及无症状感染者报告)，报告发病767例，总发病率为684.82/10万，比上年同期下降30.27%。其中，乙类传染病发病251例，发病率为224.11/10万，比上年同期上升29.38%；丙类传染病发病516例，发病率为460.71/10万，比上年同期下降43.05%。发病率居前3位的病种依次为手足口病、流行性感冒、病毒性肝炎。首次报告其他传染病鹦鹉热确诊病例1例(已康复出院)。全年无发热伴血小板减少综合征报告(4年来首次没有报告)。传染病系统报告质量评价综合率100%。突发公共卫生事件应对及时有效，相关信息报告率和及时率100%。突发公共卫生事件相关信息报告2起，均为学校诺如病毒感染聚集性疫情。积极开展人感染H7N9禽流感外环境、流感监测及其他肠道病毒监测工作，完成率100%，人感染H7N9禽流感外环境40份监测样本均为阴性，流感监测样本146份，33份为乙型流感病毒阳性，其余均为阴性。手足口病例采样监测60份，0:157采样监测50例。开展土源性线虫监测1008份，其中钩虫阳性9份，感染率0.89%。

2021年，鼠疫监测共捕获鼠类609只；巴贝虫病监测采集鼠血47份；病媒监测捕鼠10只、诱集成蚊215只、诱集苍蝇131只、捕获蟑螂532只；全年平均布雷图指数6.31；新布尼亚病毒监测捕获外环境游离蜱92匹，动物体表寄生蜱173匹。

2021年，开展农村环境卫生调查、铁酱油、学生营养干预、学生午餐剩饭剩菜调查4个省级监测项目，完成食品、水质等采样、检测，食品风险监测206份，食源性疾病监测病例235人。完成全县213名学生及105名孕妇的食用盐、随机尿碘含量监测。监测结果显示：景宁居民食用盐中碘盐覆盖率96.23%，合格碘盐食用率92.14%；儿童尿碘含量中位数为157.20微克/升，孕妇尿碘含量中位数为154.90微克/升；儿童及孕妇尿碘水平均处于碘营养水平适宜水平。开展碘缺乏病健康教育项目。

【环境卫生监测】 2021年，积极融入农村饮用水达标提标工程，开展生活饮用水卫生监测。丰水期和枯水期共监测农村生活饮用水样84份，合格率97.62%；监测城市生活饮用水16份，合格率100%。全年参与农村饮用水达标提标工程验收及现场指导等14频次。开展职业卫生监测，完成35家企业工作场所职业病危害因素监测以及6家企业、重点行业职业健康风险评估工作。

【艾滋病、结核病防治】 2021年，全县HIV抗体免费检测2.64万人，新发现艾滋病感染者3例。开展“防艾暖人心，关爱夕阳情”主题宣传月活动，以进学校、进养老院、进社区讲座的形式开展“生命至上 终结艾滋 健康平等”宣传。全年收治肺结核病患者54例。其中，病原学阳性36例，阳性率66.67%；初治菌阳肺结核耐药筛查率100%（35/35）；学生结核病人0例。2021年，高中新生结核病筛查1146人，筛查率为84.0%。2021年结核病报告发病率，较近三年平均报告发病率下降了11.48%。

【免疫管理】 2021年，60岁以上老年人肺炎疫苗免费接种1274人，累计接种1.97万人，接种率82.19%；70岁以上老年人流感疫苗免费接种5049人；医务人员流感疫苗免费接种378人。初三学生麻腮风联合疫苗接种率为96.26%。全年累计卡介苗接种527人次，接种率99.43%；脊髓灰质炎疫苗接种2488人次，接种率99.13%；百白破接种2572人次，接种率99.02%；含麻疹类疫苗1433人次，接种率99.50%；新生儿乙肝疫苗接种1908人次，接种率99.52%，乙肝首针及时接种率98.75%；甲肝接种804人次，接种率99.63%；乙脑接种1546人次，接种率99.41%；流脑A群疫苗接种1242人次，接种率99.22%；流脑A+C群疫苗接种1647人次，接种率99.47%；白破接种807人次，接种率98.18%；五苗接种率93.65%；接种狂犬疫苗798人份。

3月26日，景宁新冠疫苗方舱临时接种点正式开舱，各乡镇按需适时开展巡回接种工作。至年底，累计接种22.15万针剂。其中，

18岁以上人群共接种第一剂8.29万针、第二剂8.13万针、第三剂(加强针)2.03万针；12—17岁接种第一剂9477针,12—17岁全程接种9175人;3—11岁人群接种第一剂9732针、第二剂接种8695针;18岁以上重点人群加强免疫目标接种1.88万人。

【学生常见病和健康影响因素监测与干预】 2021年,景宁被列入学生常见病和健康影响因素监测与干预国家级监测点。在7所监测学校和幼儿园共抽取1940名学生进行监测和调查。结果为:近视率55.46%;恒牙龋患(失、补)率35.11%(不含幼儿园);肥胖率14.94%(不含幼儿园);营养不良率6.19%(不含幼儿园),脊柱异常比例2.36%(不含幼儿园)。在全县25所学校(其中小学18所,初级中学3所,九年一贯制学校2所,高级中学1所,职业高中1所)开展学校卫生监测和学生健康体检。合计体检1.54万人。经统计,营养不良率:小学4.88%,初中5.84%,高中4.90%,职高7.14%;肥胖率:小学13.23%,初中10.18%,高中6.68%,职高10.81%;视力不良率:小学49.30%,初中66.94%,高中94.44%,职高78.31%;恒牙龋患率:小学18.18%,初中23.57%,高中41.07%,职高38.81%;沙眼患病率:小学0.16%,初中0.11%,高中0.29%,职高0.35%。 (朱芝娟)

妇幼保健

【概况】 2021年,孕产妇系统管理725人,系统管理率97.45%。孕妇住院分娩744人,住院分娩率100%。未发生孕产妇死亡。妊娠高风险孕产妇管理筛查出橙色风险185人,红色风险6人,紫色风险43人,发生孕产妇危重情况2例(均抢救成功)。剖宫产率(发生地)44.76%。免费发放叶酸777人。孕妇产前筛查704人,筛查率95.26%。免费胎儿系统超声筛查141例,筛查出异常12例,均进行了积极、及时的医学干预。常态化开展盆底功能筛查和治疗,盆底功能评估29人,盆底功能障碍治疗107人次。免费婚前医学检查662人,婚检率82.34%,疾病检出率43.50%。孕前优生检测843人,孕前优生检测完成目标任务率187.33%。“艾梅乙”母婴阻断免费检测727人,检测率98.38%。宫颈癌筛查4085例,确诊宫颈癌4例;乳腺癌筛查4130例,确诊乳腺癌3例。

【儿童健康保障】 2021年,5岁以下儿童死亡2人,死亡率2.69‰,婴儿死亡1人,死亡率1.34‰。3岁以下儿童系统管理2619人,系统管理率96.32%。7岁以下儿童保健管理7568人,保健管理覆盖率97.34%。规范管理城镇托幼机构12所,卫生保健合格率100%。托幼机构新生入园体检和“六一”儿童体检3440人。幼托机构儿童检出的疾病和缺点主要为龋齿、视力异常。其中,龋齿患病率47.03%,视力不良发生率5.93%。新生儿疾病筛查344例(发生地),筛查率100%,确诊甲状腺功能低下症(CH)1例;新生儿听力筛查344例,发现听力异常3例。围产儿出生缺陷6例(先天性脑积水、右肾缺如、唇腭裂、踝关节外翻、马蹄内翻足、21-三体综合征各1

例），出生缺陷发生率（发生地）17.34‰。开展0—36个月儿童中医药健康管理2057人，管理率75.65%。2021年，在鹤溪街道、澄照乡开展儿童保健“医—防—护”融合服务新模式试点工作。通过改善服务环境、优化服务流程，在同一家医疗机构能提供儿童医、防、护全面服务，把0—3岁儿童养育照护小组活动、儿童健康体检、儿童预防接种等服务有机结合，强化“最多跑一次”改革，既方便群众，又提升工作效率。

2021年，全县21个乡镇（街道）推广普及儿童早期发展服务，完成0—3岁儿童发育筛查和儿童早期发展咨询指导4793人次，养育风险筛查2059人，筛查出阳性儿童266人，家庭养育照护小组活动235场次、1424人次，家访服务91人、126人次。儿童早期发展服务的做法和经验在省、市政府政务专刊刊登，并在全市范围内推广。（蓝义欣）

生育登记服务

【概况】 2021年，全县户籍人口16.83万人，育龄妇女4.71万人，已婚育龄妇女3.14万人。全年上报出生人口（包括补报）972人。其中，一孩434人，一孩率44.65%；二孩470人，二孩率48.35 %；多孩68人，多孩率7%。出生婴儿性别比为102.50（卫计国统报表中出生婴儿性别比100.54），出生率为5.75‰，人口自然增长率为-0.37‰。全县累计确认农村部分计划生育家庭奖励扶助1198人、计划生育家庭特别扶助63人，共发放奖励扶助金171.168万元。加强全员人口信息系统建设，全员人口信息入库率100%，主要信息字段信息完整率、准确率99.22%。深化“最多跑一次”改革，优化生育登记服务和再生育审批，实现“一证通办”和“婚育户一证联办”。

【计生宣传服务活动】 2021年，开展“5•29”会员活动日、“9•26”世界避孕日、“12•1”世界艾滋病日等主题宣传活动，同时利用电视、广播、村公开栏等载体，普及卫生计生法律法规、优生优育及生殖健康等知识，提高群众对卫生健康知识知晓率和计划生育服务满意度。在红星街道仙童社区成立首家“暖心家园”，建成便民服务、心理咨询、阅览、休闲活动等一站式服务阵地，通过为计划生育特殊家庭开展精神慰藉、心理疏导、走访慰问、志愿服务、节日陪伴等系列暖心服务，帮助计生特殊家庭成员重塑阳光、融入社会生活。

【公共场所母婴设施建设】 2021年，贯彻落实《母婴室建设与管理规范》省级地方标准，迭代升级母婴室品牌，全县共有母婴室12家（新建东方广场母婴设施1家）均达星级标准（其中五星级母婴室1家，四星级母婴室2家，三星级母婴室9家）。（王伟芬）

爱国卫生

【概况】 2021年，全面实施《健康景宁2030行动纲要》，建成健康家庭1000户，累计建设健康家庭2327户（其中健康家庭示范户173户）、健康社区（村）65家、健康单位22家（其中省级金牌学校3家、市级银牌学校9家、县级铜牌学校10家)。是年,县职业高级中学建成浙江省健康促进(金牌)学校,沙湾镇中心学校建成浙江省健康促进(银牌)学校,县启文学校、县英华实验学校建成浙江省健康促进(铜牌)学校;县第一实验小学通过复评重新确认为浙江省健康促进(银牌)学校。

【卫生乡镇创建】 2021年,持续推进国家卫生城镇创建工作。建立常态化、精细化、规范化的长效管理机制,巩固国家卫生县城创建成果,为迎接2022年国家卫生县城创建复审做好准备。是年,英川镇、九龙乡、郑坑乡、雁溪乡、鸬鹚乡、大地乡、标溪乡7个乡镇申报(2020—2022周期)国家卫生创建乡镇,均通过省级评审,待技术评估抽查和命名。全县卫生乡镇(省、市级)覆盖率100%,国家卫生乡镇申报创建率100%。

【农村改厕】 2021年,根据绿色环境打造行动三年实施方案,推进农村户厕改造工作,优化农村公厕规划布局并做好提档升级,完善农村厕所运维管护机制。全面推进"厕所革命",继续改建无害化卫生户厕,全县卫生厕所普及率和无害化卫生厕所普及率均100%。推进农村户厕改造管理信息系统(新版)应用。

【除"四害"活动】 2021年,将除"四害"消杀服务范围延伸至那云•天空之城景区,推进服务范围区域公共外环境常态化开展灭鼠、灭蚊、灭蝇、灭蟑等病媒生物防控工作,并加强对县城区春、秋季统一灭鼠、灭蟑等,"四害"滋生地得到有效治理和控制。建成渤海镇渤海村市级无蚊村、澄照乡三石村和郑坑乡郑坑村两个县级无蚊村。11月,县城区病媒生物密度控制水平通过C级评估认可。

【无烟环境建设】 根据省、市、县有关文件精神,践行健康浙江建设,持续推进无烟党政机关建设,推动无烟环境建设,营造健康、文明、和谐的公共环境。2021年度控烟省暗访结果通报显示,在全省90个县(市、区)中,该县综合排第24名,较上年进位64名。为营造宣传氛围,组织开展第33个爱国卫生月和第34个"世界无烟日"宣传活动,共发放《文明健康绿色环保生活方式手册》600多本、爱国卫生助力疫情常态化防控宣传资料600多份、其他宣传资料(折页)1200多份、喷绘控烟标识茶杯1000多个、一次性口罩2000多个。 (徐伟云)

中医药事业发展

【概况】 2021年,全县中医和中西医类别注册人员共115名(包含离退休人员)。其中,县人民医院有中医、中西医结合执业资格人员22名,乡镇卫生院(社区卫生服务中心)中医从业人员38名,村卫生室中医从业人员22名,个体诊所中医或中西医从业人员23名。至2021年底,历年累计定向培养中医专业人才9人,评选出畲乡名中医3人。全县有中医或中西医结合个体诊所15家。全县中医处方1.94万张,14.21万帖,处方金额401.84万元，均帖费用28.28元。

2021年，开展全国基层中医药先进单位创建工作。中医药事业发展经费纳入本级财政专项预算，同时将符合条件的中医医疗机构纳入基本医疗保险定点医疗机构范围，符合条件的中医诊疗项目、中药饮片、中成药和医疗机构中药制剂纳入基本医疗保险基金支付范围。

【中医药健康服务管理】 2021年，以中医药资源为依托，结合各院区中医畲药特色和中医馆建设成果，建立中医药适宜技术推广基地，在基地所辖的基层医疗卫生机构推广6类45项中医药适宜技术，全面提升中医药服务能力。开展基层医疗卫生机构适宜技术推广人员培训，每位技术人员均掌握6类以上中医药适宜技术。县人民医院引入浙江省非物质文化畲医畲药代表性传承人雷建光等（中）畲医特色专家开设（中）畲医特色门诊，新增畲医骨伤科、畲医儿科，设中医病床（骨伤科）10张。

【中医医疗服务】 2021年，推动国医馆、中医馆创建工作。县人民医院国医馆成为省级名中医服务窗口；英川分院中医馆成功创成市级中医馆；沙湾分院中医药适宜技术推广基地创成区域示范单位；鹤溪社区卫生服务中心建设畲医药文化的示范中医馆，其畲药园集观赏、药材展示、科普教育于一体。加大基层医疗机构中医馆基础设施建设，投入70万元完善7个乡镇卫生院中医药服务设施。全县累计创成中医馆19家，其中市级中医药参与基层卫生服务示范单位4家。开设中医门诊，开展针灸、拔罐、刮痧、艾灸、生物灯治疗、0—3岁儿童中医药服务、65岁以上老年人中医药服务等项目。加强慢性病中（畲）医药早期介入，开展膏方节活动和畲医药学术交流。县人民医院营养科与畲医馆合作试剂畲药小儿健脾丸、畲药养肾丸。开展“三伏贴”膏药治疗预约工作和中医药进校园、进农村文化礼堂等活动，提升中（畲）医药医疗服务能力。

（黄伟光）

2021年9月1日，澄照乡医养结合服务中心揭牌

（县卫生健康局 供图）

医疗保障

【概况】 2021年，全县职工基本医疗保险参保2.81万人，生育保险参保1.95万人，城乡居民基本医疗保险参保12.38万人，户籍人口医疗保险参保率99.75%；全民健康补充医疗保险“浙丽保”参保14.53万人（含财政全额减免人员），参保率96.6%。是年底，职工基本医疗保险基金累计结余2.72亿元，可支付28个月；城乡居民基本医疗保险基金累计结余9733万元，可支付6个月。

2021年，景宁畲族自治县医疗保障局

(以下简称县医保局)出台《景宁畲族自治县医疗救助实施办法》,更好发挥医疗救助基础性、兜底性保障功能,确保全县困难群众参保率和医疗救助政策落实率两个100%。全年资助参保困难人员8081人387.89万元;医疗救助5.52万人次915.76万元。探索完善“困难群众高额医疗费补助政策”,全年补助127人,金额116.75万元。补助4名个人自付医疗费用5万元以上困难人员29万余元。积极落实困难群众结对帮扶工作,结对梧桐乡低收入农户17户,以“百、千、万”医保服务为载体,干部结对困难人员39户、医保医师(护师)结对困难人员143户。

2021年,县医保局做好定点零售药店疫情防控亮码、测温管理工作,实现“现场巡查+视频监控”全覆盖。向省级社保基金财政专户上解医保基金1899.59万元用于采购疫苗,并向县内21家定点接种门诊拨付接种服务费175.93万元。3次下调核酸检测项目价格,由111元/次调整为40元/次,混合检测每样本15元。

2021年,全县电子医保凭证接入率100%、结算率25.52%,激活率97%。基本医疗保险

工作人员指导帮助老年办事群众开通医保电子凭证 (县医保中心 摄于2021年)

费用报销147.69万人次3.31亿元。享受生育津贴192人次414.7万元。“浙丽保”待遇享受2.68万人次783.18万元。政务2.0收件率100%,好评率100%。医保事项延伸至基层网点累计办理慢特病病种待遇认定备案9732件。

2021年,县医保局协议管理全县88家定点医药机构,开展“三假”“清源”等专项整治、部门联合执法和邀请第三方机构协助稽核等行动,筑成源头筛查、日常监管、支付审核3道关卡,提升了医保基金监管水平。42家医药机构实现“人脸识别”系统全覆盖。网络审核医药机构明细数926万余条,复核扣款违规费用42万余元。医药机构违规扣款71.43万余元,外伤核查杜绝基金流失22万元。

2021年,县医保局完成2020年度医疗费用清算工作,奖励医药机构507万元,降低医保基金支出18.97万元。累计执行国家五批和省两批药品集中带量采购,景宁执行156个品种,平均降幅50%,公立医疗机构在省药械采购平台的药品采购率100%。累计实施两轮丽水市医疗服务价格调整政策,共调整医疗服务价格1061项,医用耗材实行“零差率”销售,建立多方参与的考核激励机制,促进医院合理用药、合理诊疗。

2021年,县医保局奋力推进“清廉医保”建设迭代升级。优化岗位配置、开展素质提升工程,全面提升经办效率和服务质量。创新推出协同监管、协同执法、行政刑事衔接等机制,与司法部门对接,充分发挥人民调解组织的监督作用,加强对涉及医保领域调解案件的合法合规审查。开展内控审查专项行动,

抽查业务档案624份，对34份存档材料进行纠错，对问题材料的经办人员进行约谈，以事前风险摸排、事中风险内控、事后风险纠错三重机制，确保基金安全。

【调整“浙丽保”全民健康补充保险待遇】 11月24日，根据《关于“浙丽保”增设待遇和2022年度保费标准的通知》（丽健保办发〔2021〕3号）文件，对保障范围中“浙丽保”起付标准1.8万元（不含大病保险起付标准以下费用）以下部分增设三档报销待遇：第一档1.5万—1.8万元报销50%；第二档1万—1.5万元报销30%；第三档0.5万—1万元报销20%。

【医疗保障待遇提升】 7月1日起，根据丽水市医疗保障局和丽水市财政局联合发文的《丽水市卫生健康委员会关于调整大病保险起付标准的通知》（丽医保发〔2021〕49号）文件，降低大病起付标准为1.8万元，大病保险起付线以上报销比例提高至70%，年度最高支付限额调整为45万元。困难群众大病起付标准降低50%，不设最高支付限额。提高医疗救助报销比例，门诊医疗费用纳入医疗救助范围。其中，“低保户”“低保边缘户”报销比例均为80%，特困供养自负和自理费用100%报销，支付限额15万元。

【全市首张医保行政处罚单】 2021年，景宁畲族自治县医疗保障局核查发现，刘某某于2020年11月18—24日，冒用陈某某身份在景宁畲族自治县人民医院住院治疗，并使用陈某某社保卡结算住院治疗费用共计3020.69元，其中医保基金支出1592.68元。该局根据《中华人民共和国社会保险法》第八十八条规定，责令刘某某退回医疗统筹、个人账户和公补账户3项支出医疗费用共计3000.69元，并于3月3日开出全市首张医保行政处罚单，对其处以骗取医疗统筹基金总额两倍的罚款（3185.36元）。 （吴倩倩）

科 技 · 体 育

科 技

【概况】 2021年，景宁全社会研发投入5000.3万元，同比增长29.7%；1—12月，全县22家规模以上工业、企业有研发活动，占规模以上工业、企业总数的61.1%；高新技术产业增加值1.83亿元，同比增长19.4%，占规模以上工业增加值的38.45%，较上年度提高5.24%；高新技术产业投资增速3.7%，增幅于12月首次转正。

【高新技术产业发展】 2021年，新增浙江省企业技术中心1家（浙江青风环境股份有限公司企业技术中心），新增市级孵化器1个（景宁宇海产业园幼教孵化器）。推荐申报国家高新技术企业10家，通过评审10家。其中，新增6家，复审4家；推荐申报省级科技型中小企业14家，通过评审13家。全县累计有省级科技型中小企业67家，国家高新技术企业20家，其中高新技术企业纳统11家。建立2021年高新技术企业培育库，入库企业4家。是年，景宁宇海幼教装备有限公司获得省“尖兵”研发攻关计划项目中26县绿色发展专项项目（“幼教木玩产业全产业链升级、产品附加值提升”项目）。

【科技人才工作】 2021年，绿谷精英项目申报4个，落地4个，储备项目7个；完成县第二届畲乡英才和首届拔尖新秀（企业骨干类）选拔工作和“才聚畲乡”第二届“人才·科技”项目路演工作。是年，有4人入选丽水市2021年度第一批“绿谷精英·创新引领行动计划”创新类领军人才。

【科技投入】 2021年，兑现科技政策资金542.5万元，涉及科创企业减负30家。在落实企业研发费用补助政策方面，享受政策企业15家，企业数同比增长66.7%，共计减轻企业负担195.5万元；在高新技术企业政策奖励上，享受政策企业13家（其中有两家同时享受企业研发费用补助政策），共计奖励104万元，同比增长4%；在创新平台建设方面，享受政策企业1家，奖励115万元；在科技创新券及新产品政策上，享受政策企业2家，共计奖励14万元；在科技重点研发项目上，享受到政策企业1家，补助资金114万元。是年，县级科技项目立项33个，验收20个，涉及资金73.77万元。

【科技特派员】 2021年，出台《景宁畲族自治县科技特派员管理办法（试行）》，提高科技特派员的奖励幅度，激发科技特派员的积极性。是年，全县实施特派员项目22个、团队项目2个；验收省科技特派员项目21个，涉及资金400多万元。 （叶承娟）

体　育

【概况】 2021年，以景宁第十一届全民健身体育大会系列赛事为牵引，举办2021中国畲乡“三月三”民族体育大联欢活动，完成全省老年人地掷球交流活动及2021年丽水市第五届运动会（大众体育部）国际跳棋比赛、（大众体育部）门球比赛、竞技体育部篮球（甲组）比赛等系列市级赛事承办工作。全年举办各类群众体育赛事活动40多次，做到周周有活动，月月有赛事，营造出良好的全民健身氛围。举办全县第十四届领导干部篮球赛，全县有12支队伍200多人参赛。

2021年，联合县卫健部门，举办2021景宁县全民健康活力赛。建成体医融合服务功能站点1家；举办全县体医融合业务培训班3次；开展全县国民体质监测工作，监测样本数480人，合格率93.8%。

【体育社会组织建设】 2021年，县文广旅体局统筹抓好体育社会组织建设，新增体育单项协会2家（县社会体育指导员协会和登山协会），全县有单项体育社会组织24个。其中，AAA社会组织13个，新评定AAA体育协会4个，社会组织AAA达标率50%。首次成立考核组对协会进行量化考核，根据相关考核办法，评出5星级社团5家；4星级社团5家；3星级社团6家。

【体育设施】 2021年，县文广旅体局积极推进体育基础设施建设，办好省民生实事项目建设。总投资191万元，新建笼式足球场1个，农村百姓健身房2个、城市百姓健身房1个、社区多功能运动场3个，进一步完善了景宁城乡公共体育场地设施布局。其中金园丽景百姓健身房、王金垟村多功能运动场、双后岗村多功能运动场在省、市民生实事督查中，受到上级部门的肯定。全县体育场地面积约27.96万平方米，人均公共体育场地面积2.52平方米。

9月22日，县体育公园（体育场）对外正式开放，开放时间为每天18:30至21:30。县体育公园一期暨体育场复建工程为县重点民生工程，建设总投资3.7亿元，总用地面积6.8万平方米。其中，体育场、体育馆各1个，分别可容纳观众7000人、2500人，配套室外篮球场2个、气排球场4个、网球场1个，能够承办省级单项赛事和地区性综合运动会。体育场馆的投入使用进一步满足市民运动休闲需求，对丰富群众体育文化生活、完善县城功能、推动全县体育事业发展起到积极作用。

【竞技体育】 2021年，景宁输送的运动员王久香在第十四届全运会田径——男女混合 4×400 米接力赛中获第 4 名，在首届长三角田径精英邀请赛暨 2021 年全国田径训练基地特许赛中获女子 400 米第一名。

在丽水市第五届运动会上，景宁竞技体育部运动员共获 30.5 金 16 银 19 铜。

（刘晨光）

2021 年景宁畲族自治县体育赛事一览表

表 8

序号	赛事名称	时　间	参与人数(人)
1	县第十一届全民健身体育大会体育干部技能大赛	3 月 19—20 日	150
2	中国畲乡“三月三”民族体育大联欢	4 月 14 日	1200
3	县第十一届全民健身体育大会围棋比赛	4 月 30 日至 5 月 2 日	92
4	县第十一届全民健身体育大会三人制篮球赛	5 月 8—9 日	120
5	城区中小学篮球对抗赛	5 月 21—23 日	182
6	城区小学生田径对抗赛	5 月 28—29 日	270
7	第五届市运会国际跳棋比赛(大众部)	7 月 20—23 日	170
8	第五届市运会篮球甲组比赛(青少部)	8 月 11—15 日	261
9	第五届市运会乒乓球比赛(青少部)	8 月 22—24 日	260
10	第五届市运会门球比赛(大众部)	9 月 14—17 日	200
11	县第十一届全民健身体育大会象棋比赛	9 月 28 日	151
12	县第十一届全民健身大会乒乓球赛	11 月 5—7 日	280
13	县第十四届领导干部篮球赛	11 月 19 日	200
14	县第十一届全民健身大会羽毛球赛	11 月 19—21 日	400

城乡建设

城市建设

【概况】 2021年，全县有城乡建设项目18个。其中，续建项目7个，新建项目11个。全年完成投资5.5亿元；完成建筑业产值26.09亿元；房地产项目3个，房地产投资6.92亿元，商品房销售面积12.13万平方米。城市生活垃圾无害化处理率100%，建成区绿化覆盖率41.1%，建成区绿地率35.74%，城市道路长度80.13千米，城市生活污水处理率98.5%。2021年底，县城建档案馆有存量档案1.55万卷，其中数字化1.01万卷。

【项目建设】 2021年，城南区块老旧小区改造工程施工共涉及1#、2#等10栋楼，地下室抹灰全部完成，其中2#楼完成改造，8#楼完成坡屋面盖瓦、砌筑，其余楼层正在进行外墙抹灰、窗框安装等，完成年度投资9099万元；山哈大剧院工程完成全部项目建设并投入使用，完成年度投资9093万元；外舍桥系（千熙桥）以及菖蒲湾道路网工程，完成桥墩基础施工、桥拱混凝土浇筑、梁板预制，完成年度投资8244万元；外舍污水处理系统提标扩容工程启动建设，完成高密度沉淀池、CAST反应池基础建设、设备安装，启动设备调试，完成年度投资2500万元；城乡生活垃圾环卫一体化PPP项目中的生活垃圾分类利用处置中心（位于澄照乡叶缴村靶场以北区块）完成项目建设，年度投资4701万元，累计完成投资1.38亿元；环城西路道路改造工程（凤凰路至寨山桥段）完成雨水、污水主管网及道路改造等全部项目建设，完成投资2298.69万元；环城东路延伸（110至建材市场）工程分三段实施，其中2021年度实施鸭蛋坑至建材市场段工程，是年完成土

建设中的千熙桥

（县城乡建设局 摄于2021年）

方开挖及外运，完成雨污水管道铺设、路基整理、边坡部分人工挖孔桩施工、格构梁施工，完成投资800万元；千山桥新建工程前期完成初步设计批复、施工图及招标控制价编制、港航通行论证和项目水域占用、水土保持、社会风险稳定评估等报告的编制工作；浮丘未来社区前期完成项目立项、实施方案报批、成立县级专班、实施方案编制、全过程工程咨询服务项目单位招标、第一轮房屋征迁服务询价等工作。

【房地产业】 2021年，房产开发企业资质核准5件。续建房地产开发楼盘3个，完成房地产开发投资6.92亿元。办理商品房预售许可5件、商品房预售合同备案1067份，商品房销售面积12.13万平方米。出具房改证明76件。

【建筑业产业】 2021年，全县范围在建工地52个。其中，新开工项目31个，合同施工总面积45.78万平方米。竣工项目31个，合格率100%。是年，全县建筑企业实现总产值26.09亿元，同比下降0.6%。其中，省内产值24.9亿元，同比增长16.4%。全年，公开招标项目31个，招标金额6.95亿元。核查建筑业企业资质4批次、9家企业，通过率100%。开展建筑业企业动态核查工作，整改合格率100%。完成新开工装配式建筑面积8.43万平方米。消防设计审查项目8个，消防验收项目11个，消防验收备案项目24个，消防验收及备案项目通过率100%。

2021年，以工程建设保函代替工程建设保证金，共计以保函形式缴纳农民工工资保证金840万元，实现保函全覆盖。实行农民工工资分账管理，签订四方协议，保证农民工工资按月足额支付到位。景宁城区范围内建设领域在建工程项目落实农民工工资分账管理率100%。

2021年，职业技能培训支出21.95万元。兑现建筑业扶持专项资金994.07万元，支付图纸费用58.8万元。开展建设工地扬尘日常检查50多次，专项检查2次。下发《关于进一步加强房屋市政工程工地新冠肺炎疫情防控工作的通知》（景控指办〔2022〕25号）文件，对42家建筑企业开展疫情防控检查，下发整改通知书36份。

【市政基础设施维护】 2021年，投入市政基础设施维护资金3293万元，进行城市绿化提升补植、市政设施维护、相关路段及路面综合整治、地下排水排污管网清污、县城公厕改造提升、垃圾房建设维修及其他零星基础设施建设维护。全年，在“12345”平台受理市政设施抢修信息125件，丽水市基层治理信息平台受理市政设施抢修信息45件，均做到及时、准确落实和处置，保障了市政设施的完好率。

【城乡保洁】 2021年，景宁城区环卫保洁及农村垃圾收运等前端环卫服务工作整体承包给景宁万泰环境工程有限公司运维后，从原来组织、实施、考核环卫作业变成监督管理，实现“管干分离”，各项环卫服务工作得到提质增效。景宁162.35万平方米的保洁范围实现每日常态化保洁，道路清扫严格落实“五无五净”保洁质量要求；71个垃圾房、537个果壳箱、273个垃圾投放点垃圾实现日产日清；城区42座公厕严格落实“五清五无”保洁质量要求。组织洒水车、湿扫车和高压清洗车对城区主次路段进行洒水除尘和机械化清扫洗刷作业，对各类垃圾收集设施、城市家具、桥栏亭系等基础设施进行重点冲洗，保证降尘除尘工作没有遗漏，不留死角。

8月4日，景宁畲族自治县生活垃圾分类利用中心正式试运行。该中心位于景宁县澄照乡叶缴区块，用地面积2.96万平方米，总投资约1.37亿元，采用“机械分选+厌氧发酵+沼气发电+沼渣制肥+塑料制粒+污水处理+臭气处理”生活垃圾处理工艺，通过磁选、筛分、风选、水洗、离心等分选模式，对前端分选不彻底、未分类的生活垃圾进行机械化自动分选，实现垃圾分类问题的彻底解决。该中心垃圾处置能力实现生活垃圾机械自动分选180吨/天、餐厨垃圾20吨/天。

8月24日，景宁首个建筑垃圾资源化利用项目完工并正式投产运营。该项目位于红星街道岚头村驼坟洞口，总投资800万元，占地面积约0.67公顷。于2021年2月27日开工建设，主要包括建筑废料破碎机、筛分机、通风除尘等设备采购和全自动生产线设备控制系统搭建。设计日处理建筑垃圾600吨。

【城区绿化】 2021年，景宁城区有公共绿地41.6万平方米、山体公园15万平方米、行道树5760多株纳入养护范围。完成名畲园地块、体育公园北侧地块、澄照创业园地块临时覆绿共计4.7万平方米。外舍三月三街，金钟街、素瓷南路等城市道路种植行道树500多株。城区新增园林绿地5.45公顷。全年收取易地绿化补偿费7万元(改变绿化规划、绿化用地使用性质审批3起，城市绿化补偿增收1起)。全年在元旦、春节、“三月三”、国庆节等重大节庆期间，在美化、绿化城区重点地段节点种植、摆放应季草花30多万株。

【白蚁防治】 2021年，县白蚁防治站在“那云•天空之城休闲度假区”“飞科电器丽景园产业基地”“景宁城乡生活垃圾环卫一体化”等14个项目安装监控白蚁防治技术设备，监控覆盖面积48.66万余平方米。对已登记备案的新建、改建、扩建房屋采取“预防为主，防治结合”的工作方针，有效开展白蚁防治工作。全年，受理新建房屋白蚁预防公共服务27宗，面积81.92万平方米；派单14宗，预防48.66万平方米；5年及10年药物屏障回访60宗，回访面积68.28万平方米；对以往监控装置回访18宗，回访面积75.36万平方米；白蚁灭治4处，灭治面积2.47万平方米；传统村落白蚁预防6个，面积14.07万平方米。针对农村房屋受白蚁侵害情况，县白蚁防治站结合工作实际，免费发放白蚁防治药品和产品使用说明书，让村民自行防治。全年，共计发放氰戊菊酯250多瓶，杀虫粉剂100多瓶，使用说明书360多份。

【公用事业】 2021年，县供排水公司制水630万吨，售水480万吨，常规水质合格率100%。全年，抢修供水管网222处，消防栓7

处。供水管网常规检漏90多千米，发现7处漏水，并及时修理降低管网漏损率。是年，新建供水管网5.5千米，改造老旧供水管网3.6千米；新建污水管网8.5千米，改造2.6千米；排查污水管网27千米，清淤排水管网90千米；处理污水517.59万吨，处置污泥1866.17吨。全年，县供排水公司组织防恐、次氯酸钠泄漏、水体污染等应急演练2次，提高职工的安全意识和应急能力。

2021年，加强燃气安全监管。全年开展燃气安全专项检查及部门联动督查26次，对景宁域内门市部二维码使用情况、站点的监控设施、来客记录、站区日常管理巡视等常规工作落实到位情况进行检查。瓶装燃气二维码标签使用率100%。是年，景宁畲族自治县天然气有限公司投资250多万元，完成人民中路天然气中压主管道安装2.1千米，累计完成人民中路天然气中压主管道安装15.2千米，投资1050多万元，基本实现城区天然气中压主管道全线贯通。（朱依婧）

综合行政执法

【概况】 2021年，县综合行政执法局通过“智慧城管”和“浙里访”两个平台，受理市民投诉咨询721件，回复721件，办结率100%。受理来信来访投诉14宗，结案14宗。主办人大代表建议2件，会办人大代表建议5件；主办县政协委员提案3件，会办县政协委员提案4件。

2021年，县综合行政执法局被列为公务员考核工作市级示范点；获评丽水市2021年度工作目标考核良好单位；结合红黄榜工作制度，出台《景宁县执法局平时考核工作办法》，被选为平时考核市级示范点；被评为2021年度县人大代表建议办理工作先进单位和2021年度县政协工作提案优秀承办单位。局直属综合执法中队被评为丽水市抗击新冠肺炎疫情先进集体。

【“三改一拆”工作】 2021年，出台《景宁畲族自治县国有建设用地违法建筑处置办法》。完成旧住宅区改造696户，占地12万平方米；拆除违法建筑16.26万平方米，占地面积13.1万平方米，拆后利用248宗，共计12.73万平方米，利用率97.18%；拆除安全隐患企业2家（点位3个），总面积2400平方米。

【综合整治】 2021年，开展综合整治等行动25次，整治占道经营1000多起，清运垃圾200多车，对人行道违停车辆贴单6512张。联合办理发放电子犬只登记证、犬牌、犬只免疫证合计672本。建成秸秆焚烧烟雾智能识别检测高清监控点位13个，处理秸秆焚烧事

2021年4月1日，县行政执法局开展违停车辆整治行动 （县行政执法局 供图）

件报警400多次。开展城镇燃气安全检查26次，检查企业、餐饮、宾馆307家，发现问题隐患86个，立即整改70个、限期整改16个，整改完成率100%。办结非法采沙石案件12起，罚款29.3万元。劝诫工程车驾驶员260多人次。道路扬尘违法案件结案21起，罚款1.05万元。启动“线人计划”，建立物业合作关系8家，收集违建信息280多条次，其中，即查即拆15起；立案查处81宗，拆除违建面积620平方米。

【行政执法改革】 2021年，根据《浙江省人民政府办公厅关于公布浙江省新增综合行政执法事项统一目录（2021年）的通知》（浙政办发〔2021〕65号）的要求，编制形成《景宁畲族自治县新增综合行政执法事项统一目录（2021）》。11月30日，县综合行政执法指导办公室挂牌成立。12月29日，景宁畲族自治县人民政府发布《景宁畲族自治县人民政府通告》（景政发〔2021〕7号），把涉及全县16条线264项行政处罚事项划转至县综合行政执法局，由县综合行政执法局统一行使相应事项的行政处罚权以及与行政处罚相关的行政检查、行政强制措施等职权。12月30日，初步制定《景宁畲族自治县全面深化“大综合一体化”行政执法改革工作方案》。

2021年，景宁畲族自治县在沙湾镇试点构建派驻、赋权、辐射三种模式融合的乡镇（街道）综合行政执法队，推动和优化乡镇（街道）“一支队伍管执法”运行体系。试点，采取赋权方式，组建沙湾镇综合行政执法队，实行“1+2+X”模式。县综合行政执法局配备执法记录仪64台，执法用车12辆、摩托车5辆，其他执法装备基本配齐。 （毛海君）

新农村建设

【概况】 2021年，“景宁600”开辟山区高质量绿色发展共同富裕新路径”入选浙江省共同富裕示范区“典型案例清单”；茶园“养羊控草”新模式，获时任中共浙江省委副书记、省长郑珊洁的批示肯定；澄照乡村集体经济工作获中共丽水市委副书记、市长吴晓东的批示肯定。承办全国农村人居环境整治提升现场会工作获中共丽水市委书记胡海峰的批示肯定。景宁畲族自治县获全国乡村振兴（扶贫）系统先进集体、2021年度全省深化“千万工程”建设新时代美丽乡村（农村人居环境提升）优秀县、2021年度全省农村生活垃圾分类处理工作考核优秀县、2021年浙江省新时代美丽乡村示范县，丽水市“丽水之干”模范集体等荣誉称号。

【农村“三资”管理】 2021年，全力推进加强农村“三资”监管，再次修订《景宁畲族自治县农村集体资金资产资源管理办法》，制定出台《景宁畲族自治县村集体资金竞争性存放办法》。上线运用浙江省农村集体经济数字管理系统。通过委托中介审计、开展农村集体“三资”管理领域腐败问题专项治理和侵占集体资产资源问题专项治理、“三资”管理业务培训等，全力打通全面从严治党“最后一公里”，确保村级集体经济健康有序发展壮大。

【经济薄弱村发展】 2021年，全县村集体经济总收入7369.3万元，同比增长19.38%。其中，经营性收入3325.41万元，同比增长17.34%。全县共有55个集体经济相对薄弱村全部实现总收入20万元且经营性收入10万元以上（消薄任务33个村，完成率166.7%）；经营性收入超过50万元的行政村有11个（任务8个）；136个行政村经营性收入超过15万元的行政村116个，占总行政村数的85.3%。

【低收入农户增收】 2021年，全县共有低收入农户3988户7323人，较上年减少601人，减幅7.6%；全县低收入农户人均可支配收入14811元，增幅15.2%。全年，下达各级衔接资金产业项目补助计划688.84万元，用于完善各村基础设施及产业配套设施，涉及扶贫产业项目16个，有效改善低收入群众生产生活条件；下达产业帮扶补助资金368.98万元，直接带动1377户低收入农户持续增收。深化“政银保”农村金融扶贫改革，发放扶贫小额贴息信贷167笔，贷款总额7068.8万元。通过雨露计划，发放助学补助资金66.9万元，受益低收入家庭学生223人，有效缓解困难学生升学压力。继续实施“防贫保”责任保险扶贫项目，着力解决低收入农户脱贫人员在扣除基本医疗保险、大病保险以及医疗救助、商业保险等费用报销后所需承担费用，全年提供医疗救助92.5万元，受益困难群众155人次。同时，做好“脱贫保”与低收入农户统筹健康保险的衔接，为全县8334名低收入农户及城镇低收入户、困境儿童投保统筹健康保险，累计保费203.35万元。

【民宿农家乐建设】 2021年，投入畲家民宿农家乐建设资金370万元（其中省级专项资金投入20万元、县财政专项投入200万元，“区域协调”建设财政专项激励资金150万元）。建成省级农家乐特色村1个，新增民宿15家，周边环境改造提升项目6个，基础设施项目建设2个。历年累计建成省级休闲乡村2个，省级农家乐特色村12个，市级农家乐综合体5个，“丽水山居”精品民宿示范项目15家。全年，全县农家乐民宿接待游客181.1万人次，营业总收入1.13亿元，分别比上年同期增长11.38%、10.9%。

【美丽乡村建设】 2021年，美丽乡村（花园乡村）农村人居环境提升建设投入资金5011万元。其中，美丽乡村（花园乡村）项目资金2618万元、历史文化（传统）村落保护利用项目资金1092万元、农村垃圾分类资金628万元、农村无害化卫生厕所（含公厕）资金673万元。创成省级美丽乡村示范乡镇2个（梅岐乡、景南乡）；省级美丽乡村特色精品村3个（大均乡新庄村、红星街道杨绿湖村、渤海镇渤海村），省级美丽乡村风景线1条（景宁畲族自治县东景高山避暑风景线），省级高标准农村生活垃圾分类示范村2个（澄照乡金坵村、梧桐乡梧桐村）。完成第7批历史文化村落保护与利用建设项目。其中，重点村1个（红星街道杨绿湖村）、一般村16个。创成新时代美丽乡村达标村40个（其中精品村12个）。农村生活垃圾行

魅力古村落·伏叶

（县农业农村局　摄于 2021 年）

政村分类覆盖率 90%，创成省级新时代美丽乡村示范县。是年，章坑村、隆川村、岗石村、印章村、道化村、王宅村、何处村、秋炉村、岭里村、叶谢村、葛山村美丽宜居示范村建设分别完成计划总工程量的 100%、100%、100%、100%、62.2%、31.9%、34.2%、35.2%、37.5%、40.3%、36.7%。

【“大搬快聚富民安居”工程】 2021 年，全县实施搬迁 944 户 3013 人。其中，整村搬迁 18 个村 602 户 1833 人。搬迁群众房屋测绘面积 82623 平方米。宅基地复垦立项 9.16 公顷，验收 5.72 公顷。下达搬迁直补资金 5673 万元（其中省补资金 2574 万元、市补资金 345 万元、县融资资金 2754 万元），主要用于补助搬迁农户自建房。安排两批 15 个建设项目资金 2557.16 万元，用于搬迁安置小区的基础设施、绿化、亮化、美化建设。

【全国农村人居环境整治提升现场会在景宁召开】 2021 年 9 月 23—24 日，景宁承办全国农村人居环境整治提升现场会，中共中央政治局委员、国务院副总理胡春华出席会议并讲话。参会正式代表共计 260 人，其中副省级以上领导 21 人，副厅级以上领导86 人。会议期间，还召开了全国农办主任座谈会。景宁农村人居环境整治、低收入群众帮扶、生态富民产业培育等工作受到与会嘉宾的一致好评。

（刘丹洁）

人力资源 · 劳动就业

综　　述

【概况】 2021年，县人力社保局组织用人单位外出招聘17场次，招引各类人才3240人，其中引进硕士研究生152人（体制内21人）。柔性引才57人、签订院地合作项目19个，新增高技能人才592名。开展专场招聘52场次，新增就业2105人。举办各类培训58期4059人次。其中开展“畲乡经理”和“返乡创业带头人”精品培训658人次，助推乡贤回乡创业。

2021年，景宁有劳务派遣和事务代理人员1414人（其中，新纳入编外工作人员39名，事务代理人员55名）。全年，代发编外人员工资、年度考核奖和其他补贴共计6117万元；通过与各用工单位积极沟通协调，调整了105家用工单位988名编外人员工资，公积金调整503人次。及时签订编外用工劳动合同，共与335人签订劳动合同，其中组织新纳入编外用工签订94人次，合同期满续签241人次。调解劳动人事争议3起，涉案金额4.3万元。开展编外用工政策指导工作，实地走访全县26家机关事业单位，对规范使用编外用工和薪酬调整等进行宣传；春节前对编外用工家庭困难、突发致困、重大疾病等事项进行摸底调查，为11名有困难的编外人员送去慰问金、油和米，提升其归属感和幸福感。2021年，完成“智慧大厅”改造升级，迭代升级业务标准，引进智能化设施设备应用，打造集智能导办、智能问答、智能评价于一体的自助服务“智慧”区，群众以“人机互动”模式自助完成51项人社事项，构建线上线下融合发展的智能化、集成化、人性化人社服务体系，高频网办率大幅提升，真正实现“减员增效”，相关经验被《中国劳动保障报》刊登。

【流动人员人事档案公共服务】 2021年，接收流动人员人事档案772份，现存档6581份。提取归集流动人员人事档案主要字段6400多份，实现数据归集常态化。正式上线浙江省流动人员人事档案管理省集中系统，全省流动人员人事档案实现联网联办。新设两个流动人员档案室，对流动人员人事档案实行“集中统一、归口管理”的管理体制。2021年，完成档案影像化5700多份，共计22万张，启用数字档案电子阅览室。

劳动关系

【概况】 2021年，县劳动保障监察大队共受理劳动争议案件122件，涉及劳动者506人，涉及金额1082.43万元；与法院诉调对接9件，涉及民工9人，涉及金额41.09万元；下发劳动法律文书76份，行政处罚案件2件。县劳动人事争议仲裁院共立案受理劳动人事争议案件66件（线上受理53件，网办率82.7%），结案66件，结案率100%。其中调解结案59起，调解率89.4%，均未超期结案。法律援助实现“应援尽援”，为43位劳动者提供法律援助。建立基层调解组织148家，其中快递行业新建立调解组织1家。

2021年，印发《景宁畲族自治县人力资源和社会保障局等3部门关于实施劳动关系“和谐同行”三年行动计划打造和谐劳动关系示范区的通知》（景人社发〔2021〕62号）。完成8家样本企业2176名职工2021年企业人工成本情况和企业从业人员工资报酬情况2大类40项指标全年薪酬数据调查工作；按季上报5家样本企业1881人的人工成本监测数据；通过对33个行业4852名劳动者的调查统计，相关数据汇总后报市人力社保局，经过审核、处理、分析，发文公布《2021年景宁部分职业（工种）人力资源市场工资指导价位》（景人社〔2021〕103号）。

【劳动维权宣传】 2021年，开展“职企互促、和谐同行”、《保障农民工工资支付条例》实施一周年等大型宣传活动，共发放《保障农民工工资支付条例》单行本200多份，现场解答咨询100多人次。推广“安薪码”的应用，引导、鼓励投诉人通过手机扫码在线投诉，实现掌上办事。印制“安薪码”宣传海报200张，“安薪码”二维码1万张，悬挂宣传横幅10条。培训劳动关系协调员185名，135名劳资专管员取得证书。推广电子劳动合同757份，完成30家企业劳动用工体检。开展新业态就业群体有关情况、农民工市民化等各类调研13场次，非公经济人士评价30人次。入企宣传79家次，消除化解苗头性矛盾纠纷38起，签订“双爱”约定书72份，发放《企业劳动合同规范化操作指南》83本。

2021年5月19日，“职企互促、和谐同行”《保障农民工工资支付条例》一周年宣传活动

（县人力资源和社会保障局 供图）

【“无欠薪”工作】 2021年，梳理县内42个重大工程在建项目，建立劳资纠纷重点治理对象清单。以各项目的工资支付情况为重点治理内容，同时对实名制管理制度、维权告示牌制度等“无欠薪”标准化“六项制度”的落实情况进行督查。以实地督查、台账检查、电话随访等形式开展督查督办，并通过随机询问劳动者，提高督查真实性、有效度。联合建设、

交通等行业主管部门，对清单上的工程项目开展工资支付监督检查。全年开展联合检查83次，出动检查人员194人次。依托浙江省工资支付监管平台应用，实时监管企业每月工资支付情况，安排专人对平台的预警信息实行“日调度”，及时将平台上出现的预警信息反馈至各行业主管部门，督促其立即整改，实现预警信息发现一处、处理一处。全县42个在建项目运用工薪系统发放工资，实名制工人1.9万人，线上发放工资8.32亿元，实现工资支付全过程监管。

【信访维稳】 2021年，收到群众来信、来访、来电、网上投诉共247件248人次。其中，转执法平台69件，实行领导包案，组织约谈及上门走访6次，化解积案2起。为群众提供政策咨询服务2058件2030人次。案件处理率及咨询回复率均为100%。成立扫黑除恶专项行动领导小组，定期召开会议汇报工作及进展。全年，深入农户、企业、工地130多户，发放宣传资料2000多份。

【劳动纠纷化解】 2021年，劳动人事争议仲裁院启动调解协议仲裁审查确认工作，对经过第三方调解的协议进行程序性、合法性审查，当日出具仲裁审查确认书，确保调解协议的法律效力。通过“第三方调解+审查确认”，将案件从申请到办结用时从45天缩短至5天，提升群众办事满意度。开通绿色极速通道，“优先立案、专人专案、先行调解”。在双方配合的情况下，实现当天立案当天结案，工伤案件即收即立率100%，案件及时结案率100%，调解率97.5%。调解不成的，进入工伤速裁程序，在保障公司答辩期的情况下，其他程序依法简化，将办案时间从60天压缩至15天内，处理周期较普通案件提速75%以上，高效引导工伤争议案件软着陆。与法院共建巡回审判制度，仲裁院在县社会矛盾纠纷调处化解中心法院窗口设立劳动人事争议调解窗口，法院在仲裁院设立劳动人事争议巡回审判点。全年化解劳资纠纷38起，为506名农民工讨回被拖欠工资1082万元，未发生一起因欠薪引发的群体性事件和越级上访事件。

【行政许可】 2021年，依法批复12家企业经营许可事项，其中：劳务派遣经营许可3家、地址变更1家，实行特殊工时工作制企业8家79个岗位2077人（综合计算工时工作制63个岗位224人，不定时工作制16个岗位2453人）。按照“谁审批谁监管”要求，完成5家劳务派遣公司年检，5家劳务派遣公司“双随机”专项检查工作。在法治政府案卷评查中，8个行政许可案卷均被评为优秀许可案卷。

【依法行政】 2021年，组建法治专班，梳理行政检查目录清单108项。认领监管事项206项。组织开展社会保险政策咨询活动20多次，发放各类宣传资料5000多份。全局行政执法证持证52人，换证率和持证率100%。组织开展“双随机、一公开”行政检查，设置任务10个（其中跨部门任务5个，跨部门率50%），完成率100%。抽查事项19个（其中双随机抽查17个，即时检查2个）。公开行政处罚案件2个，办结行政许可案件18个。行政应诉1起，以当事人撤回起诉结案。推荐2名干部聘任公职律师。

人才服务

【概况】 2021年，组团外出开展系列引才活动17次，先后组织县人民医院、那云文旅有限公司、浙江宏鑫电力工程公司等企事业单位，赴杭州、西安、长春、兰州、哈尔滨等地参加各类硕博专场、大学生专场招聘会。全年引进大学生等各类人才3240人。开展春节“送温暖”慰问活动、引进人才元宵趣味游园活动、读书日等活动。

【专业人才培养】 2021年，景宁高级人才联合会开展以“乡村振兴、产业发展、全域旅游”等为主题的各类人才活动34场次，增建英川镇、千峡湖保护与开发管理委员会作为“高联会”人才服务基地，累计建立人才服务基地11个。《景宁畲族自治县高级人才联合会信息专报》刊发3期。县“高联会”被评为AAA级社会团体组织。是年，举办《“两山”理论与生态产品价值实现机制专题》省级高研班。县生态林业发展中心设立博士后工作站，引进博士后研究人员刘自强，开展“浙南典型森林生态系统水循环与模拟”研究。18家单位通过建立“助力畲乡·人才工作室”等柔性引进人才57人，签订合作项目19个。组织开展畲乡英才、拔尖新秀、畲乡人才遴选，制定出台人才新政配套实施细则5项，兑现各类人才项目资金326万元。

【高技能人才培养】 2021年，培训4059人次，新增高技能人才592人，支出培训补贴326.16万元。出台高技能人才获证一次性奖补政策，全年共有192名技能人才享受人才奖励（补贴）72.6万元。景宁畲族自治县职业高级中学与浙江猎人特卫安保集团有限公司景宁分公司校企合作，开创企业新型学徒制工作的先河。积极推荐优秀人才参加省市人才遴选，被评为浙江工匠1人，被评为浙江青年工匠4人。新建畲乡技能大师工作室3家、评选畲乡首席技师2人。开展职业技能大赛，分12个工种，参加人数300多人；产生畲乡技术能手12人，畲乡工匠61人。选派优秀技能人才参加省、市技能大赛，获得一等奖2人、二等奖5人、三等奖11人。

【职业技能培训和鉴定】 2021年，县职业高中完成社会培训认定机构备案，并在全市率先开展职业技能等级认定。新增企业备案8家，完成率100%。企业新增高技能人才83人，完成率103.7%。技能人才取证1185人，完成率118.5%。开展畲乡粉皮制作专项职业能力首次考核。组织申报的畲族刺绣、畲族捏塑两个项目被确定为浙江省专项职业能力考核规范2021年开发项目。

人事管理

【概况】 2021年，全县有事业单位工作人员4477人，正式在编人员3542人（其中专业技术人员 3331 人，管理人员 139 人，工勤 72 人），编外 935 人。是年，组织各类人事考试 21 场次，报名参考 4055 人，招录招聘 229 人。其中，招录公务员 47 人，招聘事业单位工作人员 78 人，编外人员 70 人，国有企业工作人员 17 人，公开选调 17 人。

【各类人事招考】 2021 年，打造“阳光招引”清廉品牌。为确保人事招考公平公正，开展人事招考标准化体系建设，确保全流程在阳光下运行，连续三年实现“零差错”“零差评”“零投诉”。开启“云招考”揽才模式，通过线上平台组织 5 场考试，助力“畲雁归巢”。全年开展人才引进招聘活动 2 次，为全日制硕士研究生和省属重点院校优秀毕业生量身定制 36 个岗位，其中春季人才引进 247 人报名，聘用 15 人（研究生 7 人）。综合类事业单位面向社会公开招聘工作人员采取抽调乡镇人员直接参与考察的方式，提前做好需求对接，达到“人岗匹配”。计划面向社会公开招聘综合类事业单位工作人员岗位 45 个。其中，少数民族岗位 5 个，面向社保员岗位 1 个。共 1545 人报考，根据报名情况核减招聘计划 1 个，聘用 43 人（畲族 7 人）。严格按照公务员笔试要求招聘中小学（幼儿园）教师。全县计划公开招聘中小学（幼儿园）教师 16 名。其中，少数民族岗位 2 名，面向应届高校毕业生（含择业期内未落实工作单位的高校毕业生）1 名。共计 265 人报考，最终聘用 13 人（畲族 2 人）。

【机关事业单位工资福利】 2021 年，组织开展公务员工资津贴补贴专项治理工作。制定出台《关于进一步规范机关事业单位津贴补贴和奖金发放工作的通知》，进一步规范机关事业单位津贴补贴和奖金发放工作。制定出台《景宁畲族自治县人民政府办公室关于建立义务教育教师工资收入长效联动机制的通知》（景政办发〔2021〕27 号），建立义务教育教师工资收入长效联动机制，确保义务教育教师工资水平不低于公务员平均水平。

【事业单位工作人员档案管理】 2021 年，实现事业干部人事档案规范化管理，全年接收档案 1323 卷（其中教育系统 916 卷、卫生系统 74 卷、组织部 333 卷）。12 月底，在库人事档案 3475 卷，其中事业干部档案 3402 卷（其中教育系统 1540 卷、卫生系统 682 卷），退休人员档案 93 卷。完成事业干部人事档案专项审核 3040 卷，数字化扫描 1450 卷。

【事业单位数字化转型】 2021 年，县人事工资管理服务平台完成初始数据采集、录入、校正，平台集“人事+工资”业务，开启“数字人事”管理新征程。全县事业单位信息完整度维护 99%、人员信息完整度 97%以上，累计完成岗位设置、公开招聘、新进人员、岗位聘任（晋升）、交流调动、职称计划申报等业务 1236 件。事业单位工作人员职业生涯全周期“一件事”管理服务平台累计完成办件 310 件，切实提高了事业单位人事管理效率，提升机关数字化治理水平。是年，景宁被列入全省提升事业单位人事工资全周期管理应用（数字工资）试点延伸县。4 月，制定出台《关于提升事业单位人事工资全周期管理应用（数字工资）试点工作实施方案》；5月，实行全口径月工资申报，月工资申报率100%；7月，事业单位工资统发“一件事”上线运行，实现工资统发机关事业单位全覆盖。数字工资改革入选丽水市党史学习教育专题实践活动优秀案例；数字工资改革试点经验被省委办《浙江信息》刊发，并在全省推广。

【职称制度改革】 2021年，首次开展养老服务领域照护专业职称评审工作，打通养老照护人员职称晋升通道。教育、卫生系统共14家职称自主评聘试点单位有序开展自主评聘工作。在浙江青风环境股份有限公司开展工程技术人员专业技术资格自主评价试点工作。全年共有289人通过线上职称评审，其中获评初级职称102人，中级110人，高级41人。

就业创业

【概况】 2021年，景宁应对新冠肺炎疫情，出台实施企业复工用工服务保障等一系列稳就业、保就业政策，就业形势总体保持稳定。城镇新增就业2105人，失业人员再就业211人，就业困难人员再就业53人，城镇登记失业率1.28%。

【城乡统筹就业】 2021年，积极搭建线上线下招聘平台，线上开展“云招聘”活动36场；线下举办现场招聘会及“送岗下乡、招聘入村、就业暖心”特色乡镇村巡回招聘共14场，296家用人单位参加，提供岗位6950个。强化企业用工服务，对全县3810家在册企业的经营状况、用工及缺工情况进行全面调查，保障企业用工。发挥失业保险稳就业作用，对不裁员或少裁员的参保企业实施失业保险稳岗返还政策，向562家企业发放稳岗补贴210.76万元；通过大数据比对，向18家中小微企业发放吸纳高校毕业生社保补贴5.9万元。组织社保员开展业务培训，举办技能练兵比武活动，依托社保员队伍，开展农村富余劳动力调查、重点群体帮扶等工作。是年，对全县159个公益性岗位及104名在岗人员实行动态管理和退出机制，发放公益性岗位补贴和社保补贴118.19万元。推荐180名高校毕业生参加见习，发放见习补贴118.48万元。鼓励就业困难人员灵活就业，发放社保补贴263人144.09万元。落实失业保险扩围政策，共计发放失业金1460人次202.57万元，发放失业补助金1463人次79.471万元，保障失业人员基本生活。落实创业担保贷款政策，全年发放创业担保贷款21人次730万元，贴息27.14万元。

2021年，依托“数字就业”服务平台，为重点群体（失业人员、就业困难人员、高校未就业毕业生、低保、低边、低收入农户）提供政策咨询、就业培训、岗位推荐等“一对一”精准服务。开展重点群体人员帮扶8118人次，其中1820人通过帮扶实现就业。

【就业创业平台建设】 2021年，职业技能提升培训4059人次，支出培训补贴326.16万元。与云和县、庆元县联合举办2021丽水市“奇思妙想·创赢绿谷”创业创新大赛云景庆赛区选拔赛。其中，山超新零售、致敬美好生活——景宁东方•江泰广场项目获二等奖；畲城乡伴乡创青年孵化项目获三等奖；景宁新农链产业协会新农创建设发展项目、畲乡景宁香菇非遗馆、科普馆项目获优胜奖，共为以上5个获奖项目发放奖金5.2万元。提升创业创新能力，营造优良的创业创新生态环境。举办2021年景宁畲族自治县“春风行动”人力资源招聘会，55家企业参加，现场提供就业岗位2000多个，岗位涉及机械制造、竹木制品、电商、服务业等行业。共有3000多人次进场咨询，其中765人登记求职，438人初步达成就业意向，113人当场签订就业协议。举办2021年景宁畲族自治县“畲乡经理”创业创新带头人能力提升高级班，利用山东大学的智库资源为来自全国各地的景宁商会以及县域优秀企业的56名学员量身打造实操性和观摩感极强的系列课程，以高质量的培训提升景商创业能力。举办2021年海盐—景宁山海协作乡村振兴合作创业带头人培训班，50名村两委主职干部参加培训。进一步提升创业带头人整体素质，增强乡村产业发展新动能，助力乡村振兴。

（县人力资源和社会保障局）

2021年8月2日，海盐—景宁山海协作乡村振兴合作创业带头人培训班举办

（县人力资源和社会保障局 供图）

社 会 生 活

住房保障

【公租房建设和租赁】 2021 年，新申请公共租赁住房家庭资格审核通过 62 户，实物配租并入住 62 户，保障率 100%；开展城镇低保、低保边缘家庭以及环卫、公交行业的住房困难家庭排摸审核工作，最终确定 38 户（其中低保低边 16 户，环卫、公交行业 22 户），发放住房租赁补贴 6.3 万元；将公租房续租资格复核及清退纳入“三服务”工作重点。县检察院、法院、公安局、县府办、建设局、民政局、自然资源和规划局等相关单位成立专项工作组，清退不符合资格的保障家庭 50 户；对符合条件的行政事业单位退休人员 134 人，发放住房补贴 222 万元。

建设中的保障房包凤示范小区

（县城乡建设局 摄于 2021 年）

【物业管理】 2021 年，加强物业行业指导，深入物业小区开展各类检查 13 次，督促物业小区落实疫情防控、垃圾分类、平安维稳等各项整治措施 30 多条。规范房地产管理秩序，开展房地产各项督查 15 次，下发疫情防控通知书、整改通知书 20 份。（朱依婧）

【住房公积金管理】 2021 年，景宁有正常缴存住房公积金单位 519 家，职工 1.39 万人，当年月均实缴净增住房公积金人数 721 人；归集住房公积金 3.8 亿元，归集余额 809 亿元；提取住房公积金 3.15 亿元；发放个人住房公积金贷款 248 户共计 8187 万元，贷款余额 7.1 亿元，存贷比为 79.93%。实现住房公积金增值收益 1530.9 万元，增值收益率 1.81%。是年，县住房公积金中心获市级巾帼文明岗称号、2021 年度各县（市）分中心住房公积金管理工作目标责任制考核优秀单位和 2021 年度全县部门“大赶考”综合考核优秀等次。

2021年，丽水市住房公积金管理中心景宁分中心根据《丽水市住房公积金管理中心关于开展2021年度住房公积金基数调整工作的通知》(丽公积金〔2021〕10号)印发《丽水市住房公积金管理中心景宁分中心关于开展2021年度住房公积金基数调整工作的通知》(景公积金〔2021〕21号)。根据《丽水市住房公积金管理委员会关于印发丽水市住房公积金委托贷款承办银行准入、退出管理办法的通知》(丽公积金管委〔2021〕2号)印发景宁住房公积金委托贷款承办银行准入、退出管理办法。 (吴春燕)

社会保障

【概况】 2021年，全县机关事业单位职工养老保险参保8345人；企业职工养老保险参保4.23万人，工伤保险参保4.12万人(工伤认定226起，工伤发生率0.59%)；城乡居民养老保险参保6.87万人。基本养老保险参保率99.36%。各项基金收入10.15亿元，支出13.4亿元，当期结余-3.25亿元，累计结余3.92亿元。各项社保待遇支出6.6亿元。

2021年，全县累计社保卡持卡人数17.22万人。新增社保卡个人申领2789人，注销2020年前已死亡人员社保卡5000多张。为异地参保企业开辟绿色通道，可通过网上预申领、微信等方式申领。批量制卡423个批次，共计4844张，邮寄社保卡1000多张。累计签发电子社保卡15万张，新增8.03万张。5月12日全市第三代社会保障卡正式发行，是年全县发放第三代社保卡1.95万张。并推动公共服务领域“民生一卡通”应用，可以通过社保卡(电子社保卡)进博物馆和图书馆借阅图书、乘坐公交车；10月，大漈AAAA景区完成系统改造、刷卡进景区。

2021年，开展中断缴费人员数据集中处理工作，涉及2062人；开展重复参保人员清理工作，涉及3568人；完成企业退休人员待遇项目梳理工作，共计300多项，涉及1万人。全年开展六轮调资调待工作，涉及3.75万人。企业退休人员基本养老金实现“十七连增”，城居基础养老金从每人每月180元提升至225元，涉及2.48万人，调整幅度为历年最大。

【社保基金监管】 2021年，景宁加强社保基金监管。开展社会保险基金各项审计、风险排查、安全评估及第三方评估等“五轮”基金管理问题专项检查工作。基金监管实行“清单式”风险防控、“查纠式”专项检查、“立体式”监督管理。全年组织专项检查7次，及时追回3位当事人重复享受待遇17.06万元。组织检查42位干部216位亲属参保情况，未发现违规违纪行为。开展第三方审计，做到立查立改。对8012笔业务进行内部稽核，每月业务稽核面在20%以上，共追回社保基金54.89万元，有效防止虚报冒领社会保险待遇的现象发生。全面加强对判刑人员的核查和追缴工作，对在职和退休人员分批进行处理。

2021年，联合县纪委监委、公安、法院、检察院等部门，出台社会保险信息共享联动处置工作机制，提升基金风险防控中的数据叠加效应。每月与县纪委监委、公安、法院、司法共享涉刑、户籍注销人员等信息，及时做好社保待遇调整工作，统筹构建“社保政策、社保经办、信息技术、基金监督”和“纪检监察、行刑衔接”的“4+2”整体联防体系，力护基金安全。全年，获取涉案、涉刑人员信息947条，发现并追回违规领取待遇2人，涉及金额27.91万元。

【被征地农民参加养老保险专项工作】 2021年，完善被征地农民参加基本养老保险政策。牵头制定立足县情、地区平衡、新老衔接、保障民生的被征地农民参加基本养老保险实施方案，细化规范政策口径和经办流程。及时开展多轮政策指导和业务培训，确保政策稳妥准确落地，保障全县被征地农民的利益。完成被征地转保缴费不中断告知业务1287人，被征地农民参加职工养老321人，参加城乡居民增设档次128人，参加城乡居民普通档次16人。

【政务服务数字化转型】 2021年，持续推进“最多跑一次”改革，全面推进政务服务2.0事项应用推广。10月，政务服务2.0占比达标率从29.3%提升到84.17%。有序推进办事标准升级。秉持“高标准、严要求”的原则，落实科室职责权限，安排专人更新维护，动态调整事项，确保信息及材料准确率100%。实现职工退休“一件事”依托政务服务2.0平台经办，全年办理495人。

2021年，根据《浙江省人力资源和社会保障厅关于开展人社数字化改革核心业务梳理的通知》（浙人社数改办〔2021〕7号）文件的422（4个体系2张清单2个流程图）要求，出台数字化改革方案。组织梳理核心业务30主项75分项，重大任务21主项38分项。稳步推进五大系统改革，提前完成数字社会、数字政府工作指标和体系维护；如期完成数字社会14项、党政智治17项数据材料门户信息展示。按期完成数字法治系统6个规范性文件推送。 （县人力资源和社会保障局）

民政工作

【概况】 2021年，景宁畲族自治县民政局完成“幸福码”延伸服务试点和标准地名地址库应用建设两项省级试点工作，其做法和经验分别被省委《数字化改革（工作动态）》第35期及民政部《中国社会报》刊发推广，为全省民政数字化改革增添景宁元素；完成“关爱365”智慧云平台二期建设，实现儿童信息一人一档。升级“智慧殡葬”系统，被省委改革办《竞跑者》、市委改革办《改革先锋》及浙江民政信息刊发推广，并作为典型在全市数字社会系统建设推进会上交流。

2021年，实施“真情暖万家·关爱365”儿童关爱保护行动计划。打造环敕木山畲寨儿童之家项目，新建成“儿童之家”6个。牵头成立县未成年人保护委员会，服务对象从特殊儿童群体向全体未成年人转变，开通“12345”未成年人保护热线。是年，县民政局被民政部授予全国农村留守儿童关爱保护和困境儿童保障工作先进集体称号（民发〔2021〕75号）。

【社会救助】 2021年，全县在册城乡低保对象共计2879户5058人（占户籍人口的3%），累计发放低保资金3839.92万元。在册低保边缘对象914户2166人。在册特困供养对象359人（其中集中供养236人，分散供养123人），累计发放特困供养资金558.99万元。孤困儿童182人，累计发放孤困儿童生活补助金173.97万元。在册农村“三老”人员37人（其中老党员12人，老交通员21人，老游击队员4人），累计发放生活补助资金34.43万元。“精减退职”、“56支宁”、麻风病人共11人，发放补助金共18.92万元。发放临时救助资金96.21万元，救助对象615人。发放低保对象、特困人员、孤困儿童、低保边缘户等困难群众一次性春节临时生活补助399.5万元。

【婚姻登记】 2021年，共办理结婚登记718对，离婚登记196对，补发婚姻证317对，开展婚姻家庭辅导68次，婚育户一件事联办319件。在县婚姻登记处设置中国畲乡婚姻文化展厅，在渤海镇千峡湾建设景宁畲族结婚登记户外颁证基地。

【殡葬服务】 2021年，火化尸体937具，惠民殡葬967人，惠民金额96.42万元。其中：异地火化47具，减免3.63万元；普通减免724具，减免66.88万元；重点救助减免196具，减免25.91万元。开展西坑公墓续建工程，新建墓位620穴。投资200多万元建设县级骨灰堂，创成首批省级公益性节地生态安葬示范点。该骨灰堂占地1100平方米，设置骨灰位1500多个。

【社会组织管理】 2021年，登记社会组织16家，变更社会组织12家，注销3家，年检社会组织105家；打击整治非法社会组织3家，整治“僵尸型”社会组织3家。开展行业协会、商会乱收费清理整治行动，推出减免收费举措3个，累计减免会费13多万元。完成省民生实事社工站建设任务，新建4个镇级社工站，补助建设运营经费30万元。实施公益创投项目19个，补助福彩公益金34万元；开展第二届社会组织公益创投展演大赛，23个社会组织参与。21个乡镇（街道）社会组织服务平台实体化率100%。培育省级社会组织领军人物2名和市级社会组织领军人物1名；培育市级品牌社会组织1家和慈善社会组织1家。

（严霖鑫）

移民工作

【概况】 2021年，全县共有移民扶持人口9472人，其中移民直补人口5658人，发放移民直补5530人380.34万元。对移民种养业、农家乐（民宿）等在享受普惠政策基础上予以30%的叠加补助，培育了一批移民致富领军人。加大移民学历教育、技能培训、疾病医疗等方面扶持力度，并为直补移民投保人身意外伤害险。全年补助418人123万元。

4月14日，景宁畲族自治县移民工作中心代表丽水市移民系统，在浙江省水库移民工作会议上作典型发言，着重介绍了景宁“十三五”期间，水库移民扶持工作的做法和成效。“十三五”期间，景宁累计投入移民资金1.26亿元、争取省避险解困资金2178万元、整合其他部门资金2.76亿元，改善水库移民的生产、生活条件，完成了移民群众脱贫，移民村集体经济“消薄”等工作任务。

【工程项目建设】 2021年，发放补助资金1570多万元，实施上标村练石林道路硬化、岗粗岭村农田水渠修建等22个产业基础设施建设项目。发放补助资金1400万元，完成九龙黄村码头建设、和兴村道路硬化工程、渔际村停车场建设等30个项目。发放补助资金800万元，整合资金4000多万元，实施东塘、石塘山等乡村美化建设，打造美丽家园示范村4个，创建美丽家园示范乡镇1个（渤海镇）。

2021年，充分挖掘库区景色风光、文化古迹、湖畔峡湾等资源，向省移民办公室争取资金740万元，整合资金3000万元，打造美丽库区优美景致示范点。千峡湖金钟梨花峡文旅产业园项目入口景观打造基本完工；梨花大道建设等工程组织施工招标；九龙山地质景观旅游基础设施建设项目完成设计方案，首期项目将建设环山游步道5千米、观景平台9处、休憩驿站9处。

【移民工作政策处理】 2021年，县移民工作中心接访31批40人，按政策解决率96%。受理上级部门信访转办函5件。其中，初次信访件2件（联名信访件1件）、重复信访件3件。网上信访件4件。召开国家级信访重复件听证会，对符合息访条件的3个重复信访件予以息访结案；对原大都铁索桥赔偿信访积案进行政策答复；解决了滩坑移民小区路灯电费缺口等问题；关于滩坑库区43户一类清库对象安置等历史遗留问题与任某某等反复沟通，达成按原政策安置的初步解决方案；滩坑库区二类清库对象尾留补偿补助问题办理结束。开展“入千访万”活动，全年走访215户。通过走访，全面掌握涉稳移民诉求和困难移民需求，及时排查化解涉稳重点人员和重点事项。

（蓝　慧）

慈善事业

【慈善救助】 2021年，支出慈善救助资金623.24万元。其中，大病救助73户39.15万元；春节慰问、应急救助、拥军优抚等1300人98万元。为120户低保户发放春节礼包。举办第十四届春节慈善送年夜饭慰问活动，为302位环卫保洁工人送上慰问礼品和年夜餐。走访慰问九龙敬老院特困对象、村级老党员等群体；向30个行政村发放村级帮扶资金9.67万元，助力村集体经济消薄和新农村建设。完成残疾人危房改造项目，支出第六批次3户残疾人补助金22.90万元，三年来，该项目为全县21户残疾人家庭发放危房改造建设资金104万元。开展东西部扶贫结对，捐赠四川省泸州市古蔺县帮扶资金60万元。

2021年，发放助学金193人92万元。其中，整合多个爱心企业和单位资助大学生110人、中小学生24人，浙江万向集团继续结对59位学生至毕业。“六一”儿童节，县慈善总会慰问培智学校，为特殊学生送上智力玩具等礼物助力心智成长。浙江智通科技有限公司持续帮助大地乡校全体学生提升生活质量。建立“百星成长”青少年共富慈善基金和民族幼儿园“农行关爱儿童之家”。与景宁消防救援大队联合创建景宁县“消防慈善少儿爱心基地”。

【慈善资金募集】 2021 年，通过线上线下多渠道募集各类慈善资金 803.69 万元。其中，“留守群体助乡村振兴”和“留守老人的爱心三餐”两个线上募捐项目募集网络资金 19 余万元。

2021 年，开展“慈善一日捐”活动。倡议参加活动的每一位公民自愿捐赠一日收入，企业捐赠一日利润，党政机关、事业单位、社会团体及其他机构可捐赠部分节约的经费；鼓励有条件的企业或社会爱心人士建立慈善帮扶基金或设立冠名基金等。全县 86 家行政机关、事业单位、乡镇(街道)、爱心企业干部职工、和爱心人士 5659 人参与活动，募集资金 128.72 万元。其中，红星街道金仙寺社区 197 人参与捐款，募集善款 1.43 万元；团结社区 155 人参与捐款，募集善款 1.3 万元；英川镇莲湖村 186 人参与捐款，捐款人数占村人口的 56%，募集善款 7.14 万元；家地乡家地村募集善款 1.3 万元。

【慈善事业发展】 2021 年，县慈善总会在家地乡家地村和英川镇莲湖村建成首批“助力乡村振兴、关爱边远山区留守老人”慈善爱心食堂两个，总投资 60 万元。两个村的爱心食堂解决了 109 位老人的一日三餐

2021 年 7 月 20 日，家地乡家地村“慈善爱心食堂”运行开业　　（县慈善总会 供图）

生活问题。该做法被《浙江日报》《慈善公益报》刊登。　　（廖筱芳）

老龄事业

【概况】 2021 年，全县 60 周岁以上户籍老人 3.3 万人，占全县总人口 19.61%，65 周岁以上老人 2.72 万人，占全县总人口 16.15%。2021 年初新增百岁老人 7 人，全县百岁以上老人 37 人。

2021 年，全县设 15 个老年电视大学教学点。其中，鹤溪街道设 4 个教学点(鹤溪、城西、城南、百岁社区)，红星街道设 6 个教学点(金仙寺、城北、团结、王金垟、外舍、红星社区)，沙湾、东坑、景南、梧桐、梧桐坑分别设 1 个教学点，教学点均设在社区和村委大楼。全年分春季和秋季两个学期，春季招收老年学员 1089 人、秋季招收老年学员 1118 人。每个学期两门课程，春季课程为国学经典新读、家庭常见急症处理指南，秋季课程为智享未来、跟我学烘焙。每周定于周五和周六上午，通过浙江电视台公共新闻频道为老年学员进行远程授课。

2021年，开展全国示范型老年友好型社区创建工作，鹤溪街道百岁社区被国家老龄委命名为2021年全国首批示范性老年友好型社区。联合各老年协会、老年体协举办“老年节”慰问和老年文体活动23场。全年举办老年人智能信息化培训8次，参加523人次。

【养老服务设施建设】 2021年，启动县老年医养综合服务中心项目主体工程建设，新建乡镇（街道）级居家养老服务中心4家，新增床位235张，实现全覆盖。为辖区内老年人提供日间照料、托养服务、康复护理、家庭支持等服务。累计拨付养老服务机构建设经费210万元，养老机构运营补助110万元（县福利中心85万元，九龙中心敬老院25万元）。经由第三方机构星级评定，拨付乡镇（街道）居家养老服务机构运营补助80万元，村社区照料中心运营补助12万元。困难老年人家庭适老化改造149户。九龙敬老院新院区正式启用。县福利中心通过国家级四星级养老机构评估。

4月1日，全市首家康养联合体在景宁畲族自治县福利中心正式启用。该福利中心康养联合体总用地面积1.69万平方米，总投资5575.43万元。设3个临床门诊科室、1个康复门诊科室、2个护理单元，为老年人提供医疗就诊、健康管理、保健咨询、中医养生保健等服务。

【医养服务模式形成】 9月1日，澄照乡医养结合服务中心举行揭牌仪式。该服务中心是景宁首家基层医疗机构院内医养结合服务中心，是县人民医院（县域医共体）澄照分院探索基层医疗卫生机构院内开展医养结合服务模式的市级试点，也是该县积极应对人口老龄化，满足广大老年人不断增长的医疗卫生、康复护理、医养结合等方面的服务需求。该服务中心于2021年3月开始建设，占地面积800平方米，总投资130万元，共设置医养结合床位20张，主要是为失能、半失能老年人提供集中医养结合服务。（徐丽峰　严霖鑫）

关心下一代工作

【概况】 6月18日，2021“爱心圆梦•保亿助学”助学金发放仪式在景宁举行。省关工委副主任、省关心下一代基金会理事长傅颂恕出席。此次发放的助学金共计10万元，由浙江保亿集团有限公司出资。景宁民族中学50名家庭困难学生，每人获得助学金2000元。8月6日，2021年《南湖晚报》嘉禾绿荫行动福气多景宁爱心助学专场活动在畲乡景宁党群服务中心举行。景宁10位品学兼优的贫困大学新生每人收到2万元的爱心助学卡。多次赴杭州、上海、温州等地对接爱心企业及爱心人士，与浙江省妇女儿童基金会合作助学，全年资助景宁困难学生415人，资助金额124万元。（潘明义）

民族·宗教

【概况】 2021年，结合“振兴民族乡村，推进共同富裕”、主题党课、红色主题畲族文创产

2021 年 11 月 19 日，丽水市首届禅（道）茶展评

（县民宗局　供图）

品展、主题文艺晚会、青少年儿童畲语大赛、庆祝中国共产党成立 100 周年，开展“千村万寨心向党”“我们和党旗在一起——56 个民族心向党”“畲族确认 65 周年”“铸牢中华民族共同体意识教育和民族团结进步”等系列活动。县民族中学创成省级铸牢中华民族共同体意识教育试点基地。联合文旅局启动《景宁畲族自治县少数民族文物图谱》汇编工作，收集整理景宁畲族自治县少数民族文物 280 件。

2021 年 11 月 1—4 日，第十四届中国义乌国际森林产品博览会在义乌举行。景宁设立“民族风物馆”参加会展，参展企业 32 家。主要参展内容有“景宁 600”产品、花卉园艺、竹木工艺品、茶产品、家具及配件、畲族服饰、民族文创产品等十大类 400 多种产品。本次“民族风物馆”围绕“民族和美新时代，团结奋进共富裕”为主题，以创新、协调、绿色、开放、共享五大发展理念为引领，以体现“民族特色农林与观光休闲推介相结合、民族风情展示与特色商品展销相结合、促进经贸交流与弘扬民族文化相结合”为原则，重点展示景宁县“三农”工作的新成就和省委、省政府针对民族地区一系列强农、惠农、富农政策的新成效。

2021 年 11 月 19 日，丽水市首届禅（道）茶展评活动在景宁惠明禅茶工坊举行。展评活动以“品茗•悟禅•问道”为主题，共有 13 家参评寺院（道观），12 种禅（道）茶参与展评。经过宣传片展示、品茶、展评等环节，并结合茶叶品质、禅道主题、文化内涵、创新创意等评分标准，评出景宁惠明寺等 8 家获最佳茶韵奖、莲都区白云寺等 6 家获最佳故事奖、莲都区梵音寺等 6 家获最具文化底蕴奖、青田县章旦乡万福宫等 5 家获最佳文创设计奖。

【少数民族发展事业】　2021 年 7 月 19—20 日，丽水市民族乡村振兴工作推进会暨首次民族乡镇工作例会在景宁召开。是年，景宁畲族自治县投入少数民族发展资金 3169.3 万元，建设项目 70 个。其中，中央少数民族发展资金 370 万元，省级少数民族发展专项资金 570 万元，市级少数民族发展资金 35 万元，县财政安排少数民族发展资金 2194.3 万元（含民族文化资金 350 万元）。落实资金 1000 万元，推动实施示范带建设项目 14 个。其中，环敕木山“城乡融合和美畲家”示范带创成省级民族乡村共同富裕示范带；东坑镇桃源村创成省级民族乡村共同富裕示范点；澄照乡创成省级民族乡村振兴试点；景宁民族中学被评为省级少数民族传统体育教育基地。开展“民族乡村振兴双百村结对帮扶”行动，争取帮扶资金 160 万元，加快澄照乡米岩山村、金坵村，鹤溪街道惠明寺村、周湖村，梧桐乡东源村，郑坑乡吴布村，东坑镇何村村、桃源村8个民族村经济发展。开展民族团结进步创建工作。渤海镇人民政府、秋炉乡人民政府2家单位入围省级民族团结进步创建示范单位重点培育名单。

【少数民族民生事业】 2021年，落实全县少数民族群众住院医疗自费超过4000元部分再补助12%政策。发放少数民族大病住院补助69.56万元，受益499人次；慰问少数民族困难群众15人，发放困难补助2.6万元；实施农村80岁以上少数民族群众补助政策，每人每月补助100元，发放补助金51.92万元，受益475人。落实0—80岁少数民族群众投保人身意外伤害险，投保资金29.61万元。

【宗教事务管理工作】 2021年，景宁有宗教活动场所21处（其中基督教20处、佛教1处），信教群众2206人。其中，基督教1574人，佛教632人。经市级以上宗教部门备案的教职人员5人，义务传道员82人。在新冠肺炎疫情防控期间，暂停开放宗教活动场所和一切集体宗教活动，严禁私下聚集和活动。开展宗教领域“十百千万”普法工程和宗教政策法规进场所、进机关、进学校、进社区活动，重点对新修订的《浙江省宗教事务条例》进行宣讲。 （雷伟燕）

生 态 建 设

生态环境保护

【概况】 2021年，景宁县城空气质量优良天数364天，空气优良率100%。PM2.5浓度均值19微克/立方米，同比下降5%，综合指数2.17，同比降低4.82%。全县市控及以上断面水质功能区达标率100%，全部达到Ⅰ、Ⅱ类水体；县级以上集中式饮用水水源地水质达标率100%；岭根交接断面Ⅰ类水344天，Ⅱ类水2天。生态环境质量公众满意度90.63%，全省排名第八。国家重点生态功能区县域生态环境质量通过资料审验和现场考核。景宁畲族自治县获2020年度美丽浙江建设（生态文明示范创建行动计划）工作考核优秀县（市、区）称号和2020年度全省"五水共治""大禹鼎"奖牌（2021年公布）。

2021年，实施生物多样性保护，开展生物多样性本底调查，完成春、夏、秋、冬四季的水生生物、鸟类、大型真菌、大型哺乳动物调查工作。"景宁做法"亮相联合国《生物多样性公约》第十五次缔约大会（COP15）"生态文明与生物多样性保护主流化"主题论坛。联合开展"绿盾2021"自然保护地监管专项行动。完成2020年度县城饮用水水源地生态补偿考核工作，公布考核补助资金共161.3万元。其中，鹤溪街道、红星街道各9.4万元，东坑镇10万元，梅岐乡19.5万元；梅岐村、王木坑村等8个行政村共补偿113万元。全年受理生态环境损害赔偿案2例，收取赔偿金9450元。印发《景宁畲族自治县生态文明社会共建行动方案》（景环〔2021〕41号），打造生态环境全民共建共享体系，成立生态环境保护联合协会。创成毛垟乡省级生态文明教育基地。

2021年8月3日，县生态环境局与县公安局联合举行交通事故引发环境污染事件（"水、陆"综合性）应急演练活动。生态环境系统和公安系统200多人参加演练。是年，景宁在2020年开展的第二轮中央环保督察中交办的16个信访件中有3个信访件被省委环保督察组明察暗访、省市整改办"回头看"反馈督办。11月，3个信访件全部完成整改销号。

2021年，根据《丽水市生态环境局县（市、区）分局（生态环境保护综合行政执法队）内设机构暂行规定》（丽环党委〔2021〕29号），丽水市生态环境局景宁分局（以下简称县生态环境局），内设办公室、综合管理科（行政审批科），股级职数2名；景宁畲族自治县生态环境保护行政执法队设执法一科、执法二科、执法三科、执法四科，股级职数6名。

【污染减排】 丽水市下达景宁2021年减排任务是：化学需氧量（COD）、氨氮（NH_3-N）、二氧化硫（SO_2）和氮氧化物（NO_X）排放量分别净削减2%、2%、0.1%和0.1%。是年，景宁整合衔接环评审批、污染源监管、执法监管等环境管理制度，实行排污许可证管理。全县纳入排污许可管理企业13家、登记管理252家。积极开展生态文明建设和生态环境风险隐患排查整改，争取到浙江省生态环境保护专项资金713.97万元。2021年9月，丽减排办〔2021〕1号《关于通报2020年及"十三五"主要污染物总量减排指标完成情况审核结果的函》显示，2020年度景宁全面完成四项主要污染物减排指标。其中，化学需氧量（COD）减排23吨、氨氮（NH_3-N）减排1.99吨、挥发性有机物（VOCs）减排0.3吨、氮氧化物（NO_X）减排0.3吨。2020年度单位GDP碳排放0.3吨/万元。

【污染防治】 2021年2月，开展生态环境共保联治百日攻坚行动。其间，设立"蓝天""碧水""清废"3个攻坚小组，具体组织实施生态环境风险隐患排查和督促落实整改工作。共排查各类环境问题47个。其中，"蓝天"行动22个、"碧水"行动11个、"清废"行动14个，全部完成整改。9月，开展生态环境领域攻坚克难画句号行动，排查问题162个。10月，县委、县政府召开建设新时代美丽景宁暨中央、省委生态环境保护督察整改工作推进大会确保问题整改到位。

2021年，景宁推进污染防治攻坚战，整治"低散乱"企业10家，治理工业项目2个，非道路移动机械上牌80辆，柴油货车远程在线监控（OBD）50辆，淘汰老旧营运柴油货车13辆，非道路移动机械新能源替代2台。投入资金3500万元，开展"全域污水零直排区"创建，完成红星、鹤溪2个街道"污水零直排区"建设任务。完成3个国考断面、1个饮用水水源地走航分析报告及"一点一策"方案和景宁地下水国考点位水质巩固（提升）方案。完成全县27.24公顷受污染耕地"源解析"，督促2家重点单位完成土壤自行监测并按要求向社会公开。联合筹建景宁——云和两县危险废物收储转运中心。全县13家工业企业共产生工业危险废物76.53吨，全部委托有资质的第三方企业进行规范化处置。是年，景宁基本完成"无废城市"创建指标。

【生态环境监测】 2021年，完成8个重点断面常规监测和国控地下水的93项全指标分析。开展县城声环境质量监测，完成100个区域噪声点位、20个交通噪声点位和7个功能区噪声点位监测任务。开展污染源监测，全年对垃圾填埋场废气和地下水、渗滤液，生活污水处理厂等开展4次监督性监测，并对日处理20吨以上的81家农村生活污水处理终端进行了监督性监测，对5个入河排污口进行

2021 年 7 月 2 日，千峡湖景宁段水样采集

（县生态环境局 供图）

水质监测，共出具监测报告 18 份。联合生态环境执法，开展生态环境执法监测，出具监测报告与执法监测报告 20 份。编写《2020 年景宁县环境质量报告书》，形成生态环境质量报告 13 份。

【生态环境数字化转型】 2021 年，新建千峡湖、上标水库等重要湖库水质自动监测站 3 个，乡镇水质自动监测站 6 个，乡镇空气自动监测站 15 个，县城噪声监测点 6 个，辐射站 1 个。在“党政机关整体智治平台”综合应用门户的专题门户板块设置“本单位概况”“重大任务”“年度工作要点”“特色亮点工作”四大板块，各项主要内容上线运行。设立督察整改模块，上线“生态环境问题发现 督察在线”应用场景，建立生态环境问题发现、交办、整改、督办、分析预警的数字化闭环体系。

【环评审批制度改革深化】 2021 年，实施环评审批“代办”制、容缺审批制和“区域环评+环境标准”制等，简化审批手续，提升环评审批管理效能。是年，全县近 70%的建设项目获得环评豁免审批。共豁免审批项目 180 多件，办理环评降级项目 4 件，代办服务项目 8 件，环评告知承诺项目 1 个。开展企业、项目帮扶活动 50 多次，涉及企业、项目 20 多家（个），协调解决环保问题 33 个，提供相关咨询指导服务 150 多次。

【环境执法检查】 2021 年，聚焦全县畜禽养殖业、竹木加工业、阀门铸造业等行业，开展“绿箭”系列专项行动。其间，开展相关执法检查 90 多次，检查企业 800 多家次；下发责改决定书 12 份、监测意见书 28 份；立案查处环境违法行为 6 起，处罚款 44.92 万元。全年受理各类环境信访投诉事件 53 件，处置率和满意率均 100%。

【生态文明宣教】 2021 年，举办“5·22”国际生物多样性日系列宣传活动，发布景宁畲族传统文化与生物多样性调查报告文本及图册，联合县生态林业发展中心、县人民法院、县科协等单位在府前桥路段开展宣传活动，共展出宣传展板 16 块，发放宣传册 300 多册。通过微信公众号、进校园等方式向全社会征集剪纸作品，共收到作品 37 副。开展“6·5”世界环境日活动，发布环保主题歌曲《让畲乡更美丽》。开展“6·30”浙江生态日“环保设施公众开放日”活动。举办“7·29”丽水生态文明日文艺晚会，启动景宁畲族自治县生态文明社会共建行动。开展生态环境公众满意度宣传活动，进村入户发放宣传单 3 万份、宣传扇 3 万把、制作宣传片 1 个。

（林泽瑜）

土地资源保护

【概况】 2021年,全县土地总面积1938.84平方千米。其中,耕地面积1.52万公顷,占全县总面积的7.82%;园地面积3576.15公顷,占全县总面积的1.84%;林地面积15.98万公顷,占全县总面积82.41%;草地面积809.55公顷,占全县总面积的0.42%;城镇村及工矿用地2494.01公顷,占全县总面积的1.29%;交通运输用地1816.93公顷,占全县总面积的0.94%;水域及水利设施用地5830.59公顷,占全县总面积的2.99%;其他土地4416.55公顷,占全县土地总面积的2.28%。

景宁境内矿产资源较为丰富,现已探明的矿产有铁、钼、铅锌、铜、金、银、叶蜡石、萤石、高岭土、大理石等20多种。矿产地近百处,以矿种多但矿产规模小为特点。主要矿产为铁、钼、铅锌、叶蜡石、花岗岩等。2021年,开展矿业权出让和矿山秩序整顿工作,矿业权出让2宗、注销县级发证的过期矿山8家。全县持有效采矿权证(矿山)1家,为梧桐萤石矿,从业人员约20人,是年为基建期。沙石加工场2家,年产量约60万吨;持有效探矿权2家,分别为鹤溪镇王木坑地区钼矿详查和鹤溪街道包凤村地热资源勘查。

【耕地保护与开发】 2021年,全县耕地保有量1.53万公顷。其中,永久基本农田保护面积1.15万公顷。景南乡上标村百亩方等2个永久基本农田集中连片整治项目通过验收,建成连片耕地面积215.8公顷。上报全域土地综合整治与生态修复工程计划1个,并完成实施方案编制。6个垦造耕地续建项目通过验收,面积18.85公顷。完成建设用地复垦项目4个,新增耕地面积5.72公顷。

【土地利用】 2021年,完成景文高速、金村水库及供水工程2个项目的用地报批。审批各类国有建设用地23宗,面积30.03公顷。临时用地审批13宗,光伏用地备案1宗。全年,盘活存量建设用地14.73公顷,城镇低效用地再开发6.73公顷,消化批而未供土地30.4公顷。

全年争取用地额度指标9.83公顷、新增建设用地年度计划指标9.32公顷,审批农用地转用9.83公顷。全年审批各类建设用地34宗39.89公顷。其中,划拨供地22宗32.773公顷;公开出让供地8宗6.96公顷,出让合同价款2116万元;集体土地拨用4宗0.15公顷。

【不动产登记】 2021年,推广使用不动产登记“信息集成服务平台”,开展不动产登记抵押延伸服务。实现全县范围内9家银行、20个网点的不动产抵押登记协同办理全覆盖,并以“总对总”方式办理抵押3495件。全面推进不动产登记电子证书(证明)上线,全年发放不动产电子证书2353本、电子证明2511本。全年不动产业务网上办理查询9545件、网上提交申请5623件。深化“一窗综合受理”建设工作,深度融合“不动产登记+纳税”办理流程,完成网上缴税73件。

【国土资源执法】 2021年，开展土地、矿产资源动态巡查541次，1300余人次，发放责令停止土地（矿产）违法行为通知书16份，及时制止违法占用土地6324平方米。立案查处土地违法案件5宗，涉及占地面积1.96公顷（耕地0.60公顷）；罚没款32.03万元。非立案处置土地违法案件2宗，涉及面积1100平方米；超面积建房按简易程序处罚3宗，罚款金额172.7元。依法申请法院强制执行土地违法案件2宗，涉及土地面积0.63公顷（耕地0.02公顷），建（构）筑物面积40平方米，县人民法院均作出裁定由属地乡镇人民政府组织实施。开展农村乱占耕地建房问题专项整治行动，经过内业研判分析，上报图斑61宗，面积0.86公顷。

【国土空间规划】 2021年，开展《景宁畲族自治县国土空间总体规划（2020—2035年）》编制，完成过渡期的城镇开发边界划订方案，并经省政府批准。提交乡镇级国土空间总体规划（东坑片区、沙湾片区、英川片区、渤海片区）的初稿方案编制，并完成乡镇级征求意见工作。完成“三区三线”第二轮试划方案，并上报市自然资源和规划局。开展村庄规划省级试点（大均乡伏叶村）的规划编制工作，完成规划方案的村级征求和部门、专家审查，并提交报批稿上报市自然资源和规划局。开展《景宁畲族自治县生态保护红线评估调整》优化调整工作，并上报成果至省自然资源厅。配合项目建设需要，开展《景宁畲族自治县零星地块控制性详细规划》编制工作，完成9个地块控制性详细规划并经县政府批准。

2021年，核发建设工程项目选址意见书25件，建设工程规划许可证18件，乡村建设规划许可证3件，出具地块规划设计条件9件。组织项目设计方案审查9次，审议《景宁畲族自治县鹤溪派出所业务用房设计方案》等项目设计方案30余个。协助县政府召开县规划委员会会议5次，审议《景宁畲族自治县职业高中迁建工程设计方案》等项目21个。开展建设项目竣工规划核实工作，出具项目竣工规划核实确认书27件。

完成市十方面民生实事项目——新增规划配建停车位302个。

【自然资源出让】 3月4日，县自然资源和规划局在县公共资源交易中心成功公开拍卖丽水市滩坑引水工程（景宁段）硐渣资源（若风化岩）一批，受让人为韩某某，数量约9.3万立方米，合同总价273万元。该资源位于景宁库坪村沙坑支洞（和顺村底坑支洞部分）。7月4日，县自然资源和规划局与浙江那云文旅有限公司签订《浙江省探矿权有偿出让合同》，成功出让位于鹤溪街道包凤村扫口的地热资源勘探权。该探矿权面积为0.76平方千米，成交价格19万元。6月29日，县自然资源和规划局与浙江金玥旅游开发有限公司签订澄照乡金坵村A-05、A-08地块的国有建设用地使用权出让合同。该地块出让底价评估方法与以往不同，首次按照“经济产出价值+生态环境增值”进行核算。该次出让地块生态增值部分为49.77万元，专项用于该区域生态环境改善建设。 （游张平）

林业资源保护

【概况】 景宁地处浙南山区，是全省重点林区县之一。2021年，全县林地面积16.48万公顷（与国土资源统计口径同），其中森林面积15.73万公顷。活立木蓄积1309.91万立方米，其中森林蓄积1274.66万立方米。乔木林单位面积蓄积量96.75立方米/公顷，同比增加4.65立方米/公顷。全县森林覆盖率为81.12%。共有古树名木9159株。其中，一级保护252株、二级保护1112株、三级保护7795株。

【林业生态保护】 2021年，景宁致力于以松材线虫病防治、森林防火、野生动植物保护和涉林违法打击为主要内容的平安林区建设。景宁畲族自治县林业局被浙江省人民政府办公厅评为“全省松材线虫防治工作和全面禁止非法交易、滥食野生动物工作突出集体”。

2021年，完成全县10.77万公顷松林松材线虫病疫情普查，并出台《景宁畲族自治县2021—2022年度松材线虫病防治方案》；开展年度古松和重要区位松树主干保护作业，用药10万支。全年“无痕化”清理枯死松树1.04万株。日常化开展检疫执法检查，重点加强对建筑工地、电力、通信部门、物流等行业或单位的监管。全年开展专项检疫执法11次，出动执法人员41人次，对在建工地中使用的次成新松木料取样镜检3次；查处违规调运案件1起，罚款4800元。

2021年，落实村与户森林消防责任书4.33万份，出动森林消防巡、督查380人次，车辆78车次，悬挂防火宣传横幅430多幅，发送短信80多万条，媒体宣传650条，宣传单页8000多份，张贴禁林防火通告2600多张，张贴防火标语3600多条，送防火电影下乡120场次。倡导移风易俗，“绿色祭扫”，清明节前后设置森林防火临时检查点79个，出动人员600多人，发鲜花2000多支，赠送树苗2万多株。全年制止违章用火78起，处罚违章用火11人次，罚款1050元。2月18日，鸬鹚乡西林村发生森林火灾，过火面积44.53公顷，受害面积4.4公顷。

2021年6月27日，森林消防演练

（县自然资源和规划局 供图）

2021年，推出野生动物肇事保险，全年理赔24起，理赔金额3.5万元。将景宁中学生物馆改造为景宁畲族自治县野生动物收容救护中心，全年收治、救助野生动物22只。其中，国家二级重点保护动物17只。联合市场监管局对全县菜市场、餐馆是否存在非法、出售、买卖陆生、野生动物等行为进行不定期突击检查。对46株古树名木制订了“一树一策”的保护方案。

2021年，核实群众举报的违法使用林地、滥伐盗伐林木和非法出售、买卖野生动物线索21起。全年办结涉林案件5件。其中，擅自改变林地用途1起，非法侵占林地面积0.09公顷，处罚1.02万元；滥伐林木案2起，违法采伐蓄积17.03立方米，处罚8339.61元；毁坏林木案1起，毁坏林木25.7立方米，处罚3.6万元；野生动物案1起，处罚880元；向县公安局移送涉刑案件2件，毁坏林木蓄积99.73立方米。

【林业生态建设】 2021年，全县共规划新增国土绿化面积1138公顷，完成绿化造林961.33公顷。开展县直机关干部义务植树等活动，全年义务植树及四旁植树21万株。

2021年，实施“景宁五大森林”建设项目，建成布局合理、覆盖城乡、功能强大的森林生态体系，全面提升森林质量、森林景观面貌，美化城乡人居环境。是年，完成林草等植被覆绿面积715.6公顷，投入资金743.52万元。

2021年，编制《景宁畲族自治县千万亩森林质量精准提升工程实施方案（2021—2025年）》，实现千万亩森林质量精准提升落

2021年3月8日，义务植树活动

（县自然资源和规划局 供图）

地上图1899.47公顷。其中，健康森林1020公顷，大径材基地建设425.53公顷，木本油料林抚育138.67公顷，美丽林相建设171.87公顷，生态廊道建设143.4公顷。

2021年，以新一轮“一村万树”示范村创建为抓手，挖掘乡土特色和绿化空间，在改善乡村生态环境基础上，着力打造具有传统文化色彩的美丽村落节点，完成大均乡泉坑村、郑坑乡吴布村2个“一村万树”示范村创建。

【林权改革工作】 2021年，积极推进林地流转，盘活林地资源。是年，新增林地流转面积540公顷，规模林地流转办证面积203.33公顷，申报年度林地流转奖励资金9.86万元。深化林业金融服务，拓宽林业融资渠道，新增发放林权抵押贷款1.42亿元，惠及农户745户。实现林权抵押贷款余额5.95亿元，惠及农户2657户。

【林政资源管理】 2021年，邀请浙江省监测中心专家对全县乡镇林业站工作人员进行技术指导，以集中培训和专家现场指导的方式提升林业站工作人员技术水平。完成国家森林督察暨森林资源“一张图”年度更新工作。对下发图斑进行现地核实，将276个下发森林督查图斑实际分割为301个，并确认违法违规图斑28个。

2021年，办理建设项目使用林地15件，征占用林地13.92公顷，征收植被恢复费320.09万元。严格落实《景宁畲族自治县人民政府关于分解下达“十四五”期间年森林采伐限额的通知》精神，全年发放采伐证108

份，蓄积8350立方米。（梅　景）

湿地保护

【概况】 2021年，景宁畲族自治县生态林业发展中心（以下简称县生态林业发展中心）科研项目《多花黄精产业化关键技术研究与推广》获全省科技兴林一等奖和第十二届梁希林业科学技术科技进步二等奖；《畲乡香榧产业化关键技术集成与示范》获全省科技兴林二等奖。景宁天然林资金管理工作在全省林业资金稽查和绩效评价通报会上作典型发言（全省4个、全市唯一）。景宁草鱼塘国家级森林公园的申报项目获全国林业优秀工程咨询成果三等奖。景宁立勤香榧产业园有限公司的香榧高效生态栽培基地和浙江绿康油茶有限公司（景宁）的油茶林下养殖高效复合经营基地成为全省首批"一亩山万元钱"科技推广高质量示范基地。景南乡上标村、大均乡伏叶村入选"2021年度浙江省现代林业经济示范区"。3月29日，浙江电视台《壹周视点》栏目专题报道景宁畲族自治县林业总场践行"两山"理念，打造森林保护典范。5月28日，景宁入选省级天然林保护修复实施方案编制试点县。11月25日，全省首个"天然林生态定位站实施方案"——《景宁公益林（天然林）生态定位观测研究站建设实施方案》通过专家评审。12月8日，景宁入选浙江省公益林地籍管理模块试点县。

由县生态林业发展中心、景宁立勤香榧有限公司和松阳县昌明香榧专业合作社共同起草的丽水市级地方标准《香榧采收及炒制加工技术规程》，于9月7日，由丽水市市场监督管理局发布实施。

2021年，油茶造林102.16公顷，香榧造林33.5公顷，建设基地道路6.79千米、生产用房150平方米。种植林下经济作物33.96公顷，创建示范基地3个（东坑镇白鹤村、大均乡伏叶村、澄照乡金丘村）。组织26家农林企业参加义乌森博会，其中16家申报优质产品，有4家获金奖产品，12家获优质奖产品。

【自然保护区建设】 2021年，县生态林业发展中心向上级部门争取各类资金1.11亿元。其中，中央资金1582.96万元，省级资金7883.25万元，县级资金1632.34万元。完成《望东垟、大仰湖保护区湿地保护与生态恢复》和《景宁木兰保护研究》等2个林业专项项目。完成林业总场草鱼塘分场茶叶队危旧房修缮、大漈分场管护房改造、引水灭火工程和景宁畲族自治县自然保护地生态修复及综合管理能力建设等项目建设。是年，全县林区道路硬化39条68.2千米，总投资2585万元（涉及乡镇19个、国有林场下属分场2个和林业企业4家）。

【公益林保护管理】 2021年，发放公益林补偿资金5316万元，惠及村（组）集体经济组织567个、农户3.23万户；发放天然林停伐管护补助资金170.96万元，惠及村（组）集体经济组织83个、农户4528户。完成全县21个乡镇（街道）2个国有林场的省级以上公益林优化图斑剔除和调补工作，共核查图斑

2.35 万个，面积 3900 公顷。经核查，剔除不符合地类 3667 公顷，调补面积 3667 公顷，新增扩面 2667 公顷，为全县林农年增收 140 多万元。

【森林防火】 2021 年，县生态林业发展中心按照“预防为主、防灭结合”的工作方针，实行全员防火、全年防火和全域防火制度。建立健全落实工作机制，成立了中心一把手任组长，班子成员为副组长，相关科室为成员的森林防火和安全生产工作领导小组，确定县生态林业发展中心机关全年防火值班制度。以分场为单位组建了 6 支森林消防半专业扑火分队，组建 1 支综合应急森林消防队伍。全年开展森林消防“高压水泵”引水灭火技能培训演练 8 场次，有效提升各分场森林消防半专业队伍的森林火灾扑救能力。开展巡护沿线的毗邻村庄常态化宣传巡查。联合举办第 12 个“3·19”森林消防宣传日活动，利用浙政钉、微信平台发送防火信息 3200 多条，各分场、保护站利用森林防火高音喊话器开展《中华人民共和国森林防火条例》《中华人民共和国森林法》宣传 1750 次，护林员巡查 2530 人次，悬挂森林防火横幅 50 多幅，张贴禁火通告 90 张、追究失火罪案件宣传案例 60 张，发放宣传册 2000 份，宣传品 400 份，出动宣传车 870 辆次。清明节期间，对辖区内 63 座坟墓进行逐一登记造册，实行网格化管理，明确责任单位和落实监管人。是年，景宁实现全年“零”火情（望东垟连续 63 年、大仰湖连续 21 年保持零火灾记录）。

【科普宣传活动】 2021 年，开展科普宣传活动 4 次。2 月 2 日，举办以“湿地与水”为主题的第 25 届世界湿地日宣传活动；5 月 22 日，举办主题为“呵护自然，你我有份”的第 28 届国际生物多样性日宣传活动；6 月 17 日，与景南乡政府联合在景南乡开展浙江极小种群物种天台鹅耳枥保护宣传活动；9 月 12 日，与景宁陈氏小架太极拳俱乐部联合在浙江畲乡草鱼塘国家森林公园开展以“森林康养回归自然”为主题的生物多样性暨森林康养宣传活动。 （张丽珍）

2021 年 2 月 2 日，以“湿地与水”为主题的第 25 届世界湿地日宣传活动

（县生态林业发展中心 供图）

乡镇·街道

红星街道

【概况】 红星街道东至渤海镇、西至大均乡、南至鹤溪街道(钟楼路—寨山桥)、北至云和县元和街道,地域面积194平方千米。其中,耕地面积1189.55公顷,林地面积1.61万公顷。全街道户籍人口2.83万人,常住人口3.92万人。辖仙童、红星、团结、金仙寺、外舍5个社区和城北、王金垟、岗石、岭北、和兴、岚山、杨绿湖、金钟源、小金州、金包山10个行政村60个自然村。10个行政村集体经济收入共873.7万元。其中,经营性收入522万元(城北村经营性收入345.24万元,岭北村经营性收入59.03万元)。

2021年,红星街道创成县城、外舍、库区3个区域党建联盟,建成景融时代广场党群服务驿站和全县首个"外事领保联络站";开展党史学习教育专题活动50多场次;成功创建2个示范型清廉村居和2个规范型清廉村居;完成全年征兵任务。仙童社区与县职业高中签订全县首份健康促进金牌学校创建合作协议。岗石村被评为省级清廉村居示范标杆培育村,文化礼堂创成省四星级文化礼堂。金钟源村文化礼堂建设顺利完工。

【产业经济发展】 2021年,红星街道新增金钟雪梨、红星"红美人"(柑橘品牌)种植面积20公顷,累计66公顷。生态茶园改造32.67公顷,老梨树二期矮化改造300多株。冬季绿肥示范播种面积33.33公顷,推广商品有机肥550多吨。全年粮食种植面积176公顷,粮食产量1320吨。畲乡景宁菌菇科普馆成功创建"县级科普馆"。是年,辖区共有工业企业62家。其中,规模以上工业企业8家,实现年产值4.13亿元。登记在册来料加工点78个,发放加工费5804万元,带动就业5600多人次。建成双坑小区"大搬快聚"来料加工示范基地。成功申报城北、王金垟、岭北3个"省级电商专业村",红星街道入选全省"电商镇"。规划投资3000万元,启动金钟"梨花峡"文旅产业园项目,开工建设梨花大道,培育库区农旅新热点。杨绿湖村入选"2021年度浙江省历史文化(传统)村落保护利用示范村",并获评全省美丽乡村特色精品村。岭北村、岚山村获评全省美丽乡村达标村。金包山村创成省 AA 级景区村。

【红星街道重点工作】 2021 年，谋划项目 78 个。其中，县级以上重点项目 49 个，总投资 8.9 亿元。征收土地 11 万平方米，征迁房屋 69 幢 239 户，调处矛盾纠纷 130 多起。完成县“攻坚克难画句号”专项行动交办的 17 项任务和景宁至文成高速公路、322 国道、县老年医养综合服务中心等项目的政策处理。实施“双招双引”战略性工程。签约落地小金州毛坑“朴境国际生态村”项目；与海宁市尖山新区签订“共同富裕示范区建设框架协议”；与省农业科学院数字研究所签订战略合作协议，招引硕士以上高层次人才 5 人。完成岭北安置点及王金垟下山移民安置点 14 幢 340 套建房工程，集中安置 266 户 781 人；团结小区公寓安置一期顺利结顶；金村水库安置点启动“三通一平”；完成岗石犁头岗、城北山后、王金垟安置小区项目概算调整。

【美丽城乡建设】 2021 年，开展市容镇貌环境整治行动，清理点位 250 多处，清运垃圾 2000 多吨。拆除违法建筑面积 1.8 万平方米。开展“攻坚克难画句号”生态环境领域隐患排查，整改落实 17 项具体问题。国土绿化造林 73.33 公顷。实施“跟着河长去巡河”“五水共治‘找寻查挖’”专项行动，发现并整改问题 41 个。完成 20 个生活小区、环城北路隔油池、街道背街小巷等污水零直排项目建设，改造提升 300 多家“五小行业”的污水设施，“污水零直排区”创建顺利通过验收，红星街道获评全省“五水共治”考核优秀乡镇。天境小区创成省级高标准生活垃圾分类示范小区。投入资金 1000 万元，实施辖区弱电上改下（线路地上改地下）、基础设施补强、小区改造提升等工程。成功创建全市唯一“美丽城镇建设山区县县城城镇省级样板”（全省有 4 家样板单位）。浙江民生休闲频道《走进最美城镇》系列栏目对该做法和经验进行了专题报道。

【民生事业】 2021 年，辖区有建档立卡贫困户 275 户 510 人，全部达到人均年收入 9000 元。全年累计发放低收入农户“创业联盟”、产业直补、“雨露计划”等各类资金 65.33 万元；发放残疾人“两项补贴”、助学补助、创业贷款贴息扶持等费用 146.3 万元；发放困难群众临时救助资金 6.3 万元。城乡危旧房修缮 5 幢、农村老旧电气线路改造 226 户、无害化卫厕改造 43 户、家庭适老化改造 10 户。完成王金垟多功能体育场建设和新增电梯安装等省、市、县民生实事项目。辖区基本医疗保险和“浙丽保”参保率分别为 99.71%和83.25%。全年两癌筛查、孕前优生健康检查、婚前医学检查共 1652 人次。仙童社区按照“有场所、有标识、有制度、有计划、有活动、有管理”的“六有”标准，创成全县首个计生家庭“暖心家园”。“暖心家园”面积 45 平方米，内设医护康养、便民服务、心理咨询室、阅览室、休闲活动室等，形成一站式为老服务综合体。

【社会治理】 2021 年，开展新冠肺炎疫情常态性防控，累计排查来景返景人员 9200 多人，实行日常健康监测 800 多人，动员新冠病毒疫苗接种 6 万多人次。落实核酸采样点 35

个。发动2000余人，举行全县首场大规模人群核酸检测实战演练。全年办结各类上报事件1.74万件。通过平安浙江、智慧城管等App采集、流转、办结信息5294条，结案率100%。办结县转办群众来信来访11件，“12345”来电92件，网上投诉28条。全年排查并化解重大风险隐患21个，调解矛盾纠纷86起，化解历史积案9件(其中省级以上积案4件)。成功创建省四星级食品安全办公室、省二级禁毒办。城北村获评全省无邪教工作成绩突出集体。实施“1+5+N”社区基层治理模式。以党群服务驿站为载体，创新治理举措，建成党建强、治理强、服务强，组织建设好、机制运行好、载体服务好、资源整合好、社会反响好的“三强五好社区”，推动社区治理向网格进一步延伸，打通服务群众“最后一公里”。

(张浩楠)

鹤溪街道

【概况】 鹤溪街道东至梅歧乡、西至澄照乡、南至东坑镇、北至红星街道，总面积98.05平方千米。其中，耕地面积758.49公顷，山林面积5989.27公顷。辖城南、城西、百岁3个社区居委会和鹤溪、张村、三枝树、东弄、鹤木岭、敕木山、包凤、浮丘8个行政村58个自然村76个村民小组。全乡总户数6829户，总人口1.64万人(畲族人口4112人)。其中，城镇人口7519人，农村人口8927人。有规模以上企业2家、规模以下企业30家、个体企业239家。规上企业产值0.527亿元，规下企业产值6.15亿元。

2021年，鹤溪街道办事处创成全国“示范型退役军人服务中心(站)”；被评为“丽水之干”模范集体、“美丽丽水”模范集体、法治丽水建设示范乡镇(街道)、市级先进基层武装部、丽水市“治水好风光”先进集体、丽水市“五好”基层关工委、县级百日攻坚行动先进乡镇(街道)。城南社区被评为浙江省示范型儿童之家。

【农业经济】 2021年，粮食播种面积238.2公顷(旱粮基地110.3公顷)，粮食总产量1325吨。食用菌生产1000万袋；蔬菜种植面积359.37公顷，产量1.45万吨。生猪出栏3232头，羊出栏43只，牛出栏41头，家禽出栏5.6万羽。开展非洲猪瘟防疫防控工作，强制免疫率100%。新建标准化茶叶示范园2处，共有茶叶基地1.07万公顷(其中生态茶园基地116.2公顷)，惠明茶储藏冷库2个，惠明茶吧5个。新开发早熟橘基地2.99公顷、低改杨梅基地1.99公顷，水果种植面积累计91.93公顷，产量5.14万吨。水果基地套种光叶苕子4.16公顷，黑麦草1.33公顷。新建田园综合体农耕体验示范基地1.33公顷。规范流转土地14家(每家连片种植3.33公顷以上)，规模经营总面积192.69公顷；安排配套建设用地面积2.2公顷。蔬菜基地重点农产品农残快速检测371批次。测土配方施肥面积333公顷，推广商品有机肥100吨。新建冬绿肥示范基地1个，面积13.97公顷。病虫害统防统治面积399.6公顷；绿色防控面积399.6公顷(示范面积6.66公顷)。政策性农业保险共保体种植业保险33.5公顷；生猪保险403头。耕地地力保护补贴36公顷；实际种粮农民一次性补贴12.28公顷。入选农业绿色科技示范52户。上报农民创客5人。县级示范家庭农场2家；市级青年创业农场1家；省级家庭农场申报2家。修复张村灾毁农田水利项目，投资32.49万元。硬化林道路3.15千米。更新人工补植造林21.33公顷（群众义务植树3万多株）。发放生态公益林补助资金200多万元。

【鹤溪街道重点工作】 2021年，鹤溪街道完成有效投资1722万元。建成双后岗二期滩岭区块和敕木山惠明茶展示中心。完成王木坑区块的道路、路灯、绿化工程80%的工程量；完成城南安置小区和金惠C区农民安置小区454.5直建房主体工程；鹤溪大酒店、东方广场店面招商工作，县外到位资金2000多万元。启动鹤溪村乌弄湾农民安置小区资格审查工作，初审公示167户543人；完成鹤木岭村（严村）综合业务用房项目立项、选址和初步方案会审工作和严村村异地搬迁（大搬快聚）农民安置小区项目立项。办理了双后岗

2021年4月13日，鹤溪街道与宁波海曙甬泰有限公司签订酒店租赁合同 （红星街道 供图）

下山移民安置小区房产证159户，201.5直。修缮城镇危旧房3幢、农村危旧房1幢，腾空城镇D级危房1幢。

2021年，鹤溪街道累计拆除违法建筑面积5.44万平方米，违法建筑拆后土地利用率95.22%。开展企业安全生产隐患大排查大整治行动，累计排查500多人次，排查企业60家。发现隐患450处，现场整改300处，填写现场检查记录104份。

【项目政策处理】 2021年，推进60个重点项目。征收土地67.53公顷，迁移坟墓101穴、电杆54支、铁塔31座，拆除房屋、香菇棚、简易棚45个，面积4.3万平方米，调解纠纷258多起。完成景宁二中土地征收和房屋测绘，有效破解了3个重点项目交织停滞困局。完成惠明禅茶文化产业园红线内的房屋、土地征迁，主体及配套工程无障碍施工。完成322国道鹤溪段尾留政策处理，境内工程施工顺利。此外，完成景文高速、金村水库、两张公路（张山岙—张村公路）、县委党校迁建等一批重点项目政策处理，实现无障碍施工。完成县委、县府百日攻坚和“攻坚克难画句号”专项行动任务。

【民生事业】 2021年，鹤溪街道有低收入农户139户267人。其中，低保五保户111户189人，低保边缘户28户78人。申报临时救助26户49人，发放救助金5.43万元；申报慈善救助20户，发放救助金1.93万元。低收入群众产业发展直补48户，赠送1185只鸡苗和兔苗。助学帮扶低收入农户5

户，发放补助金1.5万元。享受残疾人“两项”补贴306人，发放补助金85万元。其中，困难残疾人88人，发放补助金27万元；重度残疾人218人，发放补助金58万元。基本养老保险参保1.21万人，参保率99.46%。其中，被征地新参养老保险197人。医疗保险参保1.62万人，参保率99.69%；“浙丽保”参保9779人，参保率96.36%。完成适老化改造16户。新增残疾人无障碍设施进家庭2户。新建村级儿童之家5个。惠民工程24个，配合完成省、市、县民生实事19项。

【社会治理】 2021年，办结上级转办来信来访7件、“12345”来电105件。开展行政合同合法性审查23件。建成省级民主法治村（社区）1个、文明村1个、善治示范村5个；市级民主法治村（社区）7个、文明村5个；县级法治公交站43个、宪法主题公园1个（石印山）。（毛炜烨）

东坑镇

【概况】 东坑镇位于景宁县城东南，东和文成县接壤，东南与泰顺县交界，西邻景南乡、大际乡，北连澄照乡、鹤溪街道，镇驻地东坑村，海拔597米，距县城22.5千米。明属鸣鹤乡在上里，清为六都，1931年建乡，属一区。东坑为第二次国内革命战争、抗日战争时期革命老区。1990年建镇，1992年扩镇，原白鹤乡、北溪乡并入。全镇面积173.2平方千米，耕地面积490.4公顷，林地面积1.33万公顷，森林覆盖率81.9%。辖10个行政村。全乡8636人。其中，畲族1881人，占总人口的21.7%，是畲族比较集中的居住地。

2021年，东坑镇获美丽丽水先进集体称号。儒章村创成省级美丽宜居示范村；深垟村获评市级二类精品花园村，桃源村、东坑村获评市级三类精品花园乡村；深垟村、桃源村被评为市级AA级生态信用村；桃源村被评为第二批全国乡村治理示范村；深垟村被评为省级农村引领型社区；白鹤村“三xian（贤咸闲）”，既巧妇“咸斗”、集体“闲聊”、群英“贤治”的村级治理新模式。

2021年，由东坑镇牵头开展“大东景雁发展联盟”战略合作。依托毗邻文成县、泰顺县区位优势，向温州先进乡镇学习，与泰顺司前、竹里2个畲族镇签订《畲族风情党建联盟合作协议》《基层治理共建警务合作协议》。在旅游推介、产业发展、纠纷化解等方面协调合作12次。探索构建“你呼我应、书记首应”治理机制，由党组织书记“首应”18个问题，已化解9件。

2021年，引进高级人才3人，建立博士工作站1个；引进省农科院、乡立方（乡村运营管理团队）、“倪老腌”（丽水知名腌菜企业）等专业团队全方位开展合作。

【东坑镇项目建设】 2021年，全镇建设项目28个（新项目10个），总投资6500万元。其中，完成项目18个，投资4200万元。引入松阳县投资商，开发白茶33.33公顷。投入资金1660万元，涉林垦造耕地整改126.93公顷、生态修复64.93公顷；林道路硬化5.05千米。

基本完成景宁至文成高速公路政策处理，发放政策处理费1100万元。

【文旅融合发展】 2021年，与旅行社合作，进一步深挖旅游体验项目，新增制作红军餐、重走红军路、畲族体育竞技等内容，串联白鹤“咸菜宴”、桃源“水果采摘游”、深垟“畲寨多肉游”，打造“红+畲+绿”特色2日游。丽水市“红绿融合”、老区振兴“重要窗口”新闻发布会在草鱼塘村举行，国家、省、市等20多家媒体到东坑采访“红绿畲”融合发展工作。东坑镇全年累计接待游客35万人次，旅游收入3000多万元。与汗马影视文化（浙江）有限公司合作，投资1500多万元，完成红色电影《杜鹃花开了》拍摄。

东坑镇端午节咸菜宴（东坑镇 摄于2021年）

【民生保障】 2021年，全镇151户249人纳入省扶贫系统帮扶托底，投入专项资金30.51万元，支持低收入农户发展种养业，实现户均产业增收2684元。城乡居民医疗保险参保5911人，参保率100%；城乡居民养老保险参保2402人，参保率99.46%；“浙丽保”参保6667人，参保率100%。农村小额保险参保5581人，投保22.324万元；理赔10次，赔款7.46万元。房屋保险2669户，投保资金1.26万元。全镇有特困人员14户，供养人数14人，发放供养补助金22.91万元；低保户121户212人，发放低保资金176.4万元；临时救助9户9人，发放临时救助金5.29万元。

【东坑镇信息化建设】 2021年，建立“智慧东坑”综合治理平台。设置“智慧消防”“智安小区”等6个场景应用，实现重点村居、道路和敏感点位24小时监测预警。全年累计预警消除道路、房屋等安全隐患问题64个。建立“智能天眼”平台，对森林、水质、空气等生态资源全方位实时监控分析，形成“监测—预警—处置—反馈”闭环管控。全年处理烟火预警信息156起。投资400多万元，引进肉兔智能畜牧养殖设备，智能化养殖大幅降低了人工成本和饲料成本，提高了养殖效率和质量，年产值400多万元；引进杨梅数字化种植设备，每公顷产值从19.5万元提高到52.5万元。引入集智慧照明、信息发布、视频监测等一体化“智慧灯杆”，实现数字照明、远程多点位发布民生信息、应急通知、人员疏导等功能，实现民生服务快捷高效。 （韦星雨）

渤海镇

【概况】 渤海镇位于景宁县城东北部，浙江省第二大人工湖——千峡湖湖畔（滩坑水电站水库），距县城23千米。镇域面积108平方千米。辖1个居委，6个行政村，56个自然村。全镇2451户6301人。其中，畲族人口

923 人。

2021 年，渤海镇积极实施小城镇环境综合整治，美丽城镇、美丽乡村建设，农村水系改造、小流域综合整治等项目。旦水、后砻、东湖等村公共配套基础设施日趋完善。渤海镇创成国家级卫生乡镇、省级美丽乡村示范乡镇、省级“污水零直排区”和市级垃圾分类示范乡镇。

【产业发展】 2021 年，渤海镇以“景宁全域旅游重要配套”为发展定位，围绕做大“山”经济、做足“水”文章，协调推进农旅、水旅、文旅融合发展。全年提升湖茶基地 86.67 公顷；扩大提升香榧基地 66.67 公顷；新增杨梅基地 33.33 公顷（累计水果基地 44 公顷）；中药材基地 0.67 公顷；中蜂养殖 130 箱。建设农旅融合基地 3 个，打造科技示范基地 2 个。“阿佳麻叶麻糍”亮相浙江省农业博览会。根据千峡神仙岛、浙南银王陈汤故里等传统文化故事，设置“千峡探秘”一日游线路。新建古畲武、古畲耕、古畲饰、古畲音等 4 个展厅，让千年畲寨、奏名学法、“上刀山下火海”等成为渤海旅游特色元素。引进乡贤工商资本 1000 万元，建成集垂钓平台、水上娱乐、皮划艇培训等于一体的千峡湾农文旅基地。先后建成渔文化主题展馆、渔文化广场、滨湖亲子游乐场、水上寮寨等渔趣景观节点，全面启动以渔文化为主题的绿道建设。是年，渤海镇创成省 AAAA 级景区镇。

千峡湾渤海生态园（渤海镇 摄于 2021 年）

【民生保障】 2021 年，全镇纳入省扶贫系统帮扶托底 76 户 299 人，投入专项资金支持低收入农户发展种养业。特困人员 7 户、供养人数 7 人，发放供养补助金 13821 元/月；低保户 125 户 171 人，发放低保资金 128424 元/月；临时救助 25 户 31 人，发放临时救助金 36061 元。城乡居民医疗保险参保 4828 人，参保率 99.77%；城乡居民养老保险参保 4180 人，参保率 99.5%；“浙丽保”参保 4578 人，参保率 94.82%。房屋保险参保 1153 户，投保 1.73 万元。

【社会治理】 2021 年，渤海镇推出“锦鲤代办”工作机制。通过成立镇、村代办中心，组建代办服务队，设置代办专车为群众办实事，解难题。探索建立“综治工作中心+全科网格员+应急联动处置”工作体系，实现矛盾纠纷“一窗”受理。

（黄炀舒）

沙 湾 镇

【概况】 沙湾镇位于景宁县城西南部，东邻标溪乡、梧桐乡，西与鸬鹚乡毗邻，南接大地乡、毛垟乡，北连英川镇和云和县崇头镇，镇政府驻地沙湾村，距离县城 38 千米。镇域面积122.7平方千米。其中，耕地面积610.6公顷，山林面积8918.5公顷。辖13个行政村。全乡总人口1.63万人。其中，畲族848人，常住人口约2100人。

2021年，沙湾镇13个行政村通过光伏项目、厂房出租、物业收入等多种形式发展集体经济，实现经营性收入204.11万元，总收入518.18万元。全年绿化造林84.73公顷。拆除违法建筑19处，拆除面积5647.76平方米。“大搬快聚”搬迁工作进展顺利。拆除岱头垟村13户52人的房屋，补助资金发放到户；完成坑头后堆、道化鸬鹚口、交见圩、仙姑叶处等4个村30户98人的“大搬快聚”资格审查及房屋测绘。

【沙湾镇“双招双引”工作】 2021年，与丽水慧农生态农业开发有限公司达成合作意向，编制仙姑田园综合体项目开发设计规划；招引丽水州通电气科技有限公司，投资180万元，建成丽景园屋顶光伏项目；与浙江省机电集团合作，5年内计划投入1000万元，支持镇、村经济增收项目。对接浙江工业大学原校长、浙江省特级专家、景宁乡贤名誉会长张立彬，探讨沙湾镇未来规划发展、乡村振兴、人才输送等工作；与中国美术学院风景建筑设计研究总院签订战略合作协议，谋划布局百山祖国家公园沙湾区块精品路线；与清华大学新能源技术研究院博士生团队签订人才合作协议，23位清华博士生被聘为“沙湾镇名誉治村指导员”，将为百山祖国家公园、道化研学基地建设、沙湾抽水蓄能项目前期、环境保护等方面提供理论及技术支持。

2021年5月29日，沙湾镇人民政府与清华大学博士生团队签订人才合作协议（沙湾镇　供图）

【产业发展】 2021年，全镇种植优质水稻139.8公顷、高山蔬菜66.67公顷、水蜜桃44.67公顷。新增稻鱼共生基地55.47公顷（累计80公顷）、再生稻示范栽培0.73公顷。全年存栏生猪2188头、牛349头、山羊141只、兔1629只、家禽6035羽；全年出栏生猪3201头、牛19头、山羊45只、家禽1738羽。中蜂养殖280箱。新增家庭农场4个，累计48个。其中，培育申报县级示范家庭农场1个。农业绿色科技示范户28户。创建水稻绿色高产高效千亩示范片，开展早稻（再生稻）优质高产栽培示范试验，引进优质稻米新品种试验示范项目13个。

【沙湾镇项目建设】 2021年，沙湾镇实施项目建设42个，投资3608.2万元。其中，抽水蓄能电站项目完成地质勘察、可行性研究等前期工作。配合完成青景庆公路改建工程沙湾过境段线位方案论证。配合推进百山祖国家公园管理房、古道修复等6个项目建设。集中流转梯田133.33公顷，用于打造万亩梯田景观带。道化研学基地建设项目进入方案设计阶段。垟尾洪畈安置新区道路网接线工程开工建设；垟尾洪畈新区基础设施建设（一期）、配电工程项目、七里上垟“大搬快聚”安置新区前期工作、水系连通（沙湾段）、110千伏变电所、七里安置小区等项目顺利推进。道化、仙姑、坑头等美丽乡村项目建设有序开展；持续打造仙姑、沙湾、七里沿溪最美绿道，提升建设后山游步道、七里休闲景观带。投入186万元，修筑七里村严坑自然村旱粮基地基础设施；投资48万元，提升改造何处村农田排水渠项目。

【民生保障】 2021年，全镇城乡居民养老保险参保1.62万人，参保率99.72%；城乡居民基本养老保险1.21万人，参保率99.08%；城乡退休人员刷脸认证3146人，认证率94.99%；在家人员领取电子社保卡1079张。全镇低收入农户444户900人。全年巡回新冠病毒疫苗接种4批次，累计接种4122针剂，基本实现辖区在家18—59周岁人员应种尽种。镇、村干部与全镇215名痴、呆、傻重点人员一对一结对联系监督，确保森林防火安全。

（梅文栋）

英川镇

【概况】 英川镇，位于景宁畲族自治县西南部，距县城63千米。东邻鸬鹚乡，西、北接壤龙泉市，南与庆元县百山祖镇毗邻，属高山丘陵地区，地势自西南向东北倾斜，东西宽15千米，南北长13千米，总面积为127.26平方千米，占县域面积的6.2%。辖区有耕地面积757.53公顷，林地面积9516.27公顷，森林覆盖率92.18%。全镇总人口1.64万人。其中，少数民族人口524人（畲族人口320人），常住人口1337人。外出人口主要分布在云和、龙泉、杭州、温州等地。

2021年，英川镇成功创建浙江省戏曲之乡和浙江省文化强镇。完成莲湖村、黄鲍石村、董坪村、榅茶口村、凤凰寨村5个村“清廉村居”建设。该镇10个行政村村集体经济总收入565.21万元（英川村总收入228.1万元），其中经营性收入207.72万元（英川村经营性收入55.78万元）。英川粉皮入选“浙江农家特色小吃100例”。

【产业发展】 2021年，英川镇新建红心李基地2个5.33公顷，累计20公顷；田螺基地2个10公顷，累计70.07公顷；稻鱼共生基地6.67公顷，累计51.73公顷。鸡鸭基地2个，出栏2万羽，全年累计养殖3.2万羽；肉牛出栏200头，全年累计600余头。全年引进企业5家，注册资金4686万元，落地项目2个，总投资1100多万元。成功签约并引进6名田螺、林相、乡村振兴专家。在龙泉、云和等地新增粉皮示范店5家，总数17家，年产值约900万元。

【英川镇项目建设】 2021年，英川镇共有基础设施建设类项目53个，总投资7463.1万元。完成交见圩至叶村线二期工程、莲湖至外处岙联网公路、水系连通、饮用水提标提升、英川村与寨后村历史文化古村落保护与利用、避灾安置中心、5个沿线村庄人居环境整治提升、凤凰寨林相改造、环线交通路网、梅漈村美丽乡村二期项目、市容镇貌品质提升、百万亩绿化项目等工程。茶园村、榅堆村耕地垦造整改项目通过市级验收。成功创建国家级卫生乡镇和浙江省三星级食品安全办公室。

【民生事业】 2021年，全镇低保边缘家庭81户244人，特困人员66人，困境儿童11人，累计发放生活补助资金313.8万元。临时救助9户19人，发放补助资金3.84万元。低收入农户家庭“雨露计划”助学补助30人，发放补助资金9万元。城乡居民基本养老保险人数1.24万人，参保率99.46%；城乡居民医疗保险参保人数1.63万人，参保率99.67%。是年，全镇摸排上报低收入农户84户，发放兔苗144只、鸡苗1713只，建立帮扶主体与低收入农户利益联结机制，促进低收入农户增收。实施“大搬快聚、富民安居”工程，上报符合搬迁资格10户37人。实施“互联网+安暖和”（安暖和：平安幸福、安全温暖、和谐稳定）行动。以岗粗岭村为试点，为留守老人安装“留守老人可视化管理系统”，在他们生活的地方装上视频监控设备，由村党组织、子女实时监控。

【社会治理】 2021年，英川镇借鉴英川菇民传统调解机构“三合堂”，建成“三和堂”英川镇社会矛盾纠纷调处站，实践“1+X”矛盾调解新模式。依托调解员、法院法官、司法所工作人员等专业力量，化解各级信访件和积案。

（胡欣玥）

2021年9月26日，英川村“三和堂”社会矛盾纠纷调处站揭牌仪式举行 （英川镇 供图）

大均乡

【概况】 大均乡地处景宁县西南面，距县城13千米，乡域面积86平方千米，下辖大均、伏叶、李宝、泉坑、新庄5个行政村60个自然村。其中，伏叶、李宝、泉坑3个村为民族村。2021年，全乡总人口4342人。其中，畲族人口占总人口的35.4%，是全县7个重点民族乡镇之一。大均乡是国家AAAA级景区“中国畲乡之窗”所在地，是国家级生态乡镇。全乡有耕地413.7公顷，林地7566.1公顷。其中，毛竹842公顷，省级以上生态公益林5942公顷。活立木蓄积量29.5万立方米，森林覆盖率89%。空气负氧离子浓度5600个/立方厘米。出境断面水均达Ⅰ类标准。全乡低保对象106户180人，低保边缘户9户23人；医疗保险参保率99.4%；养老保险参保率99.36%。至年底，全乡18周岁以上户籍人口完成新冠疫苗第一针剂接种1257人；第二针剂接种1095人。

2021年，大均乡继续开展“五水共治”，实行“河长制”“湖长制”，推进“美丽河湖”创建。大均乡获评市级水美乡镇，大均村获评省级“五水共治”实践窗口。大均乡获评“美丽丽水”建设模范集体、首批浙江省气候康养乡村，新庄村获评省级美丽乡村特色精品村，伏叶村获评省级森林人家。先后承办全国农村人居环境整治提升现场会、中国生物圈保护生态产品价值实现机制研讨会、知名浙商助力丽水大会、人才科技峰会等6场有关会务工作。

2021年，大均乡与浙江师范大学音乐学校、上海古凡交响乐团等多所高校及机构开展院地合作。成功引进中国社会科学院教授团队，打响大均“共建共智”乡村振兴引智品牌。发布具体产业项目区域生态产品价值核算报告，精准核算出精品研学产业区域可利用的生态价值为4503.39万元。布局研学产业，串联畲画馆、民族书屋、亲水平台。新建星空无人机研学基地、数字化农业观光体验园和丛林咖啡吧等精品点位。推出以美育、体育、耕读教育为核心的“5+1”研学课程，成功创建2021年丽水市中小学生研学教育基地。

【产业发展】 2021年，大均乡与宁海桥头胡街道、大佳何镇和温岭泽国镇建立友好合作关系；与安吉天荒坪镇确立村级一对一友好结对关系。依托宁海—景宁山海协作乡村振兴示范点，完成泉岱星空无人机研学基地、天空之境丛林咖啡吧、乡村旅游餐厅等20多个项目建设并投入使用。新建高空绳索架等配套设施，探索山地救援新模式，从单一的水域救援向综合基地发展。

全年开展全国消防救援队伍水域救援培训班等水域救援培训60批次，培训学员2000人次，水域救援产业增收1000多万元。4月13日，全国消防救援队伍区域性水域救援技术培训（浙江）班在大均乡正式开班。此次培训学员及教官团队共计165人，培训为期12天，内容包括急流救援技术、静水救生技术、水域救援绳索技术等课程。

以大均水域救援培训基地操作规范为基础，编写全国《急流救援培训基地建设规范》《急流救援人员培训技术规范》，填补国内急流救援行业标准空白，为急流救援行业建设提供技术支持和规范依据。市级地方急流救援行业标准于2021年9月正式发布实施。

2021年4月13日，全国水域救援培训在大均举办 （大均乡 供图）

【大均乡文旅融合发展】 2021年，引进专业表演团队，增加魔术、杂技等项目丰富畲族婚嫁表演形式。新建惠明禅茶舍、绿曲酒坊、黄精馆、丛林咖啡吧、梦想花园等景区业态。推进景区基础设施改造和环境整治，伏叶村入选全省首批旅游业“微改造、精提升”行动试点景区村。新增高端精品民宿、农家乐各1家，全乡农家乐民宿收入超1500万元。顺利通过国家AAAA级旅游景区复核，大均文旅融合案例入选《2021世界旅游联盟——旅游助力乡村振兴案例》，新庄村创成AAA级景区村，乡内AAA级景区村达到80%。

【民生事业】 2021年，实现低收入农户走访结对帮扶全覆盖，完成农村老旧住房电气线路改造、村级饮用水达标提标等项目建设；提升泉坑避灾安置点、新建垟坑避灾安置点；修缮、腾空农村困难群众C、D级危房65直；水碓垟移民安置小区三期建设，建筑面积100直，安置群众300多人；建成新庄村示范型居家养老服务中心。推进“大搬快聚”安置工作，完成大赤坑外垟安置点位建设。（袁竹怡）

澄照乡

【概况】 澄照乡位于景宁县城西南方向，处洞宫山山脉地区，高山峡谷相间，地势自西南向东北倾斜，诸山之水注大赤坑入小溪。东邻东坑镇，西连梧桐乡、大均乡，南倚大际乡，北接鹤溪街道。乡人民政府驻三石村，距县城4.3千米，海拔403米。辖澄和居委会和东升、东畔、三石、金坵、际头5个行政村，69个自然村。土地面积84.8平方千米。其中，耕地面积422.13公顷，山林面积5566公顷。全乡3313户7922人。是年，澄照幼儿园创成县教育局直属公办幼儿园。

2021年，澄照乡召开疫情防控工作部署会20次、研判会12次。通过LED屏、广播、横幅、微信、钉钉等多种方式宣传疫情防控信息，提高村民自我防控能力。全年发放预防宣传单4000多份。乡级设卡2处（金坵、际头路口），村级设卡13处（东升2处、三石7处、际头3处、东畔1处）。累计排查外来及返乡人员1677人，点对点随访3320次。

2021年，澄照乡金坵村A-05、A-08地块以701万元被浙江金玥旅游开发有限公司竞得，获生态环境增值资金49.77万元，此次成交的地块面积为1.27万平方米，规划用途为旅馆用地。这是丽水市继云和县后，第二个按照“经济产出价值+生态环境增值”核算出让“生态地”的县（市、区）。

【产业发展】 2021年，全乡粮食种植面积600公顷，生产粮食4299.5吨。其中，水稻种植大户6户，种植面积41.03公顷；旱粮种植大户2户，种植面积6.93公顷。新建茶叶代加工点3个，累计有茶叶代加工点15个。提升生态茶园基地2666.67公顷，其中生态茶园基地122.91公顷，发放补助55.31万元。新增白茶标准化种植基地5.91公顷，累计种植白茶433公顷。年底生猪存栏4732头，全年出栏生猪8236头。蔬菜种植66.67公顷，食用菌180多万袋。新发展各类科技示范户68户，累计387户。开展“肥药两制”改革工作，全年累计巡查规模主体24次，快速检测300多批次。新买茶园轨道车1辆，新建茶园轨道500米。浙江生源牧业有限公司、景宁鸿态发展有限公司建成粪污资源化利用项目。澄照乡建设病死畜禽收集冷链设施8个。

澄照乡封金山创成国家AAA级景区 （澄照乡 摄于2021年）

【澄照乡项目建设】 2021年，澄照乡实施项目53个，总投资1.3亿元，有效投资7000多万元。景宁至文成高速（澄照段）、畲族风情康养度假综合体、澄阳小区综合安置点等项目有序推进。全方位打造“田园金坵·魅力畲寨”特色旅游品牌，建成金坵村蓝氏文化体验中心、花海滑道等项目，封金山创成国家AAA级景区。全乡累计创建星级农家乐17家，民宿11家，从业人员100多人。

【美丽乡村建设】 2021年，澄照乡继续开展“五水共治”（河长制）、“三改一拆”和“六边三化三美”工作。全年拆除违章建筑27处，拆除违法建筑面积1.21万平方米，占地面积1.21万平方米；拆后土地利用面积1.15万平方米，拆后土地利用率95.38%。整改违法建筑3处、横幅广告14处。澄照乡创成国家级卫生乡镇，获全市民族团结工作突出贡献集体称号；金坵村被评为全市“五水共治”“五进五个一”专项工作示范单位。

【社会事业】 2021年，澄照乡承接省、市民生实事项目24个，让群众享受更多的改革红利。完成规范化一站式服务大厅建设，一窗受理平台接件办件560件。金坵村创成省级乡镇示范性居家养老中心。城乡居民医疗保险参保7440人，参保率99.74%；城乡居民养老保险参保5635人，参保率99.54%。全乡有特困人员22户供养22人，低保户164户271人，临时救助5户12人，共计发放临时救助金1.13万元。农民健康体检1306人，45—70岁低保人群免费胃癌筛查率100%。

【澄照乡“双招双引”工作】 2021年，澄照乡引进行者寮农业综合体项目（总投资3000万元）和畲族风情康养度假综合体项目（总投资2.1亿元）。搭建招才引智平台，立足乡域农业产业、畲族文化、乡村旅游等优势，与嘉兴市秀洲区新塍镇签订乡镇共建合作协议；与浙江工商大学文化和旅游创新发展研究院、嘉兴职业技术学院农业现代学院签订站点共建协议，引进高层次人才16人。 （蓝 青）

梅 岐 乡

【概况】 梅岐乡位于景宁县城东南部，东部与温州市文成县相接，北连鹤溪街道，距离县城37千米。新建的322国道穿境而过，通车后梅岐到景宁县城、文成铜铃山景区仅15分钟车程。全乡总面积86.7平方千米。其中，耕地面积570.9公顷，山林面积6000公顷，森林覆盖率91.7%。辖梅岐、岳崇、东文楼、桂远、竹山5个行政村。全乡1644户4481人。2021年，乡域地区生产总值9168.35万元。其中，农村电子商务销售额32.24万元，来料加工80万元。农民人均年纯收入2.35万元。

2021年，梅岐乡创成市级“农经数字管理系统”试点乡镇。实现乡域村农村集体经济数字管理系统全覆盖，采集录入人员信息4282人，开设村务卡10张、支付密码宝5个。是年，分别在全市农村集体“三资”管理数字化转型工作部署会和县农村集体数字管理系统上线工作推进会上作经验交流。

2021年，招引乡贤投资建设前胡基地14公顷、林下药材基地103.33公顷；引进浙江康宁有限公司开发药材示范基地32公顷。开展322国道梅岐段政策处理工作，丈量土地22.8万平方米，拆迁房屋2栋、受损评估17户，调处矛盾纠纷38件，完成红线范围内土地征收和坟墓迁移工作。

2021年3月25日，梅岐乡对322国道梅岐乡岳崇段开展红线内土地丈量工作 （梅岐乡 供图）

【梅岐乡文旅融合发展】 2021年，梅岐乡依托自然风光和红色文化，建设游步道、堰坝、亲水景观等项目，建成提升炉西源水利风景区，并被评为市级水利风景区。结合“水美乡村”建设，启动美丽河湖风景区创建工作。投资3439万元建设集峡谷探险、观光游乐、生态科普、休闲垂钓、文化体验等于一体的综合性峡谷景区，进一步提升水域生态环境的安全性和观赏性，打造“红色梅岐·康养小镇”品牌。以全国森林康养基地建设试点为契机，完成全乡森林康养发展规划，谋划森林康养综合体、森林古道、森林氧吧等项目。是年，梅岐乡创成省级新时代美丽乡村示范乡镇。2021年，深挖红色文化资源，夯实基地基础，完善研学研训课程和配套服务。提升“第一支部”党史陈列馆、红色学校、红军街、炮楼遗址等节点。打造两条红色节点线路，被评为丽水中小学研学实践精品线路。全年接待红色研学旅游团队230批次，红色学校教育培训1.5万人次，营业收入130万元。

【民生保障】 2021年，建档立卡贫困户145户228人。其中，低保92户140人，低保边缘户31户65人，特困16户16人，孤困儿童6户7人。全年救助低保、特困、孤困儿童及其他困难人员175人次，发放补助金127.35万元。城乡居民养老保险参保2062人；城乡居民基本医疗保险参保4250人。其中，困难人员341人，享受医疗保险缴费个人缴费部分全额减免，减免16.37万元。

【环境整治】 2021年，实施“一河一策”，制订完善梅岐乡河长制工作方案和梅溪河一河一策方案。乡域内3条河道，全长21.6千米，落实乡级河长3人，村级河长6人。全年各级河长巡河300多次。全年参与河道整治300多人次，清淤河道11.2千米，清理河道垃圾10余吨。强化巡查监管，全域整治封禁非法采沙制沙，推进荒地复绿和水源涵养，完成国土和环境问题整改，减少农业面源污染。关停规模养殖场1家，完善生活污水处理设施2处。

（陈云君）

大漈乡

【概况】 大漈乡东邻东坑镇，西连标溪乡、梧桐乡，南靠景南乡、雁溪乡，北接澄照乡，东西宽约7千米，南北长约8千米，距县城48千米，辖区总面积56.9平方千米。境内有全县第一高峰——上山头，海拔1689米，山上有70公顷猴头杜鹃。辖大漈、潘宅、彭岑、茶林4个行政村，19个自然村，35个村民小组。全乡1348户3307人。

2021年，大漈乡与丽水学院签订“乡村振兴研究所”，和省农科院植微所签订院地合作协议，致力于土壤酸化改良、无废乡村建设、茭白育苗壮苗等工作。是年，大漈乡被省生态环境厅列为低（零）碳试点乡镇。大漈村被评为市级花园庭院样板村及市级红色示范阵地。大漈、茶林、潘宅、彭岑4个行政村被评为第一批市级花园乡村，实现市级花园乡村行政村全覆盖。全乡被评为全市首批“花园庭院”样板户5户。西一村文化礼堂获丽水市四星级文化礼堂称号。中国蓝新闻浙江6频道《走进最美城镇》专题报道大漈乡美丽城镇建设成效。大漈乡退役军人服务站被列入首批全国示范型退役军人服务中心（站）。

2021年，大漈乡建立全县首支“全网协同”网格员队伍，实现每日事件上报率及交付任务完成率100%。开展农家乐工作人员健康证持有情况全覆盖巡查，从事餐饮业人员持证率100%。开展全乡住房困难户调查摸底工作，召开6次协商会议，走村入户200多人次。完成两次新冠肺炎疫苗巡回接种工作。残疾人之家挂牌成立，与乡老年照料中心一同规划建设，打造“养老助残”共同体。组建一支38人的民兵队伍，处理突发事件。以“我们的节日”、科技下乡、畲青年宣讲、党史学习教育为契机，开展老年人健康讲座、缅怀先烈讴歌时代主题会演、民宿（农家乐）消防安全管理讲座、学党史守初心等20多个活动。大漈村受邀参加第二十一届全国“村长”论坛。《丽水日报》头版以《乡里的“七一”重要讲话精神学习课》为题报道潘宅村开展中共党史学习教育情况。乡党委在“七一”前夕，举行“光荣在党50年”纪念章颁发仪式，为全乡入党50年以上的中共老党员颁发纪念章。

2021年，长三角地区三省一市职工疗休

养事业交流协作暨浙江省职工疗休养基地推介活动在杭州举行。“云中大漈”被确定为丽水、温州两市首批职工疗休养基地，在非遗传承、生态产业、疗休康养等方面，向浙江、江苏、安徽、广东、上海等“四省一市”全面展示畲乡优美自然风光、独特民族风情和深厚畲族文化底蕴等，引发会场强烈共鸣。

【农业经济】 2021年，全省首个“京东农场”项目落地大漈乡，占地13.33公顷。以此为契机，研发的国内第一款茭白深加工即食产品——“茭佼者”，溢价4倍。是年，投资130多万元，建设茭白提质降农药残留等6个项目。世纪联华超市确定大漈乡为“高山冷水茭白定点采购基地”，大漈“高山冷水茭白入驻全省所有世纪联华商场，较2020年度入驻量增强1倍多。7月18日，大漈乡召开浙江省景宁畲族自治县茭白加工产业发展研讨会，邀请“中国农科院、省农科院、浙江大学、省农业厅”等单位18位农业专家参加。共谋“景宁600”茭白——高山冷水茭白加工产业的高质量可持续发展新道路，研究茭白深加工产业的企业标准。

2021年，全乡提升高山黄桃基地20公顷、新建黄桃基地13.33公顷。提升水稻基地33.33公顷、高山中药材基地66.67公顷。建成高山花卉基地2个。提升高山蔬菜基地13.33公顷(新建大棚7000平方米，提升大棚1.2万平方米)，建成“景宁600”蔬菜基地的农业科普观光带26.67公顷，形成“农事体验+采摘游+科普游”的生态农业26.67公顷。

2021年9月17日，省农科院专家团队在大漈乡开展茭白种植技术指导 （大漈乡 供图）

【大漈乡文旅融合发展】 2021年，立足大旅游、大景区发展理念，推进“美育研学之窗”的文旅IP建设。对接“鸣珂文旅”、万江研学文化传媒、浙江小巷三寻文化创意公司等专业团队，制定“云中大漈·美育小镇”专项规划。与温岭市方山AAAA景区建立“免签”关系，打造“云中 & 方山”双AAAA级景区互动，实现客源、宣传、政策双向流动。举办“大美行者”云游、“守住文化根脉共享未来生活”严氏祭祖节、小佐如隐诗词进阶会等活动。引进文创企业深圳九九艺术品有限公司，建成“云上画坊”项目。推进接孙金阳古筝大师工作室、“国学教育、自然课堂”等旅游业项目和主题农场(总投资270万元，占地面积1.33公顷)、“口袋公园”(总投资400万元)项目建设。采购观光车和部分景区游览车，提升景区公交、停车等设施。乡党委、政府与绿城集团关于“未来乡村”项目进行2次洽谈，项目规划、国土空间规划调整、土地利用等前期专项规划方案编制完成。该项目规划占地面积330公顷，总投资11.2亿元。是集旅居养老、康养度假、运动休闲、健康管理和亲子度假等功能为一体的现代化都市与田园乡村的融合体。是年“如隐·小佐居”民宿被评为国家甲级民宿。“梅里雪乡”民宿通过“丽水山居”综合体创建验收，“自在居”大漈罐主题民宿完成建设。新增农家乐民宿8家，提升农家乐15家。大漈乡云驿站和叶家土菜馆获全市巾帼民宿（农家乐）称号。是年，与长江三角洲多个地区签订10多项旅游协议，引流精品游客5万余人次。

2021年，完成元代银矿遗址勘探工作。6月23日，启动元代银坑洞旅游项目。该项目一期投资220多万元。开发项目包括：银矿洞勘探、白银文化展示馆建设、市场前景调研、四省一市旅游市场开拓等内容。建成后，将重现大漈“白银时代”辉煌历史，为“云中大漈”AAAA级景区增添优质景点3处，有效激活乡村振兴动力，助推大漈“休闲、康养、研学、探秘”多元一体的生态旅游融合发展。

【大漈乡项目建设】 2021年，“美丽城镇”省级样板乡镇、时思寺至小佐盆地步道项目通过验收。弱电“上改下”和污水管网改造提升工程竣工并投入使用。完成35千伏输变电工程、大漈乡茶林村至浮亭岗村联网公路路基工程。推进水系连通项目、漈头农村生活污水处理设施标准化运维试点提升项目、农产品展示展销中心项目、茭白市场至垟头路段提升工程与大漈村林中野趣（游步道）项目。绿城集团计划投资11.2亿元，在大漈打造融合现代化与田园元素的“未来乡村”项目前期专项规划方案编制完成。（季子博）

景南乡

【概况】 景南乡位于县城东南部，地处浙闽两省、四县的交界处。东邻东坑镇并接泰顺县，西倚雁溪乡，南接福建省寿宁县，北连大漈乡，乡政府驻地忠溪村，距县城48千米。乡域面积95平方千米。其中，耕地面积863.81公顷，林地面积6456.55公顷（其中毛竹面积1133.33公顷），森林覆盖率92%。下辖5个行政村，全乡1728户4464人。

2021年，景南乡成功争取“景宁600”省级现代农业园区建设项目。建设水系连通、美丽城镇、美丽花园乡村等项目41个，总投资9000多万元。投入整改资金1100万元，完成12个耕地垦造项目，面积92.13公顷，通过省级验收。实现村集体经济总收入167.16万元。其中，经营性收入101.16万元，村均超20万元。全乡实现高质量“消薄”。

2021年，福建省泉州市突发新冠肺炎疫情，景南乡党员干部日夜坚守景宁“南大门”30多天。通过微信公众号、电子显示屏、预警系统等多个平台发信息公告，向全乡群众宣传相关政策、解读普及新冠肺炎疫情防控知识。通过宣传车采用普通话、方言开展全方位宣传52次，增强广大群众科学防控疫情的意识和能力。

【产业经济发展】 2021年，景南乡增加高山黄瓜、玉米、杨梅等10多个“景宁600”高山品种（新注册农产品商标3个），发展高山茭白166.67公顷。新抚育大径竹（大径竹一般指直径在5厘米以上，以根为计量单位的竹材）和高效笋竹两用林333.33公顷。生态农业年产值5000多万元。引进毛竹加工企业1家，增加竹木精加工生产线1条，增加就业岗位53个，毛竹年吞吐量增加2500吨，毛竹年吞吐量1.25万吨。生态工业年产值3500多万元。投资5000多万元，完成涉旅项目7个，新建AAA级旅游公厕1座。全乡民宿综合体15家（新增2家），床位315张（新增80张）。创成省级美丽乡村示范乡镇AAA级景区乡镇，全年旅游经济收入1500多万元。

景南乡毛竹加工企业

（景南乡　摄于2021年）

【景南乡“双招双引”工作】　2021年，景南乡联系动员乡贤89名，开展招商活动15次，从浙江大学、浙江农林大学等高等院校招引高层次人才6人。与浙江林科院、嘉兴学院等5家院校签订合作协议，挂牌成立浙江林科院专家服务站、景南乡高层次人才工作站等专家工作站4个。招引工商主体6家，意向投资1.35亿元，实际到位资金2388万元。引进农业企业5家，开发特色果蔬基地46.67公顷，年产值800多万元。

【民生事业】　2021年，城乡居民医疗保险参保4429人，参保率99.8%；城乡居民养老保险参保3337人，参保率99.21%；“浙丽保”参保4429人，参保率100%；电子社保卡申领146人，小额保险参保1473人。全乡有特困人员6户，供养人数6人，发放供养补助金9.31万元；低保户94户171人，发放低保资金139.64万元；临时救助253户214人，发放临时救助金28.79万元。投入专项资金40万元，支持低收入农户发展种养业，实现户均产业增收5000元。成立“民情收集队”“夕阳村务监督队”，每月为65周岁以上老人免费理发，常态化做好居家养老安心工程。

（吴美芳）

雁溪乡

【概况】　雁溪乡位于景宁畲族自治县南部，东南临景南乡、西接家地乡、北连大漈乡和标溪乡，海拔480米，距县城63千米。乡域面积42.8平方千米。其中，耕地面积196.9公顷，山林面积3490.2公顷，森林覆盖率82.3%。下辖雁溪、浮亭岗、大垳塆、石梯和梅坞5个行政村，24个自然村。全乡总人口3534人。雁溪乡系丽水市文化强乡镇、卫生应急示范乡镇；浙江省体育强乡镇、“浙江省摄影创作基地”、浙江省卫生乡镇；国家级卫生乡镇、国家级生态乡镇。

2021年，雁溪乡各行政村集体合计投资150万元入股强村公司，购买凤凰古镇消薄物业，新建浮亭岗光伏第三期并网发电项目。行政村经营性收入村均超15万元。其中，浮亭岗村经营性收入23.06万元。全面完成“消薄”任务。

【生态农业】 2021年，雁溪乡“景宁600”山地蔬菜雾耕数字化栽培基地建设，主体结构完成；云中驿农家乐综合体完成装修并投入使用。禾木家庭农场厂房建成并投产。是年，引进高端肉牛品种西蒙塔尔肉牛35头，获评浙江省级美丽牧场。建成高山稻鱼共生基地5公顷、高山果蔬基地2公顷、高山生态白茶基地20公顷。新建黄精加工厂1家。对黄精、茶叶、稻米等产品进行精加工，推出系列新产品，全年销售500多万元。

梅彭春家庭农场通过有机认证，创立“畲翰”“雾中田”品牌，并加盟丽水山耕区域品牌。其中，“雾中田”稻鱼米在全国优质鱼米评比中获国家银奖，获省、市“双料金奖”，并入选浙江省良好农业操作规划(GAP)试点。

雁溪乡浮亭岗村禾木家庭农场（牧场）
（雁溪乡 摄于2021年）

【雁溪乡项目建设】 2021年，投资1600多万元，完成水系联通整治项目，实现农村饮用水达标提标；投资2000多万元，修筑大漈茶林至雁溪浮亭岗联网公路，提升改造东山、石梯、梅坞3条农村公路；投资550万元，建设雁溪美丽城镇，通过省级验收，并创成国家级卫生乡镇；投资300万元，提升改造梅坞、大垟塆2个历史古村落；投资200万元，完成高标准农田建设33.33公顷，并通过市级验收。完成康养综合体项目一期建设并开始营业。

【社会保障】 2021年，雁溪乡城乡居民医疗保险参保2744人，参保率99.63%；养老保险参保人数3520人，参保率99%；电子社保卡申领164%；“浙丽保”参保2621人，参保率95.52%；两性安康保险参保358人。低保在册74户125人，发放低保补贴93.6万元；特困供养人员14人、困境儿童7人，发放救助金30.35万元；低保边缘户14户41人，发放救助金1.23万元；临时救助7户，发放救助金1.97万元；困境儿童申报雨露计划4人，每人补助3000元。新冠肺炎疫苗第一针注射537针剂，第二针注射500针剂。

（柳金淼）

郑坑乡

【概况】 郑坑乡位于县城东部。东北、西北靠渤海镇，临近滩坑库区，南临梅歧乡，东南与文成县交界。乡政府驻地郑坑村，海拔660米，距县城22千米。全乡面积33.5平方千米，辖郑坑、吴布、柳山、张坑下4个行政村，42个自然村。全乡1250户3348人。其中，畲族1480人，占总人口的44%，是全县畲族人口比例最高的乡镇。

2021年，常态化做好新冠肺炎疫情防控工作。对辖区内2家食品店、3家民宿农家乐开展冷链食品专项检查；组织完成2轮18周岁以上村民疫苗接种工作，疫苗接种2336人次，接种率89.81%。

2021年，郑坑乡对接浙江省川味学院，深入探讨电商人才培养、干部培训基地共建、文创产品设计、技术支撑等招才引智方案，并初步达成合作意向。

【生态农业】 2021年，郑坑乡建成“景宁600”基地126.67公顷、稻鱼共生基地93.33公顷，年度粮食总产量稳定在2000吨以上。出台《郑坑乡发展畲家生态猪养殖产业政策方案》《美丽猪舍改造严格遵循“新七条”标准》等政策，畲家生态猪产值突破1200万元。依托浙江九曲农业开发有限公司，种植茶叶83.33公顷，实施“养羊控草”、茶园低产改造等项目。林下养殖禽1万羽、畜500头；发展多花黄精、覆盆子等林下中药材30公顷。建成笋竹两用林基地40公顷，修筑竹林道15.2千米。年度箬叶加工产值30多万元，远销匈牙利等欧洲国家。

【郑坑乡文旅融合发展】 2021年，郑坑乡借助浓厚的畲乡风情，发展特色民宿、农家乐2家。投入500多万元，实施AAA景区乡基础设施建设，着力打造吴布—郑坑—柳山环线精品旅游线路。建设凤凰观景网红打卡点，以全省“最美田园”吴布梯田、柳山生态茶园、毛窠红军遗迹等为研学点位，招引宁波世代书香旅行社，建设“小山哈”研学营地，开发研学产品，培育研学旅游产业。全年接待广州、长沙、杭州等地研学团15批次1680人，吸引各类考察团950多人，民族研学、培训5000多人次，农民增收150多万元。

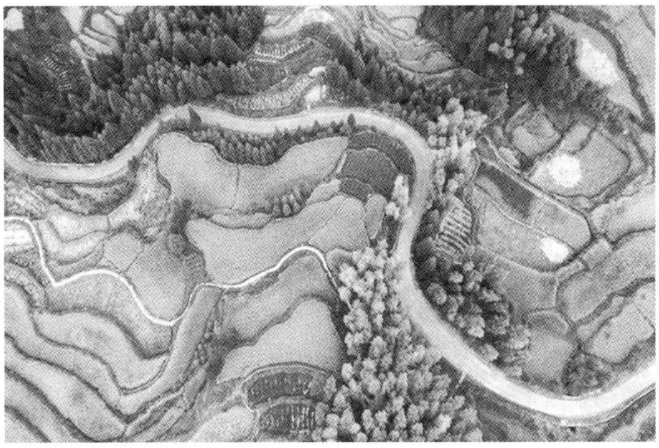

郑坑乡吴布梯田 （郑坑乡 摄于2021年）

【民生保障】 2021年，医疗保险参保人数由2783人增加至3329人，养老保险由805人增加至2348人。建设“儿童之家”1个，居家养老服务中心2个，完成适老化改造11户。完成“大搬快治”“大搬快聚”工作，30户89人入住新房，完成治理点位3处。累计发放困难群众危房改造补助267户164.49万元。完成总投资319万元的农村饮用水达标提标项目，惠及2949人。

2021年，张坑下村老年活动中心提升项目投资31.5万元，改造提升张坑下村老村委楼内部结构，新建公厕1座、家宴厨房1个。

【美丽乡村建设】 2021年，郑坑乡开展村容乡貌提升行动。全年出动人员开展环境整治、河道清理80多人次，整治乱堆放20处、清理街巷41处，清运垃圾10车，清除火灾隐患点5处，修整绿化面积800多平方米。开展义务植树·添绿增彩活动，共种红豆杉、柳杉等1000多株。新建标准化公厕42座，其中投资20万元，建成徐坑、外山、黄山等自然村公厕3座。是年，郑坑乡创成“省级卫生示范乡镇”“小城镇环境综合整治省级样板”。

（徐子怡）

九 龙 乡

【概况】 九龙乡位于景宁县城东北部，东临青田县，南接文成县，北靠莲都区，处于三县交界处，距离县城51千米，海拔168米。乡政府驻地王湾村。乡域面积214平方千米。其中，山林面积1.73万公顷（公益林面积1.53万公顷），位居全县乡镇第一；耕地面积536.67公顷。下辖1个居委，11个行政村，75个自然村。全乡总户数3811户，总人口9237人。其中，常住人口2489人。

【农业经济发展】 2021年，岳口、田坑等村建成早稻基地5.33公顷，共有早稻基地19.33公顷。全年种植特色旱粮作物毛豆206.67公顷（其中“绿色高产高效创建”大豆示范田80公顷），种植无花果、芭蕉等水干果面积33.33公顷。特色农产品蜂蜜进入绍兴市市政府超市和江苏省多家卫康平价大药房；建成农产品展示展销中心和电商直播室，开展农村电商培训。与上海逗雅等3家公司进行合作，对地瓜面等九龙特产进行短视频制作和直播带货。是年，地瓜面出口意大利、西班牙国家，销售额30多万美元，增幅20%。

【九龙乡“双招双引”工作】 2021年，九龙乡举办全县乡镇规模最大的“双招双引”宣传推介会。全年招引企业8家、引智项目4个，涵盖总部经济、农业、全域旅游、来料加工、建筑设计、科考开发等六大领域。引进浙江瑞景科技公司总部经济项目落户丽景园；与浙江科技大学等全国20名专家签订人才合作协议；引进博士1人（在景宁工作并缴纳社保）；引进浙江千峡湖山水文旅有限公司，培育山水写生产业，吸引全国500多名师生到九龙开展写生活动。

2021年5月18日，九龙乡举办浙江千峡湖山水写生基地启动仪式暨“双招双引”宣传推介会

（九龙乡 供图）

【民生事业】 2021年，九龙乡完成黄龙迎福景观道公路沿路基础绿化建设；集镇移民公园周边房屋外立面改造；九龙移民休闲文化广场LED大屏项目建设；后斜口“大搬快聚”工程场地平整工程；九龙千峡湖库区临时渡运靠站点路道及九莲骑行绿道修筑工程；新敬老院工程（30多位老人入住）。启动岭里村古村落保护及美丽宜居示范村建设项目；后斜口“大搬快聚”工程场地边坡治理项目；外垟村张氏宗祠修缮及改造赤膊墙工程。

【社会治理】 2021年，九龙乡结合乡情实际，创新实行乡域内和乡域外两个平安管理机制。

乡域内，整合乡村干部、网格员、民兵、护林员、乡属部门等力量，成立九龙大应急服务分队，建成九龙大应急中心，全面提升森林防火、防汛抗台等方面应急处置能力。乡域外，利用北京、杭州、丽水、温州等地的乡贤资源，成立了4支九龙乡域外服务分队，协助开展矛盾化解和业务代办等事项。是年，化解原陈村移民公益林纠纷等历史重点信访积案5件。

【九龙乡红色文化】 2021年，九龙乡建立区域性党建服务中心，党建联盟中心通过红色文化墙绘制，把红色革命事迹绘制墙体，更直观地展示红色文化的魅力；建成全省港航系统“学史起航”和全市移民系统“红色滩坑”现场教学红色基地。创成市级五星级武装部、省级红色退役军人服务站等特色党建品牌。完成红色书籍《丹碧畲乡之九龙》编写工作。启动浙南红色交通线纪念馆、岭里红十三军活动遗址和县级烈士陵园等红色地标项目建设。 （彭李君）

梧桐乡

【概况】 梧桐乡位于景宁县城西南部，东临澄照乡、大均乡，西靠沙湾镇，西北界毗邻云和县境，南连标溪乡，距离县城26千米。乡域面积74平方千米。其中，耕地面积316公顷，山林面积5035公顷，森林覆盖率74.57%。辖梧桐村、金林村、同兴村、凤凰村、高演村、角耳湾村6个行政村，49个自然村。全乡总人口5757人。其中，畲族人口1423人，占24.7%，是全县7个民族工作重点乡镇之一。工业企业主要有金坑水电站、金坑二级电站、梧桐坑水电开发有限公司等6家小水电站。2021年工程建设项目31个，总投资4000万元。

2021年，常态化做好疫情防控工作。乡政府、村委楼、卫生院、学校、信用社、农家乐民宿、宗教场所等重点公共场所落实亮码（扫码）、测温等管控措施。准确掌握市外省内、省外以及中高风险地区和境外返乡人员的相关信息，有针对性地实施相应的管控措施。

【农业经济】 2021年，全乡农作物播种345.1公顷。其中，水稻播种137公顷，产量976吨；蔬菜播种139公顷，产量2189吨；油料播种21.6公顷，产量20.6吨。中草药材47.5公顷，产量35.5吨；茶叶种植263公顷，产量115吨；果园32公顷，产量229吨。“百万亩”国土绿化56.49公顷；森林抚育7.54公顷。年末，生猪存栏97头、牛存栏45头、羊存栏138只、家禽存栏3570羽。

【消除集体经济薄弱村】 2021年，全乡各村通过“光伏项目建设、温岭厂房入股、巴士投资、联建光伏、两元购平台、河道承包”等举措发展集体经济，全乡集体经营性总收入110.13万元。其中，凤凰村经营性收入18.84万元、金林村23.36万元、同兴村26.36万元、角耳湾村16.29万元、高演村13.32万元、梧桐村11.96万元。

【民生事业】 2021年，全乡有低保户152户262人（比上年增加9户15人）；低保边缘户57户151人（比上年核减9人）；特困供养19人；困境儿童13人，留守儿童37人；低收入产业扶贫项目验收79户，补助资金17.24万元；暖心行动项目救助6人，发放救助金4800元；帮扶残疾人学生及残疾人子女助学42人，发放助学金6.32万元。全乡参加房屋保险1881户；参加新型农村合作医疗保险5379人，参保率99.76%；参加养老保险4308人，参保率99.38%。

2021年，落实年度“十件实事”。完成农田水利、农村公路、竹林便道、安居工程、文化设施、景观打造、养老服务等一批民生实事。建成休闲公园、灯光篮球场、养育托管点、儿童之家、居家养老、阳光厨房、文化礼堂等一批配套基础设施。推进“大搬快聚富民安居”工程建设，完成14个自然村186户619人的资格审查和房屋测量。（叶於芳）

2021年8月31日，梧桐乡对“大搬快聚”拟搬迁户进行房屋测量（梧桐乡 供图）

标溪乡

【概况】 标溪乡位于景宁县城西南，东靠大际乡，西临沙湾镇、大地乡，南接雁溪乡，东北连梧桐乡，乡人民政府驻标溪村，距县城32千米，海拔220米。地势从东南向西北倾斜，诸水汇标溪港入小溪，境内气候温和，雨量充沛，属县域中部低山区和粮、茶、果、畜、药综合农业区。乡域面积51.6平方千米。其中，耕地面积196.7公顷，林地面积3847.7公顷。下辖4个行政村、40个自然村。全乡1238户4562人。全年完成项目建设31个，总投资3469万元。

2021年，标溪乡全面挖掘抗日战争史、稽山中学耕读救亡史。创建预章村“卧薪尝胆”德育基地；建成东叶庄村文化礼堂。组建5支“安暖和”服务小分队，多次开展服务活动。建立应急联动救援队，开展周边乡、镇森林防火应急救援117人次。开展“金牌廉内助”评选，将“清廉”文化融入“家”文化，提升“清廉村居”建设。充分发挥人大代表、政协委员作用，成功化解矛盾纠纷、信访积案18件。

【生态农业】 2021年，建立苗木联建基地7.87公顷，种植苗木7.8万余株；提升茶叶67.53公顷；种植多肉花卉5万多盆，销售2万多盆，销售额60多万元，户均增收5000元；发展高山蔬菜47.73公顷、稻鱼共生34.67公顷；种植月子姜14.33公顷、高山西瓜9.87公顷；种植黄精、白术等草本药材20.47公顷；发展中蜂、意蜂3500多箱。带动村民增收1200多万元。其中，何庄村四年生黄精基地，经市、县农林部门现场测算每公顷产量29.87吨，每公顷产值90万元。新华社浙江分社拍摄高山月子姜基地，作为《美丽浙江》宣传片内容之一。

2021年11月24日，标溪乡举办乡村振兴“景宁600”农产品推广节。活动采用线上直播模式宣传标溪的秀美风景，同时推广月子姜、蜂蜜、多肉花等“景宁600”标溪特色农产品。据统计：特色农产品直播下单累计1.5万多单，多肉1000多盆，增加收入7.5万元。央视新闻客户端和中国蓝新闻报道了该活动。

2021年5月5日，标溪乡东叶庄村“景宁600”高山月子姜基地，通过抖音直播带货进行网上销售 （标溪乡 供图）

【社会保障】 2021年，全乡有特困人员8户、供养人数8人，发放供养补助金11.67万元；低保户70户139人，发放低保资金54.88万元；临时救助3户7人，发放临时救助金8400元。纳入省扶贫系统帮扶托底92户188人，投入专项资金10.9万元，支持低收入农户发展种养业，实现户均产业增收2000元。城乡居民医疗保险参保3071人，参保率99.65%；城乡居民养老保险参保2220人，参保率99.34%；“浙丽保”参保3388人，参保率97.53%；农村小额保险参保2893人，投保资金11.57万元；房屋保险参保5户，投保资金6015元。理赔38次，理赔金额6.88万元。

【标溪乡“双招双引”工作】 2021年，建立乡贤和在外大学生人才库。外出招商11次，对接走访企业26家。与浙江万里学院合作，挂牌成立乡村振兴实践基地；引进陈海平（博士）、陈刚、李雪莲等3位高层次实用人才，建立人才工作室；与中核集团秦山核电公司、宁波景翔机电设备有限公司等5家企业签订投资意向书，企业项目落地1个，全年投资1240万元。 （周想想）

家地乡

【概况】 家地乡，位于景宁畲族自治县南部，东临雁溪乡，东南接福建省寿宁县，西南与庆元县接壤，乡政府驻地家地村，海拔430米，距县城60千米，与两省三县交界。系第二次国内革命战争时期革命老区。全乡总面积49.6平方千米。其中，耕地111.13公顷，林地4659.8公顷。森林覆盖率88.4%。辖家地村、坪坑村、苛岱村3个行政村，15个自然村，25个村民小组。全乡总人口2295人，全年出生7人、死亡19人。家地乡地处浙南山地南部，地貌以深切割山地为主，地势自南向北倾斜，诸水入标溪港，汇小溪。有苛岱楼、三条际、温头口、家地等4座水电站，总装机容量1.8万千瓦。

【中蜂产业】 2021年，全乡养殖中蜂3000多箱，实现年产值300多万元，在家养蜂实现户均增收1万多元。开展“认爱心蜂箱、享甜蜜生活”爱心蜂箱认领活动，累计实现蜂箱认领669箱。举办第五届割蜜节，活动得到省、市、县媒体广泛关注，蜂蜜销售价格从140元每千克上升到299元每千克。举办“5·20”世界蜜蜂日——“小蜜蜂托起乡村振兴大梦想”蜂蜜销售直播活动。完成谢家斗标准化成熟蜜基地建设蜜源树种，累计种植1.5万多株。是年，在丽水市世界蜜蜂日主题活动中，家地乡中蜂养殖户陈伟荣被评为丽水市十佳养蜂能手，畲乡蜂味牌蜂蜜入选丽水市十佳蜂产品。家地乡蜂蜜获浙江省网上农博会金奖。完成“家•和韵”产品新包装设计稿，并投入使用。制订中蜂产品质量监督和检测机制，中蜂养殖新技术（试行）发布，逐步实现养蜂生产标准化、现代化、产业化。

4月22日，家地乡受邀参加2021年中国（广西•梧州）蜂业博览会暨全国蜂产品市场信息交流会。会上，中国养蜂学会专家用大篇幅宣传推介家地土蜂蜜、割蜜节及中蜂产业从无到有，从有到优，引发山乡巨变的过程。为家地乡——“中华蜜蜂小镇”授牌。

2021年4月22日，家地乡第五届割蜜节举行

（家地乡　供图）

【红色教育基地】 2021年，家地乡党委、政府进一步挖掘和延伸坪坑村浙南“拥军优属第一村”、浙南•闽东红军纪念馆、坪坑保卫战及碉堡遗址、红军路、坪坑“红色家书”展馆等红色文化资源，围绕“初心之旅、甜蜜之旅、萤火之旅”定位，创建初心文化综合教育基地。投资500多万元，在市级研学基地、浙江（景宁）民族干部培训中心的基础上建设红色农家乐、初心客栈、初心讲坛、坪坑保卫战遗址、文化礼堂、宣誓广场、游步道、污水处理设施、停车场等项目；录制“云红歌”，拍摄“红色MV”，组建“草根”党史宣讲队；开设学唱红歌、制作红军饭等互动课程，丰富红色教育基地相关课程和活动内容，形成了完善的研学、教学内容体系。先后被命名为“市级爱国主义教育基地”“市级乡村振兴实训基地”“市级党史教育基地”和“县级国防教育基地”“县级廉政文化教育基地”。

【民生事业】 2021年，投资900多万元，完成家地乡苎岱村至福建寿宁县横山村联网公路建设。投资230万元，实施家地村、坪坑村农村饮用水提标达标和家地村道路提升项目，受益人口1300多人。建成公益性生态公墓100穴。投资120万元，依托家地村居家养老服务中心创建“慈善爱心食堂”，并于7月20日正式运营（为村里50多名老人提供爱心就餐服务）。争取一事一议项目资金49万元，推进苎岱村村委办公楼修缮及村庄整治（该项目通过验收）。完成家地村完成2户7人地质灾害搬迁工作，乡域“大搬快聚”富民安居工程落实24户104人。依托“码上村务”等平台，发布政策解读、便民信息80多条。免费为120多户群众更换老化的煤气开关阀门及接管。民房瓦片翻新26户113.5直，每直补助900元。“剃头干部”林松苗不定期上门为留守老人理发200多人次。全年种植高山蔬菜 13.33 公顷。

【社会保障】 2021 年，全乡有低保户 88 户 143 人，发放低保资金 14.04 万元；临时救助9 户 9 人，发放临时救助金 4.3 万元。全乡 124 户 226 人纳入省扶贫系统托底帮扶，以网格化形式挨户走访，建立“留守细胞库”，对 124 户留守群众实行一户一档动态管理，并实施“订单式”个性化服务。城乡居民医疗保险参保 1496 人，参保率 100%；城乡居民养老保险参保 465 人，参保率 91.90%；“浙丽保”参保 1496 人，参保率 100%，理赔 65 人次 23 万余元。房屋保险 691 户，投保资金 1.73 万元。3 名困境儿童纳入困难儿童信息库档案。联合乡卫生院为群众送医送药、邀请市医院医生免费义诊，为群众解决慢性病检查及就医购药 25 次，服务群众 700 多人次。网上办、掌上办事项实现率 100%；民生事项“一证通办”率 100%。 （林晨霞）

大 地 乡

【概况】 大地乡位于景宁县城西南部，乡政府所在地距县城 67 千米，东邻家地乡、雁溪乡，西连毛垟乡，南连庆元县官塘乡，北接沙湾镇和标溪乡，是五乡一镇交界的高山偏远革命老区乡。乡域面积 105 平方千米。其中，耕地面积 287.36 公顷，林地面积 9373.13 公顷，竹林面积 909.2 公顷，公益林面积 3847.3 公顷。森林覆盖率 83.79%。下辖 6 个行政村 38 个自然村。全乡总户数 2398 户，总人口 6803 人。全年农村集体经济总收入 188.93 万元。是年，创成国家级卫生乡镇。

【农业经济】 2021 年，粮食播种面积 186 公顷（高山优质水稻 133 公顷），粮食总产量 1200 吨。新增郑公垟、项湖 2 个生态养猪场，生猪存栏 2411 头，出栏 765 头；牛存栏 156 头，出栏 30 头；羊存栏 59 只，出栏 34 只；兔存栏 1451 只，出栏 1410 只；家禽存栏 2323 羽，出栏 2954 羽。中蜂养殖 230 箱，年产蜂蜜 1150 千克。流转粮食功能区基地 6 处，采取“粮经套种”（黄精+经济作物套种）形式种高山大米、中药材、蔬菜等 250.47 公顷。围绕“推动乡村产业高质量发展”赶考目标，以“双招双引”工作为抓手，打造“高山中药材之乡”，走好乡村振兴之路。建成全市最大的中药材前胡种植示范基地 18.53 公顷；新种植黄精 36.67 公顷，生姜 3.33 公顷；抚育覆盆子基地 30 公顷；实施芭蕉芋、毛豆、黄精“粮经轮种”66.67 公顷，累计种植中药材 168.33 公顷。

2021 年 4 月 12 日，大地乡政府与浙江生生堂国药集团有限公司签订中药材种植共建基地协议 （大地乡 供图）

【大地乡项目建设】 2021 年，大地乡完成余公岱、董岭、驮垟三条“四好农村路”提升工程，投资600万元；张溪村西坪垦造耕地整改项目，新增耕地4.27公顷，投资117万元；提标改造大地村生活污水处理设施，投资21.89万元；丁埠头至柳山头古道5.5千米修复项目，投资198万元。大地村便民服务中心（居家养老服务中心）主体工程完工。启动大地乡水溪村至庆元县官塘乡横坑村“四好农村路”联网公路建设。公路起点桩号K0+000，终点桩号K2+460，路线全长2.460千米。公路等级四级，路基宽度4.5米，项目总投资1630万元。是年，打通隧道70米，修建桥梁1座70米。

【大地乡“双招双引”工作】 2021年，开展招商引资活动30多次，接待客商23批次，走访企业30家。建立院校、地方合作基地2个，引入工商资本1000多万元，落实大地、净水、郑公垟3个基地。召开4次乡贤恳谈会，引进专业人才3人，建立农业技术服务站。引回吴礼旺等乡贤投资350万元，建成2个乡村振兴示范基地。通过产品品牌效应，销售生态产品360万元，带动群众增收210万元。

【社会保障】 2021年，全乡参加城乡居民养老保险4797人（1208人领取养老金），参保率99.3%；参加医疗保险6625人，参保率99.74%；“浙丽保”参保5167人，参保率97.38%。审核确定低保对象204户361人，发放最低生活保障金258.8万元；农村特困供养对象24人，发放补助金37.2万元；困难残疾人生活补贴123人，发放补助金38.95万元；重度残疾人护理补贴167人，发放补助金41.7万元；残疾人创业补助5人，发放补助金4.3万元；残疾人子女助学16人，发放补助金3万多元；慈善救助21人，发放慈善救助金1.9万元。低收入农户302户569人，以产业帮扶带动82户低收入农户增收，发放补助增收资金27.54万元。“雨露计划”惠及19人，补助资金5.7万元。完成C级危房户原拆原建1户和C级危房修缮改造1户，发放补助资金1.59万元。开展“红小代”志愿服务，延伸乡贤“安暖大地尊老慈善基金”，为留守群众解决生产生活难题120个，通过“校企结对帮扶”“爱心义剪”“送药进户”等点对点形式，服务1300多人次。（张松琴）

毛垟乡

【概况】 毛垟乡位于县城西南部，东连大地乡，西与秋炉乡接壤，南与庆元县左溪镇交界，北邻沙湾镇。辖毛垟、库头、沙垟、炉西4个行政村，19个自然村。全乡1761户4693人。

2021年，毛垟乡解决历史遗留问题3个（其中在毛垟流浪20年的外地老人，找到户籍地，并进入养老院）。全年信访事件17起，结案率100%。毛垟乡被评为全市“美丽丽水”建设模范集体。

2021年，毛垟乡有建设项目25个，总投资3580万元。其中，苔藓智慧工厂、乡村振兴展示馆、居家养老服务中心、传统村落保护提升等15个乡级项目竣工；诗路文化带、红绿融合体验式公园、苔藓智能化栽培基地等项目顺利推进。是年，招引500强企业——传化集团和万事利集团；招引高端人才9名，成立博士工作站。招引乡贤回归3人，新建乡贤农家乐1家。深圳市中国科学院仙湖植物园首个跨省自然教育实践基地落地毛垟。

【民生事业】 2021年，全乡城乡居民医疗保险参保4532人，参保率99.76%；城乡居民养老保险参保3325人，参保率99.58%。全乡低保42户99人，发放低保资金67.63万元；低保边缘户20户57人。困难群众36户81人，发放临时救助金7.31万元；特困集中供养7人，分散供养3人，发放救助金18.63万元。拆除3户6人的C、D级危旧房，腾空120平方米；修缮房屋2栋1直。重视民生工作，实施民生实事票决制，全年完成票决民生实事6件。

【富民强村】 2021年，毛垟乡入选第十一批浙江省生态文明教育基地。通过发展新型绿色苔藓产业，建设智能化、生态化苔藓栽培基地等形式，打造"红色毛垟·苔藓小镇"品牌。

2021年，建成毛垟乡苔藓工厂化栽培基地。该基地位于毛垟村忠勇洞内，为毛垟、沙垟、炉西、库头4个行政村联建项目，总投资85万元，占地面积280平方米。利用山洞阴凉潮湿适宜苔藓生长的特点，建成苔藓育苗箱70套。项目实施后，预计每年可种植高端苔藓1000多平方米，村均集体经济增收10万元。

2021年，新增苔藓栽培面积2万多平方米，为群众提供就业岗位100余个，全乡村集体经营性收入123万元，同比增长23.58%。毛垟乡创成市级乡村振兴示范实训基地。

（陈丽芬）

毛垟乡沙垟村苔藓基地

（毛垟乡　摄于2021年）

秋炉乡

【概况】 秋炉乡位于县城西南部，东邻毛垟乡，西南接庆元县境，北靠英川镇、沙湾镇。乡政府驻地秋炉村，距县城70千米，海拔390米。全乡总面积54.2平方千米。其中，林地面积4604.5公顷，耕地面积368公顷。秋炉因热得名，即便到了秋天，仍热如火炉。全乡下辖秋炉、下圩、半山、新塘垟4个行政村，31个自然村，50个村民小组。全乡总户数1864户，总人口4770人。2021年，实现工农业总产值711万元，同比增长6.28%。农民人均纯收入3.32万元，同比增长28.6%。2021年，秋炉乡行政村经营性收入村均18.14万元，总收入村均39.36万元。秋炉乡获全市第二届优秀消薄项目大比拼三等奖。秋炉乡强村公司入选全市2021年上半年强村公司经营收入前20名。

2021年，秋炉乡严格按照县疫情防控指挥部的要求，落实进出人员测温、查验"健康码+行程码"、规范佩戴口罩等疫情防控措施，实时掌握返乡人员动态，压实闭环包村包户责任，做到疫情防控全覆盖无死角。积极开展新冠疫苗接种工作，完成全乡第三针接种 877 针剂，做到“应接尽接”“应种尽种”。秋炉乡开展“我为群众办实事”实践活动，依托党员“微志愿”、群众“微心愿”载体，服务群众 500 多人次。举行“光荣在党 50 年”纪念章颁发仪式，为入党 50 年以上的老党员颁发纪念章，为全乡 13 名困难党员、离任村干部和 5 名低收入农户送上慰问关爱。

2021 年 7 月 15 日，百山祖国家公园“云上·鱼芦”景宁秋炉田园综合体项目奠基仪式举行

（秋炉乡　供图）

【秋炉乡项目建设】 2021 年，秋炉乡完成省级美丽宜居示范村、饮用水达标提标、农村老旧房屋电路改造等 36 个民生项目；提升乡村运动俱乐部、研学基地、民族体育展示馆等项目；启动秋炉村至五大垟村绿道建设；通过国家级卫生乡镇复核。秋炉村创成省级 AAA 级景区村。是年，因地制宜利用闲置资源，建成具有全天候接待能力的风雨操场。新增标准间床位 50 张，共计床位 112 张，可以同时接待 150 人。每年能吸引夏令营、研学拓展、企业团体、单位集训等群体 1 万多人次。

7 月 15 日，“云上·鱼芦”景宁田园综合体项目开工奠基仪式在秋炉乡下圩村五大垟自然村举行。该项目利用五大垟自然村的山水和农房资源，打造集清水鱼养殖、农家乐民宿、林下经济、数字农业、森林康养、乡村旅游等于一体。秋炉乡“云上粮仓”千亩梯田被评为浙江省粮食增产保供成绩突出集体。8 月 4 日，景宁畲族自治县粮食功能区“非粮化”整治现场推进会在秋炉乡召开。会上，秋炉乡作经验交流发言。

【秋炉乡“双招双引”工作】 2021 年，秋炉乡围绕“双招双引”工作，同毛垟乡和旅行社推出“畲乡红色印记游”旅游线路。通过召开“我为家乡谋发展”乡贤恳谈会，吸引乡贤回归参与家乡经济社会建设和基层治理，总投资额 5000 万元。签约 20 年流转下圩村五大垟自然村整村农房，建立清水鱼养殖合作社和农家乐民宿田园综合体。该项目乡强村公司占股 4.5%，1‰的营业额归所在村集体所有。流转土地 66.67 公顷，与浙江景天华源农业开发有限公司签订 20 年经营权合同。通过订单式种植，种植“景宁 600”高山有机大米，带动村民增收 80 多万元。

【社会保障】 2021 年，全乡基本养老保险参保 3514 人，参保率 99.49%；城乡居民医疗保险参保 4693 人，参保率 99.77%；“浙丽保”参保 3157 人，参保率 100%。农村小额保险参保 671 人，投保资金 2.68 万元。全乡房屋保险 1268 户，投保资金 6165 元。全乡特困人员 13 户，供养人数 13 人，发放供养补助金 17.52

万元；低保户63户130人，发放低保资金93.9万元；临时救助16户16人，发放临时救助金2.2万元。投入专项资金10.91万元，帮扶低收入农户发展种养业，实现户均产业增收879.88元。

【社会治理】 2021年，秋炉乡以“四个平台”为依托，发挥人大代表、政协委员和乡贤作用，成功化解信访积案2件。联合县应急、消防等单位和浙闽两省边界7个乡镇，在秋炉开展森林防火应急演练。争取设立百山祖国家公园诗画社。与银座村镇银行合作推行“生态·人文贷”，全乡完成道德积分建档192户，预授信2708万元。（严海敏）

鸬鹚乡

【概况】 鸬鹚乡位于景宁县城西部，东靠沙湾镇，东北界云和县境，南接沙湾镇，西南连英川镇，西北界龙泉市境，乡政府驻地鸬鹚村，距离县城45千米。全乡总面积60.91平方千米。其中，林地面积4456.8公顷，耕地面积1853.53公顷，森林覆盖率72%。辖8个行政村、63个自然村。全乡总人口9611人，常住人口1844人。

2021年，党员为民办实事办好事3981件。鸬鹚乡创成国家级卫生乡镇。鸬鹚乡退役军人服务站被评为浙江省“新时代枫桥式退役军人服务站”。鸬鹚乡完成浙江省地名地址全域空间数据治理试点工作，形成鸬鹚乡标准地名地址数据库，并开展民政服务、社会治理等地名应用场景。

2021年，建立院校合作站点3个，签订高层次人才合作协议10份。引进福建客商，投资900万元，种植芭蕉芋40公顷。引进金华企业1家，计划投资3500万元，在南山、葛山两地建设2个民宿综合体；计划流转土地100公顷用于粮食、蔬果、中药材种植，每年可带动村集体经济增收20万元。

【生态农业】 2021年，建成“景宁600”葛山产业示范带1233.33公顷。新增油茶基地68.67公顷，累计400公顷；新增水果基地8公顷，累计46.67公顷；新增生姜基地6.53公顷、香榧基地10.33公顷、田鱼基地14公顷。全乡养殖中蜂654箱、黄牛500头、香猪306头、娃娃鱼8万余尾、云顶飞鸡3万余羽。以鱼苗销售为试点，发展“订单农业”，与300多户农民签订订单农业合同(其中低收入对象141人)，带动农民增收。全乡育苗基地产出鱼苗5000多万尾。

【鸬鹚乡项目建设】 2021年，全乡在建项目39个，竣工验收35个，总投资1亿元。协助

2021年3月7日，鸬鹚乡南坑源至龙泉苦马际联网路开工（鸬鹚乡 供图）

国家公园景宁科研站、南坑源至龙泉苦马际联网路等重大项目建设；加快鸬鹚安置小区二期、水系连通等续建项目建设进度。建成居家养老服务中心、鸬鹚村文化礼堂等一批民生项目。夏山头枫香袋涉林垦造耕地7.55公顷、生态修复2.30公顷。

【鸬鹚乡文旅融合发展】 2021年，鸬鹚乡通过“文化基因解码工程”，将文化资源优势转化为产业和市场优势。推进马仙非遗传统文化产业园建设，打造集马仙非遗馆、忠孝讲堂、文创展示窗口等为一体的大型文化展示园区，着手马仙宴开发，生产挂件、油纸伞等文创产品。依托马仙非遗研究会，推进马仙祖殿基础部分建设。完成马仙剧本编写及拍摄，配合制作景宁基因解码宣传片《远方的大叔》。百山祖国家公园创建工作中融入马仙故里整体规划，实施社区文化中心改造提升、游步道建设等项目。全年接待游客10万人次，带动旅游收入600多万元。

【民生保障】 2021年，全乡144户264人纳入省扶贫系统帮扶托底，投入专项资金4.88万元，支持低收入农户发展种养业。城乡居民医疗保险参保6464人，参保率98.6%；城乡居民养老保险参保2026人，参保率91.84%；“浙丽保”参保6976人。农村小额保险参保2278人，投保资金9.11万元；理赔62次，理赔金额105325元。全乡房屋保险户，投保资金10490元。全乡有特困人员27户，发放供养补助金42.44万元；低保户98户192人，发放低保资金144.54万元；临时救助24户24人，发放临时救助金4万元。 （陈苏萍）

附　录

2021年主要组织机构及负责人名录

【中国共产党景宁畲族自治县委员会】

书　记:陈　重(续—2021年8月)
　　　　王世强(2021年8月—)
副书记:钟海燕(畲族,女,续—2021年11月)
　　　　王　益(2021年1月—2021年11月)
　　　　熊勇军(2021年11月—)
　　　　蓝景芬(畲族,女,2021年11月—)
常　委:陈　重(续—2021年8月)
　　　　王世强(2021年8月—)
　　　　钟海燕(畲族,女,—2021年11月)
　　　　蓝景芬(畲族,女,2021年11月—)
　　　　王　益(续—2021年11月)
　　　　熊勇军(2021年11月—)
　　　　季建标(续—2021年12月)
　　　　雷应江(畲族,—2021年12月)
　　　　蓝跃军(畲族,—2021年11月)
　　　　叶龙标(续—2021年11月)
　　　　王　乐(续—)
　　　　毛华庆(2021年12月—)
　　　　马　盈(女,2021年12月—)
　　　　夏雪松(2021年12月—)
　　　　吴建明(续—)
　　　　夏国章(续—2021年3月)
　　　　孔德泉(续—2021年11月)
　　　　仲建锋(续—)
　　　　任小松(2021年11月—)
　　　　傅春霞(女,2021年1月—)
　　　　张纪恩(2021年9月—)

【景宁畲族自县人民代表大会常务委员会】

主　任:严轶华(续—)
副主任:夏培玲(女,续—)
　　　　吴昌亮(续—)
　　　　杨唐珠(女,续—)
　　　　余晓军(续—)
　　　　叶玉琪(续—)
　　　　钟利海(畲族,续—)
委　员:毛慧芬(女,续—)
　　　　叶旭平(续—2021年9月)
　　　　兰利忠(畲族,续—)
　　　　刘　平(2021年3月—)
　　　　刘世宝(2021年3月—)

严伟荣（续—）
杜春红（女，续—）
李芳平（续—）
杨小兵（续—）
吴一伟（续—）
沈才忠（续—）
张纪恩（续—）
陈　勇（续—2021 年 9 月）
陈丽成（续—）
陈建峰（续—）
林　荣（续—）
林　敏（续—2021 年 1 月）
林明可（续—）
林炜平（2021 年 3 月—）
林晓洪（续—）
柳一东（续—）
柳晓杰（续—）
施顺民（续—）
徐　敏（女，续—）
梅振清（续—）
董瑞红（女，2021 年 3 月—）
雷彦文（畲族，续—）
雷真荣（畲族，续—）
雷镇海（畲族，续—）

办公室

主　任：沈才忠（续—）
副主任：吴泽忠（续—2021 年 9 月）
　　　　柳文娟（女，续—）

县人大法制（监察和司法）委员会

主任委员：梅振清（续—）
副主任委员：雷真荣（畲族，续—）

县人大财政经济委员会

主任委员：陈丽成（续—）

县人大社会建设委员会

主任委员：施顺民（续—）

代表与选举任免工作委员会

主　任：毛慧芬（女，续—）
副主任：雷彦文（畲族，2021 年 9 月—）

法制工作委员会

主　任：叶旭平（续—2021 年 1 月）
　　　　林炜平（2021 年 1 月—）

监察和司法工作委员会

主　任：李芳平（续—）

财政经济工作委员会

主　任：林晓洪（续—）

农业与农村工作委员会

主　任：杨小兵（续—2021 年 9 月）
　　　　蓝中一（畲族，2021 年 9 月—）

城乡建设与环境资源工作委员会

主　任：柳晓杰（续—）

教育科技文化卫生工作委员会

主　任：徐　敏（女，续—）

民族华侨工作委员会

主　任：兰利忠（畲族，续—）

社会建设工作委员会

主　任：柳一东（续—）

【景宁畲族自治县人民政府】

县　长：钟海燕（畲族，女，续—2021 年 11 月）
　　　　蓝景芬（畲族，女，2021 年 11 月—）
副县长：王　益（续—2021 年 2 月）
　　　　王　乐（2021 年 2 月—）
　　　　孔德泉（续—2021 年 11 月）

仲建锋(续—)
严伟华(续—2021 年 11 月)
饶伟贞(续—2021 年 11 月)
毛华庆(续—)
马　盈(女,续—)
吴海东(续—)
张　濂(2021 年 11 月—)
曹刚毅(2021 年 11 月—)
柏　彬(女,2021 年 11 月—)

【中国人民政治协商会议景宁畲族自治县委员会】

主　席:张　峰(续—)
副主席:叶金堂(续—)
尤建平(续—)
沈秀慧(女,续—)
刘德灵(续—)
秘书长:付明明(续—)
副秘书长:林清海(续—)

办公室

主　任:张思富(续—)

提案委员会

主　任:卢晓安(续—)
副主任:陈金荣(续—2021 年 4 月)
沈炎清(续—)
林方金(续—)
徐关水(续—)

委员工作委员会

主　任:胡益选(续—)
副主任:朱小平(续—)
李光松(续—)

经济发展委员会

主　任:陈建民(续—)
副主任:罗德刚(续—)
李景武(续—)
严林平(续—)
叶长过(续—)
杨仲敏(2021 年 8 月—)

农业农村委员会

主　任:柳建军(续—)
副主任:林振球(续—)
陈华星(续—)
徐关铭(续—)
朱剑兵(2021 年 9 月—)

人口资源环境委员会

主　任:柳贤旺(2021 年 6 月—)
副主任:叶再仁(续—)
毛南荣(续—)
王良言(续—)
雷祖进(畲族,续—)
蔡通爱(2021 年 2 月—)

科教文卫体委员会

主　任:柳贤旺(续—2021 年 6 月)
陈战耕(2021 年 6 月—2021 年 10 月)
副主任:蔡红央(女,续—)
刘建雄(续—)

文化文史和学习委员会

主　任:梅晓春(续—)
副主任:胡华君(女,续—)
周乃忠(续—)
凌　伟(续—)
吴华标(续—)
任周良(2021 年 8 月—)

民宗台侨和社会法制委员会

主　任:金欣泉(续—)

副主任：蓝廷洪（畲族，续—）
蓝朝星（畲族，续—）

【中国共产党景宁畲族自治县纪律检查委员会（监察委员会）】

县纪律检查委员会

书　记：叶龙标（续—2021年11月）
吴建明（2021年11月—）
副书记：季晓东（续—2021年12月）
叶秀华（女，续—）
魏仕明（2021年12月—）
常务委员：严家远（续—2021年12月）
魏仕明（续—）
商伟青（2021年12月—）
周加林（续—）
王淑媛（女，续—2021年12月）
刘设平（2021年12月—）
杨旭松（2021年12月—）

县监察委员会

主　任：叶龙标（续—2021年12月）
吴建明（代主任，2021年12月—）
副主任：季晓东（续—2021年12月）
叶秀华（女，续—）
委　员：魏仕明（续—）
周加林（续—）
刘设平（续—）
杨旭松（续—）
干部室主任：吴卫华（续—）
党风政风监督室主任：梅　燕（女，续—）
信访室主任：周锋平（续—）
案件监督管理室
主　任：李炳南（续—）
第一纪检监察主任：梅陈勇（续—2021年9月）
梅　骏（2021年9月—）
第二纪检监察主任：吴长青（续—）
第三纪检监察主任：潘德飞（续—）
第四纪检监察主任：雷荣峰（畲族，续—）
案件审理室主任：徐海燕（女，续—）
机关党委专职副书记：柳　俊（续—）

县纪委县监委派驻纪检监察组

第一纪检监察组
组　长：陈武通（续—）
副组长：刘小青（续—）
高伟芸（女，续—）
第二纪检监察组
组　长：吴丽玲（女，续—）
副组长：沈永春（续—）
第三纪检监察组
组　长：陈海琳（女，续—）
副组长：林昌金（续—）
第四纪检监察组
组　长：毛玉海（续—）
副组长：汤旭初（续—2021年9月）
周大方（2021年9月—）
第五纪检监察组
组　长：周　枫（续—）
副组长：叶梅娟（女，续—）
第六纪检监察组
组　长：雷朝进（畲族，续—）
副组长：王晓虹（女，续—）
派驻县委组织部纪检监察组
组　长：毛慧斌（续—）
派驻县人民法院纪检监察组
组　长：石玉菊（女，续—）

派驻县人民检察院纪检监察组
组　长：叶旭平（续—）
派驻县公安局纪检监察组
组　长：魏仕明（续—）

【中共景宁畲族自治县委巡察工作领导小组办公室】

县委巡察办主任：严家远（续—）
副主任：袁奕林（续—）
　　　　张灵燕（女，续—）
县委第一巡察组
组　长：朱剑兵（续—2021 年 9 月）
　　　　刘成伟（2021 年 9 月—）
副组长：蓝丰平（畲族，续—）
　　　　王　兵（2021 年 9 月—）
县委第二巡察组
组　长：李　伟（续—）
副组长：夏建红（女，续—）
县委第三巡察组
组　长：商伟青（续—）
副组长：何振章（续—）
县委第四巡察组
组　长：赵慧聪（续—）
副组长：朱蔚竑（续—）
副科级巡察专员：严松海（续—）
　　　　周海娟（女，续—）
　　　　吴云花（女，续—）
　　　　雷建林（畲族，续—）

【县委系统组织机构】

县委办公室
主　任：雷应江（畲族，续—）
副主任：刘　红（女，续—）
　　　　柳　彬（续—2021 年 8 月）
　　　　周建东（续—）
　　　　周奇斐（续—）
政策研究中心主任：陈丽慧（女，2021 年 1 月—）
全面深化改革服务中心主任：何世科（续—）
台湾事务科专职副主任：林　榕（女，续—）

县委组织部
部　长：王　乐（续—2021 年 2 月）
　　　　傅春霞（女，2021 年 2 月—）
副部长：刘世宝（常务，续—）
　　　　严小红（女，续—）
　　　　金　锋（续—）
　　　　徐隆金（兼职，续—）
　　　　梅伟森（兼职，续—）
　　　　徐建林（兼职，续—）
　　　　徐　峰（兼职，续—）
县委人才办专职副主任：徐永伟（续—）

中共景宁县委两新工委
书　记：严小红（女，续—）
副书记：彭凌飞（续—2021 年 9 月）

中共景宁县委直属机关工委
书　记：王　乐（续—2021 年 2 月）
　　　　傅春霞（女，2021 年 2 月—）
副书记：严小红（常务，女，续—）
　　　　徐　峰（专职，续—）
　　　　柳彩华（兼职，女，续—）
　　　　王淑媛（兼职，女，续—）
纪工委书记：毛慧斌（续—）
委　员：吴春萍（女，续—）
　　　　张日赢（续—）
　　　　周　玲（女，续—）

县委宣传部

部　长：季建标（续—）

副部长：叶金海（续—）

朱益龙（续—）

柳彩华（女，续—）

吴文伟（兼职，续—）

王伟飞（兼职，续—）

派驻纪检组组长：陈海琳（女，续—）

社科联主席：朱益龙（续—）

专职副主席：雷媛媛（畲族，女，续—）

网信办主任：韦　璐（女，续—）

县畲族文化发展中心

党组书记、主任：王伟飞（续—）

党组成员、副主任：罗炀坚（续—2021 年 9 月）

副主任：雷露露（畲族，女，续—）

县委统战部

部　长：蓝跃军（畲族，续—2021 年 11 月）

毛华庆（2021 年 12 月—）

副部长：林旭虹（常务，续—）

钟得丰（畲族，续—）

雷洁畅（兼职，畲族，女，续—）

叶巍巍（兼职，续—2021 年 8 月）

县委政法委

书　记：潘　伟（续—2021 年 2 月）

王　益（2021 年 2 月—2021 年 12 月）

熊勇军（2021 年 12 月—）

副书记：林长春（常务，续—）

王　松（续—）

刘显平（续—）

政治处主任：徐飞豹（续—2021 年 10 月）

县编委办公室

主　任：梅伟森（续—）

副主任：任　荣（续—）

柳伟忠（续—）

县信访局

局　长：江根其（续—）

副局长：周伟明（续—）

督查专员：陈云燕（女，续—）

县委党校

县委党校校长：王　乐（续—2021 年 2 月）

傅春霞（女，2021 年 2 月—）

县行政学校校长：王　益（续—2021 年 2 月）

王　乐（2021 年 2 月）

县社会主义学校校长：

毛华庆（2021 年 12 月—）

蓝跃军（畲族，续—2021 年 12 月）

县委党校（行政学校、社会主义学校）副校长：

林兴国（常务，续—）

吴学民（续—）

雷昌洪（畲族，续—）

民族干部培训中心副主任：张礼聪（女，续—）

【县政府工作系统和直属机构】

县政府办公室

主　任：刘爱忠（续—）

副主任：陈　勇（续—）

何　邦（续—）

叶东明（续—）

蓝海宽（畲族，续—）

杜迎春（女，续—）

毛陈宇（续—）

叶尚蓉（续—）

李晓锋（2021 年 8 月—）

金融办主任：梅迎峰（续—）

县发改局

党组书记、局长：王　庆（续—2021年12月）

副局长：张昌勇（续—）

　　　　徐黎斌（续—）

县重点项目服务中心

党组书记、主任：王　庆（续—2021年12月）

党组副书记、副主任：周晓庆（续—）

党组成员、副主任：吴跃双（续—）

　　　　　　　　　柳卫香（女，续—）

县经济商务科技局

党组书记、局长：徐卫斌（续—）

党组成员、副局长：吴万里（续—）

　　　　　　　　　郑晓芳（2021年9月—）

　　　　　　　　　沈必文（续—）

　　　　　　　　　胡轶丹（挂职，续—）

党组成员、总经济师：金巍彦（续—2021年8月）

党组成员：毛昌会（续—）

县教育局

党组书记、局长：林建锋（续—）

副书记、副局长：叶有东（续—）

副局长：陈战耕（续—2021年6月）

　　　　金益华（续—）

政府教育督学：夏卫锋（续—）

县民族宗教事务局

局长、党组书记：雷洁畅（畲族，女，续—）

副局长：雷进东（畲族，续—）

　　　　程荣文（续—）

党组成员：雷依林（畲族，续—）

县公安局

局长、督察长：饶伟贞（续—2021年12月）

　　　　　　　戴积光（2021年12月—）

局党委副书记、政委：周卫林（续—）

局党委委员、派驻纪检监察组组长：

　　　　　　　　　　　　　　　魏仕明（续—）

局党委委员、副局长：叶雁飞（续—）

　　　　　　　　　　叶传金（续—）

　　　　　　　　　　叶宝善（续—）

　　　　　　　　　　沈玉成（续—）

局党委委员、副局长、交警大队长：叶卫民（续—）

局党委委员、政治处主任：黄春华（女，续—）

局党委委员、办公室主任：周晓锋（续—）

局党委委员、鹤溪派出所所长：陈聪敏（续—）

县民政局

党组书记、局长:李晓荣（续—）

党组成员、副局长：杨晓丽（女，续—）

　　　　　　　　　周利民（续—）

党组成员：杨卫平（续—2021年9月）

县司法局

党组书记、局长：陈建灵（续—）

党组副书记、副局长：沈招雄（续—）

党组成员、副局长：叶海华（续—）

政治处主任：吴　玲（女，续—）

党组成员：陶再星（续—）

县财政局

局　长：叶　峰（续—）

副局长：夏　芬（女，续—）

　　　　吴凌峰（续—）

　　　　郑文南（续—）

　　　　王　晴（挂职，女，2021年10月—）

总会计师：梅忠敏（续—）

县国资公司总经理：柳　风（续—）

县人力资源和社会保障局

党组书记、局长：徐隆金（续—）

副局长：梅　敏（女，续—）

陈伟龙（续—）

社保中心主任：叶松慧（女，续—）

县自然资源和规划局

党委书记、局　长：陈培春（续—）

党委委员、副局长：陈晓梆（续—）

潘焕岳（续—）

吴渭清（续—）

杨仲敏（兼职，续—2021 年 8 月）

党委委员、纪委书记：吴家伟（续—）

党委委员：彭伟明（2021 年 9 月—）

刘　炜（续—）

总规划师：刘伟海（续—）

不动产登记服务中心主任：许丽蓉（女，续—）

国土资源监察大队队长：陈小伟（续—）

县住房和城乡建设局

局　长：毛南俊（2020 年 4 月—）

党组书记：雷华锋（畲族，2020 年 4 月—）

副局长：叶华青（续—）

总工程师：吴希斌（续—2021 年 10 月）

县城市建设发展有限公司

党委书记、董事长：林松琦（续—）

总经理：兰　峰（畲族，续—）

副总经理：刘海峰（续—）

总工程师：吴　芸（女，续—）

县交通运输局

党组副书记、副局长：徐文权（续—）

总工程师：陈　波（续—）

县水利局

局　长：周　恩（续—）

副局长：李少吴（续—）

陈慧媚（女，续—）

胡明成（续—）

总工程师：徐海林（续—）

县农业农村局

党组书记、局长：柳先敏（续—）

副局长：陈　芳（女，续—）

刘赵康（续—）

李鹏飞（挂职，2021 年 4 月—）

党组成员：严家树（续—）

纪检组长：雷朝进（畲族，续—）

总农艺师：陈　勇（续—）

县畜牧发展中心主任：林春福（续—）

县农业行政执法队专职副队长：刘志锋（续—）

县文广旅体局

局　长：蓝利明（畲族，续—2021 年 12 月）

党组书记：柳康华（续—）

副局长：叶巍娥（女，续—）

雷魏芬（畲族，女，续—）

党组成员、文化市场综合行政执法队专职副队长：

高伟淼（续—）

县旅游开发有限公司总经理：陈　锋（续—）

县卫生健康局

党委书记、局长：蓝建忠（畲族，续—）

党委委员、县计划生育协会专职副会长：

陈海忠（续—）

党委委员、副局长：彭德伟（续—）

副局长：钟婷婷（畲族，女，续—）

蓝景艺（畲族，续—）

县退役军人事务局

党组书记、局长：梅振飞（续—2021 年 8 月）

柳贤岳（2021 年 8 月—）

党组成员、副局长：吴大余（续—）

何雪华（女，续—2021 年 9 月）

吴卫忠(2021 年 9 月—)

县审计局

党组书记、局长:雷李会(畲族,续—2021 年 11 月)

季晓东(2021 年 11 月—)

副局长:王世忠(续—2021 年 11 月)

刘小明(续—)

潘　俐(女,2021 年 11 月—)

总审计师:苏　华(续—)

县市场监督管理局

党组书记、局长 :林一兵(续—)

党组成员、副局长:雷振华(畲族,续—)

邱柏青(续—)

雷桂荣(畲族,续—)

党组成员:王育生(续—)

党组成员、市场监管综合行政执法队专职副队长:

徐兴忠(续—)

县统计局

局　长:严水英(女,续—)

副局长:魏　新(续—)

刘卫美(女,续—)

总统计师:林　峰(续—)

县医疗保障局

局　长:刘培法(续—)

副局长:占海冰(续—)

金建美(女,续—)

县综合行政执法局

党组书记、局长:周乃强(续—)

党组副书记、副局长:江　啸(续—)

党组成员、副局长:高卫和(续—)

党组成员:叶淑琼(女,续—)

县应急管理局

党组书记、局长:杨灶松(续—)

副局长:吴　飞(续—)

副局长:张昌龄(续—)

刘建海(续—)

党委委员、总工程师:叶方明(续—)

县机关事务保障局

主　任:吴丽英(女,续—)

党组书记:沈东庆(续—)

副主任:柳杰波(续—)

县经济合作交流服务中心

党组书记、主任:刘　健(续—2021 年 8 月)

叶巍巍(2021 年 8 月—)

副主任:叶吉祥(续—)

金　敏(女,续—)

吴雪栋(挂职,续—)

县大数据发展中心

党组书记、主任:吴建明(续—)

党组成员、副主任:王　燕(女,续—)

副主任:林　云(续—)

总工程师:刘　恒(续—)

县移民工作中心

党组书记、主任:梅根金(续—)

副主任:王旭东(续—)

吴卫忠(续—2021 年 9 月)

林　荣(2021 年 9 月—)

陈良娟(女,续—)

县生态林业发展中心

主　任:杨仲敏(续—2021 年 8 月)

彭伟明(2021 年 8 月—)

副主任:刘日林(续—)

林　坚(续—)

季必浩(续—)

周天焕(挂职,2021 年 12 月—)

总工程师：许元科（续—）
　　　　　张　辉（续—）

【司法机构】

县人民法院

党组书记、院长：陈雪平（女，续—2021年11月）
　　　　　　　　刘文斌（2021年11月—）
党组副书记、常务副院长：周　斐（续—）
党组成员、副院长：
　　　　柳贤列（续—）
　　　　王海龙（续—2021年11月）
　　　　蓝松娟（畲族，女，2021年11月—）
党组成员、纪检组长：石玉菊（女，续—）
党组成员、政治部主任：刘国平（续—）
党组成员、专职审判委员会委员：
　　　　翁晓羽（续—）
　　　　陈延义（续—）
沙湾法庭庭长：梁春海（续—）

县人民检察院

党组书记、检察长：瞿承健（续—2021年11月）
　　　　　　　　　林　巍（2021年11月—）
党组副书记、副检察长：
　　　　　　　　　叶森林（续—2021年11月）
　　　　　　　　　林长春（2021年11月—）
县纪委监委派驻纪检监察组组长：
　　　　　　　　　叶旭平（续—）
副检察长：马尚付（续—）
　　　　　李　辉（续—）
政治部主任：蓝丽芳（畲族，女，续—）
检委会专职委员：吴东升（续—）
　　　　　　　　李　敏（续—）
党组成员：潘　胜（续—）

【民主党派、群众团体、协会】

民进景宁总支部

主任委员：蓝利明（畲族，续—）
副主任委员：陈战耕（2021年9月—）
　　　　　　蓝景艺（畲族，2021年9月—）

县工商业联合会

主席、会长：吴卫忠（续—）
党组书记：叶巍巍（续—2021年8月）
副主席、副会长：吴　丽（女，续—）
　　　　　　　　吴华彬（挂职，续—2021年9月）
　　　　　　　　吴德贤（挂职，2021年9月—）

县总工会

党组书记、主席：张怀海（续—2021年8月）
副主席：林华法（续—2021年8月）
　　　　柳慧敏（女，续—）
　　　　何伟平（2021年8月—）
　　　　张存有（挂职，续—）
　　　　蓝松平（挂职，畲族，2021年9月—）
　　　　李青宗（兼职，续—）
　　　　叶　菁（兼职，女，续—）

共青团县委

书　记：郑　迪（续—2021年8月）
副书记：蓝芸芸（畲族，女，续—）
　　　　梅　敏（女，2021年1月—）

县妇女联合会

主　席：叶魏芬（女，续—）
副主席：潘丽芳（女，续—）
　　　　蓝晓娟（畲族，女，续—）
　　　　徐丽媛（兼职，女，续—）
　　　　蓝景芬（兼职，畲族，女，续—）

县科学技术协会

主　席：梁一春（续—）

副主席：刘建华（续—2021 年 9 月）
　　　张红伟（2021 年 9 月—）
　　　潘正顺（挂职，续—2021 年 9 月）
　　　刘世武（挂职，2021 年 9 月—）
　　　韦　勇（兼职，续—）
　　　陈　斌（兼职，续—）
　　　倪海鹏（兼职，续—）
　　　商培荣（兼职，续—）
　　　蓝丽芳（兼职，畲族，女，续—）

县文学艺术界联合会

主　席：陈　谢（续—）
副主席：林　伟（续—）
　　　黄正成（挂职，续—）
　　　叶剑飞（兼职，续—）
秘书长：张亚华（女，续—）

残疾人联合会

理事长：徐卫东（续—）
副理事长：程小伟（续—）
　　　　潘　俐（女，续—2021 年 12 月）
　　　　陈建平（挂职，续—）
　　　　张小宝（兼职，续—）

县红十字会

会　长：毛华庆（兼职，续—）
副会长：毛黎珍（常务，续—）
　　　董　海（专职，续—）
　　　周德伍（挂职，续—2021 年 8 月）
　　　何　邦（兼职，续—）
　　　吴凌峰（兼职，2021 年 1 月—）
　　　叶有东（兼职，续—）
　　　杨晓丽（兼职，女，续—）
　　　钟婷婷（兼职，畲族，女，续—）

县慈善总会

会　长：叶金堂（续—）
常务副会长：李晓荣（续—）
副会长：胡益选（续—）
　　　叶华杰（续—）
　　　严小庄（续—）
　　　王奕民（续—）
　　　潘宣敏（续—）
　　　梅　慧（续—）
　　　李宗青（续—）
　　　金贤松（续—）
　　　蒋丽娟（女，续—）
秘书长：廖筱芳（女，续—）

【事业企业单位】

丽水经济开发区景宁民族工业园管理委员会

党工委书记、管委会主任：
　　　夏雪松（续—2021 年 12 月）
党工委副书记、管委会副主任：
　　　叶文平（常务，续—）
党工委委员、管委会副主任：刘　平（续—）
　　　　　　　　　　　　吴　平（续—）
党工委委员、办公室主任：吴一雪（女，续—）
党工委委员、总工程师：周伟鑫（续—）
党工委委员：钟文景（畲族，续—2021 年 8 月）
土地管理处处州：张华（续—）
计划财务处处长：黄蔚丽（续—）
综合管理处处长：雷海彬（续—）
招商促进处处长：叶　群（续—）
丽景园投资发展有限公司总经理：陈志毅（续—）

景宁经济开发区管理委员会

主　任：何向平（续—2021 年 12 月 ）

常务副主任：周　东（续—）

副主任：林敏峰（续—）

梅显平（续—）

李海锋（续—）

尤光辉（挂职，2021 年 3 月—）

千峡湖景宁畲族自治县保护与开发管理中心

党组书记、主任：林　敏（续—2021 年 11 月）

刘爱忠（2021 年 11 月—）

副主任：陈志文（续—）

吴广伟（续—2021 年 10 月）

党组成员、总工程师：陈海洪（续—）

党组成员、办公室主任：翁海娟（女，续—）

综合执法管理科科长：陈建伟（续—）

开发建设科科长：叶兴德（续—）

景宁畲族风情省级旅游度假区发展中心

主　任：陶幸圣（续—）

副主任：吴松青（续—）

薛晓龙（2021 年 3 月—）

徐东飞（续—）

徐学阳（续—）

县档案馆（党史和地方志研究室）

党组书记、馆长：何伟东（续—）

党组成员、副馆长：

蓝德余（畲族，续—2021 年 9 月）

陈娟芬（女，2021 年 9 月—）

吴　伟（续—）

郑利锋（续—）

党组成员：柳海河（续—）

县融媒体中心

党组书记、主　任：吴文伟（续—）

党组成员、副主任：

徐　杰（续—）

张卫锋（续—）

吴海敏（续—）

陈茜玉（挂职，女，2021 年 11 月—）

党组成员：吴伟东（续—）

总工程师：王成伟（续—）

县行政服务中心

党组书记、主任：叶妙青（女，续—）

副主任：梅华青（续—）

朱伟华（续—）

吴丽勇（女，续—）

党组成员：吴家钟（续—）

县供销社

主　任：毛锡火（续—）

副主任：雷剑锋（畲族，续—）

雷献敏（畲族，续—2021 年 9 月）

杨一平（续—2021 年 9 月）

张必南（2021 年 9 月—）

柳　玉（女，2021 年 9 月—）

齐兴华（2021 年 9 月—）

县老干部服务中心

党组书记、主任：徐建林（续—）

副书记、副主任：何火美（女，续—）

党组成员、副主任：叶青良（续—2021 年 10 月）

吴　建（续—）

县交通运输发展中心

党组书记、主任：陈孟嘉（续—）

副主任：陈学敏（续—）

简卓华（续—）

章程钗（女，续—）

总工程师：池跃胜（续—）

景宁中学

校　长：陈战耕（续—2021 年 10 月）

夏建民(2021 年 10 月—)
副校长:吴大岩(续—)
严小卫(续—)
吴松敏(续—)
副校长、总务主任:黄利荣(续—)
党总支书记:金利兵(续—)

景宁电大

校　长:潘晓明(续—)

县人民医院(县域医共体)

医共体党委书记:蓝建忠(畲族,续—)
副书记、院长:李　谷(挂职,续—)
副书记:梅明荣(续—)
党委委员、副院长:毛伟东(常务,续—)
陈黎明(挂职,女,续—)
雷镇海(畲族,续—)
党委委员、纪委书记:陈顺波(续—)
副院长:陈学智(续—)
副院长:季必池(续—)

【条管行政、企事业单位】

县税务局

党委书记、局长:李　维(续—2021 年 12 月)
黄建敏(2021 年 12 月—)
党委委员、副局长:张传俊(续—2021 年 4 月)
徐　军(2021 年 5 月—)
夏柏峰(2021 年 5 月—)
梅丽娟(女,2021 年 9 月—)
柳小平(2021 年 5 月—)
党委委员、纪检组长:孙　毅(续—2021 年 9 月)
叶永星(2021 年 9 月—)

县气象局

局　长:商晓东(续—)
副局长:周敬荣(续—)
张建渔(续—)

县烟草专卖局

局长、经理:练慧平(续—)
副局长:叶荣民(续—)
副经理:张林峰(续—)

县电力局

局　长:董瑞红(女,续—)
党委书记:胡洪涛(续—)
纪委书记、工会主席:刘永平(续—)
副局长:宋恩亮(2021 年 1 月—2021 年 12 月)
詹永东(续—)
刘林萍(2021 年 6 月—)

中国人民银行景宁县支行

行　长:潘华珠(女,续—)
副行长:严精敏(续—)
高　烈(续—)

丽水市住房公积金管理中心景宁分中心

主　任:张兆清(续—)
副主任:沈芳芸(女,续—)

丽水市生态环境局景宁分局

党组书记、局长:任周良(续—2021 年 8 月)
刘海华(2021 年 8 月—)
副局长:张昌元(续—)
潘海莉(女,续—)
总工程师:陈建明 (续—)

县石油公司

经　理:雷　勇(畲族,续—)

县新华书店

总经理:李伟明(续—)
副总经理:吴爱君(女,续—)

中国邮政景宁分公司

党委副书记、副总经理：

宋燕燕（主持工作，女，2021 年 6 月—）

党委委员、副总经理：吕耀军（续—）

中国电信景宁分公司

总经理：卓敬东（2021 年 1 月—）

副总经理：周晓伟（续—）

中国移动景宁分公司

党支部书记、总经理：刘建锋（续—）

中国联合景宁分公司

副总经理（主持）：赖春玲（女，续—）

中国工商银行股份有限公司景宁县支行

行　长：陈玉飞（续—）

行长助理：章后挺（续—）

中国农业银行景宁县支行

行　长：吴德龙（续—2021 年 1 月）

郑振科（2021 年 1 月—）

纪委书记：梅荣梁（续—2021 年 9 月）

吴耀火（2021 年 9 月—）

副行长：郑振科（续—2021 年 1 月）

郑培君（2021 年 2 月—）

中国银行景宁县支行

行　长：毛明斌（续—）

副行长：刘岳锋（续—）

徐高峰（续—）

中国建设银行景宁支行

行　长：吴智开（续—）

副行长：郑江平（续—）

景宁农商银行

党委书记、董事长：王子军（续—）

党委委员、行长：朱　敏（续—）

纪委书记、监事长：高樟亭（续—）

党委委员、副行长：潘琳敏（女，续—）

陈全知（续—）

中国邮政储蓄银行景宁县支行

副行长：叶　峰（主持工作，续—）

陈胜民（续—）

浙江景宁银座村镇银行

行　长：周俊杰（续—）

泰隆银行丽水景宁支行

行　长：张　涛（续—）

副行长：周秋美（女，2021 年 11 月—）

浙江稠州商业银行景宁支行

行　长：叶绍山（续—2021 年 12 月）

蓝长善（畲族，2021 年 12 月—）

副行长：梅　荣（续—）

人保财险景宁支公司

经　理：王巧虹（女，2021 年 1 月—6 月）

彭　程（2021 年 6 月—）

中国人寿保险景宁县支公司

经　理：吴小英（女，续—）

太平洋财产保险股份有限公司景宁支公司

总经理：叶娟珍（女，续—）

【乡镇（街道）】

红星街道办事处

党工委书记：潘利海（续—2021 年 8 月）

胡卫林（2021 年 8 月—）

副书记、办事处主任：吴一飞（续—）

党工委委员、纪工委书记：

张汇勇（续—2021 年 9 月）

严爱贵（2021 年 9 月—）

党工委委员、人武部长：

柳　玉（女，续—2021 年 9 月）

刘俊杰(2021 年 9 月—)

党工委委员:李　丽(女,续—2021 年 9 月)

柳　锋(续—2021 年 9 月)

陈孟文(续—2021 年 9 月)

吴　涛(2021 年 9 月—)

周晓芳(女,续—)

季清波(2021 年 10 月—)

严福林(2021 年 9 月—)

人大工委主任:林　荣(续—2021 年 9 月)

林明可(2021 年 9 月—)

办事处副主任:柳　锋(续—2021 年 9 月)

季清波(2021 年 10 月—)

雷　勇(畲族,续—)

何盛林(续—)

潘若谷(续—)

李兴煌(2021 年 9 月—)

王春华(2021 年 9 月—)

严福林(续—2021 年 9 月)

副科级组织员:刘丽卿(女,续—)

鹤溪街道办事处

党工委书记:吴巧玲(女,续—2021 年 8 月)

叶　康(2021 年 8 月—)

党工委副书记、办事处主任:

柳宁波(续—)

李　丽(女,2021 年 9 月—)

党工委委员、纪工委书记:柳二娟(女,续—)

党工委委员、人武部长:王黎伟(续—2021 年 9 月)

严　明(2021 年 9 月—)

党工委委员、办事处副主任:

季清波(续—2021 年 10 月)

严晓军(2021 年 10 月—)

党工委委员:王　娟(女,续—)

林昌健(续—2021 年 9 月)

苏延锋(续—2021 年 10 月)

张王清(2021 年 9 月—)

党工委委员、宣传委员:

严仙田(2021 年 10 月—)

人大工委主　任:陈　勇(续—2021 年 8 月)

吴应平(2021 年 9 月—)

副主任:梅礼明(续—2021 年 9 月)

林昌健(2021 年 9 月—)

办事处副主任:蓝伟标(畲族,2021 年 9 月—)

陈建成(2021 年 10 月—)

东坑镇

党委书记:张　伟(续—)

副书记、镇长:叶星星(续—2021 年 8 月)

张建妙(2021 年 8 月—)

副书记:杜丽燕(女,续—)

吴希斌(2021 年 10 月—)

党委委员、纪委书记:

蓝伟标(畲族,续—2021 年 9 月)

雷　飏(畲族,2021 年 9 月—)

党委委员、人武部长:刘宗妙(续—)

党委委员、副镇长:叶　剑(续—)

党委委员:鲍浪平(续—2021 年 9 月)

陈　伟(女,续—)

高煜超(2021 年 9 月—)

张忠华(续—)

人大主席团主　席:严伟荣(续—)

副主席:林作平(续—)

副镇长:何春平(续—2021 年 9 月)

蓝森华(畲族,续—)

高煜超(续—2021 年 9 月)

徐永金(2021 年 9 月—)

郑铁成（女，2021年10月—）

渤海镇

党委书记：吴如峰（续—）

党委副书记、镇长：梅　杰（续—）

党委副书记：张建妙（续—2021年8月）

刘鲲鹏（2021年9月—）

党委委员、纪委书记、监察办主任：

蓝松平（畲族，续—2021年9月）

陈瑶良（2021年9月—）

党委委员、人武部长：何盛洪（续—）

党委委员、副镇长：刘东平（续—）

党委委员：雷鸿铭（畲族，续—2021年9月）

陈智超（2021年9月—）

李成生（续—）

党委委员、派出所所长：吴名星（续—）

人大主席团主　席：林明可（续—2021年9月）

毛华标（2021年10月—）

副主席：陈德标（续—2021年9月）

李俊杰（2021年9月—）

副镇长：吴圆圆（女，续—2021年9月）

杨国亮（续—）

张雪萍（女，续—）

沈玉宝（2021年9月—）

沙湾镇

党委书记：吴耀旺（续—）

副书记、镇长：叶春强（续—2021年8月）

陈　勇（2021年8月—）

副书记：梅陈勇（2021年9月—）

党委委员、纪委书记：严爱贵（续—2021年9月）

陈潇博（2021年9月—）

党委委员、人武部长：李　勇（续—）

党委委员：吴应平（续—2021年9月）

齐兴华（续—2021年9月）

周大方（续—2021年9月）

蓝光平（畲族，2021年9月—）

褚　卉（女，续—）

林艳艳（女，2021年9月—）

陈润妙（续—）

人大主席团主　席：雷彦文（畲族，续—2021年9月）

徐阿军（2021年9月—）

副主席：章卫荣（续—）

副镇长：柳庭武（续—2021年9月）

雷雄凯（畲族，续—2021年9月）

周　烽（2021年9月—）

柳佳佳（2021年9月—）

吴玉珍（女，2021年10月—）

英川镇

党委书记：卢建民（续—2021年8月）

叶春强（2021年8月—）

副书记、镇长：毛　勇（续—）

副书记：鲍浪平（2021年9月—）

苏延锋（2021年10月—）

党委委员、纪委书记：严　峰（2021年9月—）

刘鲲鹏（续—2021年9月）

党委委员、人武部长：林建平（2021年9月—）

刘俊杰（续—2021年9月）

党委委员、副 镇 长：吴云兵（2021年9月—）

蔡卫华（续—2021年8月）

党委委员：吴晓峰（续—）

林　峰（2021年9月—）

雷晓勇（畲族，续—2021年9月）

潘　斌（续—）

人大主席团主席：梁春波（2021年9月—）

陈建峰（续—2021年9月）

副主席：吴德贤（续—2021 年 9 月）

蓝叶胜（畲族，2021 年 9 月—）

副镇长：叶其林（2021 年 9 月—）

周浩勇（续—）

陈昭宇（女，2021 年 9 月—）

吴云兵（续—2021 年 9 月）

叶璟珺（女，续—2021 年 9 月）

大均乡

党委书记：王伟啸（续—2021 年 12 月）

副书记、乡长：吴名标（续—）

副书记：潘艺颢（续—）

沈哲明（挂职，2021 年 10 月—）

党委委员、纪委书记：赵玉珠（女，续—）

党委委员、人武部长：姜早东（2021 年 9 月—）

严　明（续—2021 年 9 月）

党委委员：严梅冰（女，续—）

陈娟芬（女，续—2021 年 9 月）

雷吴芬（畲族，女，2021 年 9 月—）

邹国梁（续—）

人大主席团主席：吴林松（续—）

副乡长：张建华（续—）

李　伟（2021 年 9 月—）

梅　俊（2021 年 9 月—）

澄照乡

党委书记：刘　健（2021 年 8 月—）

胡卫林（续—2021 年 8 月）

副书记、乡长：吴光亮（续—）

副书记：林海明（2021 年 9 月—）

党委委员、纪委书记：林春芝（女，2021 年 9 月—）

党委委员、人武部长：张叶松（续—）

党委委员、副乡长：罗　震（2021 年 9 月—）

夏旭东（续—2021 年 9 月）

党委委员：蓝　青（畲族，2021 年 9 月—）

梅哲凯（2021 年 9 月—）

人大主席团主　席：陈文良（续—）

副主席：吴丽平（2021 年 9 月—）

副乡长：何春平（2021 年 9 月—）

吴圆圆（女，2021 年 9 月—）

陈　朋（2021 年 9 月—）

雷晓芬（女，续—2021 年 9 月）

王春华（续—2021 年 9 月）

梅岐乡

党委书记：潘至秦（2021 年 8 月—）

李晓锋（续—2021 年 8 月）

副书记、乡长：任孟春（2021 年 8 月—）

副书记：章泽龙（2021 年 9 月—）

严　华（续—2021 年 9 月）

纪委书记：叶海峰（2021 年 9 月—）

党委委员：徐　烨（女，2021 年 9 月—）

雷余玉（畲族，续—2021 年 9 月）

叶淑芬（女，续—2021 年 9 月）

林建平（续—2021 年 9 月）

人大主席团主席：刘传才（续—）

副乡长：陈　超（2021 年 9 月—）

徐承凯（续—2021 年 8 月）

雷小芬（畲族，女，续—2021 年 9 月）

大漈乡

党委书记：刘海华（续—2021 年 8 月）

柳　彬（2021 年 8 月—）

副书记、乡长：吴雯雯（女，续—2021 年 8 月）

郑　迪（2021 年 8 月—）

副书记：林罗宾（2021 年 10 月—）

党委委员、纪委书记：陈瑶良（续—2021 年 9 月）

严　挺（2021 年 9 月—）

党委委员、副乡长：雷晓勇（畲族，2021 年 9 月—）
党委委员、人武部长：周松鹤（续—2021 年 9 月）
吴建海（2021 年 9 月—）
党委委员：蓝光平（畲族，续—2021 年 9 月）
林罗宾（续—2021 年 10 月）
陈梅沁（女，2021 年 9 月—）
柳海明（续—）
人大主席团主席：吴　兴（续—）
副乡长：蓝红斌（畲族，续—）
林珍珍（女，续—）
潘剑伟（2021 年 9 月—）

景南乡

党委书记：彭伟明（续—2021 年 8 月）
叶星星（2021 年 8 月—）
副书记、乡长：林文勇（续—）
党委委员、副书记：叶其林（续—2021 年 9 月）
雷朱华（畲族，2021 年 9 月—）
党委委员、纪委书记：王　盼（续—2021 年 9 月）
周　巍（2021 年 9 月—）
党委委员、人武部长：毛有东（续—）
党委委员：吴跃林（续—2021 年 9 月）
林赵义（2021 年 9 月—）
雷小芬（畲族，女，2021 年 9 月—）
人大主席团主席：叶　妮（女，续—2021 年 8 月）
彭凌飞（2021 年 9 月—）
副乡长：梅哲凯（续—2021 年 9 月）
张克忠（续—）
傅伟红（女，续—2021 年 9 月）
雷　蕾（畲族，女，续—）
许文敏（2021 年 9 月—）
吴国民（2021 年 9 月—）

雁溪乡

党委书记：叶　康（续—2021 年 8 月）
潘景景（2021 年 8 月—）
副书记、乡长：柳忠芳（续—）
副书记：刘传旺（2021 年 9 月—）
党委委员：雷　杰（畲族，续—）
陈建成（续—2021 年 10 月）
林艳艳（女，续—2021 年 9 月）
张伟龙（2021 年 9 月—）
人大主席团主席：周家赞（续—2021 年 8 月）
陈利慧（2021 年 9 月—）
副乡长：蓝　青（畲族，续—2021 年 9 月）
徐亦可（女，续—）
柳金森（2021 年 10 月—）

郑坑乡

党委书记：熊　焕（续—2021 年 11 月）
副书记、乡长：叶　妮（女，2021 年 8 月—）
何伟平（续—2021 年 8 月）
副书记：罗炀坚（2021 年 9 月—）
陈叶敏（续—2021 年 9 月）
党委委员、纪委书记：李　峰（2021 年 9 月—）
雷　飚（畲族，续—2021 年 9 月）
党委委员、人武部长：雷洪富（畲族，续—）
党委委员：叶小霞（女，2021 年 9 月—）
张伟龙（续—2021 年 9 月）
人大主席团主席：严　华（2021 年 9 月—）
徐阿军（续—2021 年 9 月）
副乡长：魏　敏（2021 年 9 月—）
严　峰（续—2021 年 9 月）
周　巍（续—2021 年 9 月）

九龙乡

党委书记：柳贤岳（续—2021 年 8 月）

赵卫东(2021 年 8 月—)
副书记、乡长:赵卫东(续—2021 年 8 月)
钟文景(畲族,2021 年 8 月—)
副书记:毛华标(续—2021 年 10 月)
叶青良(2021 年 10 月—)
党委委员、纪委书记:林赵义(续—2021 年 9 月)
张慧民(2021 年 9 月—)
党委委员、人武部长:张雪飞(续—)
党委委员:夏珍珍(女,2021 年 9 月—)
蓝金标(畲族,续—2021 年 9 月)
叶淑芬(女,2021 年 9 月—)
人大主席团主席:郑晓芳(续—2021 年 9 月)
吴泽忠(2021 年 9 月—)
副乡长:陈万江(续—2021 年 9 月)
李　峰(续—2021 年 9 月)
胡根锋(续—)
刘马华(女,2021 年 9 月—)
严枫树(2021 年 9 月—)
陈　霞(女,2021 年 10 月—)

梧桐乡

党委书记:叶旭瑛(续—)
党委副书记、乡长:张伟鸿(续—2021 年 9 月)
柳　锋(2021 年 9 月—)
党委副书记:夏旭东(2021 年 9 月—)
邓银秋(挂职,2021 年 10 月—)
党委委员、纪委书记:吴献绿(女,续—)
党委委员、副乡长:
雷朱华(畲族,续—2021 年 9 月)
雷鸿铭(畲族,2021 年 9 月—)
党委委员、人武部长:陈再锋(续—2021 年 9 月)
陈晓方(2021 年 9 月—)
党委委员:吴　涛(续—2021 年 9 月)
雷雄凯(畲族,2021 年 9 月—)
刘悄悄(女,续—)
人大主席团主席:张必南(续—2021 年 9 月)
陈建峰(2021 年 9 月—)
副乡长:袁国良(续—)
李兴煌(续—2021 年 9 月)
傅伟红(女,2021 年 9 月—)
胡海涛(2021 年 9 月—)

标溪乡

党委书记:陈轶群(续—2021 年 1 月)
张伟鸿(2021 年 8 月—)
副书记、乡长:雷　琼(畲族,女,续—2021 年 8 月)
蔡卫华(2021 年 8 月—)
副书记:柳卫明(续—2021 年 9 月)
林慧荣(2021 年 9 月—)
党委委员、纪委书记:吴丽平(续—2021 年 9 月)
胡彦锋(2021 年 9 月—)
党委委员、人武部长:陈晓方(续—2021 年 9 月)
周松鹤(2021 年 9 月—)
党委委员:李　伟(续—2021 年 9 月)
季勇梅(女,2021 年 9 月—)
人大主席团主席:张红伟(续—2021 年 9 月)
王黎伟(2021 年 9 月—)
副乡长:周　烽(续—2021 年 9 月)
张　健(续—)
杜子俊(2021 年 9 月—)

家地乡

党委书记:陈亚平(2021 年 8 月—)
刘成伟(续—2021 年 8 月)
党委副书记、乡长:周家赞(2021 年 8 月—)
陈亚平(续—2021 年 8 月)
党委副书记:陈再锋(2021 年 9 月—)

党委委员、纪委书记：洪钱玮（女，2021 年 9 月—）
胡彦锋（续—2021 年 9 月）
党委委员、人武部长：毛培光（2021 年 9 月—）
章泽龙（续—2021 年 9 月）
党委委员：雷雪松（畲族，2021 年 9 月—）
人大主席团主席：夏一海（续—）
副乡长：胡士荣（2021 年 10 月—）
严枫树（续—2021 年 9 月）
雷吴芬（续—2021 年 9 月）

大地乡

党委书记：刘　莺（女，续—2021 年 8 月）
严益贵（2021 年 8 月—）
副书记、乡长：严益贵（续—2021 年 8 月）
徐承凯（2021 年 8 月—）
副书记：陈利慧（续—2021 年 9 月）
吴跃林（2021 年 9 月—）
党委委员、纪委书记：徐海坚（续—2021 年 8 月）
吴明美（女，2021 年 9 月—）
党委委员、人武部长：吴建海（续—2021 年 9 月）
徐　义（2021 年 9 月—）
党委委员：张慧民（续—2021 年 9 月）
吴志翔（2021 年 9 月—）
人大主席团主席：梅明义（续—）
副乡长：叶柏岳（续—2021 年 9 月）
沈远远（2021 年 9 月—）

毛垟乡

党委书记：雷晓华（畲族，女，续—）
副书记、乡长：潘景景（续—2021 年 8 月）
金巍彦（2021 年 8 月—）
副书记：王　盼（2021 年 9 月—）
党委委员、纪委书记：叶海峰（续—2021 年 9 月）
严　清（2021 年 9 月—）
党委委员、人武部长：姜早东（续—2021 年 9 月）
周浩军（2021 年 9 月—）
党委委员：李俊杰（续—2021 年 9 月）
林慧荣（续—2021 年 9 月）
周国成（2021 年 9 月—）
徐晶晶（女，2021 年 9 月—）
人大主席团主席：任孟春（续—2021 年 8 月）
柳卫明（2021 年 9 月—）
副乡长：严　清（续—2021 年 9 月）
徐晶晶（女，续—2021 年 9 月）
金马洪（2021 年 9 月—）
徐韩韬（2021 年 9 月—）

秋炉乡

党委书记：叶　伟（续—）
副书记、乡长：雷永伟（畲族，续—）
副书记：雷丽霞（畲族，女，续—）
党委委员、纪委书记：陈潇博（续—2021 年 9 月）
叶柏岳（2021 年 9 月—）
党委委员、人武部长：叶发雷（续—）
党委委员：陈丽慧（女，续—2021 年 1 月）
彭王锋（续—）
人大主席团主席：梁春波（续—2021 年 9 月）
陈叶敏（2021 年 9 月—）
副乡长：潘剑伟（续—2021 年 9 月）
陈　兵（2021 年 9 月—）

鸬鹚乡

党委书记：蓝中一（畲族，续—2021 年 8 月）
雷　琼（畲族，女，2021 年 8 月—）
副书记、乡长：杜华俊（续—）
副书记：林利伟（续—）
党委委员、纪委书记：
蓝叶胜（畲族，续—2021 年 9 月）

　　　　叶璟珺(女,2021 年 9 月—)
党委委员、人武部长:毛伟东(续—)
党委委员:潘　肖(女,续—)
　　　　陈万江(2021 年 9 月—)
人大主席团副主席:刘世武(续—2021 年 9 月)
副乡长:雷雪松(畲族,续—2021 年 9 月)
　　　刘道勇(2021 年 1 月—)
　　　杨卫平(2021 年 9 月—)
　　　潘宇健(2021 年 9 月—)
　　　周雄兵(续—)

名词解释

B

▲**“博爱家园”**:“博爱家园”是中国红十字会在城乡社区开展的非紧急状态下,以“推动社区治理、提升社区能力、促进社区发展”为目标的人道公益项目。

▲**“八大行动”**:生态环境保护、增殖放流、联合执法、库区清漂、隐患排查、三无船只整治、污水排放排查、文明垂钓劝导。

▲**“八大工程”**:深入实施红色基因传承工程、畲乡共富惠民工程、民族团结进步巩固提升工程、中华民族共有精神家园建设工程、数字鸿沟跨越打通工程、畲族文化风情示范带建设工程、畲乡人居环境改善提升工程、优秀民族干部人才培养工程。

C

▲**城市更新“五个一”建设**:建一座商业综合体,打造一片文化街区,培育一条高品质步行街,建成一个五星级酒店,建设一个未来社区。

▲**“产业飞地 “飞楼”**:“产业飞地”即省委、省政府统筹安排在大湾区新区、省级高能级平台等相关产业发展平台为山区26县布局以先进制造业为主的产业园区,旨在增强内生发展动力、开辟税源增收渠道、实现强县富民,推动实现共同富裕;“飞楼”:通过投资购置发达地区商务楼宇项目,并聚焦人才、科创、金融和大数据等领域引进培育数字经济等现代服务业。

E

▲**EOD模式**:Eco-environment-oriented Development,即生态环境导向的开发模式。它是以生态文明思想为引领,以可持续发展为目标,以生态保护和环境治理为基础,以特色产业运营为支撑,以区域综合开发为载体,采取产业链延伸、联合经营、组合开发等方式,推动公益性较强、收益性差的生态环境治理项目与收益较好的关联产业有效融合,将生态环境治理带来的经济价值内部化,是一种创新性的项目组织实施方式。

F

▲**“飞柜” “飞网”经济**:“山海协作”工程驻景宁工作组的创新合作模式。

G

▲**GEP改革**:GEP是一个地区生态系统提供的产品与服务的经济价值总和,包括物质产品价值、调节服务产品价值和文化服务产品价

值，是衡量一个地区生态环境质量及其所蕴含的生态产品。GEP改革是国家长江办批复丽水进行探索的一项改革试点，是指以促进生态产品价值实现和“两山”转化为目标，围绕GEP价值核算评估、应用、交易而进行的系列改革探索。

H

▲**“红领赋能”**：党建品牌名称，无具体含义。

▲**焕新乐园**：由浙江省妇女儿童基金会、阿里巴巴公益共同发起，以“改善低保家庭儿童居住环境”为切入点，以“提升儿童及家庭综合发展能力，增权赋能”为宗旨，按“改善焕新环境、陪伴焕心成长、合作唤醒发展”的思路，为有6—16周岁儿童的低保家庭改善环境，陪伴儿童成长，实施从环境到心灵的关爱帮扶。

J

▲**“京东农场”**：不仅能对水源、土壤、气象、病虫害等自然环境进行监控，还可以对除草、施肥等农事行为进行监管，实现精准化操作、科学种植管理。同时，农产品全流程配置二维码终端系统，通过区块链等技术防伪加密，让生产过程透明，消费者买得放心吃得放心。

▲**“景宁五大森林”**：山地森林、坡地森林、城市森林、乡村森林、通道森林。

▲**“景宁600”**：指国家主体生态功能区景宁县境内海拔600米以上生产的生态精品农产品，是景宁打造的县域农产品公共品牌，以发展“海拔经济”助推山区农业供给侧结构性改革。

▲**“警务集市”**：以户籍、消防、治安、交通违章处理等公安审批事项为服务内容，在特定赶集日组团“送服务”到偏远山区和外出人口集中点，并按照群众需求开设六种类型的警务集市，实现在家门口办理公安审批的上门服务。

L

▲**“两不愁三保障”**：不愁吃、不愁穿、住房保障、医疗保障、教育保障。

▲**“两转一销”**：营利性、学科类培训机构转成非营利性、非学科类培训机构或注销。

▲**“两个中心”**：网络应急指挥中心、瞭望哨指挥中心。

▲**“两路两侧‘三化一平’”**：道路、铁路两侧洁化、美化、绿化以及道路路面平整。

▲**“两个确立”**：党确立习近平同志党中央的核心、全党的核心地位，确立习近平新时代中国特色社会主义思想的指导地位。

▲**“两新一重”**：新型基础设施建设，新型城镇化建设，交通、水利等重大工程建设。

▲**“两进两回”**：科技进乡村、资金进乡村，青年回农村、乡贤回农村。

▲**“两山公司”**：为生态产品价值实现机制试点建设而设立的以生态保护修复为主业的市场交易主体，一般在乡镇强村公司基础上组建而成，有的地方也叫生态强村公司。

▲**“两山金融”**：围绕生态产品价值转换，探索金融助推生态产品价值实现路径，实现生态价值保值增值而开展的金融改革创新。

▲"五方联审"：县纪委县监委、县委组织部、县纪委县监委派驻纪检监察组、县委巡察办、县委巡察组。

▲"六稳""六保"："六稳"即稳就业、稳金融、稳外贸、稳外资、稳投资、稳预期；"六保"即保居民就业、保基本民生、保市场主体、保粮食能源安全、保产业链供应链稳定、保基层运转。

▲"六个一批"：村级自主创收一批；产业经营带动一批；农旅融合增收一批；县级联动发展一批；山海协作提升一批；财政帮扶兜底一批。

▲"六个一批"精准扶贫：发展生产脱贫一批、易地扶贫搬迁脱贫一批、金融帮扶脱贫一批、生态补偿脱贫一批、发展教育脱贫一批、社会保障兜底一批。

▲"六大行动"：交通安全机动车不礼让行人、电动车违规搭载和未佩戴头盔、工程车超载和不按规定行驶、道路交通安全秩序、酒驾醉驾、安全教育。

▲"六个新"目标：政治建警有新加强、纪律作风有新转变、执法司法公信力有新提升、队伍形象有新展现、核心战斗力有新增强、推进工作有新成效。

▲"六联一体"模式："思想联建、监督联动、办案联手、问题联评、队伍联合、平台联通"模式。

▲"领雁计划"：136个村、9个社区党组织书记常态化开展学历提升工程、能力提升培训和村社擂台比武等。

▲"绿谷精英"：丽水市为全面实施人才强市战略和创新驱动发展战略，大力引进丽水经济社会发展急需的海内外高层次创业创新人才，加快推进丽水跨越式高质量发展的项目。

▲"链长制"试点："链长制"是浙江省商务厅全国首创的工作制度，由各地开发区所在地党政主要领导担任"链长"，并承担谋划、统筹、推进和督促等职责，旨在推动经济开发区产业链高质量发展。

M

▲"民族云"：借鉴丽水市"花园云"的经验，以民族经济价值转换实现机制和民族文化传承创新为依托，实现数据生产要素功能。

N

▲"农三师"：农作师、农商师、农匠师，是指为丽水市农村经济社会发展作出积极贡献，具有良好道德品质，在农村一线从事生产、经营、服务活动，起到较大示范带动作用，并得到社会广泛认可的优秀农村实用人才。

▲农业高质高效六大行动：农业"双强行动"（科技强农、机械强农）、主导产业提质增效行动、农业数字赋能行动、新型主体培育行动、乡村休闲产业融合创新行动、粮食生产固本强基行动。

▲美丽乡村"六大行动"：袁家军书记在全省深化"千万工程"建设新时代美丽乡村现场会上提出的打造活力乡村、兴旺乡村、秀美乡村、智治乡村、淳美乡村、甜美乡村等"六大行动"。

▲农村宜居宜业"六美"建设：指优化村庄规划，打造组团之美；巩固提升"三大革命"成

果，打造环境之美；开展精品示范村创建，打造特质之美；挖掘地方特色文化，打造人文之美；推进美丽乡村经济发展，打造活力之美；培育未来乡村，打造现代之美。

▲农村公路“三合一”工程：农村路面维修、安全防护提升、窄路基路面提升。

Q

▲“青蓝计划”：“青蓝”就是青出于蓝而胜于蓝，纪委监委机关、派驻机构、乡镇（街道）纪检监察机构干部充分发挥自身优势和特长，相互为师，通过交流融合，推动个体和团队共同成长。

▲“青苗培育计划”：从“线上学、定期测、专题训、一线炼”等方面，加大优秀年轻干部发现培养选拔力度，打造县管后备干部的蓄水池。

▲清溪川：清溪川是韩国首尔市中心的一条河流。上世纪，由于经济增长及都市发展，清溪川曾被覆盖成为暗渠，水质恶劣，后进行修复、美化、灌水、种植，兴建特色桥梁，成为市民休憩点和城市景点。

S

▲“双随机、一公开”：随机抽取检查对象，随机选派执法检查人员，抽查情况及查处结果及时向社会公开。

▲“双招双引”：招商引资及招才引智。

▲“双创”：创建省级农产品质量安全放心县、省级农产品质量安全可追溯示范县。

▲“双控双减”：控制和减少PM2.5、臭氧浓度。

▲“三区”：封控区、管控区、防范区。

▲“三非”：非法入境、非法居留、非法就业。

▲“三个环节”：学习教育、查纠整改、总结提升。

▲“三团三社”：合唱团、民乐团、艺术团、文学社、摄影社、书画社。

▲“三医联动”“六医统筹”：“医疗、医保、医药”联动改革；“医疗、医保、医药、医院、医生、中医”统筹发展。

▲“三清、三查、三规范”：“三清”即摸清现有工作人员和公务用车配备情况、理清公务用车相关管理办法和制度、找清可能存在的问题和隐患；“三查”即开展个人自查、开展内部微巡查、开展联合督查；“三规范”即规范派车、规范驾车、规范管车。

▲“三清三提升”：省纪委提出的思想观念，即“清障”促工作能力提升、初次举报“清零”促办信质量提升、重复举报“清淤”促处置实效提升

▲“三侨生”：归侨青年、归侨子女、华侨在国内的子女。

▲“三个区分开来”：要把干部在推进改革中因缺乏经验、先行先试出现的失误和错误，同明知故犯的违纪违法行为区分开来；把上级尚无明确限制的探索性试验中的失误和错误，同上级明令禁止后依然我行我素的违纪违法行为区分开来；把为推动发展的无意过失，同为谋取私利的违纪违法行为区分开来。

▲“三位一体”：构建生产、供销、信用“三位一体”新型农村合作经济体系，是习近平总

书记在浙江工作期间为适应新型农业经营主体发展需要而亲自点题、亲自部署、亲自推动的一项农村改革，是浙江深化农村改革的一块“金字招牌”。

▲“三培养”工程：把产业链上的优秀人才培养成党员，把优秀党员培养成产业链人才，把优秀党员、优秀人才培养成农村党组织书记。

▲“三线一单”：生态保护红线、环境质量底线、资源利用上线和生态环境准入清单。

▲“三融合两中心”：“三融合”即人民医院在管理、技术和文化上与浙大一院深度融合，实现管理同规、服务同质、文化同识；“两中心”即将人民医院打造成“浙西南区域医疗中心”“健康管理中心”。

▲“三品一标”：无公害农产品、绿色食品、有机食品和农产品地理标志登记。

▲“三学”：党委领学、上下同学、层级督学；“六书”：计划书、提醒函、交办单、督办单、进度表、验收单；“九会”：领导小组会、党委理论学习中心组学习会、英模报告会、主题党日、警示教育会、支部学习会、组织生活会、云上学习、政治轮训。

▲“三资”：村级集体的资金、资产、资源。

▲“四项任务”：筑牢政治忠诚、清除害群之马、整治顽瘴痼疾、弘扬英模精神。

▲“四小车”：营业人力三轮车、有动力装置的残疾人专用车、摩托车（含电瓶三轮车）、燃油助动车。

▲“四个示范”：致力打造民族地区共同富裕示范、各民族交往交流交融示范、民族事务治理现代化示范、中华民族共有精神家园示范，加快推动新时代党的民族工作高质量发展。

▲“四创三比两争当”：创建最红党支部、最红所队、最红党员、最红先锋岗，比学习、比执行、比服务，争当最红铁军、争当护航标兵。

▲“四个特别”：2021 年 8 月 28 日，习近平总书记在中央民族工作会议上强调：“努力建设一支维护党的集中统一领导态度特别坚决、明辨大是大非立场特别清醒、铸牢中华民族共同体意识行动特别坚定、热爱各族群众感情特别真挚的民族地区干部队伍”。

▲“四必谈”：司法行政机关领导班子成员和律所负责人必谈，律师行业党委委员与律所党组织负责人必谈，律所党建工作指导员与无党员律所负责人必谈，律所主任、律所党组织负责人、合伙人与该所律师必谈。

▲“四季网红”：“四季网红”主题直播活动，以春之茶、夏之果、秋之实、冬之味系列“一季一主题”活动宣传景宁一年四季景色、特色文化和“景宁 600”产品。

▲“四个确保一个力争”：确保冷链物防闭环管控，确保不出现聚集性疫情，确保不发生院内感染，确保不发生疫情风险点失管漏管，力争不发生本土新增病例。

▲“四级融合、多元一体”：即“县级一个中心（县级矛调中心）指挥、乡镇（街道）四个平台运行、村社全科网格管理、域外综治网络延伸”的县域社会治理模式。

▲“四个清零”：“两不愁三保障”突出问题清零、年家庭人均收入 8000 元以下情况清零、集体经济薄弱村清零、低收入农户零就业家庭清零。

▲“10+N”便利化行动：指《浙江省实施优化营商环境“10+N”便利化行动方案（2.0版）》。

包括开办企业、办理建筑许可、获得电力、获得用水用气、不动产登记、获得信贷、跨境贸易、执行合同、纳税、办理破产、企业注销、知识产权保护、证照分离等涉企 13 项改革任务。

▲“生态价”“生态贷”：“生态价”即附加在民宿房间价格上，除了传统硬件设施和服务之外的生态溢价，包括阳光、空气、环境、风景等生态要素的价值；“生态贷”即为生态保护做出贡献的自然人、企业、村级组织申请发放的贷款，旨在使“好山好水好空气”在金融服务体系中得到价值体现。

T

▲“图上办”：提升三维实景地图数据容量，把县城管网线、监控点位、通信基站点位、公厕点位、公交站点等城市公共设施数据上图，为部门提供审批、审核“图上办”的数据支撑。

W

▲“五不开”：思想不到位不开、会前学习不认真不开、征求意见不深入不开、谈心谈话不充分不开、对照检查不深刻不开

▲“五统一融”：党的建设统一指导、政治学习统一安排、活动阵地统一使用、发挥作用统一平台、待遇落实统一督查，积极主动融入城市基层党建等县委、县政府中心工作。

▲“五县联盟”：景宁、温岭、上虞、海盐、宁海于 2020 年 1 月正式启动山海协作“五县联盟”合作机制，形成“合作互动、优势互补、互利共赢、共同发展”的五县“山海协作”新格局。

▲“5+1”：以大均乡特有的生态禀赋、民族特色和文旅资源为基础，以“中国畲乡之窗”AAAA 级景区为平台，以千年古街为人文地理脉络，以大均畲画馆、大均民族书屋、水碓垟亲水平台、泉岱星空无人机研学基地、伏叶数字化农业观光体验园和梅花圩丛林咖啡吧为精品点位，推出以美育、体育、科学实践教育、耕读传统教育和亲子家庭教育心理学为基础内容的研学产品。引入市场专业化运营力量，突出数字化教学、儿童研学心理数字化画像等具有市场标杆意义的创新教学特点。

▲“五进五个一”：“五水共治”（河长制）宣传活动进机关、进社区、进农村、进校园、进企业；一条横幅（显示屏）、一条微信（短信、视频）、一个短视频、一次会议、一次治水活动。

▲“五化”农贸市场：便利化、智慧化、人性化、特色化、规范化。

▲“五无五净”：无果皮纸屑、无土石杂草、无积水积泥、无痰迹烟蒂、无堆积物；路面干净、道路绿地树圈干净、边角侧石干净、窨井盖沟槽畅通干净、果壳箱等环卫设施整齐干净。

▲“五清五无”：地面清、厕位清、隔离板清、小便斗（槽）清、洗手台清；无蜘蛛网、无污迹积灰、无乱涂乱画、无杂物悬挂、无霉臭异味。

▲“五未”用地：批而未供、供而未用、用而未尽、建而未投、投而未达标。

▲“五减”“两直”：“五减”即减税、减费、减租、减息、减支；“两直”即将新增财政赤字和抗疫特别国债共 2 万亿元资金直达市县、直接惠企利民。

▲未来社区：围绕“促进人的全面发展和社会全面进步”，以人本化、生态化、数字化为价值导向，以和睦共治、绿色集约、智慧共享为基本内涵，突出高品质生活主轴，构建具有归属感、舒适感和未来感的新型城市功能单元。

▲网络货运：经营者依托互联网平台整合配置运输资源，以承运人身份与托运人签订运输合同，委托实际承运人完成道路货物运输，承担承运人责任的道路货物运输经营活动。

X

▲行政执法“三项制度”：行政执法公示制度、执法全过程记录制度、重大执法决定法制审核制度。

Y

▲“1+X 监督”机制：“1”指规定动作，“X”指自选动作。

▲“1+X”：“1”是指各个村级矛盾纠纷调处化解站。“X”是指调解员、法院法官、司法所工作人员、法治明白人、法治带头人、新乡贤、退役军人、网格员等。

▲“1+N”系列活动：以“中国畲乡三月三”为主平台，以马仙忠孝文化节、汤夫人慈孝文化节等为子活动，有机融合中国畲族发展景宁论坛、民族运动会、“畲乡奇妙游”等形式的“1+N”系列活动。

▲“1+5+N”：一个“红星先锋服务中心”为总引擎，五个社区“一社一品”服务品牌为载体，N 项统筹清单为工作主线。

▲“1+5+2”数字化改革工作体系：“1”即一体化智能化公共数据平台，“5”即党政机关整体智治、数字政府、数字经济、数字社会、数字法治综合应用，“2”即数字化改革的理论体系和制度规范体系。

▲“1+2+X”农业产业体系：以惠明茶为主导产业，以高山果蔬、中药材为优势产业，以食用菌、中蜂、地瓜面、淡水养殖、畲乡小吃等为地域特色的多品类农业产业体系。

▲“1+2+X”模式：1 指县综合行政执法局，2 指县自然资源规划局、县农业农村局，X 指其他 6 家专业执法部门，全时+实时模式下沉开展执法工作，以各业务主管部门的名义依法行使有关行政执法职权。

▲“1+2+3+4”：一中心+两平台+三系统+四终端。

▲“1+8”行政执法队伍：县综合行政执法局、县市场监管行政执法队、县生态环境保护行政执法队、县交通运输行政执法队、县农业行政执法队、县文化市场行政执法队、县应急管理行政执法队、县自然资源行政执法队、县卫生监督所。

▲“1+8+X”大救助体系：“1”就是按智慧救助的要求，用好省社会救助信息平台；“8”就是低保、特困、受灾、医疗、教育、住房、就业、临时救助等基本救助；“X”为多元社会力量参与。

▲“1+15+X”：1 个中心+15 个县内现场教学基地+若干个县外教学点。

▲“一核四联”：发挥党建引领的核心作用，实现组织联建、发展联动、服务联通、和谐

联促。

▲12个"有"跑道：幼有所育、学有所教、劳有所得、住有所居、文有所化、体有所健、游有所乐、病有所医、老有所养、弱有所扶、行有所畅、事有所便。

▲"一核三区两带多地"："十四五"期间县域空间协调发展新格局。"一核"指由外舍新城、鹤溪老城和澄照副城构建的核心城区；"三区"指南部高山养生发展区、西部国家公园生态发展区和东部山水文旅发展区等三大片区；"两带"指瓯江（小溪）山水诗路文化带、景文高速产城融合发展带；"多地"是指以园区"飞地"、科创"飞地"、楼宇"飞地"为重点，面向长三角，推动实现高端要素有效联动。

▲"一带三区"："一带三区"是丽水空间和生产力布局的战略部署。"一带"即市域发展核心带，包括莲都、青田、缙云3个县（区）和丽水经济技术开发区；"三区" 即龙庆经典文创区、遂松乡村振兴区、云景特色风情区。

▲"一证一码""一品一策"："一证一码"指食用农产品合格证和追溯码；"一品一策"指特色农产品安全风险管控。

▲"药肥双控"：通过综合运用植保、土肥及种子栽培技术，控制农药、化肥使用量，实现农药、化肥最佳使用效果，既减少农药化肥对生态环境的污染，又力求使农作物稳产丰产。

Z

▲"浙丽保"：按照"政府主导、公益运行、商保承办、自负盈亏"的原则设立的专为丽水基本参保人打造的补充医疗保险产品。

▲"浙江景宁民族双创中心"：利用景宁畲族自治县特有民族政策资源和服务优势吸引新经济、新业态特色企业，将总部在该区域集群布局，使企业发展新模式与区域资源实现最优组合，有效解决县经济跨越发展、借力发展载体和抓手。

▲政银合作"四办"：网上办、掌上办、就近办、上门办模式。

▲"增花添彩"示范性工程：根据景宁气候土壤条件、产业发展需求等，利用三年左右时间，建设打造一批浪漫花海、花园大道、花园民宿、花园庭院等规模化彩色成果，努力建设成为全省大花园中独具魅力、赏心悦目的最美风情特色园。

▲浙江制造：以"区域品牌、先进标准、市场认证、国际认同"为核心，以"标准+认证"为手段，集质量、技术、服务、信誉为一体，经市场与社会公认，代表浙江制造业先进性的区域品牌形象标识，是浙江制造业的"标杆"和"领导者"，是高品质高水平的"代名词"。

▲"真情暖万家·关爱365"行动：在全面深化"福彩暖万家·焕新乐园"公益项目的基础上，围绕保障留守儿童和困境儿童的"安全、健康、教育"重点，汇聚六方面力量，落实五项举措，为孩子创造物质满足、心灵富足、幸福无忧的童年。

▲"最佳实践"：是浙江省争先创优工作的季度激励评定内容， 重点激励工作举措有创新、当季成效显著、位居全省前列、经验可借鉴的实践做法。评定为"最佳实践"的县（市、区）

获得资金、用地指标和用能指标奖励。

▲"做大一个中心、走近两个时代、基本实现三个 80%"目标："做大一个中心"即谋划中心城区至澄照副城、大均 AAAA 级景区新通道；"走近两个时代"即走进高铁时代、航空时代；"基本实现三个 80%" 即争取实现 80%乡镇通二级公路，80%乡镇 30 分钟到达高铁站或上高速公路，80%的农村公路实施三合一（路面维修、安全防护提升、窄路基路面提升）工程。